«Diese Erzählung, in einem hinreißenden Stil geschrieben, wird vielen Lesern eine seltene Möglichkeit bieten, in eine vergangene Welt einzutauchen, die noch mit Abenteuern der alten Art aufwarten kann.» («Literaturen»)

Michael Winter, geboren 1946 in Braunschweig, arbeitet als freier Journalist und Autor für den Südwestfunk, die «Süddeutsche Zeitung» und die «Frankfurter Allgemeine Sonntagszeitung». Er lebt in Koblenz und auf Teneriffa und ist darüber hinaus als Reiseschriftsteller an vielen Orten der Welt zu Hause.

Michael Winter

PferdeStärken

Die Lebensliebe der Clärenore Stinnes

Rowohlt Taschenbuch Verlag

Veröffentlicht im Rowohlt Taschenbuch Verlag,
Reinbek bei Hamburg, Januar 2004
Copyright © 2001 by Hoffmann und Campe Verlag, Hamburg
Umschlaggestaltung any.way, Andreas Pufal
(Foto: La Camera Stylo/Michael Kuball)
Satz Stempel Garamond PostScript, Adobe PageMaker,
von Pinkuin Satz und Datentechnik, Berlin
Druck und Bindung Druckerei C. H. Beck, Nördlingen
Printed in Germany
ISBN 3 499 23536 6

Die Schreibweise entspricht den Regeln
der neuen Rechtschreibung.

Für Johannes Willms
eingedenk einer großen Zeit
des politisch-literarischen
Feuilletons

Inhaltsverzeichnis

1. Die Tote im Thermalbad — 15
2. Miss Barfields Tränen — 24
3. Kreuzigung — 36
4. Laura — 49
5. Stimmen aus der Vergangenheit — 68
6. Das Lachen des Buddhas — 79
7. Revolution in Nahaufnahme — 103
8. Gullivers Tod — 120
9. Die andere deutsche Karriere — 139
10. Nordschleife — 153
11. Hinter der Kamera — 169
12. Der Welt einen Stempel aufdrücken — 198
13. Auf beiden Seiten des Flusses — 234
14. Im Zentrum des Würfels — 271
15. Die Erfindung des Highways — 311
16. Tummelplatz des Lebens — 346
17. Sarah Armstrong — 391

Literatur — 411
Bildquellenverzeichnis — 412

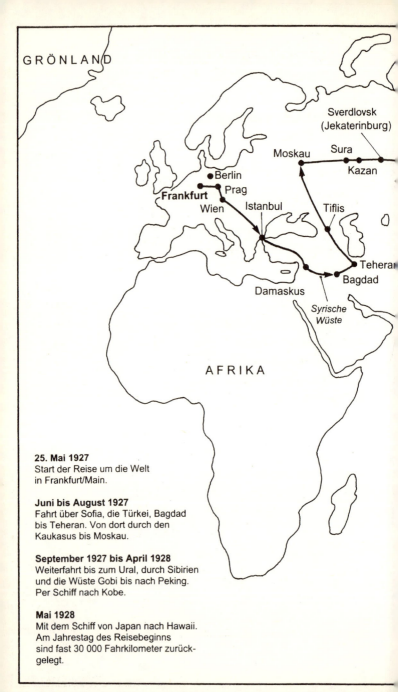

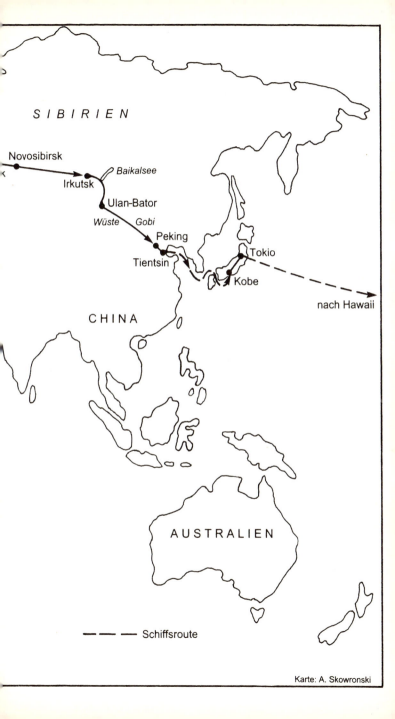

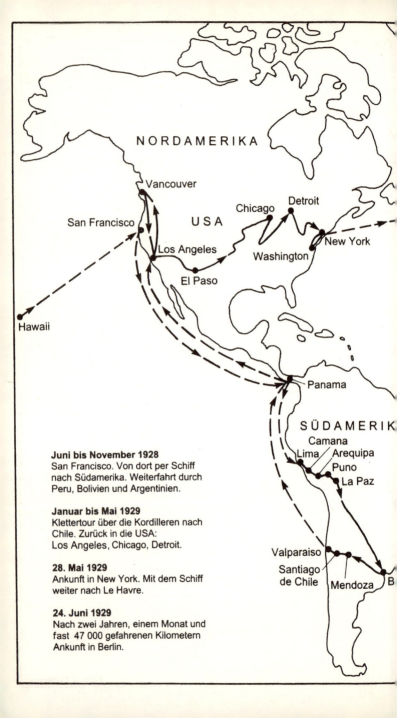

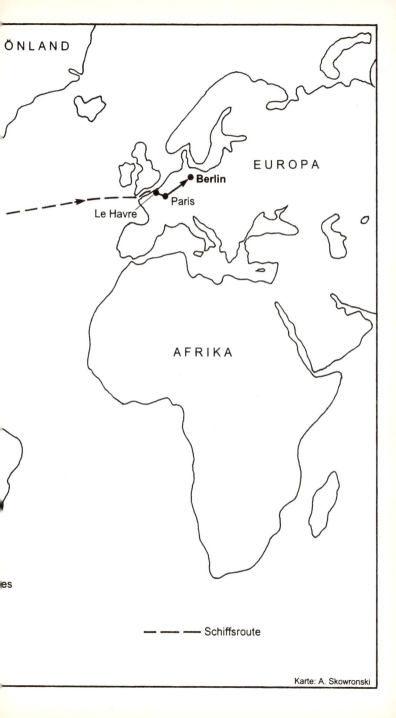

Dieses Buch ist eher ein Lebensbericht mit romanhaften Zügen als eine Biographie im traditionellen Sinn und eher Wahrheit als Dichtung. Allen, die dieses Buch lesen, um Auskunft über das Leben von Clärenore Stinnes zu erhalten, sei gesagt, dass nicht alles genau so war, wie es hier beschrieben wird. Aber denjenigen, die das Schicksal einer außergewöhnlichen Frau interessiert, die moderner war, als ihre Zeit es ihr erlaubte, sei versichert, dass sie getrost glauben können, was hier über Clärenore Stinnes erzählt wird.

Ich danke Roswitha Bachmann-Turn, Niederheimbach; Eva Johansson, Asa Skogsvårdsgård Lammhult; Thomas Karlauff, Berlin; Frau Dr. Keller-Kühne, Archiv für Christlich-Demokratische Politik der Konrad Adenauer Stiftung, St. Augustin; Else Kempkes, Marburg; Michael Kuball, La Camera Stylo, Hamburg; Barbara Liepert, München; Walter Mann, Ingolstadt; Karl Marhoffer, Traben-Trarbach; Patrizia Penserot, Stadtbücherei Koblenz; Sabine Reck, Rennfahrerin, Bergheim; Cläre Söderström-Svenson, Katrineholm; Marianne und Helmut Springer, Irmenach. Ich danke den Damen und Herren vom Stadtarchiv in Mülheim an der Ruhr, dem Team des Hoffmann und Campe Verlages und last, but not least meiner Frau.

Michael Winter, im Mai 2001

1. Die Tote im Thermalbad

Es fiel ihr immer schwerer, dem Töten gegenüber gleichgültig zu bleiben. Jäger sind pünktlich. Kurz vor acht hörte sie Mewes' Diesel die Straße von Traben-Trarbach heraufkommen. Der Geländewagen hielt vor dem Gatter. Sie hörte den Förster aussteigen und das Tor öffnen. Der Wagen fuhr an. Hielt erneut. Mewes schloss das Tor hinter sich. Dann tauchte das Auto unter der in Gelb und Orange erglühten Laubwand der Platanenallee auf. Mewes legte den Finger an den Hut und betrat die Terrasse, wo sie schon in der für die Jahreszeit ungewöhnlich warmen Morgensonne saß und schrieb.

«Er hatte eine schlechte Nacht», sagte sie und legte den Füller weg.

Der Jäger lehnte das Gewehr an die Hauswand. «Kommt er mit?»

«Frag ihn doch.»

Von drinnen war laut die Stimme eines Nachrichtensprechers zu hören. Mewes deutete auf die beschriebenen Blätter.

«Es ist für die Kinder.» Sie lachte. «Wusstest du, dass wir zu Hause nie jemandem von der Fahrt erzählt haben? Nicht einmal den Kindern. Ich habe auch mit Carl-Axel nie mehr darüber gesprochen. Komisch, nicht? Erst jetzt reden wir wieder ab und zu davon. Ich finde, seine Fotos sollten veröffentlicht werden. Es sind großartige Aufnahmen. Wie wir in Sibirien in einer Scheune Tango getanzt und in den Anden auf Dynamitkästen geschlafen haben! Uns bleiben vielleicht noch zwei Jahre.»

Sie schaute an den Birken vorbei auf die Kammlinien des Gebirges, die sich in verschiedenen Grau- und Grüntönen bis zum Horizont staffelten. Die Sonne brach wieder durch und hellte das Liniengewirr auf. Die Landschaft der Eifel hinter dem Moseltal öffnete sich zu einem ungeheuren Bühnenbild: Gelbe Ackerflächen, unterbrochen von dunkelgrünen Bauminseln, bildeten eine Schanze gegen den Himmel. An klaren Herbsttagen konnte man von der Schwedenhütte aus die Hohe Acht sehen. Von hier oben betrachtet, schien die Welt friedlich.

Im Dorf schüttelte man den Kopf, wenn die Siebzigjährige mit ihrem Volvo aus Stockholm angebraust kam. Sie legte keinerlei Wert auf Äußerlichkeiten. Zu Hause trug sie einen karierten Faltenrock und einen grauen Pullover. Die Falten hatten längst ihren Knick eingebüßt. Auf beiden Kleidungsstücken saßen hinten und vorne Flicken. Außer Haus sah man sie in einem braunen Männeranzug und einem hellblauen Hemd.

Kontakt zu den Leuten im Dorf hatten «die Schweden», wie sie hier genannt wurden, nicht. Frau Söderström fuhr dreimal die Woche ins Kurzentrum nach Bad Wildstein hinunter, wo sie die Moseltherme aufsuchte, um Linderung für ihr Hüftleiden zu finden. Dort gab es wohl auch einige Bekanntschaften. Aber enger befreundet waren sie und ihr Mann nur mit dem Revierförster Mewes, der ihnen die Jagdhütte als Sommerwohnsitz vermittelt hatte.

Man sah das Ehepaar häufig miteinander lachen. Sie konnten sich das Leben als ein Spiel auf Risiko vorstellen. Genau auf dieses Spiel hatten sie sich in ihrer Jugend eingelassen, und das auf eine Weise, die ihre Urenkel in höchstes Erstaunen versetzt hätte, hätten sie davon gewusst. Man konnte ihre Abenteuer an den Kurven ablesen, die die Falten durch ihr Gesicht zogen. Das waren andere Falten als die, die aus Verbitterung bei älteren Menschen zutage treten. Es gab Partien in ihrem Gesicht, die faltenlos waren: Stirn, Nase, Kinn. Sie trug den Kopf hoch und ging, soweit es ihr Hüftleiden erlaubte, kerzengerade. Ihre Stimme hatte den

Befehlston, der Menschen eigen ist, die gewohnt sind, mit Personal umzugehen. Ihr Alter hatte nichts Untertäniges, nichts Mitleid Erheischendes. Sie war kein Halm im Wind. Sie war eine Generalin. Unbeugsam, uneinsichtig, kompromisslos, emotionslos und rücksichtslos gegen sich selbst und andere. Unsentimental in Katastrophen und dem modernen Nachkriegsdeutschland gegenüber. Sie war in ihrer Engstirnigkeit weitsichtig und in ihrem altmodischen Nationalismus eigen. Sie war das Kind eines Dinosauriers, die Tochter ihres Vaters.

Das Radio verstummte.

«Hey, Carl, wie stehen die Böcke?»

Ein Mann wie ein Schrank in einem dunkelgrünen Mantel trat auf die Terrasse. Sein drollig singender schwedischer Akzent passte zu seinem verschmitzten Gesicht.

«Kommst du mit raus?», fragte Mewes.

«Ja, sicher.»

«Ich bin nachher in der Therme», sagte sie.

Carl-Axel nickte und schulterte sein Gewehr. Die Männer gingen zum Auto.

Sie wandte sich wieder ihrem Manuskript zu und versank darin, bis das Klingeln des Telefons sie aus ihrer Konzentration riss. Der Anruf schien von weit her zu kommen. Es rauschte in der Leitung. Die Stimme war kaum zu verstehen.

«Bist du es, Clärenore?»

«Wer spricht da?», rief sie in den Hörer.

«Schön, dass ich euch endlich gefunden habe. In Asa konnte mir niemand eure Adresse sagen.»

«Asa gibt es nicht mehr. Wer ist denn da? – Hallo?»

Es war die Stimme einer älteren Frau. Sie sprach mit amerikanischem Akzent.

«Sarah Armstrong. Meine Stimme ist alt geworden, genauso wie deine.»

«Sarah wer?»

Die Verbindung wurde unterbrochen. Es klingelte erneut.

«Ich bin im Oktober in Frankfurt. Dann komme ich euch besuchen. Wo genau liegt denn dieses *hole* – dieses Nest Immendorf?»

«Irmenach.»

«Okay. Ich rufe dich wieder an, dann sagst du mir den Weg. Bye-bye!»

Die Abschiedsformel wurde in hohen, lang gezogenen Tönen gesungen. Dann war die Leitung tot.

Sie fühlte sich gestört in ihren Erinnerungen. Das war keine Störung wie von einem Anrufer, der sich verwählt hatte. Sie fühlte sich gestochen – von einer Sonde, die in unbekannte Regionen vorstieß. Unbekannte Regionen? Verlorene Regionen. Sie spürte, dass diese Frau etwas mit ihrem Leben zu tun hatte. Gut oder schlecht? Entscheiden wir später, sagte sie sich. Sie schaute auf die Uhr, zog sich um, ging zur Garage und fuhr los.

Die Straße von Irmenach nach Traben-Trarbach führt zunächst geradlinig über eine leicht abfallende Hochebene des Hunsrücks. Nachdem man auf der linken Seite einen Wald passiert hat, erreicht man einen Aussichtspunkt, der einen weiten Blick über die Mittelgebirgslandschaft bietet. Nach einer unbedeutenden Rechtskurve tritt die Straße in einen dichten Eichenwald ein. Mit einem Gefälle von fünfzehn bis siebzehn Prozent schlängelt sie sich etwa sechs Kilometer in die Stadt hinunter. Dieser Teil der Strecke stellt die höchsten Anforderungen an das fahrerische Können; es gilt einen Höhenunterschied von etwa dreihundert Metern zu überwinden. Diese Abfahrt war ihr besonders lieb. Auf den Geraden gab sie Gas, bis die Nadel des Tachos bei hundert Stundenkilometern schwankte. In den Kurven bremste sie nicht ab, nahm kaum das Gas weg und machte die Kurve zur Geraden, indem sie die Bahnführung ignorierte und den Volvo auf der Gegenfahrbahn ein wenig nach rechts zog. Im Schwung der Kurven und Straßenwellen fühlte sie sich leicht. Sie entrann der Unbeweglichkeit, schlug ihren Knochen ein Schnippchen. Preschte ihren Schmerzen davon. Die Fahrt ins Thermalbad war die eigentliche Kur. Auf dem Fahrersitz war sie alterslos, mobil wie mit zwanzig. Ungeduldig wie eine Achtzehnjährige, die gerade ihren Führerschein gemacht hat, fluchte sie auf Gott und die Welt, wenn eine lahme Ente vor ihr her bummelte und ihr das Vergnügen der Geschwindigkeit nahm.

Sie fuhr nie unzivilisiert. Es war der schnelle Wechsel von Licht und Schatten, wenn sie durch Waldstücke fuhr, der ihre Seele mehr belebte als die Thermalquelle im Tal. Vor allem das Gefälle mit den Kurven. Wenn man die Kurven genau kennt, weiß man, wann der Punkt gekommen ist, an dem man wieder beschleunigen kann. Je eher, desto besser. Abbremsen mit dem Motor, runterschalten vor der Kurve und à point, das heißt schon lange vor dem Scheitel der Kurve wieder Gas geben. Sie wusste, dass es sich in ihrem Alter nicht gehörte, den Wagen schleudern zu lassen und ihn nur mit seinen Fliehkräften zu steuern. Sie beherrschte das Auto vollkommen, und wenn sie sich ganz sicher war, allein auf der Strecke zu sein, ließ sie die Reifen doch mal ein wenig quietschen. Die Zeit vom Start zum Ziel maß sie mit einer Stoppuhr. Sie hatte Bestzeiten und schlechte Tage. Das hing natürlich auch vom Wetter ab. Sie hatte Bestzeiten auf nasser und auf trockener Fahrbahn, auch bei Schnee mit Winterreifen. Die Zeiten bergauf waren andere als bergab. Gar nicht zählten die Tage, an denen sie auf der Gefällstrecke hinter einem Sattelschlepper klemmte. Carl-Axel jagte Böcke. Sie ging derweil mit dem Auto auf Jagd nach der Zeit, um sie im warmen Thermalwasser wieder laufen zu lassen. Im Wasser spürte sie ihren Körper genauso wenig wie im Auto.

Luigi umarmte sie. Er war groß und breitschultrig und musste sich ein wenig zu ihr hinunterbeugen. «*Va bene, signora?*»

«*Va bene, Luigi.*»

Die Luft in den Gängen war warm und feucht. Luigi begleitete sie in die Fangokabine, wo der heiße Brei schon auf der Liege bereitlag. Sie setzte sich auf den Rand, und Luigi bestrich ihren Rücken mit dem heißen Schlamm. Dann legte sie sich hinein, und bevor er sie in Tücher einwickelte, bepackte er ihre Hüften noch mit der Heilerde. Sie lag fixiert im heißen Moor. Bewegungsunfähig. Sie fühlte sich in dieser Situation jedes Mal wie ein Chemiker, der gebannt auf sein Reagenzglas starrt. Nur war das Reagenzglas in diesem Falle ihr eigener Körper. Die ersten Schweißperlen rannen ihr über die Stirn. Sie musste das Kinn anheben, damit ihr der Schweiß nicht in die Augen lief. Die Sonne steht senkrecht über der Syrischen Wüste. Die Zunge klebt am Gaumen. Rund um die Wagen hängen Wassersäcke für die Kühler. 460 Kilometer bei 53 Grad im Schatten. Nach hundert Kilometern leckt der Benzintank. Luigi kam und tupfte ihr den Schweiß von der Stirn. «*Va bene, signora?*»

«*Si, va bene, Luigi.*»

Körpergüsse mit flüssigem Stahl. Die Syrische Wüste war heißer als der Fango. Im Purgatorium verrinnt nur der Schweiß, nicht die Zeit. Der Schlamm schickt seine geheimen Energien durch den Körper. Er saugt alle Krankheiten ab, zieht alle Schmerzen aus den Gliedern. Von den Füßen her stieg eine wohlige Heiterkeit in ihr auf. Bist du, wenn du aus dem Schlamm steigst, noch die, die du warst? Luigi zeigte die Finger seiner rechten Hand. Noch fünf Minuten. Der Gedanke an kühles Bergquellwasser schoss ihr durch den Kopf. Andenwasser aus viertausend Meter Höhe. Während sich ihr Daumen und Zeigefinger unter der Verhüllung in den Schlamm wühlten, nahm die Vorstellung, dass sie sich mit einem Schlag aus den Mumienwickeln befreien und ein neues, gereinigtes Leben beginnen könnte, alle ihre Sinne gefangen. Aber nein, sie wollte nicht mit heilem Körper in einer heilen Welt leben. Luigi wickelte sie aus. Sie duschte die Schlammreste ab, während er das Bad bereitete. Sie saß dann in einem von Ozon durchbrodelten Thermalbecken. Das Wasser war mit Traubenkernöl und anderen Haut und Knochen sanierenden Essenzen angereichert. Sie sah, wie Luigi die Tücher über dem durchschwitzten Schlamm zusammenschlug und ihn mitsamt den Gebresten ihres Leibes und ihrer Seele davontrug, und sie war im Zweifel, ob er zu einem solchen intimen Diebstahl berechtigt war. Ein Teil von ihr wurde auf den Müll geworfen oder in einer Wiederaufbereitungsanlage für den Fangoschlamm mit dem intimsten Eigentum anderer verrührt.

Als sie Alessia in die Hände taumelte, befand sie sich bereits in einem angstfreien Dämmerzustand. Die Öle der Masseuse kühlten ihre Haut. Sie fühlte sich wie in Pfefferminz getaucht und spürte ihre Hände an Armen und Beinen, am Rücken und an den Schultern. Ihre Muskeln entspannten sich nicht durch das Kneten, sondern durch Streichelbewegungen, die immer neue Überraschungen boten – auch noch nach jahrelanger Erfahrung mit dieser Art von Massagen. Dann ließ sie sich im großen Schwimmbecken von der Sole tragen. Sie schloss die Augen und wünschte sich, sie lange Zeit nicht mehr öffnen zu müssen. Wer war Sarah Armstrong? Sie stieß mit dem Kopf durch eine Wand aus Hartgummistreifen und schwamm ins Freie. Im Außenbereich des Thermalbeckens verdampfte die Wärme in die frische Herbstluft und bildete eine weithin sichtbare Wolke, die zu den Berghängen aufstieg. Sie schwamm an den Beckenrand, drehte sich mit dem Rücken zum Handlauf und stützte sich mit den Ellbogen darauf ab, sodass ihr Körper waagerecht im Wasser schwebte. Auf der gegenüber liegenden Seite hielt sich eine Frau am Handlauf fest. Sie war ein paar Jahre älter. Die Frauen grüßten sich. Sie waren sich schon ein paar Mal beim Schwimmen begegnet.

«Sind Sie auch zur Kur hier?», fragte die Frau.

«Ich wohne hier.»

«Das Thermalwasser tut einem so gut, nicht wahr?»

«Aber Sie dürfen nicht zu lange im Wasser bleiben.»

«Sie sind nicht aus der Gegend hier?»

«Ich komme aus dem Norden.»

Solche Gespräche waren ihr lästig.

«Ach, woher denn? Ich komme aus ...»

Sie wollte sich gerade schwimmend davonmachen, da sackte die Frau weg. Sie tauchte wieder auf, verdrehte die Augen und schlug mit den Armen aufs Wasser. Sie schwamm zu ihr hinüber und hielt sie über Wasser. Die Frau schaute sie starr an. Sie griff sich ans Herz, schnappte nach Luft. Ihr Gesicht wurde rot, dann weiß.

«Frau Stinnes!», rief sie in Todesangst, und sie wollte noch irgendetwas sagen. Ihre Lippen formten ein O – dann wurde ihr Körper schlaff.

Sie schrie um Hilfe. Ein Bademeister und ein paar Männer stürzten herbei. Sie zogen die Frau aus dem Wasser und legten sie auf den Boden. Der Bademeister begann sofort mit Reanimationsmaßnahmen, zwei Minuten später war der Arzt zur Stelle.

«Herzstillstand.»

Sie hörte eine Sirene. Sanitäter kamen mit einer Trage. Menschen scharten sich im Kreis um die sterbende Frau. Sie war noch im Wasser und deshalb in Augenhöhe mit der Sterbenden. Der Notarzt setzte seine Geräte ein. Dann ließ er von der Frau ab. Alle Hektik hörte plötzlich auf.

«Sind Angehörige hier?»

Die Leute schüttelten die Köpfe. Die Sanitäter trugen die Frau zum Wagen, und die Ärzte gingen mit dem Bademeister ins Büro der Verwaltung. Sie schwamm zurück und stieg aus dem Wasser. Woher hatte diese Frau ihren Namen gekannt? Den wusste hier niemand. Hier war sie für alle Frau Söderström. Wer war Sarah Armstrong?

2. Miss Barfields Tränen

Eines Tages vor dem verhassten Mittagsschlaf kullerten plötzlich an der lustigsten Stelle von Clärenores Lieblingsgeschichte, nämlich der vom fliegenden Robert, der mit einem zur Flugmaschine umgebauten Parapluie über die väterlichen Gruben und Hütten schwebt und in die Schornsteine spuckt, Tränen aus den Augen von Miss Barfield. Die Gouvernante aus England schlug das Buch zu, stand von der Bettkante auf und verließ schluchzend das Zimmer. Tränen hatte Clärenore bei einem Erwachsenen noch nie gesehen. Bis zu diesem Tag dachte sie, dass ausschließlich ihre Brüder mit reichlich Augenflüssigkeit gesegnet seien. Auch sie hätte gern je nach Gelegenheit Tränen vergossen, denn Tränen brachten ungeheure Vorteile. Sie linderten Schmerz, dämpften Wut und riefen vor allem früher oder später das Mitleid der Erwachsenen wach.

Clärenore versuchte vergeblich, Tränen zu erzeugen. Einen ganzen Morgen hielt sie die Augen fest verschlossen, in der Hoffnung, hinter den Lidern würde sich ein Tränensee aufstauen, wenn sie die Pupillen durch Zusammenkneifen von Nasenwurzel und Stirn und durch Reiben mit den gekrümmten Zeigefingern nur ordentlich melkte. Mit allen Mitteln versuchte sie, den älteren Brüdern Edmund und Hugo das Geheimnis des Tränenflusses zu entlocken. Die leugneten aber, je geweint zu haben, und behaupteten, heulen täten nur Mädchen. Sie warf sich auf den Boden, weil sie gesehen hatte, dass die Brüder zu heulen anfingen, wenn sie beim Herumtoben oder beim gegenseitigen Verdreschen hingefallen waren. Besonders heftig schrien sie, wenn sie dabei die sonntäglichen Matrosenanzüge ruiniert hatten. Schließlich schlich sie in die Wäschekammer und nahm eine

Nadel aus dem Nähkasten des Hausmädchens. Damit stach sie sich in die Fingerspitzen. Sie spürte nicht einmal Schmerz und schloss daraus, dass Tränen erstens Kinder- und Jungenkram sind, zweitens, dass man lügt, wenn man weint, und drittens, dass Mädchen vollkommenere Wesen sind als Jungen. Als Clärenore Miss Barfield weinen sah, brach das Bild, das sie sich von der Welt gemacht hatte, nicht gleich zusammen. In einer solchen Situation gab es nur eine Möglichkeit. Der Vater musste befragt werden.

Der Vater war zwar ein Wesen, das gleich nach Gott kam, aber wenn man sich geschickt anstellte, war er auch außerhalb der Zeit, die er für die Kinder reserviert hatte, erreichbar. Clärenore wusste seit ihrem fünften Lebensjahr, was für einen bedeutenden Namen sie trug. Sie hörte, wie die Leute ihn flüsterten, wenn sie sonntags hinter dem Vater aus der Kirche kam, oder als Fluch, ausgespien von wilden, vom Kohlenruß verschmierten Kerlen, die nach Bier rochen und von der Ruhr herauf an ihrem Haus vorbeitorkelten. Stinnes. Bei diesen zwei Silben hätten die Mülheimer schon zu Urgroßvaters Zeiten aufgehorcht. Solche Sätze sprach Oma Lizze von ihrem hölzernen Thron in der Löwenfestung herab. Clärenore aber wusste vom Kutscher, dass Hunde aufhorchen. Für eine kurze Zeit dachte sie, Mülheimer seien eine Hunderasse, bis ihr die entsetzte Mutter erklärte, dass Mülheimer all jene Menschen seien, die um sie herum lebten. Waren alle Menschen Mülheimer? Nein, es gab auch die Stadt Essen, und dort lebten Essener, und die Stadt hatte mit den täglichen Mahlzeiten nichts zu tun, und dahinter war Wiesbaden und dahinter vielleicht Berlin, und dahinter begann die Welt und dahinter – und dahinter? Der Vater konnte in Mülheim die Glocken zum Läuten bringen, und der Vater konnte machen, dass es schulfrei gab. Clärenore konnte sich nicht vorstellen, dass die Märchenkaiser in den Geschichten, die Miss Barfield ihr vorlas, mächtiger waren als der Vater. Schon gar nicht der Kaiser in der Stadt Berlin, von dem der Vater manchmal erzählte, wenn er von einer seiner zahlreichen Reisen zurückkam. Der Vater war jedenfalls mindestens so ein großer Zauberer wie Graf Zeppelin. Der Vater hatte Schiffe, die über den Rhein und den Ozean fuhren. Was der Ozean war, wusste Clärenore von Norderney. Graf Zeppelin aber hatte Schiffe, die am Himmel fuhren.

Eines Tages, als sie bei den Großeltern in Wiesbaden waren, hieß es, ein Zeppelin sei gestartet und würde im Rheintal rheinabwärts fliegen. Die Mutter, Tante Nora und die Kinder machten sich auf den Weg, um ihn zu sehen. Sie liefen die Bierstadter Straße hinab und dann nach rechts durch den Stadtpark. Der Kurhausplatz war voller Menschen, die zum Himmel schauten. Sie saßen in den Bäumen, hingen zu den Fenstern hinaus, und einige waren sogar auf die Hausdächer gestiegen. Clärenore war von Beinen umringt. Vom Himmel sah sie kein Stück. Da ging ein Raunen durch die Menge, dann Jubelgeschrei. Tante Nora hob sie hoch und zeigte auf einen Punkt über den Dächern. Der Zeppelin glitt heran – eine riesige graue Zigarre. Über der Stadt schwebte er etwas tiefer, stand fast in der Luft. Sie konnten das Brummen der Motoren hören und die Kanzel sehen. Die Leute winkten himmelwärts. Einige warfen ihre Hüte in die Luft, riefen Hurra und «Es lebe der Kaiser!».

Clärenore wünschte sich, Luftschiffkapitän zu sein. Sie stellte sich vor, wie sie mit dem Luftschiff hoch über den Wolken um die ganze Welt fuhr. Alle Zeitungen würden über sie schreiben. In allen Ländern der Welt würde man sie mit Jubel empfangen, und der Vater wäre stolz auf sie. Edmund und Hugo hatten keinen Sinn für die höheren Sphären. Sie bewarfen sich mit Sand.

Als der Zeppelin hinter den Bäumen in Richtung Bahnhof und Rhein verschwunden war, schlug Tante Nora vor, ihn mit dem Auto zu verfolgen. Die Mutter, eine leidenschaftliche Fahrerin, schloss sich schnell der allgemeinen Begeisterung an, und schon saßen sie im Automobil. Der Chauffeur musste zu Hause bleiben, die Mutter lenkte den Wagen. Clärenore saß vorne auf dem Schoß von Tante Nora. Nichts auf der Welt war ihr lieber, als im Auto zu sitzen – außer Zeppelin fahren, vielleicht. Die Mutter fuhr sehr forsch. Das war das Einzige, was sie dem Vater voraus hatte, der es vorzog, mit Kutsche und Eisenbahn zu fahren, und der störanfällige Motorvehikel verachtete. Mit zwanzig Stundenkilometern sausten sie durch die Stadt in Richtung Rhein. Der Wagen war offen. Alle schauten nach oben. Ein Rennen gegen einen Zeppelin! Das war ganz nach Clärenores Geschmack. Vielleicht würde sie doch lieber Rennfahrerin werden als Luftschiffkapitän. Edmund und Hugo ließen von der Rückbank aus Papierschwalben fliegen. Sie holten Steine aus ihren Taschen und warfen auf die Stämme der Chausseebäume. Daraus entspann sich ein Wettkampf im Zielen und Treffen, bis die Mutter die Knaben zur Ordnung rief.

Kurz vor Walluf fing plötzlich der Motor an zu stottern, und der Wagen blieb stehen. Vom Zeppelin war weit und breit nichts zu sehen. Von der nächsten Bahnstation, die man zu Fuß erreichte, wurde per Fernsprecher Kolbe gerufen. Während die Familie im Gasthof wartete, machte sich der Chauffeur an die Reparatur. Clärenore entkam aus der Gaststube und kroch zu ihm unter das Automobil. Der Geruch von Öl und Benzol hatte eine magische Anziehung auf sie. Kolbe hantierte mit Schraubenschlüsseln in den Eingeweiden der Maschine. Clärenore faszinierten die geheimnisvollen Namen der Maschinenteile: Vergaser, Zylinder, Zündung, Gangschaltung, Kardanwelle, Kupplung. Ihre Bewunderung für die Maschinen, mit denen man sich zu Lande, zu Wasser und jetzt auch noch in der Luft ohne Muskelkraft fortbewegen konnte, war grenzenlos wie auch ihre Freude, als der Motor unter den Händen des Chauffeurs wieder zum Leben erwachte.

Man tröstete sich über die misslungene Wettfahrt mit der Aussicht, den Zeppelin Anfang September in Essen aus nächster Nähe besichtigen zu können. Dort sollte er nach seiner Rückkehr aus Berlin und Hamburg eine Zwischenlandung einlegen. Diese Hoffnung wurde jedoch durch die Nachricht zunichte gemacht, dass die Landung abgeblasen worden sei. Das Zeppelin-Fieber hatte nicht nur Clärenore befallen. Es hatte sich ausgebreitet wie eine Epidemie. Wie aber konnte man einen Luftschiffer erweichen? Der Vater konnte das. Der Vater brauchte nur in seinen Fernsprechapparat hineinzurufen, der im Büro auf seinem Schreibtisch stand. Clärenore setzte sich nach dem Mittagessen auf den Schoß des Vaters und bat ihn, den Luftschiffkapitän anzurufen.

«Du bist ja schlimmer als der Oberbürgermeister von Essen», sagte der Vater, «aber wenn mich zwei so bedeutende Persönlichkeiten bitten, werde ich wohl mit den Zeppelin-Direktoren reden müssen. Und jetzt marsch ins Bett.»

Am 1. September, einem Montag, landete der Zeppelin auf einer Wiese bei Essen, und die Bergleute bekamen aus diesem Anlass Sonderurlaub. Aber das war noch nicht alles. Der Vater erreichte sogar, dass der Mülheimer Bürgermeister Lembke den Tag für schulfrei erklärte, und Clärenore war die Heldin der Kinder aus der Kettenbrückenstraße. Auch jene verstummten, die sie bis dahin aus Neid, weil sie nicht wie alle anderen zur Schule gehen musste, sondern Privatunterricht bekam, als arrogante Stinnes-Kuh beschimpft hatten. Seit diesem Tag war Clärenore überzeugt davon, dass der Vater der mächtigste Mann auf der Welt war, mächtiger noch als ein Luftschiffer.

Es war nicht einfach, einen so mächtigen Mann allein zu sprechen. Jede Minute des Tages war verplant. Am Samstag gehörte der Vater zwar den Kindern, aber an diesen Abenden waren nicht nur die beiden älteren Brüder Edmund und Hugo, sondern auch die beiden jüngeren Geschwister Otto und Hilde dabei, wenn der Vater mit ihnen Karten spielte oder ihnen Geschichten erzählte. Keine Märchen oder lehrhafte Fabeln auf Englisch wie Miss Barfield, sondern Geschichten aus dem Geschäftsleben, aus Straßburg und Berlin, von Besprechungen mit Ministern, Direktoren, Kapitänen oder über die Schiffe des Vaters oder die Bergwerke. Da fielen dann so geheimnisvolle Namen wie RWE oder Deutsch-Luxemburg, Kohlensyndikat oder Gelsenkirchener Bergwerks AG. Diese Namen merkte sich Clärenore bald, ohne zu wissen, was sie bedeuteten, und sie erntete bei den Erwachsenen stets schallendes Gelächter, wenn sie die Wörter herunterbetete. Am liebsten aber waren ihr die lustigen Namen, die sie aufschnappte, wenn die Eltern beim Abendbrot über die Firma sprachen. Luise Tiefbau, Rosenblumendelle, Gewerkschaft Deutscher Kaiser, Concordia, Nordstern, Verein Sellerbeck, Wolfsbank, Carolus Magnus, Friedrich Ernestine, Hibernia. Obwohl der Name Hibernia am häufigsten fiel, waren ihre Favoriten Luise Tiefbau und Rosenblumendelle.

Unter Luise Tiefbau stellte sie sich ein wunderschönes Mädchen vor, das ganz tief in der Erde lebte, umgeben von strahlend hellen Kristallwänden, die so klar waren wie Spiegel. Luise Tiefbau tat nichts anderes, als – versunken in ihre eigene Schönheit – tagein, tagaus in die Spiegel zu schauen. Rosenblumendelle hingegen war ein Tal, das von hohen Bergen umgeben und noch nie von einem Menschen betreten worden war. Das ganze Jahr hindurch blühten hier Blumen, die es sonst nirgendwo auf der Welt gab. Luise Tiefbau war Clärenores Heldin. Sie träumte, dass sich Luise eines Tages an ihrer Schönheit satt gesehen hatte und beschloss, die Welt zu erobern: Raubritterin, Indianerhäuptlingin und Schiffkapitänin – das waren die Stationen ihrer Karriere. Sie befreite den armen Robinson von seiner Insel und heiratete ihn. Wenn Clärenore sich vorstellte, sie sei Luise Tiefbau, dann war sie unbesiegbar. Sie blieb Siegerin in allen Indianer-, Neger-, Buren- und Herero-Schlachten mit den Brüdern. Sie besiegte den finsteren Häuptling «Schwarzes Beil», ein in einem dunklen Nebenraum stehendes Mahagoniungetüm. Sie schritt als Erste über die «Teufelsbrücke», ein altes Plättbrett, das über zwei Stühle gelegt wurde, und sie war es, die sich traute, die «Eiserne Squaw», einen kleinen Ofen im Kinderzimmer, zu umarmen. Wenn sie Luise Tiefbau war, gelang ihr alles. Nicht sie, sondern Luise Tiefbau würde den Vater in seinem Büro aufsuchen und ihn nach den Tränen von Miss Barfield fragen.

Es erwies sich als schwieriges Unterfangen, in das Büro des Vaters zu gelangen. Vier, fünf Hindernisse mussten überwunden werden. Das Kontor der Firma Hugo Stinnes befand sich im Nebenhaus. Ursprünglich waren in der Kettenbrückenstraße Nummer 6 auch die Privat- und Wohnräume der Familie untergebracht. Als die Firma aber wuchs und die Raumnot immer größer wurde, kaufte der Vater das Nachbarhaus des Textilkaufmanns Gustav Engers hinzu, und das Heim der Familie verwandelte sich für fast ein Jahr in eine Baustelle. Für Clärenore und die Geschwister war das eine lustige Zeit voller Ausnahmen vom täglichen Reglement, während die Mutter einen erbitterten Kampf gegen das stets aufs Neue hereinbrechende Chaos führte, den sie mit allen Mitteln der Feldherrnkunst bestritt und schließlich gewann. Was der Vater mit leiser Stimme allein durch seine Autorität erreichte, gelang der Mutter durch Schärfe, Unerbittlichkeit, Zähigkeit und gnadenlose Strenge. Dem Vater gehorchten die Handwerker aus Verehrung, der Mutter aufgrund ihrer Befehlsgewalt als Hausherrin. Für die Kinder war es der schönste Augenblick, als sie das leer geräumte

Haus von Herrn Engers erobern durften. Sie nahmen Raum für Raum im Häuserkampf gegen die fliehenden Indianer in Besitz und pflanzten überall die Familienflagge der Stinnes auf. Es gab auch reichlich Beute. Überall fanden sich Kleinigkeiten, die liegen geblieben waren. Schrauben, Rädchen, bunte Stofffetzen oder glänzende Metallkügelchen, die natürlich von allen Schätzen den höchsten Tauschwert hatten. Dann kamen die Handwerker und rissen mit großen Hämmern Wände ein, setzten Stufen, mauerten hier eine Tür oder ein Fenster zu, öffneten dort einen neuen Durchgang, legten Böden, zogen elektrische Leitungen und Rohre, tapezierten Wände. Wenn es auch streng verboten war, sich den Schutthaufen zu nähern, auf Leitern zu klettern und zwischen den Handwerkern herumzulaufen – es gab doch immer wieder Gelegenheiten, ungesehen zu entkommen. Das größte Ereignis dieser Weltverwandlung war für Clärenore die Tatsache, dass sie im Obergeschoss ein eigenes, von den Knaben getrenntes Zimmer bekam. Sie musste es allerdings mit ihrer Schwester Hilde teilen.

Hilde war die große Störung und Verstörung in Clärenores Kindheit. Die Eltern hatten ihr eine Konkurrentin ins Haus gezaubert. Das war etwas anderes als der Wettstreit mit den Brüdern. Die Brüder saßen nie auf dem Schoß des Vaters, während Hilde dies besonders gern tat. Von dem Moment an, da die Schwester in ihr Bewusstsein getreten war, wurde Clärenore klar, dass sie die Welt mit ihr zu teilen hatte. Vor allem die Tochterliebe des Vaters. Der absolute Herrschaftsanspruch auf den Vater war ein für alle Mal verloren. Das verzieh sie Hilde nie. Die Nachkömmlinge, die fast ein Jahrzehnt später geboren wurden, spielten in diesem Wettkampf keine Rolle. Konkurrenz belebt das Geschäft. Ein Geschäft um Liebe und Gunst. Elterliche Gerechtigkeit ist aus der Perspektive von Kindern ein undurchschaubares Terrain.

Das Büro des Vaters war durch eine Tür und über eine kleine Treppe zu erreichen, die in ein Durchgangszimmer mit Aktenschränken hinunterführte. Dahinter befand sich das Vorzimmer, in dem Herr Hennes, der Buchhalter, saß. Herr Hennes hatte Order, niemanden ins Direktorenzimmer vorzulassen außer der Mutter. Aber selbst sie betrat das Kontor während der Bürozeiten höchst selten. Der Buchhalter stand meist an einem Schreibpult weiter hinten im Raum, in Fensternähe. Wenn man schnell genug war, hatte man die Tür zum Büro des Vaters schon geöffnet, ehe der gebrechliche Herr einem den Weg abschneiden konnte. Der Vater saß an einem Doppelschreibtisch, ihm gegenüber Amtsrichter Thomas mit aufgezwirbeltem Oberlippenbart, der Stellvertreter des Vaters. Es kam darauf an, schnell zu sein, unsichtbar. Es kam darauf an zu fliegen – knapp über dem Kokosläufer. Distanzen hatten keinen Wert an sich. Die Distanz war ein Tier, dessen primärer Sinn darin bestand, verschlungen zu werden. Spazieren gehen war Clärenore zuwider. Was für eine Zumutung! Schlendern und schauen ohne Zweck und Ziel. Kreisläufe, auf denen man Waldluft schluckte. Aber war nicht in jeder Bewegung von A nach A der Gedanke einer Weltumrundung verborgen? Luise Tiefbau lagen solche Spitzfindigkeiten fern. Sie wollte vorwärts. Zum Vater und zu einer neuen Welterklärung.

Der Vater hob sie auf den Schoß. Das war der beste Augenblick. Allein dafür hatte sich das Abenteuer gelohnt. Auf diesem Platz war sie vor allen Angriffen der Welt sicher – unantastbar in der Bannmeile der Macht. Entzogen auch den Gesetzen des Hauses, der Welt und der Zeit. Enthoben der Konkurrenz der Geschwister, den Geboten der Mutter. Der Vater war etwas Großes, dunkel Gekleidetes. Nur seine Hände waren weiß, kühl, trocken und ruhig. Sie waren da, wenn man sie ergriff. Aus ihnen zog Clärenore allen Lebensmut. Die andere weiße Stelle an des Vaters schwarzer

Gestalt war der Hemdkragen. Darüber war wieder alles dunkel: der schwarze stechende Vollbart, die dunkelbraunen Augen, das schwarze Kopfhaar, weich wie Seide. Man konnte mit den Fingern den schlecht verheilten Bruch des Nasenbeins erfühlen. Man konnte seine Wange an die Bartstacheln legen. Man konnte Märchenlandschaften in den Augen des Vaters sehen, aber keine Tränen. Wenn sie auf dem Schoß des Vaters saß und mit der Uhrkette spielte, wusste Clärenore: Dieser Mann war ihr Eigentum.

Der Vater stand auf und trug sie zur Weltkarte. Sie war gespickt mit Fähnchen, die die Initialen des Prinzipals zeigten. In der Mitte Europas gab es einen dichten Fähnchenwald. Auf dem amerikanischen Kontinent wehten etliche Stinnes-Fahnen. Afrika war eine Wüste. Nur an der Nilmündung und am Kap der Guten Hoffnung steckten Fahnen. Russland und der Orient waren ebenfalls dünn besiedelt, aber am Ostrand Asiens erreichte der Betrachter wieder Stinnes-Land.

«Zeig mir Südamerika», sagte der Vater.

Clärenore war die Karte vertraut. Sie kannte die Farben der Länder und die Städte mit Stinnes-Niederlassungen auswendig. Istanbul, Beirut, Damaskus, Alexandria, Bagdad, Teheran, Tiflis, Moskau, Novosibirsk, Peking, Tokio, Los Angeles, Lima, Bogotá, Buenos Aires, Montevideo, Santiago, San Francisco, Chicago, New York. Sie zeigte auf das Amazonasgebiet. Brasilien war grün. Argentinien gelb. Russland dunkelgrün, China hellgelb. Indien war orange, und die Vereinigten Staaten waren hellblau.

«Zeig mir Buenos Aires.»

Sie zeigte nach unten, und der Vater ging mit ihr in die Knie.

«Wir haben eine Neuerwerbung. Was meinst du?»

Clärenore hatte das neue Fähnchen schon längst entdeckt und zeigte auf die Stadt Mendoza.

«Bravo. Ich glaube, wir werden dir die Firma übergeben, nicht wahr, Herr Thomas?»

Die beiden Männer lachten. Für Clärenore war das ein Versprechen.

Der Prinzipal setzte sich hinter seinen Schreibtisch und blätterte in ihrem Haushaltsbuch. Dann sagte er, ohne aufzuschauen: «Wir hatten verabredet zu sparen. Hatten wir das?»

«Ja», sagte Clärenore leise.

Jedes Kind hatte über sein Taschengeld Buch zu führen. Alle Ausgaben mussten bis ins kleinste Detail vermerkt werden, und am Monatsende hatte eine Balance zwischen Einnahmen, Ausgaben und Guthaben zu bestehen. Fehlbeträge oder nicht nachgewiesene Ausgaben waren vom übrig gebliebenen Guthaben oder vom nächsten Taschengeld in die Bedürftigenkasse zu zahlen. Das war ein Sparfonds, in den alle Familienmitglieder einzahlten und aus dem jede Woche eine besonders bedürftige oder unverschuldet in Not geratene Familie aus der Arbeiterschaft der väterlichen Bergwerke Mahlzeiten erhielt.

«Hier steht als Ausgabeposten ‹achtundsiebzig Pfennige für Kleinigkeiten›. Kleinigkeiten gibt es in Geldsachen nicht. Da hat zu stehen: zwei Pfennige für Veilchenbonbons oder fünfzehn Pfennige für Karussellfahren oder eben eine Mark der Firma entnommen für Limonade und von künftigen Einnahmen zurückzuzahlen binnen einer Woche.»

«Ich werde es zurückzahlen», sagte Clärenore.

«Natürlich wirst du es zurückzahlen. Aber meinst du, damit ist die Sache erledigt?»

«Nein, Papa», sagte Clärenore plötzlich mit fester Stimme. Dann erinnerte sie sich an die Gouvernante. «Können Erwachsene weinen?»

Hugo Stinnes schaute seine älteste Tochter erstaunt an und setzte sie vor sich auf die Schreibtischplatte.

«Wer hat geweint?»

«Miss Barfield.»

«Hast du sie geärgert?», fragte der Vater und zog die Augenbrauen hoch.

«Nein, bestimmt nicht.»

Der Vater setzte sich so, dass sie sich Auge in Auge gegenübersaßen.

«Ich werde sterben. Und dann werdet ihr, Edmund, Hugo, Otto und du, die Firma leiten.»

«Was ist sterben?»

«Ich werde nicht mehr erreichbar sein.»

«Wo bist du dann?»

«Ich weiß es nicht. Die Menschen weinen, wenn die sterben, die sie lieben. Miss Barfield erhielt gestern die Nachricht vom Tod ihres Vaters.»

«Was ist Tod?»

«Etwas, wovor wir keine Angst haben müssen.»

3. Kreuzigung

Die Stadt Mülheim war um 1910 eine der wohlhabendsten Städte des Ruhrgebiets. Sie hatte etwa hunderttausend Einwohner und achttausend Häuser. Der Anteil an herrschaftlichen Villen war höher als in jeder anderen deutschen Stadt dieser Größe, abgesehen von Wiesbaden. Mülheim war neben Essen das Energiezentrum des Ruhrgebiets. Die Stadt wurde zum bevorzugten Wohnsitz der Reichen und Superreichen. Nicht in Hamburg, Berlin oder München kamen auf tausend Einwohner die meisten Millionäre, sondern in diesem kleinen Ort an der Ruhr. Die Villen, die sich die Thyssens, die Küchens, die Coupiennes, die Kirdorfs, die Hanaus, die Roeschs, die Bagels, die Seligmann Cohns, die Mellingshoffs und andere um die Jahrhundertwende und bis zum Ersten Weltkrieg hier bauten, konnten es durchaus mit denen im Berliner Grunewald aufnehmen. In Mülheim schlug nicht nur das Herz des westdeutschen Industrierevieres, sondern auch das der deutschen Wirtschaft und einer deutschen industriellen Revolution. Man sah hier weiter in die Zukunft als von Berlin und den ostelbischen Junkerlanden aus. Mülheim war, was die Industrieproduktion betraf, in dieser Zeit wohl eine der fortschrittlichsten Gemeinden Europas.

Man befand sich bereits an der Schwelle zur zweiten industriellen Revolution. Im neunzehnten Jahrhundert war Mülheim durch den Bergbau, die Kohlegewinnung und Kohleverschiffung über Ruhr und Rhein reich geworden. Dazu kam die Textil- und Lederindustrie. Als die Tagebauflöze nichts mehr hergaben, ging man zum Tiefbau über. Die Stollen der Zechen wurden immer länger und unterhöhlten allmählich die Randgebiete der Stadt. Die um Mülheim geförderte Kohle war Magerkohle. Der rentable Bergbau zog nordwärts in Richtung Oberhausen, Bottrop, Gelsenkirchen, Dortmund. Der Mülheimer Bergbau machte einen schmerzhaften Wandel durch. Die Zechen wurden zusammengelegt, fielen in die Hand von Firmenkonsortien, die sich zu Aktiengesellschaften zusammenschlossen. Viele Bergarbeiter wurden entlassen und mussten abwandern. Die Zechen verwandelten sich in Verhüttungsbetriebe. Mülheim wurde Hauptsitz für Firmen, die Kohle aus anderen Gegenden bezogen und an anderen Standorten verwerteten. Zur Stahlproduktion, zur Kohlevergasung, zur Kohleverstromung. Im Norden und Osten der Stadt entstanden riesige Fabrikkomplexe. Die größten davon waren Stinnes' Friedrich-Wilhelms-Hütte an der Ruhr und Thyssens Stahlwalzwerke in Styrum. Wer vom Turm der Petri-Kirche aus nach Norden schaute, blickte nicht mehr auf bewaldete Hänge, sondern auf Hochöfen, rauchende Schlote und Gasometer. Der Nachthimmel färbte sich glutrot von den Abstichen in den Stahlkochereien, und das Pfeifen der Rangierloks und das Quietschen der Güterwagen wurde für die Bürger zu einem vertrauten Geräusch, an dem sie, ohne aus dem Fenster zu sehen, das Wetter und die Jahreszeiten bestimmen konnten.

Die Wirtschaftsmacht, die die Ruhrpatrone und Montanbarone durch übernationale und weltweite Firmenverschachtelungen in ihren Händen konzentrierten, wurde den Berliner Politikern und den preußischen Verwaltungsbeamten immer unheimlicher. Im Schoße Mülheims entstanden die Keimzellen zu einem globalen Unternehmertum, das sich erst hundert Jahre später ohne Widerstände über die ganze Welt ausbreiten konnte. Drei Namen waren mit dieser Mülheimer Entwicklung eng verbunden: August Thyssen, Emil Kirdorf und Hugo Stinnes. Besonders Letzterer versuchte, auf dem Berliner Parkett Fuß zu fassen und für seine Ideen zu werben. Hugo Stinnes gehörte zu jenem neuen Menschentyp, der allein nach den Gesetzen des Marktes handelte – Bedenken aus nationalen oder sozialen Erwägungen heraus waren ihm fremd. Er ließ sich nur darauf ein, wenn er sich für seine Unternehmungen davon einen Vorteil versprach. Das machte ihn sowohl in der stramm konservativen als auch in der linken Öffentlichkeit zum Buhmann der Nation. «Vor ihm verblasst die Sonne als Plunder», schrieb der russische Dichter Vladimir Majakovskij Anfang der zwanziger Jahre in einem Gedicht. Gegen Stinnes schwenkte sogar die Berliner Regierung halbherzig auf Gewerkschaftskurs und legte seinen Konzentrationsbestrebungen allerhand bürokratische Steine in den Weg. Nachdem August Thyssen 1904 seinen Stadtwohnsitz im Froschenteich aufgegeben und sich nach der Trennung von seiner Familie auf das bei Kettwig gelegene Schloss Landsberg zurückgezogen hatte, war Hugo Stinnes, der der Stadt als Steuerzahler treu blieb, ihr ungekrönter König. Im Gegensatz zu seiner Verwandtschaft und den anderen Honoratioren weigerte er sich aber, mit dem Bau einer prächtigen Villa zu protzen. Der Haushalt der Familie war im Vergleich mit dem des Vetters Gerhard Küchen und denen der Familien Kirdorf und Thyssen bescheiden. Clärenore wurde dieser Bescheidenheit zum ersten Mal an einem Sonntag im Juli auf Schloss Landsberg gewahr, wohin August Thyssen die ganze Familie eingeladen hatte.

Sie fuhren durch ein prächtiges Tor und dann steil bergan. Das Schloss lag hinter Bäumen versteckt und hatte einen mächtigen Bergfried und einen niedrigeren Rundturm. Durch das Torhaus gelangten sie in den Hof. Der Hausherr, durch das Geräusch der Hufe auf dem Pflaster alarmiert, erschien vor der Haustür. Ein Diener in Livree öffnete den Wagen und half den Insassen heraus. August Thyssen war Mitte sechzig. Clärenore fiel sofort der weiße Spitzbart auf, der dem rundlichen Gesicht etwas Kantiges gab. Seine Augen waren weich. Er hat etwas von einem Kauz, dachte sie.

Thyssen stand kerzengerade im schwarzen Gehrock in der Tür und begrüßte die Mutter mit einem Handkuss und den Vater mit einem festen Händedruck. Die Kinder tätschelte er am Hinterkopf. Clärenore spürte, dass dieser Mann im Grunde seines Herzens gutmütig war und dass man trotz aller Distanz, um die er sich bemühte, ganz normal mit ihm reden konnte. Sie fragte ihn deshalb ohne Scheu, ob es hier einen Rittersaal gebe und ob sie ihn sehen könne. Sie sah, wie die Mutter vor Zorn oder Scham errötete. Aber August Thyssen lachte, rief den Butler und gab Order, den «gnädigen Fräuleins» und den Herren Söhnen den Rittersaal zu zeigen und sie dann nach unten zu den anderen zu bringen.

Der Butler ging mit seiner blauweiß gestreiften Weste und einem Schlüsselbund, an dem kleine und große Schlüssel hingen, voraus. Der größte Schlüssel war fast halb so lang wie Clärenores Arm. Der Butler schloss damit die Tür zum Turm auf. Clärenore war enttäuscht vom Rittersaal. Es gab keine Rüstungen, keine Waffen, keine Schlachtengemälde. Der Fußboden spiegelte nicht wie Glas, und es gab auch keinen Thron. Aber die Größe und Höhe der Räume, durch die sie kamen, schüchterten sie doch ein wenig ein. Man hätte hier Wettrennen veranstalten können. Das ging zu Hause nur auf dem Flur oder im Hof und in den Lagerräumen. Sie schauten durch den Kamin bis in den Himmel. Der Kamin war so hoch, dass Clärenore darin aufrecht stehen konnte. Hilde beugte sich ein wenig zu weit vor und geriet ins Straucheln. Clärenore brauchte nur ein bisschen nachzuhelfen, und Hilde lag mit ihrem weißen Kleid in der Asche. Das Opfer nahm die Sache sportlich. Es zeigte keine Träne. Hilde rappelte sich auf und klopfte sich den Staub von der rechten Seite. Es blieben keinerlei Spuren zurück, und gemerkt hatte auch niemand etwas von diesem stillen Zweikampf. Clärenore wusste, dass sie jetzt vor der Rache ihrer Schwester auf der Hut sein musste. Sie stiegen durch ein steinernes

Treppenhaus vorbei an der Küche in den Garten des Schlosses hinab, der unterhalb des Wohntraktes vor einer haushohen Stützmauer lag. Hier war ein kleines Kinderparadies entstanden mit Tischen und Stühlen unter Sonnenschirmen, Schaukeln und Wippen, einem Karussell und einer Bühne, auf der eine große Holzwand den Blick auf alles, was dahinter lag, versperrte.

Die älteren Kinder verschmähten erhobenen Hauptes die Schaukeln und das Karussell. Sie setzten sich unter die Schirme und ließen sich mit Limonade bewirten. Dabei lehnten sie sich zurück und schlugen die Beine übereinander. Das waren die Kinder der Hoosemans, der Bicheroux, der Bagels, der Zurhelles und der Rintelens, die Clärenore schon von anderen Zusammentreffen auf Weihnachtsbasaren und im Haus der Großmutter kannte. Die Knaben schnöselig, die Mädchen zickig. Und ihre Brüder waren auch nicht besser. Einer von den Hoosemans allerdings zog eine Zigarette aus der Jackentasche, steckte sie sich wie nebenbei in den Mund und ließ sich, während er nach Streichhölzern in seiner Westentasche zu fummeln schien und die Zigarette zwischen seinen Lippen wippte, abfällig über die Veranstaltung aus. Er ging allerdings nicht so weit, die Zigarette anzuzünden. Das war eine Demonstration von Witz und Ironie, aber auch Selbstironie. Der Bursche gefiel Clärenore. Sie nahm sich vor, ihn, der von den Mädchen keine Notiz nahm, an diesem Nachmittag zu überraschen.

Es gab gebackene Teigtaschen mit einer Hähnchenfüllung. Man durfte die Teigtaschen mit der Hand aus einer Serviette essen. Später wurde grüne und rote Götterspeise gereicht, zu der sich auch die jungen Herren herbeibequemten, die schon aufs Königliche Gymnasium gingen und sich von den anderen abgesondert und auf der Wiese mit einer Art Boulespiel begonnen hatten. Edmund und Hugo gaben in dieser Gruppe zusammen mit den Coupienne-Söhnen den Ton an. Sie hatten sich die Jacketts und die Westen ausgezogen und die Krawatten gelockert. Die Töchter aus der weit verzweigten Thyssen-Familie verteilten nach dem Essen Kricketschläger. Clärenore hatte keine Lust zu spielen; schon gar nicht ein Spiel, das ihrer Meinung nach für Prinzessinnen auf der Erbse erfunden worden war. Sie wäre am liebsten zu den Pferdeställen und den Autogaragen entwischt und hätte sich mit den Kutschern und den Chauffeuren unterhalten. Der Junge mit der Zigarette stand abseits an einem Baum und schaute versonnen auf die Boulespieler. Clärenore ging zu ihm und fragte, ob er Lust habe, mit ihr den Burgturm zu besteigen. Er schüttelte den Kopf und machte eine Geste, die ihr bedeutete, sie solle verschwinden. Sie stieg allein auf den Turm und sah mit klopfendem Herzen über das Ruhrtal bis nach Kettwig, bis zum Wasserschloss Hugenpoet und auf die gegenüber liegenden Hänge. In welcher Richtung liegt wohl Peking, dachte sie, und in welcher Richtung Mendoza?

Lauter Beifall, der von unten kam, weckte sie aus ihren Träumen. Sie hörte die Kinder jubeln und bravo rufen und stieg wieder nach unten. Die Holzwand auf der Bühne war entfernt worden. Dahinter befand sich eine große Platte, die auf Böcken lag. Darauf war eine Fabrikstadt installiert mit Fördertürmen, Hochöfen, Kohlebunkern, Möllerbahnen, Kesselhäusern, Gebläsehallen, Winderhitzern, Maschinenhäusern, Verwaltungsgebäuden und vielen Schornsteinen. Man konnte das ganze Gelände in Betrieb setzen: Die Förderbänder, Hängeloren, die mechanischen Werkstätten mit Handwerkern aus Blech an Polier- und Bohrmaschinen, Schleifsteinen und Drehbänken wurden über Dampfmaschinen angetrieben, und es gab einen Elektromotor, der kleinste Glühbirnchen mit Strom versorgte. Sogar die Erwachsenen waren oben auf die Terrasse vor dem Salon getreten und schauten sich das Wunderwerk, das einer der

Werkmeister in seiner Freizeit zusammengebastelt hatte, aus gebührender Distanz an. Die Dampfmaschinen waren in blechernen Maschinenhäusern versteckt, auf die Backsteinwände und hohe Fabrikfenster gemalt waren. Man hörte aus diesen Häusern leises Stampfen und Fauchen und Rascheln.

Die Knaben wanderten, hingerissen von der Miniaturfabrik, um den Tisch herum, zeigten hierhin und dorthin und nannten mit Kennermiene die Namen der Hersteller: Bing, Plank, Doll, Märklin. Plötzlich verstummte die Maschinerie, die Lämpchen flackerten. Das Wunderwerk erstarrte. Der Konstrukteur, der eben noch unter dem Tisch herumgewuselt war, war verschwunden. Es hieß, er sei wegen eines Notfalls in die Fabrik gerufen worden. Man schickte nach dem Hausmeister. Der aber traute sich nicht, der diffizilen Maschinerie zu Leibe zu rücken. Die jungen Herren hoben die Maschinenhäuschen ab, legten neue Karbidriegel unter die Kessel und füllten Wasser nach. Aber auch damit hauchten sie dem Fabrikwesen kein neues Leben ein. Die Dampfmaschinen fauchten zwar, die Kolben schossen hin und her und die Antriebsräder rasten, doch die Arbeiter an ihren Werkbänken streikten, und die Loren und Förderbänder standen still. Das stillliegende Fabrikgelände verlor schnell an Reiz für die Söhne der Prinzipale. Sie wandten sich wieder ihren Spielen zu oder standen gelangweilt herum und erzählten sich Witze.

Clärenore erschreckte das plötzliche Erstarren aller industriellen Geschäftigkeit in dieser kleinen Kunstwelt, die ja ein Abbild Mülheims war, zutiefst. Sie beschloss, nicht eher zu ruhen, bis sie der Industrie wieder auf die Beine geholfen hatte, und nahm, unbeobachtet von allen, die Dampfmaschinen genauer in Augenschein. Sie entdeckte, dass die Übertragungsräder und -riemen für die Werkstätten und die Loren unter dem Tisch angebracht waren und nur von einer einzigen Dampfmaschine angetrieben wurden. Alle anderen waren lediglich dazu da, beim Betrachter einen größeren Eindruck zu machen. Sie sah, dass der Hauptübertragungsriemen abgesprungen war und auf dem Boden lag. Es war eine Kleinigkeit, den Fehler zu beheben, die Maschine neu zu beheizen und die Anlage wieder in Gang zu setzen. Als die Blecharbeiter ihre Arbeit mit leisem Scheppern wieder aufnahmen, ertönte Beifall vom Balkon. Die Knaben liefen herbei. Man sah ihnen deutlich an, dass sie sich bemühten, gelassen zu bleiben. Da die Wiederbelebung des Miniaturreviers nicht ihnen zu verdanken war, spielten sie den Erfolg herunter und taten so, als hätten sie das Problem längst erkannt, nur kein Interesse mehr an der Sache gehabt. Schließlich kam der Trockenraucher zu Clärenore und sagte: «Bravo, aber von der Tochter eines Kohlehändlers hätte ich auch nichts anderes erwartet.»

«Ohne unsere Kohle könntet ihr euren Stahl mit dem Hintern schmelzen», antwortete Clärenore.

Die Lacher waren auf ihrer Seite. In dem Moment fing die Maschinerie wieder an zu stocken. Ein, zwei Erschütterungen gingen durch die montane Miniaturwelt, und sie erstarb. Die Jungenriege gab ein nicht einmal schadenfrohes, sondern lediglich befriedigtes Lachen von sich und wandte sich nun endgültig von dem Spektakel ab. Clärenore stand da wie eine Säule. Auf einmal sah sie ihre Schwester Hilde unter dem Bühnentisch hervorkrabbeln und auf den Burghof zulaufen. Sie brauchte nur ein paar Sekunden, um zu begreifen. Dann rannte sie ihrer Schwester nach. Hilde merkte, dass sie verfolgt wurde. Sie verlief sich und wusste zu guter Letzt keinen anderen Ausweg, als die Turmtreppe hinaufzustürmen. Erst oben holte Clärenore sie ein. Sie packte ihre Schwester und schob sie über den Abgrund.

«Lass mich los!»

«Kannst du nicht fliegen? Ich bin sicher, dass du es

kannst.» Clärenore schob Hilde noch ein Stück weiter nach vorne. «Vielleicht fliegst du uns für immer davon.»

Wie leicht gleiten Kinderspiele an Katastrophen vorbei, ohne dass die Erwachsenen davon etwas ahnen. Es gab in dieser Situation einen Moment, da drohten beide Mädchen das Gleichgewicht zu verlieren. Wer sie vor dem Absturz bewahrt hat, ist ungewiss. Der Zufall, die Physik, ein Schutzengel, der eigene Lebenswille? Sie fanden sich am Boden des Turmdaches wieder. Eng umschlungen.

Es war gegen fünf Uhr nachmittags, als sie nach Hause fuhren. Karl hatte Mühe, das Pferd ruhig zu halten, wenn sie von den Automobilen der anderen Gäste überholt wurden. Niemand sagte ein Wort. Kurz hinter Schloss Hugenpoet bogen sie von der Autostraße auf den Damm ab, der direkt am Fluss entlang nach Mintard führte.

«Warum haben wir nicht das Auto genommen?», fragte Cläre ihren Mann. Clärenore merkte an der leisen Stimme ihrer Mutter, dass sie kurz davor war, zu explodieren.

«Du weißt, wie sehr Thyssen auf Etikette hält. Und ich auch.»

«Dann hätte es aber wenigstens der Landauer sein können», sagte die Mutter.

«Zum Lunch mit dem Landauer?» Der Vater sprach den Satz mit großer Milde aus, aber so, dass sich niemand mehr traute, das Wort Landauer über die Lippen zu bringen. Die Mutter schwieg.

«Ich glaube», sagte der Vater und schaute Clärenore liebevoll an, «du hast bei dem alten Thyssen einen sehr guten Eindruck hinterlassen. Besonders die Sache mit der Dampfmaschine.»

In Clärenores Kopf kreiste das Wort Kohlehändler. Es schrie aus allen Richtungen auf sie ein – ein singender Mädchenchor. Kohlehändler, Kohlehändler. Ein skandierender Knabenchor. Kohlehändler, Kohlehändler. Eine Phalanx von flüsternden Erwachsenen, die sich zu ihr herunterbeugten, während sie allen die Hand geben musste. Streng schauende Matronen, glatzköpfige Kommerzienräte in platzenden Gehröcken. Schau her, die Tochter des Kohlehändlers. Entzückend, die arme Kleine. Am Ende der Reihe stand Graf Zeppelin, eine dicke Zigarre im Mund. Er paffte ihr ins Gesicht. Und so was will Luftschiffkapitän werden!

Sie erreichten die Stadt, fuhren durch Broich, die Schlossstraße entlang über die Kettenbrücke. Die Kettenbrückenstraße kam Clärenore wie eine hässliche enge Gasse vor, Haus an Haus, Hinterhöfe. Das Tor zum Firmenhof war klein und niedrig, das Haus schäbig und ärmlich. Nur das Palmenhaus von Großmutter Lizze, das hinter der Häuserreihe auf der anderen Straßenseite in einem Park lag, konnte es mit Schloss Landsberg aufnehmen. Irgendwie lag an diesem Sonntagnachmittag eine dunkle Wolke voller Missstimmung über dem Stinnes'schen Haus. Clärenore hatte nicht einmal Lust, mit dem Kutscher in den Stall zu gehen. Der Prinzipal zog sich in sein Kontor zurück. Die Mutter schlüpfte, so schnell sie konnte, in ihre Hauskleidung. Clärenore warf sich auf ihr Bett und stellte mit Staunen fest, dass ihr Kissen von Tränen nass wurde. Sie dachte an Großmutter Lizze, die die Mutter ständig gängelte und kritisierte. Sie erinnerte sich an ein Gespräch der beiden, das sie belauscht hatte. «Findest du es gut, dass Clärenore Umgang mit den Töchtern des Kutschers pflegt?», hatte Tante Lizze die Mutter gefragt.

Sie wusste nicht mehr, wer sie war. War sie die Tochter des mächtigsten Mannes der Welt, eine Prinzessin? Oder das Gör eines Kohlehändlers, das sich mit Kutscherstöchtern herumtrieb?

Als sie aufschaute, lag das Zimmer in einem blauen Dämmerlicht. Die Schwester war nicht in ihrem Bett. Sie war allein. Die Gesichter der Puppen, die auf den Stühlen, Tischchen und vor den Puppenstuben saßen, begannen sich zu verändern. Die runden Köpfe wurden schmal, die gespitzten Münder zogen sich in die Breite. Die Augen wurden klein, die Porzellanhaut fleckig. Clärenore erschrak, denn die Puppen waren plötzlich alte Frauen. Sie sah, wie eine nach der anderen erlosch. Der Vater saß neben ihr auf dem Bett. Es war, als hätte er alle ihre Gedanken gelesen. «Wichtig ist nicht, was du bist, sondern was du tust.»

Am nächsten Morgen erwachte sie schon mit der Dämmerung. Sie schlich hinaus zu dem Schrank, in dem die Kleidungsstücke aufbewahrt wurden, die den Kindern zu klein geworden waren. Sie nahm sich eine rote Hose und ein kariertes Hemd von Edmund, zog die Sachen an und setzte sich einen Hut auf. So ging sie ins Büro des Prinzipals. Außer dem Vater war noch niemand da.

«Darf ich heute so herumlaufen?»

Der Vater schaute sie an und konnte sich ein Lächeln nicht verkneifen. «Du bist für dein Handeln selbst verantwortlich.» Damit wandte sich der Prinzipal seinen Akten zu. Sie hatte den Segen des Vaters. Sie fühlte sich jedem Kampf gewachsen. Die Mutter versuchte, ihr das Vorhaben auszureden. Die Brüder wollten sich totlachen. Die Töchter des Kutschers konnten sich nicht mehr einkriegen vor Staunen. Die Knaben aus der Nachbarschaft schnitten ihr Grimassen. Aber alle wollten den Hut aufsetzen. Er flog kreuz und quer über den Hof. Miss Barfield warf Clärenore aus dem Zimmer und befahl ihr, in einer Viertelstunde in angemessener Kleidung wieder zum Englischunterricht zu erscheinen. Außerdem musste sie zur Strafe zusätzlich eine Seite mehr aus «Little Arthur's History» abschreiben. Am Abend fragte der Vater: «Und, wie fühlst du dich nun?»

«Ich bin jetzt kein Mädchen mehr», sagte Clärenore stolz, «und ich will auch nie mehr eins sein.»

«Aber als Mädchen habe ich dich viel lieber.»

«Aber Mama nicht. Und außerdem hast du Hilde viel lieber als mich.»

«Das ist nicht wahr», sagte der Vater leise und schüttelte den Kopf. Er stand vom Abendbrotstisch auf und war schon aus der Tür, als er es sich anders überlegte und noch einmal zurückkam. «Wir fahren nach Hamburg, zur Schiffstaufe. Mama ist die Patin, und ihr dürft alle dabei sein.»

Clärenore horchte auf Hildes Atem. Als sie sicher war, dass ihre Schwester schlief, schlich sie zum Zimmer der Brüder, klopfte mit dem vereinbarten Zeichen an die Tür, ging zurück und kniete sich vor Hildes Bett. Die Schwester wurde von einem Schmerz an Hand- und Fußgelenken aus dem Schlaf gerissen. Sie konnte sich nicht mehr bewegen. Jemand hielt sie an Armen und Beinen fest. Sie bäumte sich auf. Es half nichts. Jemand krallte sich in ihre Haare und knebelte sie mit einem nassen Schwamm. Sie spürte jemanden über sich atmen und wusste, wer es war. Sie hörte, wie Clärenore Spucke in ihrem Mund sammelte. Dann ergoss sich der Schleim über ihr Gesicht, während Edmund und Hugo sie in die Seiten boxten. Ihre Wut schlug in Verzweiflung um. Sie war nur noch ein heulendes, wehrloses Elend.

«Jetzt wirst du gekreuzigt», flüsterten die Brüder.

Es ging ihnen nicht wie Clärenore darum, sich an Hilde zu rächen. Sie lebten einfach ihre unbändige Kinderlust aus, jemanden zu quälen. Und Geschwister zu peinigen unter dem Vorwand, dass sie bestraft werden müssten, war um vieles lustvoller, als Maikäfer zu zerstückeln. Die Aussicht, gekreuzigt zu werden, beruhigte Hilde. Sie gab jeglichen Widerstand auf. Jesus am Kreuz. In dieser Vorstellung lag sogar ein gewisses Lustgefühl. Jetzt überzogen auch Hugo und Edmund sie mit Spucke, die sich mit ihren Tränen vermischte. Sie blieb ruhig liegen, als sie von ihr abließen. Und sie rührte sich auch nicht, als sie ihr die fürchterlichsten Strafen ankündigten für den Fall, dass sie auch nur ein Sterbenswörtchen zu den Eltern oder Miss Barfield sagen würde. Sie zog die Decke über ihren Kopf und rollte sich zusammen. Sie machte sich so klein wie ein Sandkorn, sodass sie leicht in jeder Bodenritze hätte verschwinden können. In dieser Nacht fiel sie – und nur als Sandkorn war das möglich – aus der Welt der Prinzipale und Konzerne. Sie gelangte in eine andere Welt, auf der Blumen blühten, aus denen Musik erklang. Farben leckten an ihr wie Flammen. Und dann war es ihr, als würde ihr ganzer Körper knisternd umgestülpt wie eine Tüte.

4. Laura

Cläre Wagenknecht war in Montevideo zur Welt gekommen. Sie war als Kind mit den Gauchos durch die Weite der Pampa geritten und hatte die Freiheit und Härte der südamerikanischen Klassengesellschaft von der angenehmen Seite kennen gelernt – der der Großgrundbesitzer. Von Oma Lizze wurde sie wegen ihrer Herkunft die «Amerikanerin» genannt. Adeline Stinnes, wie Oma Lizze eigentlich hieß, war über ihre Großmutter, eine geborene van Eicken, mit der Mutter von Cläre Wagenknecht verwandt. Der Vater von Cläre, Edmund Karl Wagenknecht, war ein Geschäftsmann aus Hessen-Nassau, der als Kaufmann in Südamerika ein Vermögen gemacht hatte. Als seine Söhne kurz vor dem Abitur standen, kehrten er und seine Frau Caroline nach Deutschland zurück, um ihnen einen deutschen Schulabschluss zu ermöglichen. Sie ließen sich in Wiesbaden nieder. Als patriotischer Hesse hatte sich Edmund Wagenknecht bei der Reichsgründung geweigert, die deutsche Staatsbürgerschaft anzunehmen, und war deshalb staatenlos. Er hatte immerhin den Titel eines österreichischen Konsuls, blieb aber in Wiesbaden vollkommen untätig und versank zusehends in Melancholie.

Oma oder «Tante» Lizze, wie sie von der Familie distanzierend genannt wurde, pflegte Kontakt mit dem entfernten Wiesbadener Zweig ihrer Verwandtschaft und fand Gefallen an der Tochter Cläre, die sie für ihren ältesten Sohn Heinrich als Frau auserkoren hatte. Aus diesem Grund arrangierte sie im Sommer 1894 einen gemeinsamen Ferienaufenthalt der beiden Familien auf Norderney. Amor schoss jedoch in den Dünen der Nordseeinsel in eine andere Richtung. Im Juli machte nicht Heinrich, sondern sein jüngerer Bruder

Hugo Cläre einen Heiratsantrag, woraufhin sie sich heimlich verlobten. Als Hugo sich kurze Zeit später in die Leitung der Firma eingearbeitet hatte und nun auf eigenen Füßen stand, fuhr er an einem Wochenende nach Wiesbaden und hielt bei Edmund Wagenknecht um die Hand seiner Tochter an. Zurück in Mülheim, versuchte Hugo, seiner Mutter die Fakten schonend beizubringen. Tante Lizze fiel aus allen Wolken. Sie war zutiefst gekränkt über den Tort, den ihr die Amerikanerin angetan hatte. Den Liebling hatte sie ihr weggenommen! Den Ersatz für ihren früh verstorbenen Mann und Prinzipal, für den der zwanzigjährige Hugo nach einem einjährigen Studium in Berlin als Direktor der Handelsfirma und Reederei hatte einspringen müssen. Das verzieh die Alte der Schwiegertochter nie, auch wenn Hugo mit Cläres tatkräftiger Unterstützung die Firma vor dem drohenden Konkurs rettete. Sie gab vor allem Cläre die Schuld an dem Entschluss Hugos, nach heftigen Streitigkeiten mit dem Vetter Gerhard Küchen aus der Firma auszusteigen und ein eigenes unabhängiges Unternehmen zu gründen. Unter den alltäglichen Kränkungen litt Cläre, solange die Schwiegermutter lebte. Und sie überlebte ihren Sohn um ein Jahr.

Im Juni 1895 heirateten Cläre und Hugo in Wiesbaden und entschwanden gleich darauf mit dem Baedeker im Gepäck in die Flitterwochen nach Schweden. Die zweite Schmach tat die Amerikanerin Tante Lizze an, als sie ihren erstgeborenen Sohn nicht nach Hugos Vater Hermann Hugo, sondern nach ihrem eigenen Vater Edmund nannte. Auch das vergaß sie Cläre nie. Der Sohn versuchte, die Wogen zu glätten, indem er bestimmte, dass alle künftigen Kinder, auch die Mädchen, mit ihrem zweiten Namen grundsätzlich Hugo zu heißen hatten. Der zweite Sohn, der ein Jahr später zur Welt kam, hieß also gleich zweimal Hugo, nämlich Hugo Hugo jr. und wurde «Bü» genannt. Clärenore hieß offiziell Clärenore Hugo Stinnes. Mit ihrem halben männlichen Vornamen fühlte sie sich in ihrer Idee bestärkt, ein Mann zu werden. Dieses Ansinnen entfernte sie innerlich noch mehr von ihrer Mutter, die bedingungslos – außer für sich selbst – auf der traditionellen Rolle der Frau bestand. Sie bevorzugte ganz deutlich die Knaben gegenüber den Töchtern, während der Vater, soweit er sich überhaupt mit der Kindererziehung befassen konnte, seinen Töchtern grundsätzlich dieselbe Chance wie den Söhnen einräumte, in seinem sich immer weiter verzweigenden Unternehmen Verantwortung zu übernehmen. Von ihrer Mutter hätte sich Clärenore gewünscht, dass ein einziges Mal sie statt Miss Barfield an ihrem Bett gesessen und ihr vorgelesen hätte.

Die Gelegenheiten, bei denen sich Tochter und Mutter etwas näher kamen, waren die gemeinsamen Autofahrten und Ausritte in den Saarnwald, einen Teil des Broich-Speldorfer Forstes, wo der Vater – in der Hoffnung, aus der Landwirtschaft Gewinne zu ziehen – das Landgut Rott erworben hatte. Ganz in der Nähe ließen sich auch die Kirdorfs nieder und später der Thyssen-Sohn Fritz. Hugo Stinnes erwarb den Landsitz nicht, um sich als Feudalherr zu fühlen. Er wollte vor allem, dass seine Kinder in einer gesunden Umgebung aufwuchsen. Zu diesem Zweck rief er eine Gartenstadtgesellschaft ins Leben, die nach dem Vorbild des Engländers Ebenezer Howard Land für exklusive Wohnsitze erwerben sollte. Das Projekt blieb jedoch in den Kinderschuhen stecken. Die Honoratioren zogen es vor, näher am Stadtrand zu bauen oder in der Friedrichstraße, die den Ruf hatte, die Straße der Millionäre zu sein. Der landwirtschaftliche Betrieb um Haus Rott warf keinen Pfennig ab, aber Cläre wuchs das Haus ans Herz. Sie ließ es umbauen und renovieren, legte einen Garten an und ließ Gewächshäuser bauen. Alles geschah hier allein nach ihren Wünschen. Sie richtete das Haus nach ihrem Geschmack ein. Hier schrieb sie ihr Tagebuch, in dem sie das tägliche Auf und Ab der Geschäftsgänge und des privaten Haushalts in allen Details vermerkte. In Haus Rott wurden die Familienfeste und vor allem das Weihnachtsfest gefeiert. Hier war Cläre die absolute Herrscherin. In dieser Umgebung war sie sogar fähig, Trauer und Freude zu empfinden.

Mit dem Reiten lernte Clärenore auch das Befehlen. Sie saß schon mit fünf Jahren stundenlang im Stall auf einem Pferd und stellte sich vor, sie sei eine Prinzessin und würde, von Räubern verfolgt, im fliegenden Galopp durch Wälder und über Berge reiten. Zum ersten Mal ritt sie im Sommerurlaub in Scheveningen auf einem Pony. Erst als sich die Mutter auf ihre südamerikanische Kindheit besann und den Vater bat, ihr ein Reitpferd zu schenken, erlaubte der Vater, dass Clärenore Reitunterricht bekam. Sie lernte beim Kutscher Karl zuerst an der Longe im Hof zwischen Stall und Remise. Der Kutscher war früher Unteroffizier gewesen und hatte Rekruten im Reiten ausgebildet. Jetzt war Clärenore sein Rekrut.

«Ein Pferd muss wissen, was du willst», erklärte Karl. «Du musst dem Pferd von Anfang an zeigen, dass du der Herr bist.»

Als der Vater sich von ihren raschen Fortschritten überzeugt hatte, bekam sie zu Weihnachten einen eigenen Sattel, und bald durfte sie auf Liese, einer braunen Stute, in Begleitung der Mutter ausreiten.

Am Wochenende stand der Familie das Auto zur Verfügung, wenn es nicht für die Firma gebraucht wurde. Cläre fuhr mit den Kindern bis zum Waldschlösschen südlich von Broich. Die Knaben und die jüngeren Kinder fuhren mit dem Chauffeur nach Rott voraus. Clärenore ritt mit Karl durch die Stadt, das Pferd der Mutter am Zügel. Es war ein besonderes Gefühl, allen Fußgängern hoch zu Ross zu begegnen. Als Kind wird man auf der Straße von den Erwachsenen nicht zur Kenntnis genommen; wenn man aber auf einem Pferd sitzt, dann nehmen die Erwachsenen einen plötzlich ernst.

Die Mutter saß nicht im Damensattel, wie es sich für eine Dame der Gesellschaft gehörte. Sie ritt wie ein Mann und trug einen schwarzen Reitanzug und einen schwarzen Reiterhut. Als Clärenore zum ersten Mal neben ihr durch den Wald ritt, erzählte ihr die Mutter, wie sie von den Gauchos Reiten gelernt hatte: «Du musst dich an das Tier anpassen. Je leichter du dich machst, desto natürlicher bewegt sich das Pferd. Beherrschen und sich dennoch einfühlen. So lassen sich nicht nur Pferde, sondern auch Menschen, Haushalte und Unternehmen leiten. Aber das verstehst du noch nicht.»

Das war eine ganz andere Pferdephilosophie als die des Unteroffiziers Karl. Clärenore verstand sehr gut, was die Mutter meinte, denn sie konnte täglich beobachten, wie sie mit dem Hauspersonal umging. Sie bewunderte die Selbstverständlichkeit, mit der die Mutter befahl, sodass niemand in irgendeiner Weise gekränkt wurde. Sie bat nicht, sie wies nicht zurecht, sie tadelte nicht, sie befahl nicht wie ein Offizier. Ihre Befehle wurden, indem sie sie aussprach, Naturgesetz.

Wenn sie mit der Mutter durch den Saarnwald ritt, spürte Clärenore, dass ihre Mutter noch ganz andere Seiten hatte, die nichts mit der Frau des Prinzipals zu tun hatten – sie war dann ein fremdes Wesen von einem fremden Kontinent, ein Wesen aus Sonne und Wind. Die verborgene Indianerin, die in der Mutter auflebte, war Clärenore viel näher als die Prinzipalin. Aber die Mutter gab diesem versteckten Wesen keinen Raum. Hätte sie es getan, wäre das Verhältnis zwischen Mutter und Tochter sicher ein anderes gewesen. Wenn sie im Trab durch unwegsames Gelände ritten, im Schritt Bäche durchquerten und im Galopp über Wiesenstücke flogen, dann waren das Augenblicke gemeinsam empfundenen Glücks. In diesen Momenten hätte sie sich gewünscht, allein mit ihrer Mutter durch Südamerika zu reiten. Von Abenteuer zu Abenteuer. Ein Leben an Lagerfeuern und in Zelten, frei von Gouvernantenzwang und Hausordnungen. In diesem Leben wäre die Mutter eine Freundin gewesen. Cläre und Clärenore. Sobald sie die Steigbügel verlassen hatten, riss dieser Traum jedoch ab.

Immer jemandem in die Arme fliegen können – das war der Wunsch, den Clärenore eines Tages an die Fee richtete. Diese stand auf einer Bühne und hatte einen spitzen Hut auf. Ihr Kleid war aus schimmerndem Silber, und es regnete Silbersterne. Sie hatte einen Zauberstab, mit dem sie auf Clärenore zeigte, die ganz vorn an der Bühne saß. Sie musste auf die Bühne kommen. «Lauter!», riefen von hinten ein paar Schülerinnen. Clärenore stellte sich hin, als stünde sie vor Gott, und gab ihrer Stimme zum ersten Mal in ihrem Leben volle Kraft. Das schepperte derart, dass sich die Zuschauer in den vorderen Reihen aufrecht hinsetzten. «Gerechtigkeit! Kein Mischmasch! Fliegen!»

Die Eltern und Schülerinnen im Saal applaudierten, aber der Applaus galt vor allem Clärenores forscher Stimme – die war hell und von einer Schärfe, mit der man Tod und Leben voneinander hätte scheiden können. Wir oder ihr. Und selbst so mancher Franzosenhasser in der Aula des Lyzeums dachte an die Jungfrau von Orléans. Das weitere Programm, das die oberen Klassen der höheren Mädchenschule für die Neuzugänge vorbereitet hatten, nahm Clärenore kaum wahr. Sie saß in ihrem Klappstuhl und hörte ihren Applaus. Es war ihr Applaus. Ein Gefühl, wie im Feuer zu leben. Sie wollte nie mehr ohne Applaus sein. Dafür nahm sie die Schule in Kauf. Nein, sie hatte sich die Schule auch gewünscht, da sie ihr die Möglichkeit bot, den Geschwistern zu entkommen. Geschwister waren schlimmer als die Monster in den Märchen. Schwestern und Brüder sind die schärfste Konkurrenz, die ein Mensch haben kann. Und noch etwas war ihr mit dreizehn klar: Geschwister sind Feinde von Geburt an. Zuerst geht es um den Platz an der Sonne der elterlichen Gunst, zum Schluss um die elterliche Hinterlassenschaft. Kein Bettler kann einem König gegenüber so viel Neid entwickeln wie Geschwister auf ihresgleichen.

Clärenore hatte eine enorme Waffe in diesem Geschwisterkampf – die Liebe des Vaters. Aber der mischte sich in den grausamen Guerillakrieg nicht ein. Es gab ständig wechselnde Koalitionen. Man wachte morgens auf und wusste nicht, woran man war. Es gab gemeinsame Überfälle der Älteren auf die Jüngeren. Hilde war ein bevorzugtes Opfer, weil sie die sensibelste und schönste von allen war. Denunziation und Verrat waren an der Tagesordnung. Keine Kriegslist, keine menschenmögliche Boshaftigkeit, die ausgelassen wurde. Edmund und Hugo waren Clärenore meilenweit voraus. Nach ihrer Konfirmation stolzierten sie im Habit von Juniorchefs daher, während Clärenore nur vom Vater als gleichberechtigte Anwärterin auf den Firmenthron ernst genommen wurde. Sie lernte, die Familienmitglieder gegeneinander auszuspielen. Das Geheimnis war gezielt eingesetzte Information. Sie hatte Herrn Thomas auf ihrer Seite. «Vater hat Edmund heute mit auf die Zeche genommen.» – Man musste nur den richtigen Moment abpassen, um diesen Satz in Hugos Gegenwart fallen zu lassen. «Vater will Hugo nach England schicken …» – ein Satz für Edmund. «Vater will Edmund …» – ein Satz für Hugo.

Clärenore hatte ihre Lektion gelernt. Sie hatte auch gelernt, dass es kein Entrinnen gab. Kein Entrinnen aus dem Clan. Stinnes und nichts als Stinnes. Familienkämpfe sind Kämpfe im Karpfenbecken. Wenn jemand Steine von außen hereinwirft, steht die Front, aber im trüben Gewässer des Familienteichs wird gehauen und zugestochen.

Clärenore kämpfte nur mit Hilde, Edmund und Bruder Bü. Die jüngeren Geschwister waren Manövriermasse. Die Nachkömmlinge Otto, Ernst und Else spielten keine Rolle. Insgeheim fühlte sie sich auch seit der Sache mit den Ferkeln den älteren Brüdern überlegen, vor allem, was die Lebenserfahrung betraf. Sie wusste Bescheid, als die Brüder noch an den Klapperstorch glaubten. «Wo kommen denn die kleinen Ferkel her?», hatten die Brüder gefragt, als die Familie mit Gästen die Stallungen besuchte, die zur Landwirtschaft von Haus Rott gehörten. Clärenore war dabei gewesen, als die Ferkel am Morgen zuvor auf die Welt gekommen waren, der Vater erzählte aber etwas vom Klapperstorch. Ihr war völlig unverständlich, warum er log.

«Aber die hat die Sau doch aus dem Popo geschissen!», protestierte sie und merkte, wie alle Erwachsenen den Atem anhielten. Die Brüder interessierten sich für diese Theorie mehr als für die Klapperstorch-These. Clärenore behielt ihr Herrschaftswissen jedoch für sich. Die Nachfragen der Brüder wurden mit einem «Kapiert ihr sowieso nicht» abgebürstet. Und plötzlich schien es ihr, als sei sie in den Kreis der Erwachsenen aufgenommen. Dennoch litt sie weiterhin unter dem bedingungslosen Gehorsam, den ihr Miss Barfield abverlangte. Eines Tages fiel diese Macht vollkommen in sich zusammen. Clärenore kam aus dem Kinderzimmer die Treppe hinunter. Unten stand der Vater. «Komm mit mir in den Garten», sagte er.

«Ich muss erst Miss Barfield um Erlaubnis fragen, Papa.»
«Unsinn, mit mir kannst du immer kommen.»
Sie fing an zu weinen, denn sie fürchtete, bestraft zu werden. Da rief der Vater Miss Barfield herunter und verbot ihr, den Kindern besinnungslosen Gehorsam einzutrichtern. Clärenore erschrak über die Unvorsichtigkeit des Vaters, denn nun würde Miss Barfield ihre Handflächen gegen ihn erheben und ihn zu Stein verwandeln. Aber nichts derglei-

chen geschah. Sie schrumpfte zusammen, und Clärenore konnte zum zweiten Mal beobachten, wie Tränen in die Augen von Miss Barfield traten. Damit war der Bann gebrochen. Es gab noch eine höhere Instanz. Der Vater konnte nicht nur Zeppeline zur Landung zwingen und schulfrei geben, er hatte sogar Macht über Miss Barfield.

Das 1892 im Stil der Neorenaissance erbaute Gebäude der Luisenschule war der Stolz der Stadt. Zwei Jahre zuvor hatte sich der Stadtrat, in dem auch Hugo Stinnes saß, entschlossen, in diesen Räumen eine Bildungsanstalt für höhere Töchter einzurichten. Es wurden Sprachen und Fertigkeiten für die Haushaltsführung unterrichtet. Selbstverständlich keine Naturwissenschaften und keine höhere Mathematik. In den technischen Fächern wurden nur die praktischen Dinge gelehrt, die eine Mutter und Hausfrau beherrschen musste. Clärenore hatte gehofft, im technischen Unterricht etwas über Motoren zu erfahren und zu lernen, wie sie funktionierten. Der Unterrichtsstoff langweilte sie. Englisch konnte sie besser als ihre Lehrerin, Französisch war ihr in Grundkenntnissen geläufig. Im Rechnen, Schreiben, Lesen, in Geographie und Geschichte, in den Fragen des täglichen Haushalts und in denen der Etikette hatten Miss Barfield, der Hauslehrer Herr Schmitz, die Mutter und der Vater sie so gründlich vorbereitet, dass ihr auf dem Lyzeum niemand mehr etwas beibringen konnte. Sie war enttäuscht von der Schule, von dem bedingungslosen, unsinnigen Gehorsam, der von den Schülern verlangt wurde. Und sie war nicht beliebt bei ihren Klassenkameradinnen, denn sie hatte das Privileg, auch während der Schulzeit tagelang zu fehlen, wenn der Vater wollte, dass sie mit ihm auf Reisen ging. Das war die Bedingung, die er bei ihrer Einschulung an die Schulleitung gestellt hatte.

Es war nicht ihre Überlegenheit, die Clärenore von ihren

Mitschülerinnen entfernte, sondern ihre Unfähigkeit, liebenswürdig zu sein, das heißt an der Oberfläche liebenswürdig. Ihr fehlte die Liebenswürdigkeit, mit der man Einladungen übersteht und Schulunterricht. Clärenore war ein Raubein. Sie hatte nur eine einzige engere Freundin, Laura Koeppen. Der Platz neben ihr war frei, und sie setzte sich neben sie. Laura nahm zunächst keine Notiz von ihr. Auch in den Pausen redete sie mit niemandem. Sie sah aus wie Schneewittchen: weiß wie Schnee, schwarz wie Ebenholz. Ihre Augen waren anders als alles, was Clärenore bisher gesehen hatte. Auch solche Haare hatte sie noch nie gesehen, ganz dicht und glatt; über der Stirn zu einem Pony geschnitten und im Nacken kurz. Eigentlich eine Männerfrisur.

«Wollen wir Freundinnen sein?», fragte Clärenore ihre Banknachbarin auf dem Nachhauseweg, den sie bis zur Delle gemeinsam gingen.

«Vielleicht», sagte Laura.

Das war das einzige Wort, das sie aus ihr herausbekam.

«Wohnst du hier?», versuchte es Clärenore noch einmal, als Laura wortlos in die Friedrichstraße abbog.

Sie nickte nur und lief schnell davon. Zu Hause beschrieb Clärenore Laura dem Vater.

«Sie ist vielleicht eine Chinesin, bring sie doch mal mit», sagte er.

Noch nie hatte sich Clärenore so sehr um die Freundschaft eines Menschen bemüht. Bisher war immer sie diejenige gewesen, die sich Freundinnen aussuchte oder Freundschaften abbrach. Menschen, mit denen sie die Freundschaft beendete – und das konnte ohne ersichtlichen Grund geschehen –, waren für alle Zukunft Luft. Sie konnten sich gegenüberstehen, aber sie registrierte sie nicht. So erging es zum Beispiel den Töchtern des Kutschers. Menschen, deren Freundschaft sie suchte, wurden von ihr überfallen. Sie nahm sie mitsamt der ganzen Familie in Beschlag, drang in ihre häusliche Sphäre ein, ließ ihnen keine Freiräume und war beleidigt, wenn sie ihr nicht zur Verfügung standen. Laura entzog sich ihren Krakenarmen. Sie spürte, dass sie über Laura keine Macht hatte.

Es stellte sich heraus, dass Laura noch besser Englisch sprach als Clärenore. Das machte sie jedoch nicht zu Konkurrentinnen, sondern im Gegenteil: Sie begannen Spaß daran zu finden, sich im Englischunterricht die Bälle zuzuspielen und Fräulein Nartop vollkommen aus dem Konzept zu bringen. In diesen Augenblicken stürzten die beiden Schülerinnen die arme Lehrerin in so etwas wie ein fremdsprachliches Hase-und-Igel-Spiel. Sie tanzten einen intellektuellen Pas de deux um ihr Opfer und warfen es schließlich der Klasse zum Fraß vor. Fräulein Nartop war weder Lauras Intelligenz noch der familiären Macht der Clärenore Stinnes gewachsen. Sie zog es vor, den beiden die besten Noten zu geben und sie ansonsten in Ruhe zu lassen. Der «Tanzkurs», wie sie das Spiel augenzwinkernd nannten, näherte sie einander an, weil sie sich dabei ständig in die Augen schauen mussten und die Augen der anderen dann auch am Nachmittag und in der Nacht nicht mehr vergessen konnten.

Laura kam also eines Tages zum Mittagessen in die Kettenbrückenstraße. Clärenore beschwor die Eltern und die anwesenden Geschwister, keine neugierigen Fragen zu stellen. Laura zeigte vorbildliches Benehmen. Sogar die Mutter zwinkerte Clärenore anerkennend zu. Der Vater akzeptierte sie sofort als neue Tochter, und Laura schaute Hugo Stinnes an, als habe sie einen neuen Vater gefunden. Zum Pflaumenkompott kam Tante Lizze.

«Nanu, wir haben ausländische Gäste, und keiner sagt mir was?»

«Laura ist Clärenores Klassenkameradin», sagte Cläre

und versuchte, Tante Lizze in eine Diskussion über das diesjährige Pflaumenkompott, das eben zum ersten Mal angebrochen wurde, zu verwickeln.

«Laura? Wie kommt sie denn zu diesem Namen? Wie heißt denn dein Vater, mein Kind?»

Laura schob ganz langsam den Stuhl, auf dem sie saß, zurück, stand auf, machte einen Knicks vor Tante Lizze, die noch in der Nähe der Tür stand, und verschwand. Clärenore nahm mit Staunen wahr, dass Laura bei ihrem Gang zur Tür fast durchsichtig wurde. Sie sprang auf und lief ihr hinterher, die Treppe hinunter und durch den unteren Flur. Laura nahm ihre Jacke vom Haken in der Diele. Dann verwechselte sie die Durchgänge zwischen den Häusern und landete im Büro. Der Bürogehilfe brachte sie zum Ausgang. Clärenore horchte, ob sie jemand zurückrief, aber offensichtlich schien man zuzulassen, dass sie Laura ausspionierte. Sie war zwar nicht auf eine lange Verfolgungsjagd in der eisigen Kälte eingerichtet, wollte aber dennoch wissen, wo Laura wohnte. Da es sein konnte, dass sie sich umschaute, hielt Clärenore ausreichend Abstand und drückte sich in die Hauseingänge, die in der Kettenbrückenstraße allerdings nicht sehr tief waren. Laura floh jedoch, ohne sich umzusehen. Sie lief nicht in die Friedrichstraße, sondern in eine ganz andere Gegend, über die Ruhrstraße in Richtung Fabrikkanal. Clärenore folgte ihr in ein Gewirr von Schuppen und Handwerkerhöfen. Laura verschwand schließlich hinter einem Tor mit der Aufschrift: Koeppen. Automobile. Reparaturen. Chauffeurdienste.

Clärenore schlich sich an und klingelte, aber es öffnete niemand. Sie hörte Hundegebell, das Tor war verschlossen. Sie versuchte, um das Grundstück herumzugehen, wobei sie sich zwischen den Lagergebäuden verirrte und schließlich die Orientierung verlor. Es begann bereits zu dämmern, und sie fror erbärmlich. Zum Glück begegnete sie einem Arbeiter, der ihr den Weg in die Ruhrstraße zeigen konnte. Am Abend bekam sie Fieber, sodass sie am nächsten Morgen nicht in die Schule gehen konnte. Die Erkältung entwickelte sich zu einer schweren Mandelentzündung, und der Arzt wies sie ins Krankenhaus ein, wo man ihr die Mandeln herausnahm. Am ersten Tag nach der Operation hatte sie noch Schmerzen im Hals und konnte kaum schlucken, aber sie war stolz, die Tortur überstanden zu haben. Außerdem durfte sie so viel Eis essen, wie sie wollte. Sie staunte nicht schlecht, als sich die Tür öffnete und Laura ins Zimmer trat. Sie nickte, als Clärenore ihr mit Zeichen zu verstehen gab, dass sie nicht sprechen durfte. Laura setzte sich auf einen Stuhl neben Clärenores Bett und schwieg eine Weile.

«Ich weiß, dass du mich verfolgt hast», sagte sie leise.

«Mein ...», es fiel ihr schwer, weiterzusprechen. Clärenore nahm ihre Hand. Es war das erste Mal, dass sie die Hand eines anderen Menschen auf diese Weise ergriff, und die Geste ähnelte vielleicht ein bisschen der Art, wie sie die Hand des Vaters nahm, aber das tat sie, um Sicherheit zu erlangen. Diesmal wollte sie Sicherheit geben. Ihr Herz schlug heftig.

«Wirst du alles, was ich dir sage, für dich behalten?»

Clärenore nickte.

«Schwör's.»

Clärenore hob die Hand.

«Ferdinand Koeppen ist nicht mein richtiger Vater und seine Frau nicht meine richtige Mutter. Meinen Vater habe ich nie kennen gelernt. Er war Deutscher, meine Mutter halb Schwedin und halb Spanierin. Sie wurde in Stockholm geboren. Mein Vater war ein Sekretär des deutschen Gesandten in Peking, ich glaube, der hieß Kettler oder Keller. Er wurde auf der Straße erschossen, während mein Vater neben ihm ging. Er wurde ebenfalls getroffen und starb im Krankenhaus. Der Chauffeur des Botschafters rettete meine

Mutter vor den Chinesen und brachte sie nach Weihaiwei. Das ist ein Hafen in der Nähe von Peking. Dort wurde ich im Jahr 1900 geboren. Meine Mutter ging mit mir nach Schweden, wir wohnten in einem Ort in der Nähe von Stockholm. Die Verwandten meiner Mutter waren sehr wohlhabend, aber sie waren nicht freundlich zu ihr. Ich musste sehr viel lernen. Englisch, Schwedisch und wie man sich benimmt. Aber das kennst du ja.

Meine Mutter starb, als ich sechs war. Sie hatte mir am Abend noch eine Geschichte erzählt. Am nächsten Morgen brachte man mich aus dem Haus, es waren auf einmal viele fremde Leute da. Ich schrie nach meiner Mutter, aber ich habe sie nie wieder gesehen. Die Gouvernante sagte mir, dass meine Mutter tot sei, aber ich habe nichts verstanden. Sie fuhr mit mir nach Berlin zu meinem Stiefvater, dem Chauffeur, der meine Mutter gerettet hatte. Er adoptierte mich. Ich lebte zuerst bei ihm in Berlin, aber die Autowerkstatt, die er dort hatte, ging Pleite. Vor einem Jahr hat er hier eine neue Werkstatt eröffnet. Er bekommt Geld für meinen Unterhalt aus Schweden. Das ist meine Geschichte.»

Clärenore nahm einen Stift und schrieb: «Und warum versteckst du dich vor uns?»

«Weil wir arm sind. Ich habe nur so getan, als wohnte ich in der Friedrichstraße. Darf ich wieder zu euch kommen?» Clärenore nickte. Laura nahm ihre Hand und hielt sie für einen Moment an ihre Wange. Dann zog sie ein Buch hervor, das sie die ganze Zeit hinter ihrem Rücken verborgen hatte. Es war ein Poesiealbum. Clärenore sollte ihr etwas hineinschreiben. «Meiner besten Freundin», schrieb Clärenore. Laura war glücklich. Sie holte noch ein Buch hervor. «Das ist mein Lieblingsbuch. Vielleicht hast du Lust, es zu lesen. Der Vetter von meinem Stiefvater hat es geschrieben.» Sie legte das Buch auf das Bett und war verschwunden.

Clärenore brauchte eine ganze Weile, um wieder zur Besinnung zu kommen. Ihr war warm in der Magengegend. Zum ersten Mal hatte sie das Gefühl von tiefer Geborgenheit, auch wenn sie nicht auf dem Schoß des Vaters saß.

Dem Buch war anzumerken, dass es schon oft gelesen worden war. Es war vor vier Jahren erschienen. Der Autor war ein Hans Koeppen, Oberleutnant im Infanterie-Regiment Nr. 15. Ein Foto zeigte ihn in Uniform, die Hände über Kreuz auf den Säbelknauf gelegt, die Mütze in der Rechten. Er hatte schwarzes, sehr kurz geschnittenes, pomadisiertes Haar sowie einen dichten Schnauzbart und blickte ernst in die Kamera. Clärenore konnte sich nicht erklären, warum sie in seinen dunklen Augen Enttäuschung las. Der Titel des Buches lautete «Im Auto um die Welt». Erscheinungsort war Berlin, Erscheinungsjahr 1908. Der Titel elektrisierte sie. Und erst das Inhaltsverzeichnis! «Start in New York», stand da und «Im Blizzard vor Chicago», «Durch die Prärie», «Im Kampf mit dem Felsengebirge», «Am Baikalsee», «Im Kampf um die Führung». Es handelte sich um den Bericht über eine Autorallye von New York durch Amerika und Sibirien bis nach Paris. Es gab Hunderte von Fotos. Clärenore interessierten besonders die Fotos der Wagen. Es waren die französischen de Dion, die italienischen Züst, die amerikanischen Thomas und die deutschen Protos abgebildet. Es gab auch Fotos von den Motoren, Karten mit dem Streckenverlauf und Bilder von den Städten und Landschaften, durch die die Reise ging. Ein Foto faszinierte Clärenore ganz besonders. Es zeigte einen der Wagen, wie er auf den Schwellen der Transsibirischen Eisenbahn entlangfuhr. Der Text war anfangs trocken, sie musste sich zwingen weiterzulesen. Aber dann versank sie in die Abenteuer der Reise. Sie zitterte mit Koeppen um die Teilnahme, ärgerte sich über die Bürokraten, die der Sache Steine in den Weg legten, und überschlug mit heißem Kopf Finanzierungspläne. Sie freute sich, dass der Ullstein Verlag die deutschen Fahrer finanziell unterstützte, und bangte mit ihnen um den Sieg. Sie grub mit ihnen den Wagen aus dem Schlamm und den Schneemassen Sibiriens. Sie lag mit ihnen unter dem Auto und reparierte die zerschlagene Ölwanne, flickte die Reifen. Ein Satz, den Koeppen Rudolf Ullstein gegenüber äußerte, prägte sich ihr ganz besonders ein: «Entweder ich komme durch, und zwar in Ehren, oder es sieht mich kein Mensch wieder.» Sie hatte Tränen in den Augen, als sie las, wie Koeppen und seine Mannschaft als Sieger durch das Ziel in Paris fuhren und wie sie zwei Tage später in Berlin gefeiert wurden.

Ferdinand Koeppen hatte in seiner Werkstatt ein Regal mit schmalen kartonierten Bändchen. Es waren etwa fünfzig, und sie gehörten zu der in Fachkreisen hoch geschätzten Reihe der «Autotechnischen Bibliothek», die seit Beginn des Jahrhunderts in Berlin erschien. Clärenore stürzte sich auf die Sammlung. Sie verschlang die Bände mit den Titeln «Anleitungen und Vorschriften für Kraftwagenbesitzer», «Automobil-A-B-C. Ein Reparaturenbuch», «Der Automobilmotor», «Automobil-Vergaser», «Der Lastwagen-Motor». Besondere Aufmerksamkeit widmete sie dem Band «Die Kunst des Fahrens» von Bernd Martini. Karl May und die Abenteuer des Robinson Crusoe hatten ausgedient. Die Schullektüre, Schillers steife Balladen hatten keinerlei Wirkung auf sie. Ihre Bibel war «Die Kunst des Fahrens».

«Ist das Fahren schwer? Nein, nicht schwer, Übungssache!» So lauteten die ersten Sätze des Buches. Und das war auch Clärenores erstes Gebot: Fahren ist Übungssache. «In der Schnelligkeit, mit der der Führer seine Entschlüsse fassen und durch die Hände auf das Fahrzeug übertragen muss, liegt die Kunst des Fahrens.»

Geschwindigkeit kannte Clärenore vom Zugfahren, wobei der Mensch aber Fahrgast blieb. Zugfahren war eine passive Angelegenheit, Geschwindigkeit zu beherrschen erfordert Geistesschnelligkeit. Wenn man Fräulein Stinnes irgendeine herausragende Eigenschaft hätte attestieren wollen, wenn man sie mit einem Begriff hätte charakterisieren müssen, dann wäre Geistesschnelligkeit der passende gewesen. Man brauchte ihr Handgriffe nicht langsam oder gar zweimal zu erklären. Man brauchte sie ihr überhaupt nicht zu erklären. Beim Kutscher Karl schaute sie ab, wie man den Einspänner und den Landauer lenkte, und als sie einmal eine Strecke allein fuhren, bat sie ihn, ihr die Zügel in die Hand zu geben. Zum grenzenlosen Erstaunen des Kutschers steuerte sie den Wagen so souverän wie er selbst. Es gibt musikalische Genies, die sich zum ersten Mal in ihrem Leben an eine Klaviertastatur setzen und auf Anhieb Stücke spielen können. Clärenore war ein Genie auf der Klaviatur von Fortbewegungsmitteln. Ebenso wie Karl staunte auch Koeppen, als er sie auf dem Garagenhof bangen Herzens ans Steuerrad des Protos der Firma ließ. Sie fuhr das Vehikel vor und zurück, wendete auf dem engen Hof. Sie bediente wie im Traum die Schaltung, die Bremsen und das Gas.

Clärenore lag mit Ferdi unter dem Auto, wusste alle Nummern der Schraubenschlüssel, hörte am Motorengeräusch, was mit der Maschine nicht in Ordnung war, und hatte mit einem Griff die Ersatzteile zur Hand. Ferdi nahm sie auch auf Probefahrten mit. Sie schloss die Augen, horchte auf den Motor und erkannte an der Höhe des Klirrens, ob und um wie viel Bruchteile von Millimetern die Zylinderköpfe nachgeschliffen werden mussten. Sie wusste, was zu tun war, wenn sich eine Scheibenkupplung festgefressen hatte oder wenn eine Kardanwelle gebrochen war. Sie wusste, dass man bei einer Notreparatur der Kardanwelle entlang der Bruchstelle zwei oder drei flache Eisenstücke mit Bindedraht befestigen musste. Sie wusste, wie man Zündkerzen reinigte, wie man das Kupplungsleder bei Konuskupplungen behandelt, wenn die Kupplung schleift, und wie man Scheiben-, Lamellen-, Expansions- und Federbandkupplungen lösen oder spannen konnte. Sie kannte sich mit den Bremsleitungen aus, und sie kannte alle Motor- und Autotypen.

Clärenore lebte im Hause Koeppen wie eine Tochter, und Laura wurde schließlich auch in der Kettenbrückenstraße als eine Art Familienmitglied akzeptiert.

Das war vor allem das Verdienst von Nora Wagenknecht, einer Tante mütterlicherseits. Sie war die jüngste Schwester Cläres, im Alter Clärenore viel näher als den Eltern. Nora war ein Wirbelwind, eine Zauberin der guten Laune. Allein durch ihre Anwesenheit vermochte sie ein im Geschäftsgang erstarrtes Alltagshaus in ein Feenschloss oder in einen Affenkäfig zu verwandeln. Und sie verwandelte Hugo Stinnes. Die Miene des tiefernsten Kohlebarons, Firmenjongleurs und Montanprinzipals erhellte sich, sobald sie im Hause war. Seine schwarze Gestalt wurde licht. Sie konnte ihn vom Schreibtisch weg in den Garten ziehen und blies ihm so viel frische Luft ins Herz, bis er ahnte, dass es möglicherweise noch ein anderes Leben jenseits von Verantwortung, Mehrwert und Familienmacht gab. Ein Leben weit weg, unter freiem Himmel. Ein Leben am Wasser, in menschenleeren Wäldern, wo man im Halbschatten auf Lichtungen einen ganzen Tag verträumen konnte.

Im Februar 1911 kaufte Hugo Stinnes von einem Kölner Kaufmann einen Landsitz in Südschweden. Im Sommer verbrachte die ganze Familie die Ferien am Asasee. Auch Nora und ihre Kinder waren dabei sowie Otto mit der neuen Gouvernante Miss Bankok, der Clärenore den Spitznamen «Mister» gab, weil sie eine Stimme hatte wie ein Mann. Edmund war beim Militär. Er hatte gerade sein Reserveoffizierspatent gemacht und kam von Berlin aus für zwei Wochen zu Besuch. Hugo junior war wegen seiner angeschlagenen Gesundheit vom Dienst befreit und war mit dem Generalbevollmächtigten der Firma, Mr. Ferguson, in England unterwegs.

«Wir bringen Miss Barfield zum Bahnhof», sagte die Mutter eines Tages.

«Ich fahre zurück nach England», erläuterte Miss Barfield und kämpfte gegen ihre Tränen.

«Sie hat in einer englischen Zeitung irgendetwas über den Kaiser gelesen. Wir wissen ja, wie in der englischen Presse alle Äußerungen des Kaisers verdreht werden», sagte Cläre beleidigt. Das war nicht als Erklärung für Clärenore gedacht, sondern an Miss Barfield gerichtet. «Nicht wahr, Sie hassen uns?»

Miss Barfield fing laut an zu heulen. Zum letzten Mal sah Clärenore Tränen in ihren Augen.

«Es hat nichts mit Ihnen zu tun, gnädige Frau. Ich kann hier nicht mehr atmen. Man muss sich entscheiden, wo man leben will.»

«Wir bedauern, dass Sie uns verlassen, leben Sie wohl», sagte die Mutter und reichte Miss Barfield die Hand.

Miss Barfield umarmte Clärenore nicht. Clärenore hatte das Gefühl, dass ein Stück ihrer Kindheit mit Miss Barfield nach England verschwinden würde. Die Gouvernante und ihr Zögling sahen sich nie wieder.

5. Stimmen aus der Vergangenheit

Hat eine Frau das Recht, einer anderen Frau den Mann wegzunehmen? Sie hatte ihr halbes Leben darüber nachgedacht. Sie hatte viele Gründe dafür und dagegen gefunden, hatte sich schuldig gefühlt; sich Rechtfertigungen ausgedacht, einfache und komplizierte. Ihre Liebe war aus Schnee und Eis geboren. Vielleicht war das der Grund für die Haltbarkeit. Noch heute ging für sie die Sonne auf, wenn Carl-Axel das Zimmer betrat. Inzwischen wusste sie, dass es auf diese Frage nur eine Antwort gab: Ja. Die Sache war ganz einfach. Männer, die in ihrer Beziehung glücklich sind, sind unantastbar. Männer, die sich darin unsicher sind, sind entweder Hallodris oder tatsächlich mit dem falschen Partner zusammen. Wenn du sicher bist, dass du keinen Schaumschläger vor dir hast, dann prüfe ihn und nimm ihn dir. Sie hatte Carl-Axel dem originellsten und härtesten Prüfungsverfahren aller Zeiten unterworfen. Das Verhältnis zwischen ihnen war zuerst rein geschäftlicher Natur gewesen, und erst nach knapp einem Jahr wurde daraus dank Schnee und Eis eine Prüfung. Und Ruby? Ruby war der tiefe Abgrund, der ihr Leben mit Carl-Axel begleitete. Warum hatten sie nie offen über Ruby gesprochen? War das der Grund, warum es zwischen ihnen ein unausgesprochenes Tabu gab? Ein Tabu, das Grundlage ihrer Ehe war?

Sie zog sich an und ging zur Verwaltung der Kurthermen, wo sie nach dem Namen der Frau fragte, die gerade verunglückt war.

«Sind Sie eine Verwandte?»

Sie verneinte.

«Dann können wir Ihnen keine Auskünfte geben.»

«Es kann sein, dass ich Verwandte von ihr kenne. Wir haben uns in den letzten zwei Wochen öfter hier getroffen. Sie war nicht von hier. Sagen Sie mir wenigstens, ob sie in einem Hotel gewohnt hat.»

Die Sekretärin zögerte. Dann gab sie etwas in ihren Computer ein und schaute auf den Monitor: «Bellevue.»

«Danke.»

Sie ging zum Wagen, fuhr die Wildbadstraße entlang, über die Moselbrücke in den Ortsteil Traben. Das Hotel war am Moselufer gelegen. An der Rezeption fragte sie, ob man schon wisse, dass einer der Gäste verstorben sei. Eine ältere Dame, wahrscheinlich allein stehend. Sie habe sie gekannt und sei bei dem Unfall dabei gewesen, nun wolle sie mit den Angehörigen telefonieren. Die Dame an der Rezeption schaute etwas skeptisch drein, ja, man wisse Bescheid.

«Haben Sie die Angehörigen schon informiert?»

Sie verneinte.

«So was ist eine unangenehme Sache. Ich kann Ihnen das abnehmen. Es wird den Leuten helfen, wenn sie erfahren, dass ich in den letzten Augenblicken dabei war, oder wollen Sie, dass sie es von der Polizei erfahren?»

Die Hausdame überlegte. Dann schrieb sie eine Nummer auf einen Zettel. «Aber telefonieren Sie nicht von hier aus.»

Sie wandte sich dem Ausgang zu.

«Ach bitte, Ihren Namen», rief die Hausdame hinter ihr her.

«Söderström.»

«Könnten Sie mich benachrichtigen? Wir haben auch keine genaue Adresse der Verstorbenen.» Die Hausdame ging zum Tresen zurück.

«Keine Adresse?»

«Nein, die Schrift auf dem Meldezettel ist unleserlich bis auf die Telefonnummer. Da hat einer nicht aufgepasst.»

«Zeigen Sie mal her.»

Die Hausdame gab ihr den Meldezettel.

«Das sind kyrillische Buchstaben.»

«Sie sprach aber akzentfrei Deutsch.»

«Darf ich den Zettel mitnehmen? Ich kenne jemanden, der Russisch kann.»

«Ich mache Ihnen eine Kopie.» Die Hausdame verschwand in einem Hinterraum und kehrte kurz darauf mit der Kopie zurück. «Dürfte ich Sie wohl um Ihre Telefonnummer und Adresse bitten? Es ist uns sehr daran gelegen, die Adresse der Verstorbenen zu erfahren. Auch wegen des Transports und der Rechnung», fügte sie etwas verschämt hinzu. «Wir wollen den Angehörigen kondolieren», sagte sie viel lauter, um den vorangegangenen Satz ungeschehen zu machen.

Sie schaute die Hausdame eine Weile an, sodass diese fast aufgesprungen wäre und Haltung angenommen hätte. Dann schrieb sie ihre Telefonnummer auf. «Da können Sie mich erreichen, mein Kind.»

Sie drehte sich auf dem Absatz um und kehrte zu ihrem Wagen zurück. Den Rückweg fuhr sie nicht auf Zeit, obwohl die Strecke, abgesehen von einem Traktor, frei war. Sie konnte Russisch lesen. Die Frau wohnte in der DDR, in Greifswald. Sie hieß Gerda Melln. Warum hatte sie russisch geschrieben, woher kannte sie ihren Namen? Ruft man den Namen einer Fremden, woher auch immer man ihn weiß, wenn man stirbt? Wie bei dem Anruf von Sarah Armstrong am Morgen spürte sie wieder den Schmerz, als dringe eine Sonde in ihr Innerstes vor. Sie schaute auf ihre Uhr mit Datum. Warum wurde sie ausgerechnet an diesem Spätsommertag des Jahres 1973 in ihre Vergangenheit gezogen? Kann man von einem Flugzeug aus telefonieren? Wahrscheinlich nicht. Kann man aus Zügen im Ausland telefonieren? Es war ein Gespräch über Satellit. Irgendeine Frau will nach Deutschland kommen und bringt deine Vergangenheit mit.

Warum sollte sie Angst vor der Vergangenheit haben? Sie zermarterte sich nicht den Kopf wegen Sarah. Die würde sie kennen lernen. Die tote Frau aus Greifswald beunruhigte sie.

Carl-Axel war noch nicht zurück. Die Männer würden bis in die Abendstunden hinein auf ihrem Hochsitz hocken. Wie oft war sie mit ihm draußen gewesen. Nicht nur hier, auch in Schweden, in Kanada, in Russland, in Sibirien. Gerda Melln aus Greifswald. Sie wählte die Nummer, die sie von der Hausdame des Bellevue bekommen hatte. Bei der Herstellung der Verbindung gab es große Schaltpausen zwischen den einzelnen Vorwahlen. Ein Knistern und Knacken. Dann kam nach einer Weile vollkommener Stille ein blecherner Rufton zustande und dann ein dreifacher Piepton, der sich wiederholte.

«Melln.»

Eine Frauenstimme. Hell. Aber sie sagte ihren Namen ohne Zuversicht.

Clärenore räusperte sich. «Spricht dort Melln?»

Sie hörte, wie sich eine Hand über die Sprechmuschel stülpte. Es war, als würde die Welt auf der anderen Seite unter Wasser getaucht. Sie hörte aufgeregte Stimmen aus der Ferne und verstand nur das Wort «Westen». Sie hatte das Gefühl, als schlüge auf der anderen Seite der Leitung ein Meteor ein.

«Mit wem spreche ich?», fragte eine Männerstimme.

«Söderström in Irmenach.»

«Sie müssen sich verwählt haben. Wir kennen hier niemanden, der so heißt.»

«Es geht um Gerda Melln.»

«Was ist mit ihr?»

«Es tut mir Leid, Ihnen sagen zu müssen, dass Gerda Melln heute Vormittag im Thermalbad von Traben-Trarbach an einem Herzinfarkt verstorben ist.»

Auf der anderen Seite blieb es still. Dann wurde der Hörer wieder in tiefe See getaucht.

«Gerda ist tot? Das muss eine Verwechslung sein ...» Es war die Stimme einer dritten Person, eines alten Mannes.

«Woher rufen Sie an?»

«Aus Irmenach, aus Traben-Trarbach an der Mosel.»

«Woher haben Sie denn die Nummer?»

«Sie hat sie im Hotel hinterlassen.»

«In einem Hotel? Wie war Ihr Name?»

«Söderström. – Stinnes.»

«Stinnes?!»

Die Muschel des Hörers wurde zugehalten. Clärenore konnte das Blut pochen hören. Ihr schien es, dass der Name Stinnes auf der anderen Seite stärker einschlug als ein Meteor. Es war, als ob der Mond auf Greifswald fiele. Sie bemerkte, dass der Telefonhörer am anderen Ende weitergereicht wurde.

«Hören Sie», sagte die Männerstimme, «meine Frau ist im Harz zur Kur. Wir haben keine Verwandten in der BRD.»

Es war nicht klar, ob der Hörer aufgelegt oder die Verbindung zufällig unterbrochen wurde. Clärenore wählte die Nummer noch einmal. Es meldete sich irgendein Amt oder eine Dienststelle in Berlin. Sie verstand nur Berlin. Der Name der Behörde bestand aus Abkürzungen, die sie nicht entschlüsseln konnte. Sie versuchte es erneut, diesmal kam das Besetztzeichen. Auch bei den folgenden Versuchen blieb es beim Besetztzeichen. Sie setzte sich auf die Terrasse und schaute der untergehenden Sonne nach. Es war nicht der Geländewagen von Mewes, der sich dem Grundstück von der Landstraße her näherte, sondern ein Polizeiauto kam unter den Bäumen hervor. Die Beamten kamen nicht direkt auf die Terrasse, sie hatten sie offenbar nicht gesehen. Sie klingelten an der Eingangstür. Clärenore führte sie ums Haus herum, und die Polizisten schauten auf die Eifelberge in der Ferne.

«Ein schönes Plätzchen.»
«Sie kommen wegen der Toten?»
«Bertram», stellte sich der eine Polizist vor. «Das ist mein Kollege Weller. Frau Simon im Bellevue hat uns Ihre Adresse gegeben. Sie kannten die Tote?»
«Nein. Wir sind uns nur ein paar Mal in der Moseltherme begegnet. Sie war hier wohl zur Kur. Die Dame im Bellevue hat mir die Telefonnummer gegeben. Sie wohnt in Greifswald. Ich habe vorhin versucht, ihre Familie zu benachrichtigen, man hat dort aber nicht geglaubt, dass sie im Westen ist.»
«Eine Gerda Melln aus ...», der Polizist nahm einen DDR-Ausweis aus seiner Tasche. «Aus Greifswald.»
«Und Sie haben wirklich keine Ahnung, wer diese Frau ist?», fragte der Kollege.
«Nein», erwiderte Clärenore.
Herr Weller runzelte die Stirn. Dann zog er aus seiner Aktentasche einen Umschlag. «Ihr Mädchenname ist Stinnes? Sie sind schwedische Staatsbürgerin?»
«Richtig», sagte Clärenore.
«Wir haben bei den Sachen der Toten einen Umschlag gefunden, der an Sie adressiert ist. An Frau Clärenore Stinnes-Söderström.» Weller händigte ihr den Umschlag aus. Er war verschlossen.
«Haben Sie etwas dagegen, wenn wir dabei sind, wenn Sie den Umschlag öffnen?», fragte Bertram und grinste.
Clärenore ging ins Haus und kehrte mit einem Brieföffner zurück. In dem Umschlag befand sich ein mit der Hand beschriebener Bogen.

Werte Frau Stinnes!
Sie kennen mich nicht. Aber ich kenne Sie und Ihre Familie aus Mülheimer Zeiten sehr gut.
Ich bin inzwischen eine alte Frau, die nicht mehr lange zu

leben hat. Mein Leben, so möchte ich behaupten, war das, was man ein deutsches Schicksal nennt. Aufgrund des neuen Vertrages zwischen der DDR und der BRD ist es mir in meinem Alter erlaubt, in den Westen zu fahren, obwohl ich hier keine engen Verwandten mehr habe. Ich nehme diese Gelegenheit wahr, um eine große Schuld abzutragen, die seit nunmehr einem halben Jahrhundert auf mir und meiner Familie lastet. Es hat mich sehr viel Mühe gekostet, Ihren Aufenthaltsort ausfindig zu machen. Ich würde Sie gerne persönlich sprechen. Ich wohne in Traben-Trarbach im Hotel Bellevue. Mir ist bekannt, daß Sie schwedische Staatsbürgerin sind und deshalb unbehelligt durch die DDR reisen können. Ich möchte Sie zu einer Reise nach Greifswald einladen, aber vorher bitte ich Sie, mich in meinem Hotel anzurufen. Ich möchte Sie unbedingt sehen.

Mit besten Grüßen,
Gerda Melln

Clärenore reichte den Beamten das Schreiben. Sie schaute sich den Brief an. Ein einfaches Blatt Papier, das keineswegs den Eindruck machte, als verberge es irgendwelche Geheimnisse. Weller und Bertram beugten sich über den Brief. Sie inspizierten ihn und machten enttäuschte Gesichter.
«Tja, das hat sich ja dann wohl erledigt», sagte Weller.
«Wir werden die zuständigen Stellen über den Tod von Frau Melln informieren», sagte Bertram.
«Und der Brief?», wollte Clärenore wissen.
«Das ist Ihre Privatangelegenheit.»
Die Polizisten verabschiedeten sich. Als sie vom Grundstück fuhren, kamen ihnen Mewes und Carl-Axel entgegen.
«Ist was passiert?», fragte Carl-Axel.
«Allerhand», entgegnete Clärenore und erzählte, was sie am Vormittag erlebt hatte.
«Da stellen sich einige Fragen», sagte Carl-Axel. «Warum

hat sie dich nicht längst angesprochen? Sie wusste ja, wer du bist. Warum schickt sie dir so einen geheimnisvollen Brief und rückt nicht mit der Sprache raus, solltest du etwa nach Greifswald fahren?»

«Das werde ich jetzt wohl müssen. Sie sagt, sie kennt mich aus Mülheim. Ich habe keine Ahnung, wer diese Frau ist und was für eine Schuld sie geplagt hat, aber ich werde es rauskriegen.»

Carl-Axel seufzte. «Wenn sie sich was in den Kopf gesetzt hat ...», sagte er zu Mewes. «Trinkst du einen Wein mit uns?»

Mewes nickte. «Aber nur einen. Ich muss morgen früh raus. Kommst du mit, Carl?»

«Ich habe morgen früh eine Verabredung mit Fritze Kunkel.»

Mewes schwieg. Während sich sonst aus dem ersten Glas meist ein geselliger Abend entwickelte, der sich oft – trotz aller Beteuerungen, Maß zu halten – so weit in die Länge zog, dass Mewes gleich von der Hütte aus seinen morgendlichen Streifgang durchs Revier antrat, hing diesmal jeder seinen Gedanken nach.

Sie lagen lange wach.

«Willst du tatsächlich in die DDR fahren?», fragte Carl-Axel.

«Machst du die Chemotherapie, wenn Fritze es für das Beste hält?»

«Aber nicht hier. Zu Hause.» Das war das erste Mal, dass Carl-Axel Stora Valla als Zuhause bezeichnete. Das erste Mal seit zwanzig Jahren, dass er es akzeptierte. Für sie hatte das Wort Heimat nie viel Bedeutung gehabt. Ihre Heimat war Schweden, war Deutschland, Ost und West, war Asa gewesen und Mülheim und Berlin, aber auch Montevideo, Buenos Aires. Auch Moskau, Björnlunda und Irmenach. Sie hatte überall gute Freunde. Das war der Grund, warum sie die deutsche Teilung nicht verstand und nie akzeptiert hatte. Die deutsche Teilung war in ihren Augen ein zweites Versailles. Das Wort Demokratie ging ihr in der schwedischen Sprache leichter über die Lippen. Eine königliche Demokratie. Für sie waren Deutschland und Europa zwischen 1914 und 1918 zerrissen in unten und oben, rechts und links, Ost und West. Hitler und Stalin waren für sie eine logische Folge dieses Risses, wenn auch die schlimmstmögliche. Sie war fest davon überzeugt, dass ihr Vater Hitler hätte verhindern können. Sie kannte die Bücher der Linken, in denen die deutschen Industriellen pauschal als die Steigbügelhalter des Führers abgestempelt wurden. War ihr Vater wie Hugenberg? Wie Fritz Thyssen, wie Krupp? Hugo Stinnes war, acht Jahre bevor die Deutschen Hitler zum Reichskanzler gewählt hatten, gestorben. Hätte ihr Vater den Mann gewählt? Hätte sie ihn gewählt? Nie und nimmer! Da war sie sich sicher. Sie war damals schon schwedische Staatsbürgerin und befürwortete damals wie heute einen starken deutschen Staat in Europa. Wie ihr Vater. Sie hielt nicht viel von einer politischen Europäischen Gemeinschaft. Umso mehr aber von einer gemeinsamen europäischen Industrie. Wie ihr Vater. Sie hätte ihr Leben für einen neuen vereinigten deutschen Staat gegeben.

Während sie an die Holzdecke der Jagdhütte schaute, erinnerte sie sich. Sie hatte einem Reporter, der ihr Buch aufgestöbert und sie für eine deutsche Rundfunkanstalt interviewt hatte, gesagt, sie würde die Fahrt noch einmal machen, wenn sie dadurch die Amerikaner, die Deutschen und die Russen an einen Tisch bekäme, selbst wenn sie dabei auf der Strecke bleiben würde. Sie wusste, dass sie ein nationalistisches Fossil war. Die jungen Leute aus den Rundfunkanstalten hielten sie für eine alte Nazi-Tante. Sie hatte keine neue Sprache für das, was sie gelernt hatte. Sie sprach vom «internationalen Judentum» und wusste sofort, dass sie einen Fehler begangen hatte. In allen Diskussionen trat sie leidenschaftlich für die europäischen Nationen ein. Für Deutschland, Schweden, Frankreich, England und natürlich für Russland – nicht für die Sowjetunion. Sie hatte Ende der dreißiger Jahre, als sie schon die schwedische Staatsbürgerschaft besaß, in Asa Flüchtlinge aufgenommen; aus Nazi-Deutschland, aus dem sowjetisch besetzten Finnland. Sie hatten Hermann Göring als Jagdbesuch zu Gast gehabt. Sie hatte einmal im Jahr ihre Mutter im Deutschen Reich besuchen dürfen und war mit den Kindern und dem Kindermädchen mit Begeisterung zu den Olympischen Spielen nach Berlin gefahren. Sie erinnerte sich, dass sie in der Douglasstraße Frau Himmler kennen gelernt hatte, die sie und Carl-Axel einlud, bei ihrem nächsten Deutschlandbesuch nach München zu kommen und die Pflanzenversuchsanstalt ihres Mannes in Dachau zu besuchen. Die Vergangenheit schob sich vor die Gegenwart. War sie mitschuldig? Nachts in Irmenach, wenn sie an die Decke schaute, die in der Dunkelheit nicht mehr zu sehen war, war sie mitschuldig. Tagsüber – und besonders in Schweden – war sie Frau Söderström. Niemand hat das Recht, ein Urteil über mich zu fällen, dachte sie. Sie dachte an die Chemotherapie. Sie kannten sich fast fünfzig Jahre. Wir leben zusammen, haben Kinder. Und wir hatten dieses gemeinsame Leben, ein Leben wie im Schweif des Kometen. Und sind doch jeder für sich allein. Was für eine Schuld sollen wir tragen, dachte sie. Die, mit Frau Himmler Kaffee getrunken zu haben?

Es war ihr klar, dass ihr Leben – ihres und das Carl-Axels – außergewöhnlich gewesen war. Außergewöhnlich durch die Fahrt und außergewöhnlich durch die Jahre danach in Schweden, das fast so fern von Mitteleuropa war wie Amerika. Sie wollte nicht akzeptieren, dass einige junge Menschen kein Verständnis für diese Entfernung hatten und ihr die

Distanz zu Deutschland nicht abnahmen. Sie warfen ihr vor, 1936 bei den Olympischen Spielen dabei gewesen zu sein, doch sie sah nicht ein, worin ihre Schuld bestand. Sie hatte jüdische Freunde gehabt. Es gab Menschen, die sie nicht mochte. Einige davon waren Juden, andere nicht. Genauso war es mit Russen, mit Kommunisten. Sie hatte ihre große Zeit in einer Epoche gehabt, die keine große war. Das war ihre Schuld. Vielleicht war das auch der Grund, warum sie nicht mehr über ihre Fahrt sprach. Sie war kein Opfer des Faschismus, sie spürte, dass sie keine gute Rolle spielte. Sie lag immer noch wach und machte sich Sorgen um Carl-Axel. So wie es einen Anfang gegeben hatte, würde es ein Ende geben. Frauen sind zäher. Sie empfand das nicht als ein Geschenk Gottes. Dann dachte sie an Gerda Melln, die ihr Leben in ihren Armen beschlossen hatte. Gerda Melln lebte in der DDR, einem laut Definition antifaschistischen Staat, für den der Faschismusverdacht der Linken nicht galt. Sie fand die Unterscheidung wahnwitzig. Entweder alle Deutschen oder nur die überführten Täter. Was für eine Schuld hatte Gerda Melln geplagt? Sie war entschlossen, es herauszufinden.

6. Das Lachen des Buddhas

Der See färbte ihre Seele. Und er nahm ihre Stimmungen an. Wenn sie fröhlich war, war der See wie an einem Sommermorgen, wenn sie traurig war, wie an einem verhangenen Mittag im Februar. Egal, wo sie sich später in der Welt aufhielt, der Asasee begleitete sie. Wenn sie nicht mehr weiterwusste im sibirischen Schnee oder in der Glut der Atacama, zog sie sich gedanklich auf ihn zurück. Der See wurde zum Fundament ihrer Innenwelt, und er blieb es mit seinen Farben und Stimmungen bis zu ihrem letzten Atemzug, als sie ihn längst verloren hatte.

1914 war der dritte Sommer, den Clärenore mit den Eltern, mit Tante Nora, ihren Kindern und mit Laura in Asa Gård verbrachte. Jetzt war alles anders als im ersten Sommer. Die verfallenen Stallungen waren abgerissen und durch moderne Pferde-, Kuh-, und Schweineställe ersetzt worden. Das Herrenhaus erstrahlte in hellem Gelb. Die Seitengebäude für das Personal waren hergerichtet, die Tagelöhner waren nun Pächter, die in neuen Häusern auf dem Gut wohnten und arbeiteten. Vor allem gab es Elektrizität. Der Vater hatte ein Wasserkraftwerk bauen lassen, das ein Sägewerk, eine Mühle, das Dorf sowie das Haus mit Strom versorgte. Man musste nicht mehr fünfzig Meter durch Kälte, Regen und Matsch laufen, um aufs Klo zu gehen, das in den ersten Jahren aus einem zur Straße hin offenen Verschlag und einer Bank mit drei Löchern bestand. Jetzt gab es fließendes Wasser im Haus. Die Räume waren mit einer zentralen Heizungsanlage ausgestattet worden.

Wenn man vom Bootssteg aus nach Süden schaute, wirkte der See wie ein träger breiter Fluss. Hingen die Wolken dicht über ihm, machte er Versprechungen, das glatte nördliche Seeende blieb hingegen stumm. Laura hatte ihre Pflichten als Schwedischlehrerin längst erfüllt. Clärenore fand sich schnell in der Sprache zurecht. Sie lernte sie nicht wie die Erwachsenen, die sich schämten, Laura Sätze nachzusprechen, und die sich stattdessen in die Grammatik vertieften, die ihnen Pastor Burmann verordnete. Sie lernte es mit Laura als Dolmetscherin im Stall und im Dorf, und sie lernte auch von der Haushälterin Karin. Das Jahr über in Mülheim ergriff sie oft Sehnsucht nach Asa. Asa, das war für sie mehr als ferne Länder, es war ein Ort, an den man sich jederzeit versetzen konnte. Man konnte dort in der Phantasie herumlaufen. In den Räumen, im Park. Man konnte sich in Gedanken an den See setzen und von neuem sein Herz an die glazialen Halbinseln verlieren und an die Bäume, die am Ufer bis ins Wasser wuchsen.

Im zweiten Sommer kaufte der Vater ein Motorboot, mit dem sie einmal in der Woche zum Einkaufen nach Växjö fuhren. Das Boot diente aber nicht allein dem Urlaubsvergnügen. Sein Hauptzweck war der Holztransport über den See. Mit dem Boot kam man schneller voran als mit dem Fuhrwerk. In drei Stunden war man in der Stadt. An solchen Tagen fuhren sie am frühen Morgen den Asasee hinunter, der in einem geheimnisvollen Schilfwald endete. Es gab eine schmale Durchfahrt, die nur Köpman kannte, der als Kapitän angeheuert worden war. Für Clärenore war das der abenteuerlichste Abschnitt. Man war in einer Welt aus Grashalmen, sah nur die Halme und den Himmel, und jeglicher Richtungssinn ging verloren. Sie wunderten sich jedes Mal, wie Köpman den Kanal fand. Der Kanal war knapp vier Meter breit und führte zur Schleuse bei Tolg, einem aus drei Häusern bestehenden Ort. In einem wohnte der Schleusenwärter, den Köpman erst wecken musste. Die Männer kurbelten gegen das vom höher gelegenen Asasee anströmende Wasser das Schleusentor auf. Das Motorboot passte gerade so in die Schleuse. Es sank auf das niedrigere Niveau des Tolgasees, der schmaler war als der Asasee, aber mehr Buchten hatte. Vom Tolgasee kamen sie bei Åby über einen weiteren Kanal in den Helgasee – ein flaches Meer. Er war voller Inseln und Inselchen. Manche hatten gerade Platz für drei Bäume. Clärenore wünschte sich, auf einer der Inseln den Rest des Lebens zu verbringen und dort begraben zu werden. Sie konnte sich jedoch für keine entscheiden. Eine war schöner und trauriger als die andere. Ein andermal stellte sie sich vor, auf dem Boot zu leben und bis ans Ende der Welt zu fahren. Nur Köpman konnte die Inseln von den Landzungen unterscheiden und wusste, welche Durchfahrt zum Ziel führte. Schließlich fuhren sie in den breiten Kanal ein, an dessen Ende der Hafen von Räppe lag. Dort stiegen sie in die Schmalspurbahn, die sie in wenigen Minuten nach Växjö brachte.

Der Ort hatte neuntausend Einwohner, einen weiten quadratischen Marktplatz und ein elegantes Hotel, das gleich daneben lag. Die Mutter verschwand auf der Hotelterrasse, um ihren Magen nach der langen Bootsfahrt mit einem Kaffee zu beruhigen. Karin, Miss Bankok und die Kinder stürzten sich ins Marktgewühl. Die Kinder gingen direkt zum Stand von Oscar Johansson, der neben Brot vor allem Konfekt verkaufte. Der Mann gefiel ihnen nicht nur wegen seines Warenangebots, sondern weil er eine weiße Jacke trug und einen weißen Strohhut mit einem roten Band. Er schenkte ihnen Schokolade und Bonbons und bunte, prall mit Gas gefüllte Luftballons, die sie auf der Rückfahrt vom Boot aus aufsteigen ließen. Clärenore und Laura ekelten sich vor den Fleisch- und Fischständen. Um Löfqvists Bude mit den Schweinehälften machten sie einen großen Bogen. Und auch, wenn sie in der Storgatan an Algot Nilssons Charkuteriaffär vorbeigehen mussten, wo im Schaufenster ganze Ferkel und Hühner oder Rehe hingen, schlossen sie die Augen und schoben sich gegenseitig kichernd und naserümpfend an dem vor Sauberkeit blitzenden Laden vorbei. Insbesondere graulten sie sich aber vor dem Kuhkopf, der über der Tür von Engelbrektssons Geschäft hing. Am Ende der lustvoll gruseligen Einkaufstour wurde die Kirche besucht. Und dann kam der Höhepunkt. Eine Tasse Schokolade für alle in der Konditorei Broqvist.

In Asa kamen sich Clärenore und ihr Vater so nahe wie nur noch einmal in einem Berliner Krankenzimmer. Im Sommer 1914 ging er mit ihr an einem Juninachmittag durch seine neu erschaffene Welt. Sie gaben allen Dingen Namen. Das Herrenhaus, das vier Terrassen hoch über dem Ufer lag, nannten sie Odins Burg. Die Bucht, an der der Vater sonntags in der Mittagssonne saß und die Füße ins Wasser hielt, tauften sie die «Traumbucht». Hier möchte er einmal begraben sein, sagte der Vater. Clärenore ließ den Platz stets mähen, solange sie auf Asa lebte. Sie kamen auf eine Wiese, die von Bäumen umschlossen, zum Ufer hin aber offen war. Hier setzten sie sich ins Gras. Hugo Stinnes, der auch in Asa stets seinen dunkelgrauen Dreiteiler trug, nahm seinen Hut ab und streckte sich auf dem Boden aus. Noch nie hatte Clärenore ihren Vater so gesehen: ein Prinzipal, ausgestreckt im Gras. Dieser Mann, der die Welt der Kohle und des Stroms fest in der Hand hielt, lag jetzt vor ihr. Sie konnte ihn mit einem Grashalm kitzeln. Hilde war nicht da, er gehörte ihr. Sie nannten den Ort «Paradieswiese». Sie stiegen hinauf und stießen oben auf eine Lichtung, die von silberflirrenden Birken umsäumt wurde. Tochter und Vater waren sich einig, dass sie die ersten Menschen waren, die diesen Ort betraten. Sie nannten die Stelle «Engelswiese». Es kam ihnen vor, als wanderten sie nicht durch Schweden, sondern durch ihre Seelen. Die Landschaft um den Asasee war für Clärenore seit diesem Junitag ein Abbild all dessen, was sie für ihren Vater empfand. In dieser Landschaft sollten sie sich nie wieder begegnen, und Clärenore hoffte für den Rest ihres Lebens hinter jedem Bergkamm die Wiese wiederzufinden, auf der der Gulliver der Montanunion im Gras liegen würde.

Die Gespräche der Eltern bei Tisch drehten sich in diesem Jahr nicht wie sonst um die Holzwirtschaft und darum, wie viel Grubenholz man zukaufen müsse, wenn die Bestände der eigenen Ländereien nicht ausreichen würden. In diesem Jahr malte der Vater düstere Wolken an den Zukunftshimmel, die Clärenore Angst machten. Seine Überlegungen mündeten stets in einem Satz: «Es wird Krieg geben.» Hugo Stinnes war auch an diesem abgelegenen Ort Tag und Nacht darum bemüht, seine weit verzweigten Unternehmungen so umzuorganisieren, dass sie unbeschadet einen Krieg überstehen würden. An einem Vormittag Anfang Juni tauchten Ferguson und Hugo junior auf. Hugo tat mächtig wichtig und erwachsen und weigerte sich, die jüngeren Geschwister überhaupt zur Kenntnis zu nehmen, bis der Vater ihn ermahnte. Die Probleme, die er mit dem Vater zu besprechen habe, seien nichts für Kinder. Der Vater bestand jedoch darauf, dass alles wie immer offen im Familienkreis diskutiert wurde. «Und auch Laura gehört dazu», sagte er, als Laura sich leise entfernen wollte.

James Russell Ferguson war ein hoch gewachsener, gut aussehender junger Mann, der Clärenore und Laura wie erwachsene Damen behandelte. Er ging mit ihnen zum Angeln und ruderte mit ihnen auf den See hinaus, und beide verliebten sich heimlich in ihn. Er war ihr Schwarm, und nachts träumten sie davon, von ihm nach England entführt zu werden. Ferguson, so bestimmte es der Prinzipal, sollte die gesamten englischen Unternehmungen des Stinnes-Konzerns unter eigener Regie und selbstverantwortlich unter seinem Namen führen, falls es mit England zum Krieg kommen würde. Dafür wurden Verträge vorbereitet, die nach der Rückkehr in Mülheim juristisch abgesichert und unterschrieben werden sollten. Auf diese Weise sollten die englischen Zechen und Werke der Stinnes-Gruppe vor Enteignungen geschützt werden. Nach diesem Modell verfuhr Stinnes auch mit seinen französischen Firmen. Nora, Cläre und die Geschäftspartner, die im Haus ein und aus gingen, waren der Ansicht, er sei viel zu pessimistisch. Sie hielten seine Aktivitäten für unnötig und schrieben die düstere Stimmung des Prinzipals dem regnerischen Wetter zu. An einem trüben Nachmittag ruderte Hugo Stinnes mit Clärenore allein auf den See hinaus.

«Gibt es Krieg, Papa?»

Der Vater fuhr sich mit der Hand ein paar Mal über das Gesicht, als wolle er alles, was ihm vor Augen stand, wegwischen.

«Ja, aber hier seid ihr sicher. Bis hierher wird der Krieg nicht kommen.»

«Was ist ein Krieg, Papa?»

«Krieg ist, wenn die Völker verrückt spielen.»

«Müssen wir sterben?»

«Nein. Aber es werden viele sterben.»

«Muss Edmund in den Krieg?»

«Nein. Er wird in der Firma gebraucht.» Sie waren am gegenüber liegenden Ufer angekommen und stiegen nun den Hügel zur Dorfkirche hinauf. Von hier oben hatte man einen schönen Blick über den See und auf das Herrenhaus, das weißgelb durch die Lichtung herüberleuchtete. Sie gingen über den Kirchhof und schauten sich die Grabsteine an.

«Ein bisschen wird sich auch für dich ändern», sagte der Vater.

Clärenore klopfte das Herz. «Was denn?»

«Nächste Woche kommt Hilde aus Südamerika zurück. Miss Bankok wird uns verlassen, und Laura wird nicht mit nach Mülheim zurückkommen.»

Clärenore war wie vom Donner gerührt. «Laura?»

«Laura hat sich nicht getraut, es dir selbst zu sagen. Ihre schwedischen Verwandten wollen nicht, dass sie in Deutschland bleibt, wenn es Krieg gibt. Wenn die Ferien zu Ende sind, wird sie in Stockholm zur Schule gehen.»

Auf der Rückfahrt blieb Clärenore stumm. Sie lehnte sich über Bord und schaute zu, wie ihr Spiegelbild über das tintenschwarze Wasser glitt. Sie ging auf ihr Zimmer und verkroch sich im Bett. In dieser Sommernacht, in der es nicht dunkel werden wollte, aber auch gegen Morgen nicht richtig hell, beschloss sie, nie mehr einen Menschen bedingungslos zu lieben.

Sie würdigte Laura keines Blickes und litt dabei. Klare Schnitte; alles oder nichts. Sie brachte aber nicht die Kraft auf, einen Menschen loszulassen, über dessen Glück zu verfügen zu ihrem eigenen Glück geworden war. Laura litt ebenfalls. Ferguson bemerkte die Veränderung. Er ging erst lange mit der einen, dann mit der anderen spazieren und wurde jeweils mit tödlichen Pfeilen von der Ausgeschlossenen verfolgt. Dann gab es nach einer Woche Regen einen ersten Tag mit blauem Himmel. Ferguson, der zwischenzeitlich in London gewesen war, kam mit einem knallgelben offenen Auto auf den Hof gefahren, und beide Mädchen liefen aus verschiedenen Türen unabhängig voneinander auf den Fahrer und vielleicht mehr noch auf das Auto zu.

«Stopp!», sagte Ferguson und hob die Hand. «Habt ihr euch vertragen?»

Die beiden schüttelten den Kopf. Ferguson setzte sich in die Hocke, obwohl das übertrieben war, denn die Mädchen reichten ihm bereits bis an die Schultern.

«Ihr kommt jetzt beide zu mir. Zusammen.»

Sie gingen langsam auf ihn zu. Als sie nahe genug waren, packte er sie am Genick und stieß sie sanft mit den Köpfen aneinander.

«Wenn ihr euch nicht vertragt, rede ich mit keiner mehr ein Wort.»

«Ein ‹Alpensieger›!», rief Clärenore staunend aus. «Sechszylinder. Audi C von 1912. 35 PS.»

Das Auto hatte ein Heck, das wie das eines Ozeandampfers geformt war.

«Vierzylinder», sagte Laura trotzig.

«Sechs.»

«Vier.»

Die Mädchen rissen sich los, und jede schraubte auf einer Seite die Motorklappe auf.

«Siehst du, vier», triumphierte Laura.

Jede beugte sich von ihrer Seite in den Motor.

«Der fährt bestimmt sechzig», sagte Clärenore.

Ferguson ging lächelnd ins Haus. Das Auto hatte er in Växjö von einem Geschäftspartner geliehen. Hugo Stinnes wusste genau, wie er die beiden Streithennen kurz vor dem Abschied, der ein Abschied für ein halbes Leben werden sollte, miteinander versöhnen konnte.

«Höchstens fünfzig», konterte Laura.

Clärenore schlug die Motorhaube zu und setzte sich ans Steuer, das auf der linken Seite war. Laura setzte sich daneben.

«Da steckt ja noch der Schlüssel», sagte Clärenore atemlos.

«Mach keinen Unsinn.»

«Du kurbelst», befahl Clärenore.

«Bist du wahnsinnig?»

«Wir sehen uns wieder, ja?»

«Jeden Sommer», erwiderte Laura und sprang wie befreit mit der Kurbel, die unter dem Sitz lag, vor das Auto. Der Motor sprang an und machte einen Höllenlärm.

«Jetzt geht's um die Welt!», rief Clärenore.

Laura konnte gerade noch den Beifahrersitz erreichen, da

machte das Auto einen Satz und blieb in einer Staubwolke liegen. Vom Haus kamen Karin und der Verwalter angelaufen, und nach ein paar Minuten folgten ihnen Cläre, Hugo und Ferguson.

«Das wird Folgen haben», verkündete der Vater, nachdem er sich davon überzeugt hatte, dass nichts passiert war. Die Mutter holte tief Luft und streichelte Clärenore, die sich noch ganz erschrocken am Lenkrad festklammerte, über die Schulter.

Der Asasee machte eine Ausnahme. Er richtete sich ganz und gar nicht nach Clärenores Stimmung, sondern gab das Schauspiel «Himmel unten, Himmel oben». Er hielt die Winde zurück, die von den Hügeln fielen, und schliff seine Oberfläche. Man hätte sich in den See stürzen und zugleich im azurblauen Himmel schwimmen können. Aber Ferguson war weg. Edmund war wieder weg. Er war nur für eine Woche gekommen und hatte ihr eine Ehrenmütze seiner Kompanie mitgebracht, die sie auch im Bett nicht absetzen wollte. Der Vater war ebenfalls abgereist, er wurde vom Kanzler persönlich nach Berlin gerufen. Eine Woche später kam ein Brief von ihm, in dem er schrieb, dass die Kriegsgefahr augenblicklich gebannt sei und er einen Landsitz in der Nähe von Berlin erworben habe, um nicht ständig im Hotel leben zu müssen. Das bedeutete, sie würden den nächsten Sommer auf Weißkollm verbringen und nicht in Asa. Tante Nora war zurück nach Wiesbaden gefahren. Es gab Ärger mit ihrem Mann, Robert Dunlop, der mit der Firma seiner Familie in England nicht viel zu tun haben wollte, sich dem lässigen Leben hingab und deshalb von Hugo Stinnes mit Misstrauen verfolgt wurde. Miss Bankok war weg. Wie Miss Barfield zurück nach England. Sie war vor ihrer Abreise mit den kleinen Geschwistern und der Mutter nach Mülheim gefahren.

Stattdessen kam Herr Spindler mit Frau und Kindern. Spindler war der Verwalter aller Grundstücke, die zur Firma gehörten, und somit auch eine Art Hausmeier von Asa. Spindlers zankten sich ununterbrochen mit der Familie einer entfernten Tante aus Wiesbaden, die ebenfalls gekommen war. Für Clärenore war dieser Wechsel so etwas wie die Vertreibung aus dem Paradies, in dem sie bis dahin mit dem Vater allein gelebt hatte – und mit Laura. Sie hielt sich an Spindler, der sie – aus Unsicherheit – als Juniorprinzipalin behandelte, was alle anderen gegen sie aufbrachte. Es war der Tag gekommen, an dem sie von Laura Abschied nehmen musste. Am Morgen war große Aufregung. Die Gazetten, die pünktlich aus der Stadt angeliefert wurden, meldeten, dass der österreichische Erzherzog Franz Ferdinand und seine Gemahlin am Vortag in der bosnischen Hauptstadt Sarajevo von großserbischen Nationalisten erschossen worden waren. Es werde einen neuen Balkankrieg geben, meinte Spindler beim Frühstück. Clärenore erhielt ein Telegramm vom Vater. Darin stand nur: «Das ist der Krieg.» Die Aufregung herrschte aber deshalb, weil Gunnar, der Kutscher, nicht pünktlich vor der Tür stand. Alles war so organisiert, dass die Mädchen mit der Kutsche zum Bahnhof nach Lammhult fahren sollten. Laura würde von dort nach Stockholm fahren und Hilde sollte dort mit dem Zug aus Malmö ankommen und mit Clärenore zurück nach Asa fahren.

Gunnar hatte Probleme mit der Vorderachse. Er kam erst vorgefahren, als die Mädchen schon eine halbe Stunde schweigend vor dem Haus auf Lauras Koffer saßen. Wenn man schnell fuhr, waren die siebzehn Kilometer in gut einer Stunde zu schaffen.

«Wenn wir jetzt den ‹Alpensieger› hätten», seufzte Clärenore.

«Dann wären wir mit einem Satz in Lammhult», erwiderte Laura. Die Mädchen lachten und stiegen in den Einspänner. Sie fuhren in rasantem Tempo an kleinen Seen vorbei, die von einem japanischen Gärtner hätten entworfen sein können.

«Du musst mir versprechen, nächstes Jahr nach Weißkollm zu kommen, wenn wir nicht hier sind.»

«Versprochen. Und dann besuchst du mich in Stockholm.»

«Versprochen.»

Der Bahnhof von Lammhult lag im Tal. Auf dem Bahnsteig waren kaum Reisende. Als die Lokomotive in der Ferne zu sehen war, nahm Laura eine Halskette aus einem Beutel. Clärenore hatte das Schmuckstück noch nie gesehen. Laura zerriss die Kette mit einem Ruck und gab ihr ein Stück davon in die Hand. Clärenore fühlte einen glatt polierten Stein, der sich wie ein trockenes Stück Seife anfühlte. Sie schluckte zweimal und dann mehrere Male immer hektischer. Zweimal, um die Tränen zurückzuhalten, und die anderen Male, um den Husten zu unterdrücken, weil sie sich beim zweiten Mal verschluckt hatte. Der Zufall wollte es, dass Lauras Reservierung für die erste Klasse genau den Platz betraf, den Hilde in Lammhult räumte. Die beiden Mädchen begegneten sich beim Ein- und Aussteigen im Geschrei der Dienstmänner das einzige Mal in ihrem Leben. Sie nahmen sich nicht zur Kenntnis, während sich ihre Gepäckstücke auf zwei parallelen Bahnen vom Waggon auf den Bahnsteig und vom Perron auf die Plattform des Waggons entgegenflogen. Als die Schlacht beendet und die Plätze getauscht waren, fuhr der Zug auch schon an. Clärenore ging ein paar Schritte neben dem Abteilfenster her, aus dem Laura winkte. Dann wandte sie sich ab, lief ihrer Schwester entgegen und fiel ihr in die Arme. «Lass dich anschauen!»

Clärenore wunderte sich, wie ähnlich Laura und Hilde sich waren. Hilde hatte das dichte schwarze Haar des Vaters, während sie und Edmund die helle Haarfarbe der Mutter geerbt hatten. Hilde war tief gebräunt von der südamerikanischen Sonne. Sie war erwachsen geworden. Die Ferne stand ihr ins Gesicht geschrieben.

«Du siehst traurig aus, Schwesterchen», sagte Hilde.

Clärenore ärgerte sich über das «Schwesterchen», denn schließlich war sie die Ältere. Und sie ärgerte sich über den arroganten Ton.

«Irgendwie alles klein hier», sagte Hilde und gähnte.

Clärenore befahl Gunnar, schneller zu fahren.

«Du sprichst Schwedisch?»

«Ja», sagte Clärenore stolz.

«Leider keine Weltsprache wie Spanisch.»

Clärenore schluckte. «Bringst du es mir bei?»

«Was sollen wir eigentlich in dieser gottverlassenen Gegend?»

Clärenore ignorierte die Stiche ihrer Schwester. Sie hatte sich vorgenommen, sie zu lieben. Sie befahl Gunnar, noch schneller zu fahren. Es sei was an der Vorderachse, gab Gunnar zu bedenken. Clärenore blieb hart. Gunnar trieb das Pferd an. «Willst du mir zeigen, dass die schwedischen Ackergäule so schnell sind wie unsere Südamerikaner?», lachte Hilde.

Vor Clärenores Augen verwandelte sich die Eiszeit-Landschaft Südschwedens zur Pampa. Sie streckte den Kopf seitlich aus dem Wagen, um den Fahrtwind zu spüren. Alpensieger, dachte sie und hörte den Motor aufheulen. Aber der Lärm kam nicht von einem Motor. Die Welt kippte um und war plötzlich dunkel und still. Clärenore lag mit dem Mund auf dem Straßenschotter. Das Leder der Sitzbank war über ihr. Sofort begriff sie, dass die Kutsche auf ihnen lag. Sie tastete nach Hilde, horchte auf ihren Atem. Sie lebte. Der Hohlraum vor der Sitzbank hatte sie gerettet. Hilde stöhnte. Clärenore versuchte, die Tür auf ihrer Seite zu öffnen, doch sie war zu tief in den Boden gerammt. Sie zwängte sich über Hilde hinweg, die zu weinen begann. Die Tür auf der anderen Seite hatte mehr Spiel. Nach einigen Tritten mit den Füßen war sie draußen. Vor ihr auf dem Weg lag Gunnar. Sie beugte sich zu ihm. Er blutete aus dem Kopf und zeigte kein Anzeichen von Leben. Das Pferd hatte sich losgerissen und war auf und davon. Überall auf dem Weg lagen Gepäckstücke herum.

Sie waren auf halber Strecke – acht Kilometer, um in Asa Hilfe zu holen. Clärenore versuchte, Hilde aus dem Wagen zu ziehen, aber die schrie vor Schmerzen. Ihr Bein war eingeklemmt.

«Lass mich nicht allein», jammerte Hilde.

«Gunnar braucht Hilfe. Er ist schwer verletzt.»

«Und was ist mit mir?»

«Du musst jetzt die Zähne zusammenbeißen.» Clärenore fand im umgestürzten Kutschbock eine Feldflasche mit Wasser. Sie goss Gunnar ein wenig davon auf die Stirn, aber er rührte sich nicht. Sie gab Hilde die Flasche.

«Wenn du mich jetzt allein lässt, werde ich dir das nie verzeihen», sagte Hilde.

Clärenore erschrak, wie stark die Stimme ihrer Schwester plötzlich war. «Dann versuch rauszukommen. Gunnar braucht einen Arzt!»

«Ich auch», rief Hilde.

Clärenore rannte in Richtung Asa. Hinter einer Wegbiegung wäre sie beinahe von einem Pferd niedergetreten worden, das aus einem Waldstück auf die Straße sprang. Der Reiter fragte auf Schwedisch, ob sie sich verletzt habe. Sie merkte erst jetzt, dass sie an der Stirn blutete. Er war jung, vielleicht achtzehn, und trug die Kleider, die die Bauern gewöhnlich bei ihrer Feldarbeit anhatten.

«Ein Unfall», rief Clärenore.

Das Pferd war nicht gesattelt. Es war ein Ackergaul. Der

Junge war ein bisschen begriffsstutzig. Sie zog ihn vom Pferd, und als er unten war, benutzte sie ihn als Steigbügel, saß auf und trat dem Gaul in die Flanken. Das Tier blieb stehen.

«Ich brauche das Pferd», sagte Clärenore.

Der Junge schwang sich hinter ihr auf seinen Gaul und machte ein paar Zischlaute. In wenigen Minuten waren sie an der Unfallstelle. Gunnar lag immer noch reglos auf der Straße. Der Junge sprang ab und legte sein Ohr auf Gunnars Brust. «Er lebt.» Es gelang ihnen mit vereinten Kräften, den Wagen für einen Moment hochzustemmen und Hilde zu befreien. Hilde kroch an den Straßenrand, warf sich ins Gras und schluchzte. Der Junge riss einen Ast von einer Birke, schwang sich auf sein Pferd und trieb den Gaul mit dem Stecken zur Eile an. Nach einer knappen Stunde traf ein Wagen mit Herrn Spindler und dem Arzt ein. Der Arzt untersuchte Gunnar, der sich inzwischen ein paar Mal gerührt hatte, und machte ein bedenkliches Gesicht. Die Männer hoben ihn vorsichtig in den Wagen. Dann untersuchte der Arzt Hildes Bein und verband es. Es kam ein zweites Fuhrwerk mit Wagenrädern und einer neuen Achse. Hinten am Wagen war das entlaufene Pferd angebunden. Als der Junge sich verabschieden wollte, hielt Hilde Clärenore am Arm fest: «Frag ihn, wie er heißt.» Der Junge hieß Carl. Er kam aus Stockholm und verbrachte die Ferien bei Verwandten. Die Schwestern nannten ihn ihren Lebensretter, und Herr Spindler lud ihn zum Abendessen ein.

Clärenore hatte auf der Rückfahrt Gelegenheit, ihre Schwester im Umgang mit Carl zu beobachten. Sie gab sich älter, als sie war, und wirkte viel weiblicher und reifer als ihre ältere Schwester. Sie war gerade mal elf und kokettierte mit diesem Burschen wie eine südamerikanische Diva. Normalerweise interessieren sich siebzehn- oder achtzehnjährige Knaben nicht für elfjährige Mädchen. Carl aber schien von der Ferne, die Hilde umgab, fasziniert zu sein. Er überschätzte ihr Alter. Besonders ihre in Spanisch eingestreuten Sätze machten sie interessant. Clärenore spürte, wie der Hass auf ihre Schwester wieder in ihr aufstieg und nicht zu besiegen war. Sie saß auf den Stufen vor dem Haus in der Abendsonne, während Hilde, auf Carl gestützt, zum Ufer hinunterging. Clärenore krampfte die Finger in den Hosentaschen zusammen. Erst jetzt merkte sie, dass sie in den gefährlichen Situationen des Tages Lauras Abschiedsgeschenk fest in der Hand gehalten hatte. Es war ein kleiner grüner Jadebuddha, der sie anlachte. Sie hatte so etwas noch nie gesehen. Das Lachen des Buddhas war ein ganz anderes als das der Puppen aus den Kinderstuben. Hinter dem Lächeln der Puppen spürte sie eine Absicht. Sie wusste nicht, welche, aber sie hatte Angst davor. Das Lachen des Buddhas vertrieb ihren Zorn auf Hilde. Ein dicker Mann hielt sich den Bauch und lachte, wie nur Kinder lachen und verzeihen können. In diesem Lachen zählte der Augenblick. Das war es, was sie den Erwachsenen und den Puppen übel nahm. Sie vermochten nicht im Augenblick zu leben. Nur der Vater nahm manchmal die Züge des Buddhas an. Warum konnte er den Krieg nicht verhindern?

Carl war kein Ersatz für Ferguson und Hilde keiner für Laura, aber es gab Situationen, da vergaß sie, dass die Personen gewechselt hatten. Das war der Grund, warum sich Clärenore und Hilde in diesem Sommer so nahe kamen wie selten in ihrem Leben. Es war nun nicht mehr Clärenore, die Distanz hielt, sondern Hilde, und zwar wegen Carl. Hilde wollte – halb Kind, halb pubertierendes Mädchen – Carl den Kopf verdrehen, ohne so recht zu wissen, was sie tat. Die Gauchos hatte sie nur heimlich anschwärmen können. Carl reagierte auf sie. Sie spürte zum ersten Mal eine Macht, von der sie bisher nur geträumt hatte, vor der ihr aber angst und bange wurde. Carl kam vormittags und blieb bis zum Abend. Er ritt erst nach Hause, wenn die Mädchen – von Frau Spindler und der Tante aus Wiesbaden getrieben – ins Bett gingen. Er wunderte sich über die deutsche Sitte, an helllichten Sommertagen zur selben Zeit zu Bett zu gehen wie mitten im Winter. Ihn fesselte die Weltläufigkeit, die er in diesem Haus atmete. Es kamen Anrufe aus Berlin und London, aus Frankreich und St. Petersburg.

Carl dachte erst, Spindler sei der Vater der Mädchen. Von Gunnar, den er im Krankenhaus in Lammhult besuchte, erfuhr er, wer der Vater von Hilde und Clärenore war. Eine klare Vorstellung von Hugo Stinnes vermittelten ihm Gunnars Berichte nicht. Aber sein Onkel warnte ihn, sich nicht mit den Deutschen einzulassen, die das ganze Land aufkaufen und, wenn ihnen das nicht gelänge, erobern und eine Wüste daraus machen würden. Carl verstand den finsteren Hass seines Onkels auf die Deutschen nicht. Die Stinnes waren wild auf schwedisches Holz und ließen es zu Grubenholz verarbeiten. Sein Vater war der beste Sägenschleifer in ganz Schweden. Wenn in einem Sägeblatt eine Unebenheit war, dann pochte er auf die Metallfläche, hielt sein Ohr daran und legte das Blatt unter die Maschine. Er fehlte nie. Sein Talent hatte sich in den Fabriken der Holz verarbeitenden Industrie herumgesprochen, und er konnte sich vor Aufträgen nicht retten. Das Problem war nur, dass sein Talent nicht übertragbar war. Warum sollte er für wenig Geld für schwedische Hinterwäldler arbeiten, wenn sich hier die Möglichkeit bot, einen Konzern als Kunden zu gewinnen, der europaweit agierte? Die Faszination, die Hilde auf ihn ausübte, verblasste, als Carl von Gunnar den Tipp bekam, dass nicht Hilde, sondern Clärenore den Vater um den Finger wickeln konnte. Clärenore lief herum wie ein Junge, und Carl beschloss, sie wie einen Jungen zu behandeln. Bald zogen sie gemeinsam zum Angeln los. Ohne Hilde. Die Sprache war keine Barriere zwischen ihnen, und Clärenore fühlte sich in ihrer Rolle von Carl respektiert.

Es kam – für alle unerwartet – das letzte Wochenende. Die Nacht zum Samstag war Krebsnacht. Es sollte ein traditionelles festliches Krebsessen geben, wie im Sommer in Schweden üblich. Am Freitag war Badewetter, Ruderwetter. Kapitän Carl und Clärenore saßen am Morgen pünktlich auf der Ruderbank. Auf einmal sprang Hilde aus dem Nichts ins Boot und setzte sich mit großen eifersüchtigen Augen zwischen sie und Carl. Als sie in voller Fahrt waren, riss sie Clärenore das Ruder aus der Hand. Das Boot geriet ins Trudeln. Clärenore stürzte sich auf Hilde, und die beiden Mädchen ließen endlich die aufgestaute Wut aneinander aus. Hilde erwischte die Büchse mit den Würmern und goss sie Clärenore über den Kopf. Clärenore nahm Hilde in den Schwitzkasten und drückte ihr einen Wurm in den Mund. Carl versuchte, sie zu trennen. Das Boot kam aus dem Gleichgewicht und stieß seine zerstrittenen Fahrgäste ins Wasser. Hilde war die Letzte, die durchs Schilf ans Ufer gewatet kam. Sie zogen lachend und kichernd ihre nassen Schuhe und Oberkleider aus und hingen sie zum Trocknen auf Bäume. Carl hatte eine Badehose an. Er ging zurück ins Wasser und zog das Boot durch das Schilf ans Ufer. Dann schwamm er noch einmal hinaus und sammelte die Ruder und die Angelruten ein. Sie schworen sich, niemandem etwas von der Sache zu verraten. Es gab also einen triftigen Grund für einen Waffenstillstand. Während Carl im Gras in der Sonne lag und Hilde ihn mit Schilfhalmen traktierte, war Clärenore darum bemüht, so schnell wie möglich die Kleider zu trocknen. Sie stülpte sie alle zehn Minuten um und hängte sie von Ast zu Ast der wandernden Sonne nach. Dabei fiel etwas aus Carls Hosentasche. Sie bückte sich und fand nach einigem Suchen einen glänzenden Stein. Ein geschliffener Bernstein mit einem Einschluss. Ein winziger schwarzer Stern schwamm in dem versteinerten Harz. Sie behielt den Stein mit der Absicht, ihn in einen Ring gefasst seinem Besitzer zurückzusenden.

Mit der ersten Dämmerung sammelten sich die Gäste in der Halle des Hauses. Die Männer gingen hinunter zum See, wo an der Landungsbrücke etwa ein Dutzend Ruderboote mit bunten Lampions am Bug lagen. Die Schwestern, Carl, Herr Spindler und ein Möbelfabrikant aus Växjö nahmen im Unglücksboot Platz. Sie ruderten zu den flachen Stellen in den Buchten, wo die Krebse lagen. Von jedem Boot wurde ein tellerförmiges Netz ausgeworfen, in dem ein Fisch als Köder gefangen war. Es war Sitte, dass der Ehrengast eines jeden Bootes das Netz auswerfen und wieder einholen durfte. Der Möbelfabrikant trat sein Ehrenamt an Clärenore ab. Die Netze sanken rasch auf den Seeboden. Es wurde still. Man sah die Lampions im Nichts schaukeln und die Lichtkegel der Taschenlampen über das Wasser gleiten. Ab und zu glühte eine Zigarette auf. Die Menschen auf den Booten flüsterten. Die Lampions erloschen.

Der Mond kam heraus, und man konnte bis auf den Grund schauen. Auf den Booten wanderten Schnapsflaschen von Hand zu Hand. So stellte sich Clärenore die orientalischen Feste auf dem Bosporus vor, von denen der Vater erzählt hatte. Sie konnte nicht glauben, dass Menschen mit Gewehren aufeinander losgingen. Was ist Krieg? Nach zwei Stunden kam Bewegung in die Bootsmannschaften. Die Netze wurden eingezogen. Clärenore durfte das Netz hochziehen, Carl half ihr dabei. Man musste das Netz, das voller schwarzer, krabbelnder und um sich schlagender Krebse war, vorsichtig über den Bordrand heben, damit sein Inhalt nicht ins Boot und nicht ins Wasser zurückkippte. Die Krebse konnten mit ihren scharfen Scheren der Haut schmerzhafte Wunden zufügen. Nur die erfahrenen Fischer wagten es, mit bloßer Hand in das Netz zu greifen. Carl zeigte Clärenore, wie man den Krebs anfassen musste, damit er einen nicht verletzte. Am Ufer wurden die Tiere in Kisten geschüttet und ins Haus getragen. Es gab einen kleinen Mitternachtsimbiss, und man ging erst kurz vor Sonnenaufgang zu Bett. Auch Carl ritt diesmal nicht nach Hause. Er war in einem Nebengebäude untergebracht.

Clärenore konnte in der Morgendämmerung nicht einschlafen. Sie zog sich wieder an und schlich, von Hilde unbemerkt, aus dem Haus. Am Landungssteg saß Carl und ließ die Beine ins Wasser baumeln. Sie setzte sich neben ihn.

«Ihr werdet hier alles abholzen», sagte Carl.

«Wie kommst du denn darauf?»

«Der See gehört deinem Vater.»

«Der See gehört allen. Mein Vater hat nur ein paar Wälder am See gekauft.»

«Werdet ihr Deutschen Schweden in eine Wüste verwandeln?»

«Wer hat das behauptet?»

«Versprich mir, dass dein Vater dem See und den Wäldern nichts antut.»

Clärenore wollte beleidigt aufspringen. Dann besann sie sich und zeigte auf eine Landzunge. «Mein Vater hat dem Platz da den Namen ‹das Paradies› gegeben. Ich war dabei.»

«Gibst du mir dein Wort?»

«Ja.»

Carl reichte ihr die Hand. Sie schüttelten sich so lange die Hände, bis Clärenore der Arm weh tat. Beide sahen aufs Wasser und schwiegen.

«Mein Vater macht die besten Sägen der Welt», sagte Carl.

«Mein Vater macht, dass Zeppeline landen, wo du willst. Er macht, dass es nachts überall hell ist und dass man überall mit der Straßenbahn hinfahren kann. Mein Vater isst mit unserem Kanzler zu Mittag.»

Die ersten Sonnenstrahlen kamen hinter den Hängen im Osten hervor und trafen auf das Wasser.

«Ich möchte einmal Fotograf werden, und du?»
«Ich werde die rechte Hand meines Vaters.»
Die Gäste versammelten sich schon am frühen Abend. Nachbarn, Freunde, Geschäftsfreunde und deren Gattinnen. Alle waren in Abendgarderobe. Die Krebse waren in großen Schüsseln aufgetürmt und mit Dillkronen geschmückt. Sie standen im Speisezimmer auf einer langen Tafel, die mit einem roten Tischtuch gedeckt war. Von der Decke hingen bunte Lampions. Für jeden Gast gab es an seinem Platz neben dem kurzen Krebsmesser bunte Krebsservietten, die man sich um den Hals band. Zu dem Krebs gab es Käse und Brot. Dazu Schnaps und Bier. Carl war Clärenores Tischnachbar, ganz zum Ärger Hildes, die zwischen Herrn Spindler und dem Möbelfabrikanten sitzen musste. Carl zeigte Clärenore, wie man die gepanzerten Tiere aufbrach. Es wurden Trinksprüche ausgebracht und abwechselnd gesungen. Dann wurde das Dinner serviert mit Suppe, Rehbraten und einer Grütze aus roten Beeren als Nachtisch. Clärenore trank, von allen ermuntert, zum ersten Mal in ihrem Leben Schnaps und ein wenig Bier. Sie fühlte sich als älteste Anwesende der Familie Stinnes dazu verpflichtet und wurde von allen Herren am Tisch gegen den stillen Protest der Damen in diesem Ehrenamt bestätigt und besungen. Und als die schon recht muntere Gesellschaft sie aufforderte, einen Trinkspruch auszubringen, rief sie: «Stinnes, überall auf der Welt!» Alle klatschten Beifall bis auf Hilde und Carl.

Der Raum um Clärenore drehte sich. Die Gäste gingen in die Salons. Frau Spindler ermahnte die Mädchen, ins Bett zu gehen. Als Clärenore sich – von Hilde belauscht – an der Treppe mit Carl für den nächsten Tag verabredete, kam Spindler dazu und bat sie in die Bibliothek. «Ihr Vater hat telegraphiert. Wir müssen morgen früh abreisen, Fräulein Stinnes. Ich wollte Ihnen den Abend nicht verderben. Morgen wird das Deutsche Reich Russland den Krieg erklären. Der Kaiser hat den Befehl zur allgemeinen Mobilmachung gegeben.»

Der Krieg bedeutete schulfrei. Statt pingeliger Fräuleins wurde das Alltagsleben zum Lehrer. Eine Lehrerin war die Briefwaage aus dem Büro, die jetzt auf dem Esstisch stand. Sie lehrte Clärenore die Achtung vor allem Essbaren. Der Vater, der jetzt fast nur noch in Berlin war, da er dem Reichswirtschaftsrat angehörte, hatte der Mutter in Gegenwart aller Familienmitglieder verboten, auf dem Schwarzmarkt einzukaufen. Die Lebensmittel waren also im Hause Stinnes genauso rationiert wie in den Familien der Bergarbeiter. Nicht mehr die Köchin verteilte die Portionen, sondern die Briefwaage. Die Steckrübe wurde zum Grundnahrungsmittel für Mensch und Tier. Die Schulen waren zunächst Durchgangslager für die Soldaten, die an die Westfront geschickt wurden. Clärenore und ihre Schulkameradinnen organisierten Sammelaktionen. Die Mädchen gingen mit Henkelmännern von Haus zu Haus und bettelten um Nahrungsmittel für die Soldaten. Sie rannten bis in die Abendstunden durch die Stadt, um noch den Letzten ihrer Schützlinge satt zu machen. Am Abend sangen sie ihnen Lieder vor und nähten den Offiziersanwärtern schwarzweiße Schnüre um die Schulterklappen.

Clärenore ernannte Hilde zu ihrem persönlichen Adjutanten. Es gab in dieser Zeit keinen Streit zwischen den Schwestern. Clärenore war froh, in der fremden Lernwelt der Not ständig ein Familienmitglied um sich zu haben, und Hilde war froh, der häuslichen Langeweile zu entkommen. Im Haus reduzierte sich der Bestand an Männern. Der Diener, der Gärtner, der Kutscher Karl und der Fahrer Kolbe waren eingezogen worden. Die halbe Bürobesatzung war im Krieg. Hugo war jetzt der Stellvertreter des Vaters in

Mülheim. Edmund war trotz der Freistellung, die der Vater erwirkt hatte, als Freiwilliger in Münster bei den Kürassieren. Auch Koeppen, den Clärenore nach ihrer Rückkehr aus Asa noch täglich besucht hatte, war eingezogen worden. Es war eine Zeit der Kriegsbegeisterung, die sich auch ins Alltagsleben einschlich.

Für Clärenore war der Krieg ein wichtiges Stadium auf dem Weg, erwachsen zu werden. Zum ersten Mal hatte sie eine Aufgabe, die nichts mit dem Haus Stinnes zu tun hatte. Die lockeren Reden der Soldaten, die aus allen Teilen Deutschlands in den Klassenräumen zusammenkamen, trugen auch nicht gerade dazu bei, eine kindliche Vorstellungswelt zu behüten und zu erhalten. Schlachten waren in diesem aufregenden Etappengewimmel blaue Versprechungen auf ein Lebensabenteuer. Niemand außer dem Vater dachte über den ursprünglichen Wortsinn nach. An den wenigen Wochenenden, an denen er aus Berlin kam, war Hugo Stinnes bei Tisch ungewöhnlich schweigsam. Er reagierte nicht auf begeisterte Äußerungen seines Zweitältesten Hugo.

Hugo Stinnes verdiente wie kaum ein anderer in Deutschland am Ersten Weltkrieg und an den Kriegsfolgen. Das war der Grund, weshalb er noch über seinen Tod hinaus verurteilt wurde: Er war der schwarze Peter der deutschen Wirtschaftsgeschichte zwischen 1914 und 1924. Seine Kritiker vergaßen dabei, dass er in seinem Denken längst über die Nationalwirtschaft seiner Zeit hinausgekommen war. Mit seinem Konzern war er drauf und dran, sich dem Primat der Politik zu entziehen. Nur der Krieg konnte Unternehmer wie Stinnes noch ein letztes, ein vorletztes Mal dazu bringen, sich der Politik unterzuordnen.

Clärenore begann, an ihrem Vater zu zweifeln. Dass sie auf dem falschen Weg war, merkte sie, als sich die Schulräume in Notlazarette verwandelten. Sie kehrten das Stroh aus, auf dem die Soldaten gelegen hatten, und stellten Betten auf.

Reihe an Reihe mit weißer Wäsche. Klasse für Klasse. Im Lehrerzimmer zogen Schwestern und Ärzte ein. Es fuhren Lebensmitteltransporte mit Delikatessen vor, von denen niemand mehr geglaubt hatte, dass es sie noch gab. Kartons mit Butter, mit echtem Kaffee. Kistenweise Cognacflaschen. Dann kamen die Verwundeten, und die Welt stürzte um. Sie hatten Soldaten mit Beinen verabschiedet. Sie kehrten ohne Beine zurück. Den Mädchen wurde das Betreten der Klassenräume verboten. Sie durften nur noch Küchendienst machen. Aber sie hörten die Schreie, und Clärenore roch zum ersten Mal etwas, das sie nie mehr vergaß. Sie roch das Krepieren. Und dann sah sie es: Knochenmehl, amputierte Glieder, das Blut in den Eimern, die die Frauen aus den Klassen schafften, die zum Operationssaal erklärt worden waren. Schließlich sah sie die Menschen, die die Verstümmelungen durch die Waffen oder durch die chirurgischen Geräte nicht überlebten.

Ein junger Mann streckte seine Hand nach ihr aus. Sie nahm sie. Sie gab ihm ihren Talisman. Er betastete den Jadestein in seiner Handfläche. Eine letzte Lebenserfahrung. «Ich möchte nach Hause», sagte er. Dann ließ er den Stein los, und sein Kopf fiel zur Seite. In diesem Moment war sie erwachsen. Sie ging auf den Flur und schaute aus dem Fenster in die herbstlichen Bäume auf dem Schulhof. Sie schaute dem Buddha ins Gesicht. Asa lag weit hinter ihr. Als sie den Buddha zurückstecken wollte, fiel ihr der andere Talisman in die Hand. Der Bernstein. Das war zu viel Kindheit in ihrer Hosentasche. Sie warf den Bernstein aus dem Fenster und bereute es sofort. Sie lief nach unten und stieß auf Hilde.

«Wenn Hugo erfährt, dass du oben bei den Kranken warst ...»

«Soll er doch», sagte Clärenore.

Gemeint war Bruder Bü, der bei Abwesenheit der Eltern die Rolle des Haushaltsvorstands übernahm. Bü war ein

Diktator. Er war launisch und ungerecht und führte ein kleinliches Terrorregime. Hugo war jähzornig und ein Opportunist. Er sagte zu allem, was der Vater anordnete, ja und amen und scherte sich nicht weiter darum. Die Mutter traktierte er mit Wutanfällen, wenn er nicht bekam, was er wollte. Er trat nach ihr und schlug mit den Fäusten auf sie ein. Um ihn nicht zu provozieren, gestattete sie ihm alles, was er wollte. Nur der Großvater in Wiesbaden, der zufällig einmal einen solchen Auftritt miterlebte, verdrosch ihn. Und in Wiesbaden benahm er sich von dem Tag an. Nicht aber zu Hause, wenn der Vater unterwegs war. Die Familie litt unter der Tyrannei dieses Despoten. Er war hochintelligent und wie alle Diktatoren ein Feigling.

Clärenore ging gebückt über den Schulhof.

«Suchst du was?», fragte Hilde.

«Lass mich in Ruhe.»

«Suchst du vielleicht das hier?» Hilde streckte ihr den Bernstein entgegen.

«Gib ihn her.»

Hilde ließ den Stein in ihren Brustbeutel fallen und zog das Ledersäckchen zu. «Ich hab ihn gefunden.»

«Ich hab ihn verloren.»

«Das kann ja jeder sagen.»

«Er gehört mir.»

«Warum hast du ihn dann aus dem Fenster geworfen?»

Clärenore schwieg.

«Darf ich den Stein behalten, wenn ich Hugo nicht sage, dass du bei den Kranken warst?»

Plötzlich sah Clärenore klar in die Zukunft. «Du kannst den Stein behalten, und du kannst mich bei Hugo verpfeifen. Mach, was du willst.» Sie ließ ihre Schwester stehen und ging zurück zu den Verwundeten.

7. Revolution in Nahaufnahme

Fährt man von Rüdesheim mit dem Schiff den Rhein abwärts, sieht man bald hinter Assmannshausen und kurz vor Lorch den kleinen Ort Niederheimbach, der sich am Hang des linken Ufers hinaufzieht. Die Burg Hoheneck, auch Heimburg genannt, wird von den Rheinreisenden meist übersehen. Die Mauern und Türme, die die Farbe des grauen Granitfelsens angenommen haben, schauen kaum über die Dächer des Ortes. Die Heimburg ist eine Wehranlage, die mit dem Ort, der sie umgibt, auf Tuchfühlung bleibt. Bevor Hugo Stinnes die Burg als eine Art modernen Familienstammsitz von Kommerzienrat Robert Müser, einem Dortmunder Geschäftsfreund, erwarb, hatte sie zahlreiche Eigentümer gehabt. Die preußischen Rittmeister und rheinischen Großindustriellen hinterließen ihre Spuren. Jeder riss etwas ab und baute etwas an. Jetzt war Tante Nora an der Reihe.

Nora Wagenknecht-Dunlop hatte die Gabe, jedem Menschen, mit dem sie Umgang pflegte, das Gefühl zu geben, dass nur er oder sie allein der einzig auserwählte Freund oder die allerbeste Freundin sei. Ihre Ausstrahlung war einzigartig, die Männer lagen ihr zu Füßen. Dabei entsprach sie überhaupt nicht dem Frauentyp, den die frühe Filmindustrie mit Stars wie Marlene Dietrich und Greta Garbo einige Jahre später propagierte. Sie war zwar nicht hässlich oder dick, sondern einfach eine ganz normale Frau. Aber wenn sie im Gespräch ihre Augen schloss, um jemandem zu bedeuten, dass sie ihm bedingungslos zuhörte, waren ihre Gesprächspartner verloren. Sie konnte Menschen so bedingungslos in den Arm nehmen wie eine Heilige. Auch Hugo

Stinnes konnte sich dem Charme seiner Schwägerin nicht erwehren.

Nora, der Sonnenschein, verliebte sich in einen Wiesbadener Playboy. Robert Dunlop war ein englischer Gentleman, der vorzüglich ohne Arbeit auskam und sich dabei ganz und gar nicht langweilte. Er lebte mit seiner Mutter in Wiesbaden. Über seinen verstorbenen Vater, der ihm ein Vermögen hinterlassen hatte, war er mit der englischen Reifendynastie der Dunlops verwandt. Während des Krieges war er als Reichsfeind auf der Trabrennbahn in Berlin-Ruhleben interniert. Hugo Stinnes sorgte für Hafterleichterung und dafür, dass er nach dem Krieg eine Anstellung bei den Dinos-Autowerken bekam, die inzwischen zu seinem Konzern gehörten. Robert wurde – von Clärenore glühend bewundert – Test- und Rennfahrer und tauchte nur noch selten in Wiesbaden auf, wo Nora mit ihren Kindern eine Villa bewohnte, die ihre Eltern und Hugo gekauft hatten. Nora ging ihre eigenen Wege. Sie brach Herzen. Das war ihre Lieblingsbeschäftigung. Sie brach Herzen von Männern und von Frauen – und warf sie achtlos weg, wenn sie ein neues brennender interessierte. Ihre Eroberungslust machte auch vor der eigenen Familie nicht halt. Clärenore ging mit achtzehn ins Netz der Wiesbadener Loreley, und Hilde folgte ihr später.

Endlich wieder jemandem in die Arme fliegen können! Clärenore sah in Nora keine Gefahr für sich. Sie saß am Steuer eines offenen Dinos und trug eine Art Uniform- oder Safarijacke. Fahren konnte sie schon seit ihrem elften Lebensjahr. Bisher hatte sie nur auf niederrheinischen, schwedischen und märkischen Waldwegen heimlich am Steuer gesessen, während die jeweiligen Chauffeure auf dem Beifahrersitz um ihre Anstellung bangten. Jetzt bretterte Clärenore hupend durch Niederheimbach und scheuchte Hühner, Hunde und Bauern auf, bis eine französische Militärstreife sich ihr in den Weg stellte. Nora lachte noch lauter, als der Offizier auf sie zukam.

«Sie sind nicht berechtigt, hier zu fahren.»

Nora schaute ihn durchdringend an. Der Mann fing an zu schmelzen. Dann konzentrierte er sich auf Clärenore.

«Es tut mir Leid, Monsieur», sagte er zu ihr.

Clärenore gab ihm ihre Papiere.

«Pardon, Mademoiselle», berichtigte sich der Offizier und starrte auf Clärenores Frisur und die Jacke. «Hier dürfen nur Militärfahrzeuge fahren.»

«Aber wir wohnen dort oben», sagte Nora.

«Sie können jederzeit hinauf, aber nicht mit dem Wagen.»

Nora war sich sicher, dass der Soldat sie persönlich den Berg hinaufgetragen hätte. Clärenore fischte aus der Innentasche ihrer Jacke den Umschlag, den sie in Frankfurt erhalten hatte, und reichte ihn dem Offizier. Er erbleichte und zog eine blaue Plakette aus seiner Uniformtasche, die er an die Windschutzscheibe heftete. Dann trat er zurück und winkte sie durch.

«Was war denn das?», fragte Nora und wollte sich totlachen über den Franzosen.

Clärenore sah ihre Tante geheimnisvoll an.

Von der Terrasse der Burg hatte man einen herrlichen Blick auf den Rhein. Die Innenräume befanden sich in einem kläglichen Zustand: Die Wände waren feucht und die Tapeten stellenweise heruntergefallen und verschimmelt. Die Möbel waren unbrauchbar. Es gab eine repräsentative Halle mit einer eleganten Holztreppe nach oben, das Geländer war aber morsch. Im hinteren Teil lag ein Rittersaal mit einem Kamin und einer geschnitzten Holzdecke. Auf einer Plattform stand ein Konzertflügel. Clärenore war begeistert. Einen solchen Raum hatte sie als Kind auf Schloss Landsberg vermisst. Sie beschloss, ihr Quartier in diesem

Zimmer aufzuschlagen. Clärenore und Nora durchstöberten die Nebengebäude und die oberen Etagen. Im allerschlimmsten Zustand fanden sie die sanitären Räumlichkeiten. Die ersten Maßnahmen waren schnell beschlossen: Maler, Tischler, Maurer, Fliesenleger, Elektriker, Klempner, Glaser und Dachdecker sowie ein Fachmann für Heizungsanlagen mussten anrücken. Die Burgsanierung würde einigen wenigen das Gefühl geben, dass es mit Deutschland wieder aufwärts ging. Der nächste Schritt war die Möblierung. Alte Stücke sollten her. Sie würden die Nachbarburgen plündern, und zwar gegen harte Dollar.

Sie trugen zwei Bettgestelle, die sie in einer Kemenate gefunden hatten, nach unten. Nora wollte eigentlich in Wiesbaden bleiben und nur ab und zu heraufkommen, aber am nächsten Tag waren sie mit Bettzeug und den ersten Handwerkern schon wieder da. Die Handwerker schüttelten den Kopf darüber, dass jemand in dieser Zeit nichts Besseres zu tun hatte, als sein Geld in die Renovierung eines solchen Gemäuers zu stecken. Den Namen Stinnes kannten sie aus Zeitungskarikaturen. Auf einer Zeichnung stand ein dicker Kapitalist mit Zylinder, Zigarre und einem Sack Geld auf Fabrikgebäuden, Hotelkästen, Zeitungsdruckereien und Ozeandampfern. Der Gulliver des Geldes streute die Scheine auf die winzigen, in seinem Schatten tanzenden Politiker. Darunter stand: «Stinnes kauft alles.» Immerhin war das für die Handwerker eine Erklärung. Der Vater hatte die Karikatur, die er mit «Gulliver» unterschrieb, nach Wiesbaden geschickt.

Während die Schuttberge in der Halle wuchsen, holte Nora einen Grammophonkoffer aus dem Auto und stellte ihn auf die Rittertafel. Sie brachte Clärenore das Tanzen bei. Die Platten hatte sie aus der amerikanischen Zone. Zum ersten Mal erklangen in dem Gewölbe die Rhythmen des Charleston. Nora öffnete einen Picknickkoffer und zauberte Gläser, Geschirr und Besteck hervor. Schließlich kam sie mit einem Sektkühler voller Eis und zwei Champagnerflaschen. Die Frauen tranken einen Schluck, und Nora erklärte Clärenore zur Grammophonmusik die Schritte des Tango. Am Abend ging das Gerücht durchs Dorf, dass die Heimburg zu einem französischen Bordell umgebaut werden sollte. Der Tanz stellte eine große Nähe zwischen Clärenore und ihrer Tante her. Noch nie hatte sie einen Menschen auf diese Weise berührt. Nora war weich und unerklärlich, ein Flammenwesen und eine Spielkameradin wie Laura Koeppen. Aber Nora war noch mehr: Sie war die Schwester von Cläre, und in Nora konnte sie endlich ihre Mutter bedingungslos lieben. Abends rückten sie die Betten dicht an den Kamin, und als Clärenore trotzdem fror, kroch sie – wie einst zu Laura – zu Nora ins Bett.

Zwei Wochen später, als bereits die wichtigsten Versorgungsleitungen gelegt, Wände eingerissen, neue gezogen, Böden herausgestemmt und Türen und Fenster verbreitert worden waren, kam Cläre mit Hilde und schaute sich das Gebäude an. Sie stapften durch den Schutt und zogen vor dem rieselnden Kalk die Köpfe ein. Während Clärenore mit der Mutter im Dachgeschoss herumstöberte, hörten sie plötzlich von unten Tangomusik. Clärenore spürte einen Stich. Sie merkte gar nicht, dass etwas in ihr zerbrach, als sie Hilde und Nora tanzen sah. Die Mutter befahl, das Gerät abzustellen. Sie sah die Betten und verbot Clärenore, hier zu nächtigen. Aber Clärenore ließ sich nichts befehlen, sie war achtzehn. Drei Tage darauf tauchte ein Bauingenieur der Firma aus Mülheim mit zwei Assistenten auf. Die Herren liefen mit Plänen durchs Haus, warfen alle Vorstellungen von Nora und Clärenore über den Haufen und brachten die Handwerker zur Verzweiflung. Eingerissene Wände sollten wieder hochgezogen, gerade frisch gemauerte wieder abgerissen werden, und wo Wände gekachelt waren, sollten auf einmal Tapeten hin. Clärenore stellte sich dem Mann in den Weg und fragte ihn nach seinem Auftraggeber.

«Herr Stinnes in Mülheim», sagte der Ingenieur.

«Junior oder senior?», fragte Clärenore.

«Herr Doktor Hugo Hugo Stinnes junior», entgegnete der Ingenieur und schob sie beiseite.

Sie rief von Noras Haus in Wiesbaden den Vater an. Der wusste nichts von der Aktion, fand die Idee, einen Ingenieur aus der Firma hinzuzuziehen, aber nicht schlecht. Ihm ging es vor allem darum, die Burg so weit herzurichten, dass er deutsch-französische Wirtschaftsdelegationen in einem angemessenen Rahmen bewirten und beherbergen konnte. Sein Hauptquartier im Westen sollte in acht Wochen bezugsfertig sein. Clärenore fühlte einen weiteren Stich. Bü und Cläre waren rehabilitiert, obwohl sie vollkommen eigenmächtig gehandelt hatten. Nora und sie hätten das auch allein geschafft. Nora, die alle Augen zum Leuchten brachte, hatte die Handwerker im Griff. Nun gab sie die Verantwortung ab, und die Stimmung auf der Baustelle sank. Nora kümmerte sich nicht mehr darum. Sie ließ einen Klavierstimmer kommen und verbrachte die Vormittage damit, Scott Joplin auf dem Flügel zu spielen. Sie hatte die einzigartige Gabe, Niederlagen zu ignorieren, ja, Gemütstrübungen im Handumdrehen in Champagnerlaune umzuwandeln.

Clärenore hatte während der Zeit auf der Heimburg die Gelegenheit, einen Menschen zu studieren und zu bewundern, der sein Leben skrupellos genießen konnte. Nora war wie die Gläser überschäumenden Champagners, die sie trank. Der Ernst des Alltags konnte ihr nichts anhaben, er verflog in ihrer Gegenwart. Man brauchte ihr nur von einem Problem zu erzählen und ihr dabei ins Gesicht zu schauen, und schon hatte es sich verflüchtigt.

Hugo Stinnes kam zwei Tage vor seinen Gästen aus Berlin. Tochter und Schwägerin flogen ihm in die Arme. Am Abend nahm man ein festliches, aber intimes Diner à trois im Nassauer Hof in Wiesbaden zu sich, der inzwischen zum Konzern gehörte. Der Vater machte ein düsteres Gesicht, als er die Erfahrung machen musste, dass auch er, wie jeder andere Deutsche, vom Bürgersteig auf die Straße ausweichen musste, wenn ihm ein uniformierter Franzose entgegenkam. «Die Franzosen machen es mir nicht leicht», sagte er bei Tisch. «Wenn es nach mir ginge, hätten wir bald eine Zollunion mit Frankreich, der sich andere Staaten anschließen könnten.»

Als sie am nächsten Morgen, einem Freitag, auf die Heimburg fuhren, waren die Hauswände und Mauern der Stadt mit Anschlägen übersät. Hugo Stinnes stieg aus dem Auto und riss einen Zettel ab. «‹Es wird eine selbständige Rheinische Republik im Verbande des Deutschen Reiches als Friedensrepublik errichtet.›» Er seufzte. «Wir wollten morgen über Frankreich, über die Gewerkschaften und den Acht-Stunden-Tag reden.»

Auf der Burg angekommen, stürzte der Vater sofort ans Telefon. Er hatte wenig Geduld bei der Burgbesichtigung. Die Frauen waren enttäuscht. Er war mürrisch und schweigsam. Nachdem er das Treffen nach Essen umdirigiert hatte, verschwand er mit seinem Köfferchen im Zugabteil. Nora war wütend über die Plakataktion. Als sie am Mittag zu ihrem Haus kamen, lagen Stapel von Kartons vor der Tür. Sie öffnete einen davon mit dem Küchenmesser. «Das ist es!» Nora hielt ein Plakat hoch, auf dem ein Autokühler abgebildet war, der von links unten ins Bild ragte. Auf dem Verschlussdeckel balancierte eine stahlsilberne Frau. Es war nicht klar, ob sie einen Kuss erwartete, sich der Sonne hingab oder allen Avancen der Männerwelt spottete. Im Hintergrund versank die Sonne in einem violetten Meer. Neben dem Bild war ein Tourenrennen zwischen Königstein, Limburg und Homburg für das kommende Wochenende angekündigt. «Wir kleben sie einfach drüber», sagte Nora.

Clärenore hörte gar nicht zu. Sie nahm eines der Plakate, legte sich auf die Wiese hinter dem Haus und versank in Träumen. Sie nahm weder den Hund noch die Kinder wahr, die sie stupsten und schüttelten. So sitzen zu können! So graziös die Welt zu verschmähen, Männern und Frauen mit einer Handbewegung abzuwinken. So die Welt genießen; der Sonne, Frauen, Männern mit einer Handbewegung alles zu versprechen. Nora zog sie aus dem Gras. Am nächsten Morgen waren die meisten Plakate der rheinischen Separatisten mit den Rennplakaten überklebt. Die Rheinische Republik wurde ein Opfer des Rennsports. Robert Dunlop kam schon am Mittwoch, und Nora quartierte ihn in der Heimburg ein. Clärenore hatte nicht die geringsten Probleme mit ihrem angeheirateten Onkel. Die erste Nacht verging mit Diskussionen über Rennmotoren und Bereifung. Sie stritten über die Wirkung von Asphalt und Schotter auf Profilreifen. In der zweiten Nacht hatte sie Dunlop so weit, dass er versprach, sie als Beifahrerin zum Taunusrennen mitzunehmen. Erst nach dem Rennen erfuhr sie, dass Roberts professioneller Beifahrer durch eine Verletzung ausgefallen und er auf der Suche nach einem geeigneten Beifahrer war. An eine Frau hatte er dabei natürlich nicht gedacht.

Sie fuhren die Strecke mit Dunlops Dinos-Rennwagen ab. Clärenore hatte die Streckenkarte auf den Knien und musste sich jede Links- und Rechtskurve sowie die Gefälle- und Steigungsstrecken merken. Sie schrieb sich Zeichen in die Karte, um den Fahrer rechtzeitig über die bevorstehende Streckenführung informieren zu können. Das Pikante an der Veranstaltung war, dass die Rennstrecke kreuz und quer über die Grenze des Besatzungsgebietes und der neutralen

Zone führte. Man hatte in Berlin mit Bedacht den alten Kurs des Gordon-Bennet-Rennens von 1904 gewählt, um dem Sportereignis eine hohe Aufmerksamkeit in der Öffentlichkeit zu sichern. Da die deutschen Fahrer in der Minderheit waren und vor allem Franzosen und Engländer an der Wettfahrt teilnahmen, gaben sich die Besatzungsbehörden großzügig und öffneten in Erwartung eines französischen Sieges die Grenzen entlang der Rennstrecke. Zutritt zu den grenzüberschreitenden Straßenabschnitten hatten allerdings nur die unmittelbar am Rennen und an der Organisation Beteiligten. General Mangin, der Befehlshaber der französischen Besatzungstruppen, hatte angeordnet, alle Maueranschläge zur Gründung der Rheinischen Republik durch Polizei schützen zu lassen und alle Personen auszuweisen, die gegen die Plakate vorgehen würden. Das Rennplakat, das er selbst genehmigt hatte, brachte ihn in eine schwierige Lage, aber ein paar Tage später, als ganz Europa über Großhessen und die Wiesbadener Separatisten lachte, machte er sich die Rennplakataktion zu Eigen. Damit stand das Rennen unter dem persönlichen Schutz des Generals, und Nora und Clärenore feierten sich als Sieger über die Franzosen.

Die Trainingstage waren lang. Sie standen um fünf Uhr auf, verbrachten acht Stunden auf der Strecke und kamen gegen Mitternacht zur Burg zurück. Das Reglement sah vor, dass alle Reparaturen auf der Strecke von den Fahrern selbst ausgeführt werden mussten. Es gab eine Reihe böser Schotterpisten, die die Reifen enorm beanspruchten, wenn man das Tempo halten wollte. Bei Regen waren die geraden Asphaltstrecken, die – wie zum Beispiel hinter Weilburg – plötzlich in Serpentinen übergingen, besonders gefährlich. Aber es gab keine gewölbten Straßenprofile, der Horror aller Rennfahrer. Die Strecke war 137,5 Kilometer lang, die Straßenbreite betrug sieben bis elf Meter. Die Schotterstrecken wurden zur Staubbindung mit Westrumit überteert.

Clärenore stoppte die Zeit. Bei der ersten Trainingsrunde lagen sie im Mittelfeld. Sie nahmen sich Teilstücke vor. Die Kehren hinter Idstein und bei Heckholzhausen. Den Streckenabschnitt bei Oberroth. Sie übten Reifenwechsel nach der Stoppuhr, jeder Handgriff musste sitzen. Clärenore beugte sich mit den Monteuren in der Garage unter der Königsteiner Start- und Zieltribüne über den Motor und gab Ratschläge, wie man noch mehr aus ihm herausholen könnte. Sie hatte ihre Lektionen bei Koeppen nicht vergessen, und die Monteure staunten, konnten sich aber dennoch nicht dazu durchringen, eine Frau an der Maschine hantieren zu lassen. Sie genoss die Geschwindigkeit, das volle Ausfahren des Motors. Das Feilen am Tempo in den Kurven. Sie genoss es, im Overall herumzulaufen und die Glut des heißen Motorblocks auf den Wangen zu spüren. Die klare Sprache zwischen Fahrer und Beifahrer lag ihr sehr, Wörter oder Sätze, die Missverständnisse hätten hervorrufen können, waren tabu. Auf einer Strecke, die man wie im Traum beherrscht, lässt sich die Zukunft vorhersehen, man weiß, was hinter der nächsten Kurve kommt.

Clärenore träumte von Probefahrten durchs eigene Leben. Robert Dunlop, der Playboy, Noras Mann, blieb ihr ein Rätsel. Er war ein besessener Autofahrer, so weit konnte sie ihn einschätzen. Aber der Mensch hinter dem Autofahrer blieb ihr verborgen. Robert war schlank und geheimnisvoll. Clärenore mochte keine geheimnisvollen Männer. Er verbrachte nicht alle Nächte in seinem Gästezimmer auf der Heimburg, und nach dem Rennen war er tagelang verschwunden. Schließlich kehrte er zurück, aber nur, um dann ganz abzureisen. Nora wusste nichts, und sie kümmerte sich auch nicht um ihren Mann. Als Clärenore sie einen Tag vor dem Rennen mit den Tribünenkarten für die ganze Familie überraschen wollte und unbemerkt durch den Garten ins Haus kam, sah sie Hilde auf dem Drehstuhl vor Noras

Schreibtisch. Auf dem Tisch stand ein Spiegel und davor eine Batterie von Schminktöpfen. Sie sah Hildes Gesicht im Spiegel: einen sinnlichen Mund, fordernde Augen, reizende Konturen. Sie sah, wie Nora sich über Hilde beugte und ihr einen Kuss auf die Stirn drückte. Nach dem Taunusrennen waren ihr zwei Dinge klar: Probefahrten durchs eigene Leben waren nicht möglich, und sie würde nur mit einem Menschen zusammenleben können, den sie auf Herz und Nieren geprüft hätte.

Das Rennen entschieden zum Verdruss von General Mangin drei deutsche Wagen. Das Team Dunlop/Stinnes belegte den dritten Platz. Die deutsche Presse, besonders die rechtsliberale bis stramm nationale «Deutsche Allgemeine Zeitung», jubilierte. Sie gehörte neuerdings zusammen mit dem gesamten industrienahen Verlagsimperium Reimar Hobbing zum Stinnes-Konzern. Die Namen der dritten Sieger wurden in den Stinnes-Blättern allerdings totgeschwiegen. Dennoch erreichten Clärenore auf der Heimburg zahlreiche Glückwunschanrufe. Der Anruf aber, auf den Clärenore am meisten wartete, blieb aus. Der Vater verhielt sich stumm. Von der Familie kam ebenfalls keine Reaktion, selbst Nora meldete sich nicht. Sie war auch nicht auf der Tribüne. Die Plätze, die Clärenore für die Familie reserviert hatte, blieben leer.

Sie rief Hugo Stinnes in Berlin an. Der Vater meldete sich nicht. Sie hätte gern von ihm gewusst, wie er sich ihre Zukunft vorstellte. Die Aussicht, neben Nora auf der Heimburg als Hausdame auf Gäste des Stinnes-Konzerns zu warten, behagte ihr ganz und gar nicht. Die Heimburg machte sie einsam. Sie wartete auf eine Aufgabe, die ihr das Leben oder der Vater stellen würde. Sie wartete auf einen Anruf, einen Brief aus Berlin. Der Wunsch, Rennen zu fahren, setzte sich, als sie tatenlos auf der Terrasse der Heimburg saß und auf den sommerlichen Fluss starrte, immer mehr in ihr fest.

Der Sommer verging, die Mülheimer kamen. Bü spielte sich als die rechte Hand des Vaters auf. Die Mutter himmelte ihn an. Auch Asa war keine Erlösung. Der See kam ihr so träge und aussichtslos vor wie ihr Leben. Kein Zeichen von Laura. Sie schrieb an Robert Dunlop, erhielt aber keine Antwort. Weihnachten in Weißkollm. Der Vater wich ihr aus, bis sie ihn eines Abends zur Rede stellte. Sie wollte nicht ein zweites Jahr vertrödeln. Er sagte, die Familie sei empört gewesen, wie sie sich mit Dunlop in der Öffentlichkeit präsentiert habe. Damit habe sie jede Chance auf eine Aufgabe in der Firma verspielt. Clärenore merkte an der Art, wie er sich ausdrückte, dass das nicht seine eigene Meinung war.

«Dann kann ich ja ohne weitere Rücksicht Rennfahrerin werden.»

«Das wirst du nicht.»

«Sag mir, was ich tun soll.»

Der Vater schwieg.

«Wer ist der Direktor bei Stinnes? Du oder Bü?»

Sie hatte ins Schwarze getroffen und damit das Eisen gesprengt, das Mutter und Sohn zwischen Vater und Tochter gegossen hatten.

Plötzlich kam Leben in die Heimburg. Im März 1920 reiste im Schutz der Dunkelheit eine Delegation aus französischen Industriellen und Beamten des Wirtschaftsministeriums an. Hugo und Cläre saßen an den Enden der Tafel. Clärenore und Nora saßen sich in der Mitte gegenüber. Neben Nora saß Hugo junior. Cläre hatte das Hauspersonal aus Mülheim mitgebracht und durch Kräfte aus dem Nassauer Hof verstärkt. Das Essen kam ebenfalls aus der Hotelküche. Clärenore sah bei dieser Gelegenheit Ferguson wieder, der aus England angereist war. Sie war Feuer und Flamme, und zu Noras Verdruss gelang es ihr, zu arrangieren, dass er ihr Tischnachbar wurde. Sie war an diesem Abend fest entschlossen, den Vater zu bitten, sie nach England zu schicken. Hugo Stinnes sprach in seiner Tischrede über die bevorstehende Konferenz in Spa und legte seinen Gästen dringend ans Herz, die Versailler Bedingungen zu lockern. Er schilderte mit einer Leidenschaft, die ungewohnt bei ihm war, die Zustände im Revier: die Not, die Verarmung und die Radikalisierung der Bevölkerung, die sich daraus ergab. Er erschreckte seine Zuhörer mit der Prognose, dass das Ruhrgebiet politisch in absehbarer Zeit als Kolonie der Bolschewisten gelten könne. Er erntete verhaltenen Beifall.

Clärenore zog Ferguson mit spontanen Bewegungen, wie sie sie bei Nora gelernt hatte, auf die Terrasse. Es hatte tagelang geregnet, jetzt war es klar und kalt. Ferguson holte tief Luft. «Ich glaube, Ihr Vater sitzt zwischen allen Stühlen, wie man auf Deutsch sagt.»

Sich von Ferguson küssen zu lassen und Nora zu übertrumpfen! Nein, wenn, dann wollte sie Ferguson küssen! Clärenore zögerte, als er sich ihr näherte. Es war nur ein kurzer Moment der Unentschlossenheit, nichts weiter als die Frage, ob sie ihm zuvorkommen sollte. Vielleicht wäre von diesem Moment an ihr Leben anders verlaufen, vielleicht auch nicht. Nora kam und verwickelte Ferguson in ein Gespräch über Londoner Theaterereignisse. Nach dem Abendessen läutete in der Heimburg ununterbrochen das Telefon, und für die ausländischen Gäste kamen Boten mit Motorrädern in den Burghof gefahren und händigten ihnen Depeschen aus. Die Männer zogen sich mit ernster Miene in den Salon zurück, und Clärenore ging über den Hof zu Kolbe.

«Ich glaube, der Kaiser ist zurück», sagte er. Clärenore schlief mit dem Gedanken ein, dass sie neben Nora ersticken würde.

Am nächsten Morgen war das Hochwasser da und der Bürgerkrieg. Niederheimbach war überflutet, die Regierung nach Dresden geflohen. Ebert hatte gegen den Rechtsputsch zum Generalstreik aufgerufen. Die Verhandlungen auf der Heimburg waren geplatzt, die Franzosen reisten während des Vormittags über Schleichwege durch den Hunsrück ab. Über dieselben Wege rückte eine Front von Männern an, die die Besatzungstruppen unter anderen Witterungsbedingungen vor dem Schlosstor abgefangen hätten. Sie hielten ein Transparent hoch: «Kaiser Stinnes von Kapps Gnaden.» Hugo Stinnes sah die Leute und zog sich in sein Arbeitszimmer zurück.

«Ihr Vater sollte ein wenig Acht geben, mit wem er sich umgibt», sagte Ferguson zum Abschied. Er zog sie halb an sich. Dann zögerte er und gab ihr einen Handkuss. Gegen Mittag ließ der Vater Clärenore zu sich kommen. Er hätte von seinem Schreibtisch aus einen schönen Blick auf den Rhein gehabt, aber er hatte den Stuhl auf die andere Seite des Schreibtisches gestellt. Er saß mit dem Rücken zum Fenster. Der Tag war strahlend kalt.

«Ich muss nach Mülheim.»

«Und Kolbe?»

«Du kennst die Schleichwege. Wir nehmen den Dinos.»

«Und Bü, deine rechte Hand?»

Der Vater ignorierte den Seitenhieb.

«Der Wagen verfügt momentan nur über einen Fahrersitz.»

«Und über die Plakette.»

In der Nacht schlichen sie zur Garage. Für ihren Fahrgast stellte Clärenore zwei Montierbänkchen neben den Fahrersitz, zurrte sie fest und polsterte sie mit Decken. Sie schoben den Wagen bis ans Tor, erst dann ließ sie mit der Kurbel den Motor an. Das Auto hatte nur ein Lederverdeck, die Heizung kam gegen die Kälte nicht an. Clärenore kannte die Stellen, an denen die Kontrollposten standen, mit ihrer Plakette wäre sie problemlos durchgekommen. Hugo Stinnes wollte aber jeden Kontakt mit Militärkontrollen vermeiden. Er hockte in seinem Pelzmantel auf den Bänkchen und hielt sich am Armaturenbrett fest.

«Bist du ein rechter Putschist?»

«Kapp war mal bei uns in Asa, und das wirft mir jetzt alle Welt vor. Ich will Deutschland nie wieder in der Hand von Militärs sehen, aber auch nicht in der Hand der Roten Armee. Ich sitze zwischen zwei Stühlen.»

Tochter und Vater fingen so an zu lachen, dass Clärenore beinahe von der Chaussee abgekommen wäre. Sie mussten einen großen Bogen um Koblenz fahren und um Mitternacht einen Fährmann auftreiben, der sie für viel Geld über die Mosel setzte. Erst in der amerikanischen Zone gab es eine Chance, unkontrolliert über den Rhein zu kommen.

Mülheim war dunkel. In Broich tauchten Plakate im Scheinwerferlicht auf, die im Namen der Kapp-Regierung den Ausnahmezustand und das Standrecht verkündeten. Mitten auf der Schlossbrücke hing ein rotes Transparent der Linken mit der Aufschrift «Generalstreik». Sie wurden von einem bewaffneten Zivilposten angehalten. Hugo Stinnes erkannte in ihm einen Bergmann von Luise Tiefbau. Er schlug seinen Mantelkragen hoch, aber das half nichts. «Wünsche einen guten Morgen, Herr Generaldirektor», sagte der Bergarbeiter und ließ sie passieren. Am Ende der Brücke winkte sie ein weiterer Posten heran. Diesmal mussten sie sich ausweisen. Stinnes fragte den Mann, der erbärmlich fror, nach seiner Legitimation.

«Einwohnerwehr, Herr Stinnes. Keine Gefahr, vor Ihrem Haus sind die Grünen.»

Die Grünen ließen sie nicht ins Haus, ehe sie sich ausgewiesen hatten. Im Salon saß Tante Lizze.

«Was sind das für Leute?», fragte Hugo.

«Heute kann man per Telefon ganze Armeen bestellen», sagte seine Mutter.

So hatte Clärenore ihren Vater noch nie erlebt. Er packte Tante Lizze, schob sie vor sich her zur Haustür, warf sie dem Posten in die Arme und jagte beide zum Teufel. Dann ging er die Treppe hinauf.

Mülheim war wie ausgestorben. Es hieß, in Hagen und Herdecke würden Arbeitertruppen gegen Freikorpstruppen kämpfen, die Spartakisten hätten Kapps Soldaten zurückgeschlagen. Clärenore hörte das Wort «Spartakisten» zum ersten Mal und sah Blut. Der Vater saß in seinem Büro. Er telefonierte, rief die Zechenchefs zusammen, beriet sich mit seinen Direktoren und mit den Spitzen des Bergwerksverbands. Er empfing Delegationen der Betriebsräte und der Arbeiter, die sich dem Generalstreik nicht angeschlossen hatten. Zwischendurch arbeitete er an einer Rede, die er auf der Konferenz in Spa halten wollte. Er verbot Clärenore, das Haus zu verlassen. Die gesamte Familie war auf der Heimburg oder bei den Großeltern in Wiesbaden. Clärenore schlich sich trotzdem hinaus, weil sie wissen wollte, wie eine Revolution aussieht. Mülheim war ruhig, es gab keine Barrikaden oder Straßensperren. Die Militärposten bestanden in erster Linie aus Angehörigen der Bürgerwehr und der Reichswehr. Die linken und bürgerlichen Parteien hatten gemeinsam dazu aufgerufen, Ruhe und Ordnung aufrechtzuerhalten. Das Flugblatt, das Clärenore in die Hand gedrückt bekam, schloss mit einem «Hoch lebe die demokratische Republik!».

Clärenore ging zu Koeppens Garage. Das Hoftor war nur angelehnt, sodass sie zur Wohnungstür gelangte, die ebenfalls offen war. Sie rief nach Frau Koeppen, und als niemand antwortete, trat sie ein. Die Wohnung war vollkommen verwüstet, überall lagen Glasscherben und zerbrochenes Porzellan herum. Die Möbelpolster waren aufgeschlitzt, und über allen Gegenständen lag eine Schneedecke aus Bettfedern, die die bizarren Formen der Zerstörung milderten.

Clärenore lief durch die Verbindungstür in die Werkstatt, aus der ihr ein starker Ölgeruch entgegenschlug. Da saß Koeppen neben seiner Frau. Das Ehepaar saß nebeneinander im Auto. Federweiß, als wären sie im Begriff, zu ihrer Hochzeit zu fahren. Clärenore wollte zu ihnen, aber sie spürte, wie ihr Körper von den Füßen her versteinerte. Über die Kühlerhaube des Wagens war der Länge nach eine rote Fahne gebreitet. Darauf war mit Pech das Wort «Verräter» gepinselt. Clärenore sah, wie derselbe Schnee, der auf den Möbeln lag, von ihren Gesichtern schmolz. Zurück blieb eine Ölbrühe, die sie wie Mohren aussehen ließ. Und jetzt sah sie, dass beide ihre schwarze, asphaltierte Zunge herausstreckten. Sie rannte; hörte, dass jemand hinter ihr herlief. Sie drehte sich um. Es war Laura mit einem Gewehr im Anschlag. Sie hörte einen Schuss, Mauersplitter sprangen ihr ins Gesicht. Der Vater stand oben an der Treppe.

«Wer Verantwortung übernehmen will, darf nicht verantwortungslos handeln.»

«Koeppen», schrie Clärenore und lief an ihm vorbei in sein Privatbüro. Sie wählte das Amt und ließ sich zur Polizei durchstellen.

«Außer den Toten war niemand auf dem Gelände», sagte der Vater, als er zurückkam. «Wir müssen Laura in Schweden benachrichtigen.»

«Sie ist hier, sie hat auf mich geschossen!»

Laura sei in England, hieß es aus Schweden, man wolle sie sofort benachrichtigen. Hinter den Särgen gingen nur Clärenore und Hugo Stinnes. Nie wieder der Revolution ins Auge schauen.

Clärenore verbarrikadierte sich in einem Turmzimmer der Heimburg. Das Hochwasser war zurückgegangen, und der Vater versuchte sie abzulenken, indem er ihr den Auftrag gab, die Rede abzutippen, die er in Spa halten wollte.

8. Gullivers Tod

«Wenn du mich nicht brauchst, gehe ich zum Film.»

«Das wirst du nicht!» Hugo Stinnes lag im Salon seiner Villa in der Grunewalder Douglasstraße auf dem Sofa. Er drückte sich eine Wärmflasche auf den Bauch. Nora saß am Kopfende des Sofas und massierte seine Schläfen.

«Dann lass mich im Esplanade arbeiten, oder gib mir die Avus.»

«Den Vorsitz über eine Gesellschaft, die eine Rennstrecke betreibt? Hast du vergessen, dass du eine Frau bist?»

«Ich dachte, du wärst anders als die anderen.»

«Reg ihn nicht auf», sagte Nora.

Clärenore ließ nicht locker. «Ich möchte wissen, was du dir für meine Zukunft vorgestellt hast. Soll ich heiraten, Kinder kriegen?»

«Du kannst mit Hugo junior nach Konstantinopel fahren.»

Sie spürte, in welcher Verlegenheit der Vater war. «Nein, ich will nicht wieder abgeschoben werden. Sei ehrlich, du weißt nicht, was du mit mir anfangen sollst.»

Gulliver stürzte noch nicht vom Sockel, aber er bekam einen gefährlichen Riss.

«Ich möchte meinen Namen nicht auf Filmplakaten lesen.»

«Ich werde mich als Fräulein Lehmann ausgeben. Und außerdem will ich nicht Schauspielerin werden, sondern Regisseurin.»

Als der Vater auch jetzt noch keinen Gegenvorschlag machte, den sie sofort angenommen hätte, wurde ihr endgültig klar, wie aussichtslos ihre Hoffnung auf eine Position im Konzern war. Nora gab ihr die Adresse von einem Major

Grau. Alexander Grau hatte 1917 im Auftrag Ludendorffs und des preußischen Kriegsministeriums die Propagandamaschinerie der Ufa in Gang gesetzt und weit reichenden Einfluss auf die neue Universum-Film-AG. Er wurde später ihr Direktor. Grau kannte Kinkelin und Stinnes aus dem Jahr 1917, als sie mit Hugenberg und Ludendorff zusammen Pläne für eine wirksamere Kriegspropaganda entwickelt hatten.

Er war ein liebenswürdiger und gebildeter Offizier, den Nora bei einem Empfang der Rhein-Elbe-Union kennen gelernt hatte und der ihrem Charme sofort erlegen war. Grau war sehr höflich und brachte sie sofort zu Erich Pommer, dem Produktionsleiter der Ufa. Pommer war ein beleibter, pomadisierter Herr. Freundlich, aber skeptisch. Er saß in seinem Büro im Verwaltungsgebäude der Ufa in der Krausenstraße. Sie hatte keine Chance, anonym zu bleiben. Pommer saß im Drehstuhl mit dem Gesicht zur Wand. Er nahm sie gar nicht zur Kenntnis.

«Der Buddenbrook-Effekt», stöhnte er. Er drehte sich mit einem Ruck um und sah sie an. «Sie wollen also Regisseurin werden, mein Fräulein? Hat denn der Herr Papa keine bessere Verwendung für Sie?»

Das reichte ihr. Sie drehte sich auf dem Absatz um und schlug die Tür hinter sich zu. Pommer riss die Augen auf. «Aus der kann noch was werden.»

Nora und Hilde spielten mit ihrem russischen Bekannten Valerij Federball. Als sie auf die Terrasse trat, hielten sie inne.

«Na?»

«Ich bemühe mich wenigstens, etwas Nützliches zu tun.»

«Normalerweise nimmt man erst mal Schauspielunterricht. Die Nummer von Max Reinhardt steht im Telefonbuch.»

Clärenore ging auf ihr Zimmer und warf sich aufs Bett.

Himmel oder Hölle. Aber dieser Zustand war schlimmer. Ein Schwimmen im Nichts. Sie schaute dem Buddha ins Gesicht, der auf ihrem Nachtschrank stand. Dann steckte sie ihn ein und nahm den Autoschlüssel vom Tisch. Als sie die Tür öffnete, stand Valerij vor ihr.

«Mein Onkel ist gerade dabei, eine Produktionsfirma zu gründen. Er will den Filmen aus der Sowjetunion etwas entgegensetzen. Ich weiß offiziell nichts darüber, und ich will damit auch nichts zu tun haben. Es ist bourgeoiser Schund, was er vorhat. Aber hier ist seine Adresse.»

Die Tür zum Büro des Vaters war nur angelehnt. Sie öffnete leise und sah sein schmerzverzerrtes Gesicht. Als er sie bemerkte, versuchte er, die Schmerzen zu verbergen.

«Du musst zum Arzt.»

«Vielleicht gehe ich nach Karlsbad. Du kannst mitkommen.»

«Nein, Papa.»

Der Vater schaute sie erstaunt an. Seine Tochter tat den ersten Schritt aus seinem Schatten.

Die Galerie van Diemen in der Straße Unter den Linden, gleich neben der russischen Botschaft, platzte aus allen Nähten. An die Bilder war nicht heranzukommen. 750 Exponate und ein Katalog mit einem Vorwort des Malers und Kulturkommissars David Šterenberg. Sie erschrak vor den Farben und vor der Brutalität der Geometrie. In Malevič' Bildern erkannte sie den Zynismus der Filmindustrie wieder und in Kandinskijs «Komposition Nr. 224» ihr eigenes Leben. Aber sie mochte die Bilder nicht. Valerij stellte Nora, Hilde und Clärenore dem russischen Botschafter Nikolaj Krestinskij vor. Was ihr auf den ersten Blick auffiel, waren seine weit abstehenden Ohren. Mit seiner schwarzen kreisrunden Brille und dem Spitzbart sah er aus wie eine Eule. Clärenore war bisher wenigen Menschen begegnet, die ihre Umgebung so aufmerksam zur Kenntnis nahmen. Wie ein nachtaktiver

Raubvogel sog er alles in sich ein, was sich seinen Augen darbot, und wenn es kahle Wände waren. Niemand konnte aus weiter Entfernung so intensiv in eine Kamera blicken. Er war fast blind. Seine Scharfsichtigkeit und sein Weitblick wurden ihm zum Verhängnis. Stalins Verfolgungswahn überlebte er nicht.

Krestinskij war eine Seele von Mensch. Clärenore wusste, dass die Russen ihren Vater umwarben. Es gab Pläne für eine deutsch-russische Union, auf deren Grundlage sich ihre Erfinder die Weltherrschaft erträumten. Clärenore wusste genauso gut wie Hugo Stinnes, dass eine Allianz zwischen Kapitalismus und Bolschewismus eine Art Sterntalermärchen war. Und Krestinskij wusste das auch. «Der Westen Berlins ist in russischer Hand», sagte er in tadellosem Deutsch, «und wir hätten nichts dagegen, wenn ein paar Teile Moskaus in deutscher Hand wären. Sagen Sie das ruhig Ihrem Herrn Vater. Was wir brauchen, sind Maschinen. Im Moment kann ich Ihnen als Gegenleistung nur mit Lyrikern und Malern dienen.»

Der Abend endete auf Russisch, das heißt, mit einem Zug durch alle russischen Lokale rund um den Wittenbergplatz, wobei in jedem nach vielen Umarmungen reichlich Wodka getrunken wurde. Revolutionäre und Emigranten, Künstler und Spione, Täter und Opfer der Russischen Revolution und die Täter und Opfer der Zukunft, die noch nicht zum Vorschein gekommen waren, umarmten sich in der Berliner Kneipennacht.

Auf der unteren Friedrichstraße wimmelte es von kleinen Filmfirmen. Mindestens hundert Einmannbetriebe zwischen Halleschem Tor und der Leipziger. Hochtrabende Firmennamen auf Messingschildern an den Eingängen, aber um die prunkvolle Büroeinrichtung schlich schon der Gerichtsvollzieher. Der Türsteher war zugleich der Generaldirektor. In der Frühstücksstube Blaurock schrieben die Gerichtsvollzieher ihre Pfändungsprotokolle. Dabei standen sie an Stehtischen und aßen nebenbei einen Knüppel mit Hackepeter für zehn Pfennig oder, je nach Inflationslage, für zehntausend Mark. Vladimir Vengerov gehörte offenbar zu den besser gestellten Produzenten. Er besaß eine ganze Etage mit Vorzimmern. Stuckdecken, kostbare Holztäfelungen. Clärenore hatte ihn einmal bei einer Party in der Douglasstraße gesehen. Jetzt fiel ihr auf, dass er schlohweiß war, obwohl er höchstens Mitte vierzig sein konnte. Er war ein Melancholiker, ein Nörgler. Man sah ihm an, dass er mit sich und der Welt im Unreinen war. Seinen Beruf fasste er als eine persönliche Beleidigung auf. Clärenore gegenüber benahm er sich so freundlich wie möglich.

«Wir, das heißt die Westi-Film, wollen einen wirklich monumentalen Film machen. Der Stoff ist aus einem Roman von Jules Verne. Es wird eine Reise durch alle Landschaften Russlands, die wir hier nachbauen. Die Babelsberger haben uns zum Teil ihr Außengelände zur Verfügung gestellt. Hier haben Sie das Skript. Sie können sich da mal einarbeiten. Wir machen ein paar Probeaufnahmen mit Ihnen.»

«Ich möchte nicht unter meinem Namen arbeiten. Ich bin Fräulein Lehmann.»

Vengerov grinste. «Weiß Bescheid. Sie wissen, wo die Tempelhofer Studios sind?»

Der Film war ein krauses Durcheinander, das die wildesten Vorstellungen der Westeuropäer über Russland und die Bolschewiken bediente. Michail Strogov wird als Kurier des Zaren nach Irkutsk geschickt, um einen Tatarenaufstand niederzuschlagen. Bolschewisten, Tataren, Sibirier, Moslems, alles geht durcheinander. Taiga und Steppe sind wie der Wilde Westen. Die Tataren veranstalten im winterlichen Irkutsk buddhistische Zeremonien und Orgien mit Zigeunerinnen und Haremsdamen. Als sie das Skript gelesen hatte, wusste Clärenore, bei was für einem Schinken sie mitwirken sollte. Das Einzige, was sie an der Geschichte interessierte, war Strogovs Ritt entlang der Strecke der Transsibirischen Eisenbahn. Ihre Phantasien begannen um Sibirien zu kreisen. Eines Tages wollte sie erkunden, wie es dort wirklich aussah.

Der ganze Drehstab war russisch. Ivan Mozčuchin spielte den Strogov und Natalija Kovanko die weibliche Hauptrolle. Der Regisseur hieß Viktor Turšanskij. Schauplatz waren die Weiten Sibiriens – eine Phantasielandschaft aus Pappmaché, aus Versatzstücken zusammengezimmert und -geschoben, die vorausgegangene Produktionen hinterlassen hatten. Bei Außenaufnahmen musste der Grunewald für die Barabinsker Steppe herhalten. Die Stadtbahn war die Transsib, und der Wannsee gab den Baikalsee. Der Höhepunkt an Illusionskunst war ein brennender Fluss bei Nacht, durch den Strogov schwimmen musste. Die Szene prägte sich bei den Kinobesuchern so tief ein, dass der Stoff später noch zweimal neu verfilmt wurde.

Clärenore war jeden Morgen um acht am Drehort. Der Regisseur nahm sie nicht zur Kenntnis. Sie biss die Zähne zusammen, ertrug alle Demütigungen, die man einem Fräulein Lehmann zumutete. Plötzlich stand sie im Scheinwerferlicht. Wie bewegt man sich im Scheinwerferlicht, wenn zehn bis zwanzig Menschen auf jede deiner Bewegungen achten? Wenn dich das Zucken eines Ellbogens der Lächerlichkeit preisgibt? Wenn du nicht weißt, ob du krumm oder zu gerade, zu langsam oder zu schnell gehst, wenn dir keiner sagt, wo du hingucken sollst? – Ende der Karriere. Sie wollte nicht spielen. Sie wollte organisieren. Die Atomistik eines Films interessierte sie. Sie fühlte sich in den Sektionsräumen der Filmproduktion wohl. Dort, wo der Fundus nach einem bestimmten Aschenbecher durchwühlt wurde oder wo die Filmstreifen in kleinste Teile zerschnitten und wieder zusammengeklebt wurden. Das Babelsberger Gelände war ein einziger Abenteuerspielplatz. Alle Landschaften der Welt waren durcheinander gewirbelt. Man konnte vom Rom der Gladiatoren mit ein paar Schritten in eine Stadt der Zukunft gelangen. In Babelsberg war nichts unmöglich. Die Grenzen von Zeit und Raum waren aufgelöst. In Babelsberg war das Universum zu besichtigen, das Einstein beschrieben hatte.

Eines Tages ging es darum, eine moderne Elektrolokomotive zu finden. Sie rief von zu Hause aus unter ihrem richtigen Namen ihren Nachbarn, den Technischen Direktor von Siemens, an und informierte Vengerov. Die Lok stand zwei Tage später auf dem Gelände des Potsdamer Bahnhofs. Turšanskij sah sie durchdringend an. Sie organisierte Kamele, ein Balalaika-Orchester, Krakowiaktänzer, Don-Kosaken. Sie hätte sich einen anerkennenden Satz des Regisseurs gewünscht. Stattdessen wurde Turšanskij misstrauisch. Egal, was für Nüsse er ihr zu knacken gab, sie schaffte alles. Sie war der beste Assistent, den er je gehabt hatte, aber sie war eine Frau, und es war in seinem Weltbild nicht vorgesehen, dass eine Frau die Arbeit, die bisher von Männern erledigt worden war, schneller und besser bewältigte. Dennoch beförderte er sie zu seiner Ersten Assistentin.

Sie besorgte einen Affen vom Zirkus Hagenbeck. Das Tier sollte eine Rolle bei einem Haremsausflug spielen. Der Drehort war ein Wäldchen hinter dem Lunapark in Halensee. Clärenore konnte mit Tieren umgehen. Ihre Stimme, die im Gespräch und vor allem in Gesellschaft oder vor größerem Publikum schrill und blechern klang, verwandelte sich im Zwiegespräch mit Tieren zu einem Raunen. Die Tiere hörten ihr zu und gehorchten ihr. Als sie den Affen Ivan Mozčuchin in den Arm geben sollte, wurde der Schimpanse wild. Er biss verzweifelt um sich und verletzte sie an der

Hand. Die Wunde blutete stark, und man beschloss, Clärenore in der nächsten Apotheke fachgerecht verbinden zu lassen. Sie spürte deutlich Turšanskijs Schadenfreude. Der Apotheker riet dringend dazu, einen Arzt aufzusuchen. Es fiel ihr nur Professor Kraus von der Charité ein, der einige Male in der Douglasstraße zu Gast gewesen war. Die Filmleute brachten sie zur Privatwohnung des Professors. Kraus stieg zu ihnen in den Wagen, und sie fuhren mit forschem Tempo durch Alt-Moabit ins Krankenhaus, wo der Chirurg alles herausschnitt, was mit Affenzahn und Affenspeichel in Berührung gekommen war.

«Ein Mädchen aus Stahl», sagte Kraus, «wie man es von einer Stinnes erwartet.»

Die Assistenten der Assistentin wunderten sich über die bevorzugte Behandlung eines Fräulein Lehmann. Als sie den Namen Stinnes hörten, lösten sich für sie alle Rätsel der letzten Wochen. Die Abendzeitungen notierten höhnisch: «Fräulein Stinnes vom Affen gebissen!»

Hugo Stinnes war in Karlsbad, Edmund in der Schweiz, Hugo junior in Hamburg und Cläre mit dem Rest der Familie in Weißkollm. Tante Lizze war in Mülheim. Wer an diesem Abend an allen Orten zugleich gewesen wäre, hätte sehen können, wie die Erfindung der Presse Einstein widerrief. Das galt zumindest für das Stinnes-Universum. Hier gab es unabhängig von der Entfernung Gleichzeitigkeit. Ein gleichzeitiges Grinsen. Denn merkwürdigerweise schlugen alle Familienmitglieder, egal an welchem Ort des Universums sie sich befanden, ohne jede Zeitverschiebung die Zeitung auf und nahmen den Affenbiss zur Kenntnis. Clärenore erfuhr erst jetzt, nachdem ihr Pseudonym gelüftet war, von dem erleichterten Turšanskij, dass Hugo Stinnes die Westi-Film GmbH längst gekauft hatte. Ihr Organisationstalent zählte nun plötzlich nicht mehr. Man hielt ihre Leistungen nicht ihr zugute, sondern dem Namen Stinnes. Es war vor allem diese persönliche Kränkung, die sie dazu veranlasste, der Welt des Films den Rücken zu kehren.

Eines Tages brachte Robert Dunlop, der inzwischen Technischer Direktor der Dinos-Werke war, einen Gast mit ins Haus, den Clärenore sofort in ihr Herz schloss, ehe sie noch wusste, mit wem sie es zu tun hatte. Es war ein eleganter Italiener, der vor Witz nur so sprühte. Keine drei Minuten waren vergangen, und Clärenore, Robert und ihr Gast befanden sich mitten in einer Diskussion über Rennmotoren, Autorennen und Rennwagenkonstruktionen. Der Italiener staunte über Clärenores Fachwissen.

«Fahren Sie auch Rennen, Fräulein Stinnes?», fragte er.

«Es ist mein größter Wunsch.»

«Frauen und Rennwagen, das gehört einfach zusammen. Pardon, ich habe mich noch gar nicht vorgestellt. Bugatti, nennen Sie mich Ettore.»

Clärenore war hingerissen von Ettore Bugatti. Diesen Mann hätte sie auf der Stelle geheiratet. Sie war froh, sich einmal ohne die lästige Konkurrenz mit einem interessanten Mann unterhalten zu können. Nora und Hilde waren in Weißkollm. Bugatti war in Berlin, um seinen neuesten Wagen im Autosalon vorzustellen. Es gab zwei baugleiche handgefertigte Modelle. Das eine stand in der Ausstellungshalle, das andere vor der Tür. Ein Zweisitzer-Tourensportwagen der Baureihe 35. Der Prototyp für die erfolgreichsten Rennwagen Bugattis. Clärenore war hingerissen. Von dem Auto. Kompressor. 2,3 Liter, Achtzylinder-Reihenmotor, zwei Blöcke, 140 PS bei 5000 U/min. Zum ersten Mal erfuhr sie Erotik pur. Schauer jagten über ihre Haut, als sie in dem Auto Platz nahm. Durfte man solche Empfindungen haben? Bugatti bestand darauf, eine Runde mit ihr zu drehen. Robert hatte vorausgesehen, dass Ettore und Clärenore aufeinander fliegen würden. Bugatti als Konstrukteur für Dinos. Damit wäre die Firma gerettet.

Clärenore dirigierte Bugatti zur Avus. Es war kein Trainingstag, die Avus war leer. Und als sie durchs Tor waren, sagte Bugatti, indem er ausstieg und ihr mit einer galanten Handbewegung den Fahrersitz zur Verfügung stellte: «Und jetzt zeigen Sie mal, was Sie können!»

140 PS! Was für ein Motorengeräusch! 170 Spitze. Sie kannte jede Unebenheit in der Fahrbahndecke. Sie wäre gegen Fritz von Opel angetreten, wenn man sie gelassen hätte. Auf der geraden Piste fuhr sie den Wagen voll aus. Dieses himmelblaue Wunder, das einem gehorchte. Sie flog. Sie fühlte den Rausch. Das gab es nicht in der Liebe. Dieser Zustand war nicht durch Drogen zu erreichen. Für Clärenore war Autofahren so etwas wie Musizieren. Sie verlor sich im Augenblick. Sie wurde blind und war doch so nah bei sich und so sehr in der Welt wie in keiner anderen Situation. Virtuosen und Rennfahrer.

«Dafür bist du geboren», sagte Bugatti, als sie nach einer Runde vor das Start-und-Ziel-Gebäude rollten.

Ein Rennwagen ist ein anderer vor und nach der Fahrt. Wenn die Maschine stillliegt. Wenn die Räder stehen, aber Motor und Reifen noch heiß sind, dann fließt ein Gefühl vom Fahrer zum Wagen, das vergleichbar ist mit den Gefühlen von Menschen, die sich nach einer gelungenen Liebesnacht voneinander trennen. Bugatti holte einen Lappen aus seiner Hosentasche und polierte die Chromteile. «Autos bauen heißt in Schönheit zeugen.»

Trotz Bugattis Fürsprache traute sich Robert nicht, Clärenore offiziell als seine Beifahrerin an den Avus-Rennen teilnehmen zu lassen. Sie las stattdessen die Memoiren der Renn- und Rallyefahrerinnen und vertiefte sich in die Abenteuer der Baronin Campbell von Laurentz, der Berta Benz, der Fürstin Borghese und der englischen Autlerin Dorothy Levitt. Letztere empfahl allen Kolleginnen, immer einen Revolver im Handschuhfach zu haben. Man könne, schrieb sie, den Revolver auch durch einen Rückspiegel ersetzen.

Clärenore bat Edmund um die Erlaubnis, wenigstens an den Übungsfahrten als Beifahrerin teilnehmen zu dürfen. Er verwies sie an Onkel Robert als den Rennleiter von Dinos. Sie wusste, dass es keinen Sinn hatte, zu Robert zu gehen, und bestach weiterhin den Hausmeister und fuhr in der Nacht. Auch in Nächten, in denen es schon empfindlich kalt war. Dabei holte sie sich eine Stirnhöhlenvereiterung, die sie nicht behandeln ließ. Eines Mittags, es war ihr dreiundzwanzigster Geburtstag, saß Hugo Stinnes mit einem Hund im Salon.

«Ich glaube, du brauchst jemanden, der auf dich aufpasst.»

Es war ein junger Gordonsetter. Das Tier legte seine Schnauze auf ihr Knie, und dennoch war Distanz in dieser Geste spontaner Zuneigung.

«Wie heißt er?»

«Gib ihm einen Namen.»

«Ich glaube, er heißt Lord.» Sie streichelte den Hund. «Sag mir, was ich tun soll, Papa.»

«Tu, was dir Spaß macht, aber tu nur das, was dem Namen Stinnes Ehre macht.»

«Auch Rennen fahren?»

«Wenn du gut genug bist, alle anderen zu besiegen, dann in Gottes Namen, aber es genügt nicht, jeden Abend im Kempinski zu tanzen.»

«Ich tanze im Kempinski, weil du mich nicht brauchst.»

«Ich erlaube dir zu fahren, aber bitte nicht unter dem Namen Stinnes – solange du nicht gewinnst.»

Clärenore umarmte ihren Vater. Es war das letzte Mal, dass sich Tochter und Vater umarmten.

Clärenore und Hugo Stinnes begegneten sich als Patienten im Westsanatorium in der Joachimsthaler Straße wieder.

Ihre nächtlichen Autofahrten hatten die Stirnhöhlenvereiterung chronisch werden lassen, und der zuständige Professor für Hals-Nasen-Ohren-Krankheiten ordnete eine Operation an. Es wurde eine Teilresektion der mittleren Muschel vorgenommen und der infektiöse Eiter aus dem Siebbein entfernt. Als sie schon wieder aufstehen konnte, wurde Hugo Stinnes mit einer schweren Gelbsucht und hohem Fieber eingeliefert. Die Galle war erneut entzündet. Schon beim Weihnachtsfest in Wiesbaden lag der Prinzipal mit Schmerzen im Bett, und an seinem vierundfünfzigsten Geburtstag am 12. Februar, der in Mülheim gefeiert wurde, musste er ebenfalls das Bett hüten. In Berlin erlitt er eine neue Gallenkolik und ließ sich von Nora pflegen. Ihm kam die Galle hoch wegen Deutschland. Seine Stimmung wurde immer düsterer, er hatte keine Hoffnung mehr. Im Ruhrkampf sah er die Vorboten eines neuen Krieges, an dessen Ende das Stinnes-Imperium entweder von den Bolschewisten oder den Franzosen zerstört werden würde. In dieser Verfinsterung seiner Seele begrüßte er sogar den Putsch Hitlers.

Am 18. März wurde er operiert. Cläre war aus Weißkollm, vom Lausitzer Landsitz der Familie, gekommen und hatte sich in einem Nebenzimmer einquartiert. Professor August Bier galt als einer der besten Chirurgen Berlins. Aber von Einfühlsamkeit hatte er noch nie etwas gehört. Und wohl auch wenig von aseptischer Wundbehandlung und Krankenhaushygiene. Ein Gott in Weiß, arrogant und selbstgerecht. Er diskutierte in Anwesenheit von Hugo, Cläre und Clärenore mit dem Oberarzt Dr. Pribram, ob man nur die Gallensteine oder die gesamte Gallenblase entfernen solle. Der Oberarzt war für eine Totalresektion. Cläre ließ die Ärzte hinauswerfen. Hugo hatte genug gehört. Er schloss sich der Meinung des Oberarztes an. Es wurde getan, was der Direktor angeordnet hatte. Die Operation fand

Ende März statt. Hugo Stinnes konnte einige Tage später aufstehen und in dem neben seinem Krankenzimmer gelegenen Wohnzimmer per Telefon seinen Geschäften nachgehen.

Mutter und Tochter waren erleichtert, sie hatten aber große Mühe, den Vater im Bett zu halten. Kurz nachdem der Katheter entfernt worden war, bekam Hugo hohes Fieber. August Bier entschied sich für einen zweiten Eingriff, um den Entzündungsherd zu entfernen. Die Operation begann mit einer Panne. Der Patient bekam eine zu geringe Dosis Betäubungsmittel, weil nicht mehr genug vorhanden war. Es musste unterbrochen werden, weil man auf Nachschub aus einer anderen Klinik wartete. Hugo Stinnes war halb bei Bewusstsein und litt Höllenqualen. Doch die Quälerei war noch nicht zu Ende. Die Galle wurde zwar entfernt, aber die Operationsfehler ließen dem Patienten keine Überlebenschancen. Hugo Stinnes lebte noch zehn Tage in der Gewissheit, dass er sterben würde, weil er einem selbstgefälligen Stümper in die Hände gefallen war. Seine Wut und Verzweiflung waren grenzenlos. Er sah die Katastrophe klar voraus, die dem Unternehmen ohne sein persönliches Zukunftskapital drohte, ohne das Vertrauen, das die Kreditgeber in seinen unternehmerischen Instinkt setzten. Er verbat sich, dass Professor Bier noch einmal sein Zimmer betrat. In seinen letzten Lebenstagen wurde er von dem Internisten Professor His betreut, der alles tat, um die Agonie erträglich zu machen.

Das Todesurteil war gesprochen. Wie kann man einem Toten gegenübertreten, der noch lebt? Wie kann man am Bett des Menschen sitzen, den man von allen am meisten geliebt und vergöttert hat – der unsterblich war –, und wissen, dass sein Leben abgeschlossen ist, dass er heute in einer Woche nicht mehr leben wird? Wie verbringt man diese Minuten, von der eine jede auf einmal wie eine goldene Ewigkeit wiegt? Clärenore wechselte sich mit Cläre, Nora und Hilde ab. Alle waren da. Otto, Edmund, Hugo. Die Kleineren durften ihren Vater zwar besuchen, aber man sagte ihnen nicht die Wahrheit. Clärenore merkte, dass sie den Abschied spürten. Hugo Stinnes ernannte Hugo junior zu seinem geschäftsführenden Nachfolger und beschwor ihn, angesichts der Geldwertstabilisierung alle faulen Geschäftszweige abzustoßen und sich auf den montanen Kern der Firma Stinnes zu beschränken. Er warnte ihn, weitere Kredite aufzunehmen, ehe der Konzern nicht konsolidiert sei.

Ein Abschied für immer. Man spricht über Banalitäten. Hugo Stinnes sprach in den Augenblicken, in denen es ihm dank der Medikamente besser ging, mit Clärenore über die Zukunft des Autos. Er ereiferte sich darüber, dass die Regierung Automobile mit einer Luxussteuer belegte, anstatt darin die Grundlage für die zukünftige Mobilität aller zu sehen. Das Auto als Massenartikel. Auch jeder Arbeiter könne eines Tages ein Auto haben. Das Auto als Vehikel einer neuen weltweiten Wohlstandswelt und Deutschland als Autofahrernation und als die Nation, die die besten Automobile herstelle. Er gab Clärenore seinen Segen für ihre Rennfahrerkarriere. Sie empfand das als einen Auftrag. Den Namen Stinnes durch die Welt tragen. Deutschlands Industriemacht in der Welt präsentieren mit den Mitteln des Automobilsports. Diese letzten Augenblicke allein mit Gulliver – das war wie in Asa, als sie auf der Wiese am See lagen. Wie gern wäre sie zum ihm ins Bett gekrochen!

Er schlief nicht mehr. Die letzten drei Tage vor seinem Tod war er immer wach. Als Cläre ihn ermahnte, sagte er, er wehre sich nicht gegen den Schlaf, sondern gegen den Tod. Zum ersten Mal in seinem Leben erzählte der Vater seiner Tochter von der Sorge, mit der er die Sohnesverliebtheit seiner Frau verfolgte. Es war mitten in der Nacht, als er nach einiger Zeit die Augen aufschlug und sie anschaute. «Ich hätte keine bessere Frau finden können. Aber sie macht, was Hugo sagt. Vielleicht habe ich einen Fehler gemacht.»

Clärenore schwieg. Sie hatte Edmund und Hugo in der Douglasstraße belauscht und gehört, wie sie über die Erbanteile und die zukünftigen Kompetenzen stritten. Sie baute eine Mauer um sein Bett. Einen Bunker aus dem Stahl ihrer Bitten, dessen Wände so dick waren, dass eine fliehende Seele ihn unmöglich hätte durchdringen können. Der einflussreichste Industrielle Deutschlands und einer der reichsten Männer des Landes starb an einem ärztlichen Kunstfehler, an einer Routineoperation und an hygienischer Schlamperei am Abend des 10. April um halb neun im Beisein seiner Familie. Die unmittelbare Todesursache war eine beidseitige Lungenentzündung. Clärenore war nicht gläubig, aber sie wusste, sie würde ihn wiedersehen. Hinter irgendeinem Hügel auf irgendeiner Wiese. In dieser Nacht fuhr sie durch die Stadt. Sie fuhr zum Esplanade, sie fuhr zur Wilhelmstraße. Sie fuhr zum Adlon, zum Reichstag, zur Börse und zur Deutschen Bank; zu allen Plätzen, an denen sie noch einen letzten Seelenschatten ihres Vaters erwischen konnte. Und tatsächlich war er noch da. Es wusste noch niemand von seinem Tod. Sie ging durchs Esplanade und sah, wie der Vater in den Augen der Portiers und Pagen noch lebte. Wie geht es Ihrem Herrn Vater? Es gelang ihr, das Leben ihres Vaters bei den Fragenden zu verlängern. Ein Mensch ist erst dann tot, wenn alle davon wissen.

Am nächsten Tag, es war ein Freitag, wurde Hugo Stinnes in der Douglasstraße aufgebahrt. Es spielte eine Knappschaftskapelle. Während des Wochenendes trat fast die gesamte Regierung an, um von dem Mann Abschied zu nehmen, von dem bis heute niemand mit Sicherheit sagen kann, ob er einer der Totengräber der ersten deutschen Republik war oder einer der großen Visionäre einer europäischen Wirtschaftsunion. Im April 1924 machte Stresemann, als er der Familie kondolierte, auf Clärenore eher einen erleichterten Eindruck. Der Vater lag in der großen Eingangshalle in einem schlichten offenen Sarg, der von einem Meer aus weißen Lilien verdeckt wurde. Es sah aus, als schliefe er auf einer Wolke von Blüten und Duft. Über die Rechnung des Blumenlieferanten hätte er sich geärgert. Er hatte seinen dunklen Abendanzug an, die Hände waren gefaltet. Clärenore fiel auf, dass sie ihren Vater noch nie so gut frisiert gesehen hatte. Sie stand neben der Mutter und den Geschwistern im Hintergrund des Saales und schüttelte Hände. Sie wartete darauf, dass der Vater dem einen oder anderen der Kondolenzgäste die Hand entgegenstrecken würde. Sie musste an einen Witz denken, der vor einiger Zeit durch die Presse ging. Stinnes wird von Petrus abgewiesen aus Angst, er würde aus dem Himmel sofort eine Aktiengesellschaft machen und Gott rausschmeißen. Dasselbe befürchtete aber auch die Hölle. Deshalb hätten Gott und der Teufel in einer Telefonkonferenz beschlossen, Stinnes zur Erde zurückzuschicken.

Zwei Tage lang schüttelte die Familie Hände. Tante Lizze, die achtzigjährige Mutter des Toten, stand kerzengerade am Kopf der Familienphalanx. Alle wussten, dass ihr das Herz brach. Die Spitze der deutschen Industrie reiste an. Es kamen die Firmenvertreter aus dem Ausland und die Konzerndirektoren aus Mülheim und Essen, die die Familie bei der Urnenbeisetzung in Mülheim noch einmal sah. Clärenore sah Ferguson wieder. Er war steif und unnahbar. Als sie mit ihm sprach, wusste sie, dass das Stinnes-Imperium nach dem Tod des Vaters auseinander brechen würde. Auf ihre Frage, ob er etwas von Laura gehört habe, erhielt sie nur ein kurzes «No». Es war offensichtlich, dass er log. In den Nächten hörte man das Geschrei der Brüder aus dem Salon. Hugo junior, der bis zum Bürstenhaarschnitt das Aussehen des Vaters angenommen hatte, sodass die Gäste bei seinem Anblick erschraken, ließ seinem Jähzorn freien Lauf. Der Streit mit Edmund hatte sich daran entzündet, dass in einer Pressemitteilung der «Rhein-Ruhr-Zeitung» Edmund als Nachfolger des Vaters genannt worden war. Er hatte schon vor dem Tod von Hugo senior den Posten des Generaldirektors der Siemens-Rheinelbe-Schuckert-Union inne. Doch Hugo junior, der Leiter der Hamburger Reederei, wurde im väterlichen Testament neben Cläre als weisungsberechtigtes Familienoberhaupt eingesetzt. Er dachte gar nicht daran, den letzten Anweisungen des Vaters zu folgen. Er hatte die Kondolenzbesuche dazu genutzt, von den Bankiers neue Zusagen für Kredite zu erhalten. Seine Absicht war zu expandieren, anstatt die Firma zu konsolidieren. Er meinte, der Geist seines Vaters sei auf ihn übergegangen und damit natürlich auch das Vertrauen der Finanzwelt. Edmund ahnte, dass sein Bruder in diesem Punkt einer verhängnisvollen Täuschung unterlag.

An der Einäscherung im Wilmersdorfer Krematorium nahmen nur die engsten Familienmitglieder teil. Wenn er tatsächlich nicht wiederkommt, dachte Clärenore, wird er es aus Zeitmangel nicht tun, weil er wohl schon dabei ist, das Jenseits umzuorganisieren. Sie versprach ihm, auf diesem Planeten dafür zu sorgen, dass der Name Stinnes nicht vergessen würde, egal, was Hugo und Edmund für Katastrophen anrichteten. Hugo Stinnes hinterließ einen Konzern, in dem rund 1500 Unternehmen vereinigt waren, darunter 81 Kohlebergwerke, 56 Hütten und Walzwerke, 100 Fabriken der Metallindustrie, Unternehmen der chemischen Industrie, der Holz verarbeitenden Industrie, Papiermühlen, Verlage, Zeitungen, Filmgesellschaften, mehr als 50 Banken und Versicherungsfirmen, 37 Raffinerien und Ölfelder und 400 Handels- und Verkehrsgesellschaften mit Reedereien und Hotelbeteiligungen. Seine Zeitung, die «Deutsche Allgemeine Zeitung», erschien mit Trauerrand. Sein Mülheimer

Heimatblatt blieb auf Distanz. Man empfand den amerikanischen Syndikalismus von Hugo Stinnes als Fremdkörper in Deutschland und ebenso seine Idee vom Primat der Wirtschaft über die Politik. Es gab eine offizielle Trauerfeier für den ehemaligen Abgeordneten im Reichstag, bei der die Familie anwesend war.

Öffentliche Trauer ist anstrengend. Clärenore verbrachte die Abende in der Douglasstraße mit Robert, Nora und Hilde. Ihr war nach Tango zumute. In ihr war auf einmal die Berge versetzende Kraft dieser Musik. Sie erzählte Robert, was der Vater ihr auf dem Totenbett über die Zukunft des Automobils gesagt hatte.

«Vielleicht solltest du doch für uns Rennen fahren», sagte Robert.

«Jetzt habe ich eine andere Aufgabe. Ich muss den Konzern retten.»

«Das ist nicht dein Ernst.» Robert legte eine der neuen Schellackscheiben auf das Grammophon. Er tanzte mit Clärenore, Nora und Hilde Tango. Die Musik war das Medium, durch das die Energie des Vaters in sie hineinfloss. Noch am selben Abend ging sie zu Cläre. Von ihrem Salon aus hörte man die Brüder in der darunter liegenden Bibliothek streiten.

«Ich will keinen Posten als Direktor. Schick mich als Beobachterin in die Betriebe, ins Ausland. Ich bin Sekretärin, egal was. Ich bin Fräulein Lehmann.»

«Jetzt ist Schluss mit dem Unsinn», sagte Cläre. «Die Firma geht dich nichts an. Du bist die älteste Tochter von Hugo Stinnes, und du wirst einen Mann heiraten, der deiner würdig ist.»

Clärenore verließ am nächsten Morgen das Haus. Sie trug ihre Koffer selbst und lud sie ins Auto. Lord hatte es sich auf dem Beifahrersitz bequem gemacht. Hilde kam aus dem Garten. Sie war die Nacht über nicht im Bett gewesen und hatte noch die Kleider vom letzten Abend an. Offenbar wusste sie Bescheid. Der Hass zwischen den Schwestern brach alle Dämme. Er ließ den Boden gefrieren und die Baumkronen zu Asche brennen.

«Übernachtest du jetzt auf der Avus?»

«Bei Aschinger.»

«Aschinger gehört nicht zum Konzern.»

Clärenore gab Gas. Der Neid ihrer Schwester begleitete sie in die Freiheit. Wenn du mich nicht brauchst, gehe ich zum Film, hatte sie zu ihrem Vater gesagt. Sie fuhr zu Vengerov und rief von dort aus Valerij an.

9. Die andere deutsche Karriere

Die meisten Menschen auf dieser Welt begegnen einander nie. Sie leben an verschiedenen Orten. Dennoch treffen wir tagtäglich auf Menschen, die wir nicht kennen. Man nimmt einander nicht wahr. Wie viele Menschen kreuzen in unserem Leben unseren Weg? Millionen? Wie wenige davon lernen wir kennen! Man reist eine Strecke zusammen in einem Zug, in einem Flugzeug. Dann trennen sich die Wege und Lebenswege wieder. Manchmal gibt es einen kurzen Augenkontakt. Wenn sich zwei Menschen im Gedränge eines Flughafens versehentlich anrempeln und sie sich, jeder in seiner Sprache, entschuldigen. Es gibt Blicke zwischen Männern und Frauen, die aneinander Gefallen finden, aber jeder ist auf einer anderen Lebensbahn. Manchmal nehmen sich Menschen wahr, wenn ihr Schicksal nach außen hin extrem gegensätzlich zu verlaufen scheint. Ein westlicher Politiker besucht eine indische Leprastation. Alle diese Begegnungen bleiben mehr oder weniger folgenlos, und dennoch könnte man darüber nachdenken, was für ein ungeheurer Reichtum an entgangenem Austausch von Lebenserfahrungen, an bemerkenswerten Lebensgeschichten, an Möglichkeiten von Freundschaft, Liebe und Verbrechen dadurch verloren geht, dass die Menschen, deren Wege sich kreuzen, nicht wenigstens eine Nacht miteinander verbringen und sich ihre Lebensgeschichten erzählen. Wäre die Welt so eingerichtet oder ein Staat würde befehlen, dass niemand an einem anderen vorbeigeht, ohne sein Schicksal zu erfahren, dann wäre die Menschheit längst ausgestorben. Ganz zu schweigen vom technischen Fortschritt. Von Erfindungen, vom Wirtschaften. Die Leute würden erzählen, anstatt etwas Nützliches zu tun. Und da sie nichts anderes mehr tun würden, als zu erzählen, hätten sie bald nichts mehr zu erzählen. Um diesen Kommunikations-GAU zu vermeiden, nehmen sich die Menschen gewöhnlich nicht wahr, wenn sich ihre Wege kreuzen.

Nun gibt es Fälle, in denen Menschen, die sich kennen, an ein und demselben Ort zufällig zusammentreffen. Zum Teil gegen ihren Willen. Niemand rechnet damit, dass der andere gerade zu diesem Zeitpunkt am selben Ort ist. Man wähnt ihn in einem anderen Land, man rechnet nicht damit, dass er an Ort und Stelle ist. Man denkt gar nicht an ihn, hat ihn vielleicht überhaupt aus den Augen verloren. In einem solchen Fall kann man ein freudiges Wiedersehen feiern. Wenn aber am Ort des zufälligen Zusammentreffens ein Verbrechen geschieht und jeder glaubt, die überraschende Anwesenheit des anderen in einen Zusammenhang damit stellen zu müssen, kann man das Ganze ein schicksalhaftes Ereignis nennen. Es gibt solche Zusammenballungen von Zufällen. Oft entstehen daraus menschliche Tragödien. Tragödien, die die Griechen zum Gegenstand ihrer Theaterspiele gemacht haben.

«Du kannst ruhig fahren», sagte Carl-Axel. «Die Kinder besuchen mich. Und du bist ja in einer Woche wieder da.» Er lag in Decken gewickelt auf einem Liegestuhl und schaute auf das Wasser. Die Kurklinik war an einem See gelegen, in der Nähe von Malmö. Für Ende September war es ungewöhnlich warm. Carl-Axel hatte die Chemotherapie gut überstanden. Mitte Oktober wollten sie wieder in Irmenach sein. Clärenore ließ sich von den Ärzten bestätigen, dass sie sich um ihren Mann keine Sorgen zu machen brauchte. Sie nahm die Autofähre von Trelleborg nach Saßnitz. Die besonderen Handelsbeziehungen zwischen der DDR und Schweden erleichterten schwedischen Staatsbürgern die Einreise abseits der Transitwege. Nach dem Grundlagenvertrag und der Aufnahme der DDR in die Organisation der

Vereinten Nationen im Jahr 1973 erkannten neunzig Länder den SED-Staat völkerrechtlich an. Die skandinavischen Staaten waren unter den Ersten, die diplomatische Beziehungen aufnahmen. Skandinavische Touristen waren zwischen Rostock und Dresden willkommene Gäste. Für Clärenore stellt es kein Problem dar, ein Visum zu bekommen.

An einem sonnigen Tag fuhr sie voller Spannung vom Schiff aus auf ostdeutschen Boden, den sie seit den vierziger Jahren nicht mehr betreten hatte. Sie nahm eine Straße an der Küste Rügens entlang und hielt oberhalb der Kreidefelsen. Es war Mittwoch. Sie war allein auf der Aussichtsplattform. Auf einer Reise von Weißkollm nach Asa war sie schon einmal mit ihren Eltern und Geschwistern hier gewesen. Sie schaute auf die grüne See. Was war aus Weißkollm geworden? Es gab nur spärliche Nachrichten über das Gut. Sowjetische Besatzung, Bodenreform, Enteignung. Abriss des Schlosses 1947. Sie würde nie nach Weißkollm fahren. Sie würde auch nie mehr nach Asa fahren, obwohl es Asa besser ergangen war. Der schwedische Staat hatte das Gut übernommen. Sie war aber überzeugt davon, dass der Verlust von Asa einer der Gründe für Carl-Axels Krankheit war. Er hatte es nie überwunden, enteignet und von seinem Hof und See vertrieben worden zu sein. Es war eine Verkettung unglücklicher Umstände gewesen. Oder eine Intrige Hugo juniors. Tatsache war, dass Asa ihnen zwar von ihrer Mutter geschenkt worden war, ohne dass aber eine Grundbuchänderung vorgenommen wurde. Hugo hatte in der Zeit während des Zweiten Weltkriegs stets neue Ausreden gefunden, warum das nicht möglich sei. Nach dem Krieg behaupteten die Alliierten, im neutralen Schweden seien große Vermögen an deutschem Fluchtkapital versteckt worden. Die Schweden überwiesen nach einer Schätzung sechzig Millionen Kronen an die Siegermächte und konfiszierten zum Ausgleich mit Gesetz vom 14. Dezember 1945 alle deutschen Patente, Niederlassungen, Bankkonten und Kapitalien, die auf dem Papier in deutschem Besitz waren. Das galt auch für Grund und Boden, den Deutsche innerhalb des Königreichs erworben hatten.

Clärenore erinnerte sich noch genau an jenen 6. Juli 1946, als ein Fragebogen des Fluchtkapitalbüros ins Haus flatterte. Sie wussten sofort, dass das das Ende war, dass sie zwanzig Jahre vergeblich geschuftet hatten. Sie versuchte, Carl-Axel mit dem Argument zu trösten, dass Millionen andere ihr Leben, ihre Familien, ihre Heimat, ihre gesamte Habe verloren hatten. Er war nicht zu überzeugen. Clärenore kämpfte verbissen, um zu retten, was zu retten war. Sie hatte Erfolg. Die Richter glaubten ihr. Sie glaubten, dass Carl-Axel der rechtmäßige Eigentümer von Asa war. Das Verfahren zog sich über drei Jahre hin. Im Herbst 1949 kam Asa unter den Hammer. Das war die bitterste Zeit ihres Lebens. Das Fluchtkapitalbüro legte die Gesetze für sie jedoch so günstig aus, dass sie aus dem Verkauf genug Kapital erhielten, um sich einen neuen Hof südöstlich von Stockholm aufzubauen. Sie dachte an ihren eigenen Zusammenbruch fünfzehn Jahre nach dem Auszug aus Asa. Auch dieser plötzliche Sog, Schluss zu machen, war – so sah sie das heute, als sie auf die grünen Wellen schaute – eine Folge des Verlustes von Asa. Es waren nicht die Krücken, der Rollstuhl, die Schmerzen, die immer stärkeren Medikamente. Es war die Erkenntnis, dass sie ihre Knochen vergeblich zerschunden hatte. Ihre finstere Seelenstimmung wich auch nicht, als sie Operationen vom immer währenden Schmerz und aus dem Rollstuhl befreit hatten.

Angesichts der Landschaft, die Caspar David Friedrich für alle Zeit in eine Seelenlandschaft verwandelt hatte, wurde ihr klar, dass das Leben keine durchgehende Linie ist wie eine Autobahn. Es handelte sich vielmehr um ein Nebeneinander von in sich geschlossenen Abschnitten. Erst dann ergab sich ein Sinn. Keine laufenden Bilder, sondern Standfotos. Augenblicke des Glücks, Augenblicke der Verzweiflung. Man muss jeden Augenblick für sich nehmen. Dann kann man dieses Patchwork irgendwann einmal aus der Distanz anschauen, und man erhält ein buntes Bild mit leuchtenden und trüben Farben, die auf wundersame Weise zusammenpassen.

Clärenore ging zurück zum Auto. Sie fuhr durch Rügen, das vor nicht allzu langer Zeit noch schwedisch gewesen war. Was sind hundertfünfzig Jahre? Sie passierte die Brücke über den Strelasund nach Stralsund. Kalter Krieg – was für ein Wahnsinn! Sie war in Berlin mit vielen Russen befreundet gewesen. Russen waren für sie keine Wölfe in Menschengestalt. Alle ihre russischen Freunde waren Stalin zum Opfer gefallen. Weißkollm, das Gut ihrer Eltern. Verloren. Aus dieser Gegend kamen aber auch ein paar, die versucht hatten, Hitler in die Luft zu sprengen. Sie hatte Männer aus diesen Familien kennen gelernt. Einige waren ihr unerträglich gewesen, andere waren zu guten Freunden geworden. Seestücke im Mondlicht. Nebelbänke. Schiffe auf einem stahlgrauen Meer. Stadtsilhouetten mit Kirchtürmen. Backsteinschemen. Dunkle Gestalten vor einer sich im Nichts auflösenden Wasserfläche. Umgestürzte Grabkreuze. In Eisgebirgen gestrandete Segler – so sah es in Clärenores Seele aus, als sie auf holprigem Pflaster durch Stralsund fuhr.

Überall in Europa waren Zivilisationsschichten aus der Nachkriegszeit dazugekommen. In diesem Land war eine Schicht weniger aufgetragen worden. Sie erkannte das Land ihrer Kindheit wieder. Pommern war in diesem Herbst ein mediterranes Land. Die Sonne hatte das Grau der DDR-Dörfer in Hellgrau verwandelt. Sie konnte mit diesem Staat nichts anfangen. Die Landschaft war ein Traum von Eichen- und Buchenalleen, durch die sie wie durch ein unendliches Kirchenschiff fuhr. Sie spürte dabei ein bisschen von Südengland, ein wenig Nordfrankreich und sogar eine Spur China. Eine Liebeserklärung an dieses andere Deutschland, das sie zum ersten Mal sah, wäre ihr allerdings nicht in den Sinn gekommen.

Die Straßen waren leer, doch wenn ein Trabant vor ihr war, roch sie die Abgase des Zweitaktmotors schon, bevor das Fahrzeug in Sichtweite kam. Dieser Staat hatte einen eigenen Geruch, den sie bisher noch nirgends auf der Welt wahrgenommen hatte. Eine Mischung aus schlechtem Benzin, Braunkohle, Petrochemie und Schweinegülle. Selbst das Wasser, das man hier trank, roch so. Greifswald sah außerhalb der Altstadt heruntergekommen aus. Man ließ alte Stadtteile absichtlich verfallen, um Nachbarschaften zu zerstören. Nachbarschaften, in deren Mief subversives Verhalten gedieh. Westkontakte. Gedankenspiele mit Ausreiseanträgen oder Schlimmeres. Erzählungen von Tanten und Großeltern, die in den Westen ausreisen durften. Fernsehantennen unterm Dach, die nach Westen gerichtet waren. Weihnachtspakete von Verwandten aus Hamburg. Im Plattenbau war die gegenseitige soziale und politische Kontrolle besser zu organisieren. Clärenore sah ungesicherte Dächer, durch die es jahrelang geregnet hatte. Bröckelnde Fassaden. Einstürzende Rückfronten. Ihr fiel auf, wie reklamelos diese Welt war.

Einen Stadtplan gab es nicht. Sie war über die Wilhelm-Pieck-Allee gekommen und hatte sich bis zum Stadtteil Wieck an der Dänischen Wiek durchgefragt. Ein Auto aus Schweden fiel auf. Besonders ein schwerer dunkler Volvo. Die Neue Straße am Friedhof endete in Grünanlagen und Kleingartensiedlungen. Auf einem Abbruchgelände, das als Parkplatz ausgewiesen war, stellte sie das Auto ab. Sie fragte eine Frau, die ihr aus dem Fenster beim Einparken zugeschaut hatte, nach dem Haus der Familie Melln. Die Frau schloss das Fenster und zog die Gardine vor. Die Häuser waren nicht nummeriert. Clärenore ging von Haus zu Haus und las die Namen auf den Klingeln. Überall in den Fenstern bewegten sich Gardinen. Sie hielt einen Jungen an, der sie mit seinem Fahrrad umkreiste. Er führte sie in das Gewirr von Kleingärten und Datschen. Das Gelände reichte bis zum Ostseestrand. Irgendwo in der Nähe musste eine russische Kaserne sein. Auf dem teils grasbewachsenen, teils steinigen Ufer saß ein russischer Soldat. Sie ging zu ihm hin und sprach ihn auf Russisch an. Fast vierzig Jahre lang hatte sie diese Sprache nicht mehr gesprochen. Der Soldat schaute sie mit großen Augen an. Sie sah darin Angst und Zorn. Er stand auf und schritt geradewegs auf ein Gestrüpp aus wilden Rosen zu, das er niedertrat, um keinen Umweg machen zu müssen. Clärenore kannte diesen Schritt von den französischen Soldaten, die das Rheinland besetzt hatten. Alle Besatzungssoldaten gehen so. Der Knabe auf dem Fahrrad war verschwunden.

Der Mann stand hinter einem Baum. Zunächst sah sie sein Winken nicht. Sie hörte ein Zischen und schaute sich um. Er war bestimmt zehn Jahre älter als sie. Klein, zierlich, rüstig. Ein unauffälliger Mann. Einer von denen, die unsterblich sind, die zu den wenigen gehören, die die Zähigkeit ihrer Mütter geerbt haben, weil sie rechtzeitig von ihnen verstoßen wurden.

«Sie sind also Frau Söderström», sagte er auf Küstenplatt.

Es war nur ein schlingerndes Versingen des Hochdeutschen. Sie schloss daraus, dass der Mann sein halbes Leben in dieser Gegend verbracht hatte, aber nicht von hier stammte. Oder er war auf Hochdeutsch gedrillt worden. Er hatte rührend alles vorbereitet. Ein Bett in einer benachbarten Datsche für sie. Sie fühlte sich gleich wohl. So ähnlich wie in Irmenach. Das Auto konnte sie über einen anderen Weg bis vor die Gartentür fahren. Er war allein. Er hatte eine Bowle und Schnittchen im Eisschrank. Sie war hungrig, und der Alkohol tat ihr gut. Erwin Melln bot ihr eine Zigarette an. Sie konnte nicht widerstehen. Ohne Filter. Es war das Zeug, das sie in Sibirien geraucht hatten. Erwin setzte eine zweite Bowle an. Man konnte auf das Wasser hinausschauen, eine privilegierte Lage. Der Mann war Kavalier, sie hatte einen Proletarier erwartet. Clärenore erkannte sofort, ob einer mit alten Manieren aufgewachsen war oder nicht. Sie redeten über den Grundlagenvertrag, über die Aufnahme der DDR in die Vereinten Nationen. Über den Wunsch der Skandinavier, mit allen Ostseeanrainern in Frieden zu leben. Über Hoffnungen: eine offene Grenze, die DDR ein Staat wie alle anderen. Clärenore blieb hart auf dem Standpunkt der bundesrepublikanischen Rechten für eine Wiedervereinigung unter den Bedingungen des deutschen Weststaats. Dennoch bot sie ihm bei der dritten Bowle das Du an. Er erzählte von seiner Arbeit als Kriminalkommissar. Von schwierigen Identifizierungen bei Wasserleichen. Sie redeten über alles, nur nicht über Mellns Frau. Ober die Tote im Thermalbad.

«Das tut mir Leid mit Ihrer Frau», sagte Clärenore.

Erwin war auch nach der dritten Bowle noch nüchtern und sofort beleidigt, weil sie ihn gesiezt hatte.

«Drüben hätte ich jetzt gnädige Frau zu Ihnen sagen müssen. Hier bist du Clärenore, trotz Stinnes.»

«Was weißt du von Stinnes? Was weißt du, was wusste Gerda Melln? Warum bin ich hier?»

Sie holte Gerdas Brief aus dem Umschlag. «Ich kann mir nicht vorstellen, dass hier etwas ist, das mich interessieren könnte.»

«Ich glaube schon», sagte Erwin.

Er sagte es nicht im Ton des Triumphes, sondern leise und mit Beschämung. «Ich werde vorher unsere Geschichte erzählen. Die Deutschen sind jetzt in Ost und West getrennt, und sie fühlen sich dabei unwohl und ungerecht behandelt.

Sie waren aber – ich möchte nicht weiter in die Geschichte zurückschauen – seit der Reichsgründung in Arme und Reiche getrennt. Das sind andere Völker auch. In Deutschland haben es aber die Zeitläufte so eingerichtet, dass dieses Land schließlich entlang einer Demarkationslinie in Arme und Reiche getrennt wurde. Wir, die wir diesseits der Mauer den Mangel verwalten, mit dem das Proletariat immer zu kämpfen hatte, wenn das Kapital es sich gefallen ließ abzuwandern, haben unsere eigene proletarische Tradition und nun die Chance, sie in einem eigenen Staat zu verwirklichen. Das ging nur durch vollkommene Abschirmung von denen, die in der Vergangenheit Macht über die Gesellschaft hatten.»

«Aber man sieht doch, wo das hingeführt hat. Zur Unfreiheit», sagte Clärenore. «So was klappt weder in der Theorie noch in der Praxis. Es gibt keine gerechten Gesellschaften.»

«Was ist Freiheit wert, wenn man in einem Obdachlosenasyl landet?»

Clärenore hatte keine Lust, sich auf eine ideologische Diskussion einzulassen. «Was hat das alles mit dir und mir zu tun?»

«Ich werde es dir erzählen.» Er zog zwei Tresorschlüssel aus der Tasche.

«Wie? Ist der Tresor in dieser ... in diesem Haus?»

«Hier sucht noch nicht einmal die Familie.»

Clärenore wusste das Wort «Familie» nicht zu deuten, da ihr nicht bekannt war, dass einige DDR-Bürger den Staat beziehungsweise das Ministerium für Staatssicherheit damit meinten. Erwin ging ins Wohnzimmer und schob das Ecksofa weg. Er rollte von der Wand her den Linoleumboden auf und hob mit einer Brechstange die Bohlen hoch. Es trat eine gemauerte Kammer zutage, in der ein Stahlschrank eingelassen war. Er musste mit zwei Schlüsseln geöffnet werden. In dem Schrank befand sich nichts Besonderes. Dollarnoten. Westdeutsche Pässe und zwei in Packpapier eingeschlagene und verschnürte Bündel im DIN-A4-Format. Offenbar Dokumente. Erwin nahm die Bündel heraus. Er schnürte die Pakete auf. Sie enthielten Fotos. Von Familien. Von Zechen. Gesichter von Bergarbeitern. Die Fotos zeigten Mülheim. Sie erkannte die Straßen, die Arbeitersiedlungen und die Zechengebäude wieder. Sie stieß auf Namenslisten. Zuerst eine Liste mit Namen von Männern und Frauen, die offenbar zu marxistischen Untergrundkommandos im Ruhrkampf der zwanziger Jahre gehört hatten. Es war da die Rede von einer «Befreiungsfront» und von Frauen und Männern, die zu allem bereit seien.

Ganz oben auf der Liste eines Kommandos «Karl Liebknecht» entdeckte sie den Namen Ferdinand Koeppen. An die Liste war eine weitere geheftet. Sie enthielt die Namen der potenziellen Opfer. An erster Stelle der Todesliste stand der Name ihres Vaters. Es gab andere Verzeichnisse mit Namen von Werkschutzleuten und Mitgliedern von rechten Todesschwadronen. Ein gnadenloser Kampf hatte im Untergrund getobt, von dem sie nichts gewusst hatte. Das Revier ein Dschungel, in dem ein Menschenleben keinen Pfifferling wert gewesen war. Hatte ihr Vater gewusst, in welcher Gefahr er damals schwebte? Sie erinnerte sich an die Steinwürfe auf die Fenster in der Kettenbrückenstraße. Plötzlich wurde ihr klar, auf was für dünnem Eis sie in ihrer Kindheit gelebt hatte. Sie hatte keine Ahnung gehabt, was um sie herum vorgegangen war. Ein Goldkind, das blind über Abgründe geflogen war.

Sie sah Flugblätter aus der Zeit des Ruhrkampfes, Aufrufe zum Generalstreik und Aufrufe der Gegenseite zum Boykott des Streiks. Auf einem Flugblatt fielen ihr die Sätze ins Auge: «Stürzt die Prinzipale! Treibt sie in die Ruhr!» – «Entmachtet Stinnes, Thyssen, Krupp!» Es kam eine Broschüre zum Vorschein, in der erklärt wurde, wie man Höllenmaschinen aus gestohlenen Werkteilen zusammenbasteln kann. Aus fünfzig Jahre alten Seiten, die fast vollständig zerbröselt waren, fiel ein Foto. Clärenore hob es auf und erstarrte. Auf dem Bild waren die beiden Koeppens abgebildet, wie sie tot in der Werkstatt in ihrem Auto saßen. Sie zeigte Erwin das Foto.

«Ich habe ein Leben lang darüber nachgedacht, was damals geschehen ist», sagte sie.

«Ich kann es dir erzählen. Gerda hat unter dieser Schuld ihr Leben lang gelitten.»

«Hat sie Koeppen getötet?»

«Nein.»

«War es Laura Koeppen?»

«Nein. Aber sie hat alles mit angesehen.»

«Und du?»

«Es war ein Zusammentreffen unglücklicher Umstände, die mit diesem Verbrechen in einem schicksalhaften Zusammenhang stehen. Man kann sagen, zufällig waren zu viele Leute an einem Ort. Aber bevor ich zum Tod der Koeppens komme, muss ich dir erzählen, wie unser Leben verlaufen ist. Es ist ein anderes Leben als das einer Industriellentochter. Sagen wir, ein Gegenentwurf dazu.»

Erwin holte eine weitere Flasche Unstrutwein aus einem Hinterraum und goss den Inhalt in das Bowlengefäß. Inzwischen war es dunkel geworden. Er zündete Lampions an, die an einer Leine über ihrem Sitzplatz baumelten. Sie fühlte sich nach Schweden versetzt, in die Zeit der Krebsfeste.

«Ich bin in Mülheim geboren, im Dreikaiserjahr. Meine Eltern hatten elf Kinder, ich war der Jüngste. Mein Vater und meine großen Brüder waren Bergleute. Sie arbeiteten alle in der Zeche Luise Tiefbau. Ich bin mit dem Namen Stinnes aufgewachsen, er war täglich in unser aller Munde, war unser täglich Brot. Dein Vater war streng. Er holte das Letzte aus seinen Bergwerken heraus. Er beutete seine Bergleute aus, wie sich das für einen ordentlichen Kapitalisten gehörte. Mein Vater war Marxist. Er hatte das ‹Kommunistische Manifest› gelesen. Abends oder je nach Schicht am Nachmittag erklärte er den älteren Kindern und schließlich auch mir Karl Marx, so, wie er ihn verstanden hatte. Er leitete aus seiner Lektüre keinen Hass auf die Großindustriellen ab, im Gegenteil. Er hatte eine große Hochachtung vor den Stinnes, Krupp und Thyssen. Ohne die Großbourgeoisie keine proletarische Weltrevolution. Merkwürdigerweise stellte er sich die Revolution wie eine Art biologische Entwicklung vor. Keine Exekutionskommandos, sondern so etwas wie ein leises, aber plötzliches Aussterben der Kapitalistenklasse. Vielleicht eine Blutkrankheit, die nur Menschen dahinraffte, die über Bankvermögen verfügten. Er las auch andere Broschüren. Wilhelm Weitling, Karl Grün, Charles Fourier, Etienne Cabet, Gracchus Babeuf, Saint-Simon, und schließlich vermischte sich alles in seinem Kopf zu der Vorstellung von einer phantastischen Zukunftswelt, in der die Menschen wie im Schlaraffenland lebten, zweihundert Jahre alt wurden und keinen Staat mehr brauchten. Er erzählte uns, dass wir dann alle ein Auto haben würden und im Winter Erdbeeren essen könnten. Erdbeeren im Winter. Das faszinierte mich am meisten, denn für Erdbeeren hatten meine Eltern kein Geld. Auf dem Stück Land hinter dem Haus wuchs Kohl. In Mülheim ging das Gerücht, deine Großmutter hätte in ihrem Gewächshaus im Stinnespark Bäume, auf denen Apfelsinen wüchsen. Ich wurde Automechaniker und habe mal bei deinem Vater als Chauffeur gearbeitet. Du hast als Kind neben mir unter dem Motor gelegen und mir Schraubenschlüssel angereicht.»

«Kolbe?!», rief Clärenore voller Staunen. «Kolbe! Ich hätte dich nicht wiedererkannt!»

Erwin holte eine neue Flasche. Clärenore war auch mit Mitte sechzig noch trinkfest. Sie bat um eine Zigarette.

«Lassen wir die Details. Meine Frau und ich haben ein Leben hinter uns, das man in diesem Staat als vorbildlich ansieht und mit Auszeichnungen bedenkt. Wir haben uns während des Ruhrkampfes in den zwanziger Jahren kennen gelernt. Sie war auch aus Mülheim, ihr Vater war ebenfalls bei Luise Tiefbau. Ihr Bruder wurde verschüttet. Sie dachte an Selbstmord. Dann ging sie zu den Kommunisten. Sie war bereits im Untergrund, als ich dazukam. Wir waren eine Gruppe von fünf Leuten. 1936 sind wir in die Sowjetunion geflohen. Wir hatten Glück. Wir sind Hitler und Stalin entkommen. Es war wirklich nur Glück, dumme Zufälle. Ich habe dein Buch gelesen. Wir sind ein paar Jahre später auch herumgekommen. Paris. Spanischer Bürgerkrieg. Moskau. Sibirien. Wir gingen zurück. Für uns war klar, in welches Deutschland.»

Clärenore schaute in eine andere Welt. Ein deutsches Schicksal, das dem ihren ähnlich war und dennoch auf einem anderen Stern stattgefunden hatte.

«Und deine Frau? Gerda Melln? Sie war meinetwegen in Traben-Trarbach, nicht wahr?»

«Sie hieß eigentlich nicht Gerda. Wir haben alle in unserem Leben so viele Namen annehmen müssen, dass wir sie manchmal durcheinander bringen.»

«Ist Melln echt?»

Erwin schüttelte den Kopf.

«Die westdeutschen Pässe?»

«Das ist eine andere Geschichte.»

«Du wohnst hier nicht.»

«Hier sind keine Wanzen.»

Clärenore schaute auf das Foto von den Koeppens. Sie hatte es vor sich auf den Tisch gelegt und tippte auf das Bild.

«Was geschah an diesem Tag?»

Durch die Büsche leuchteten Autoscheinwerfer.

«Verdammt», flüsterte Erwin und raffte die Dokumente

zusammen. «Wenn dich jemand fragt, wir haben uns in Malmö kennen gelernt.»

«Darfst du denn dahin?»

«Ja», sagte Erwin.

Er verstaute alles im Fußboden, rollte den Belag darüber und schob das Sofa zurecht. Das ist trainiert, dachte Clärenore. Erwin ging zum Strandweg. Sie sah, wie die Scheinwerfer erloschen. Dann hörte sie eine Weile nur das Wasser der Dänischen Wiek glucksen. Es war das Geräusch eines Sees, nicht das eines Meeres. Erwin kam mit einer Frau zurück. Sie blieb unter den Bäumen stehen. Clärenore saß im Licht der Lampions. Sie hatte das Gefühl, dass die Frau sie anstarrte.

«Wir haben Besuch aus Amerika», sagte Erwin und winkte der Frau. «Kommen Sie ruhig, Miss Armstrong. Darf ich Ihnen eine Bekannte aus Schweden vorstellen?»

10. Nordschleife

Das ehemalige Kurländische Palais Unter den Linden 7 war seit 1831 Sitz des russischen Gesandten in Berlin. 1922 wurde in den prunkvollen Räumen der Zarenvertretung die Botschaft der Sowjetunion eingeweiht. Es wurden lediglich die Bilder der Zarenfamilie mit denen Lenins ausgetauscht. Das blassgrüne Gebäude hatte hundertundein Zimmer, abgesehen von den geheimen Räumen, in denen die Tscheka, der Geheimdienst, seine Büros, Zellen und Giftarsenale untergebracht hatte. Man ging durch ein massives Tor aus Gusseisen, in dem sich auf Klingeldruck eine zweite kleine Tür öffnete. Eine breite Treppe führte zu den Repräsentationsräumen, die mit Marmor und Gold ausgestattet waren. Die große Attraktion war der Wintergarten, dessen gläserne Außenwand auf den Innenhof hinausging. Zwischen den tropischen Pflanzen standen weiße Korbstühle. Hier konnte man an kleinen Tischen sitzen, Tee trinken und plaudern. Im großen Salon, in dem bei Empfängen stets ein üppiges Büffet aufgebaut war, schaute Lenin mit Ballonmütze spöttisch auf das unrevolutionäre Treiben.

Nach Adolf Joffe war Nikolaj Krestinskij der zweite Botschafter des neuen Russland, das diplomatisch bis dahin nur von Berlin anerkannt wurde. Die russische Botschaft entwickelte sich unter der Leitung von Krestinskij und seiner Frau Vera zu einem der glänzendsten und interessantesten Zentren des gesellschaftlichen Lebens in Berlin. Hier traf sich die alte preußische Generalität mit den Generälen der Roten Armee, und hier begegneten sich Politiker der Weimarer Republik und Moskauer Parteifunktionäre. Die Direktoren aus der Industrie und Finanzwelt waren hier ebenso anzutreffen wie sowjetische Wirtschaftskommissare,

Emigranten, Bolschewisten, Künstler aus Moskau und Paris, Schriftsteller, Journalisten und Filmemacher. Verdiente KPD-Mitglieder konnten sich im Straßenanzug mit Krimsekt, Kaviar und den Köstlichkeiten des Botschaftskochs Lakomov voll stopfen.

Clärenore verfügte über einen Passierschein, unterschrieben von Krestinskij, der ihr jederzeit Zutritt zum Hoheitsgebiet der Sowjetunion erlaubte.

«Der Mensch wird es sich zur Aufgabe machen», hatte Leo Trotzkij nach dem Sieg der Bolschewiken erklärt, «seiner eigenen Gefühle Herr zu werden, seine Instinkte auf den Gipfel des Bewusstseins zu heben und sich selber damit auf eine höhere Stufe zu bringen, also einen höher entwickelten biologischen Typus, wenn man so will, einen Übermenschen zu schaffen.» Die Intellektuellen im Westen Europas hatten diesem Erlösungsprogramm für die Menschheit – an Gott vorbei – jubelnd zugestimmt. Der Glaube Lenins, den Übermenschen durch Politik erschaffen zu können, führte zu einer der größten gesellschaftlichen Katastrophen in der Geschichte Russlands. Die Abschaffung von Besitz, Geld, Rang und jeder sozialen Unterscheidung stürzte die russische Gesellschaft in ein beispielloses Chaos. «Wir stehen auf dem Gipfel der Epoche, die durch den Triumph des Materialismus die Materie zunichte gemacht hat», schrieb der Schriftsteller Andrej Belyj auf dem Höhepunkt der russischen Anarchie. «Nichts zu essen, nichts anzuziehen, nichts Greifbares ringsum – nur Ideen.» Eine Hungersnot mit fünf Millionen Toten war das Ergebnis dieses Glaubens an die kommunistische Utopie.

1921 riss Lenin das Steuer radikal herum. Die neue Periode hieß NEP, Neue Ökonomische Politik, in der der Parteivorsitzende versuchte, den Kapitalismus auf sowjetische Art neu zu erfinden. Auf dem Land und auf der mittleren Wirtschaftsebene war Marktwirtschaft plötzlich wieder zugelassen. Es wurde eine neue Währung eingeführt, der Tscherwonez. Vor allem wurden Investitionen ausländischer Konzerne stark gefördert. Sofort trat eine spürbare wirtschaftliche Erholung ein. Die Landwirtschaft wurde, was Anbau und Ertrag betraf, immerhin wieder auf den Stand von 1913 gebracht. In der russischen Gesellschaft tauchte ein neuer sozialer Typus auf, der «NEP-Mann», der kleine Privatunternehmer. Lenin starb im Januar 1924, mitten in der Periode der Neuen Ökonomischen Politik. Stalin war bereits seit April 1922 sein Nachfolger im Amt des Generalsekretärs des Zentralkomitees der Partei. Es begann der innerparteiliche Kampf um die legitime Nachfolge Lenins. Die ersten Prozesse um Abweichler und die ersten Säuberungsaktionen wurden von der russischen und der Weltöffentlichkeit noch nicht wahrgenommen. Die Moskauer Führung und Dzeržinskijs gefürchtete Geheimpolizei, die GPU, schienen mit sich selbst beschäftigt. Die Russen konnten zum ersten Mal nach Jahren der Not und des Terrors ein wenig aufatmen.

Schlamm, nichts als Schlamm und Regen, Regen. Das war Russland. Clärenore hatte sich das Land, in dem der neue Mensch lebte, ganz anders vorgestellt. Sie hatte eine Ahnung von Elend aus dem Krieg, aus dem Ruhrgebiet während der Besatzungszeit, aus den Berliner Arbeitervierteln. Aber hier begegnete ihr eine Dimension von Elend, die sie nicht für möglich gehalten hätte. Russland, das Land, in dem die Zukunft der Menschheit vorweggenommen werden sollte, war ein Schock für sie. Sie hielt es nicht für möglich, dass ein Mensch unter Verhältnissen, wie sie in den russischen Dörfern herrschten, ein Jahr überleben konnte. Wer war nur auf die Idee gekommen, mit hochgezüchteten Automotoren durch diese Dörfer zu rasen? Sie ließ sich nicht von den prächtigen Fassaden Leningrads, dem freundlichen Empfang durch die sowjetischen Delegierten und die Funktionäre des Moskauer Automobilclubs täuschen. Sie war zwar angetan von der Herzlichkeit der Russen, aber sie spürte, dass hinter den Kulissen dieser prunkvollen Empfangsfassaden für die Gäste aus dem Westen ein ganz anderes Spiel gespielt wurde. Sie vergaß nie die Skepsis ihres Vaters gegenüber den Bolschewiken.

Clärenore hatte es geschafft, die geforderten zehn Aga-Wagen in Hamburg einzuschiffen. Kleyer konnte ihr, da Adler nicht dabei war, seinen besten Monteur und Werksfahrer Viktor Heidtlinger ausleihen. Heidtlinger war klein und zierlich. Der Dreißigjährige hatte ein freundliches und aufgeschlossenes Wesen. Er schien zäh zu sein. Clärenore hatte den Prinzen Carolath gefragt, ob er den dritten Wagen fahren würde, und der Prinz hatte sofort begeistert zugesagt. Krestinskij sorgte für die Beschaffung der Pässe. Zehn Wagen sollten nach Leningrad verschifft werden, davon würden drei an der Rallye teilnehmen. Monteure und Fahrer von Aga hatten die Autos nach Hamburg gefahren. Edmund murrte, weil die Fahrer in der Produktion ausfielen. Die Wagen wurden von Heidtlinger auf dem Schiff begleitet. Clärenore und der Prinz kamen mit dem Zug über Riga.

Clärenores Neugier auf St. Petersburg war grenzenlos. Sie machte die erste Bekanntschaft mit der Roten Armee in Gestalt eines Obersts, der ihr unterstellte, zehn Autos in die Sowjetunion einschmuggeln zu wollen, und die Wagen beschlagnahmte. Krestinskij hatte ihr in weiser Voraussicht Begleitschreiben, Empfehlungen und ein paar Telefonnummern mitgegeben. Besonders Clärenores Kenntnis der Telefonnummern und der dazugehörigen Namen wirkten wie ein Schock auf den Mann, dem der Boden unter den Füßen wegbrach, weil der Klassenfeind offensichtlich mit den geheimsten Telefonverbindungen ausgestattet war, deren Kenntnis für einen normalen Russen je nach Umständen eine lebenslange Verbannung hätte nach sich ziehen können.

Der Rallyekurs führte von Leningrad über Moskau durch den Kaukasus nach Tiflis und von dort zurück nach Moskau. Dreizehn Nationen waren mit dreiundfünfzig Wagen am Start. Engländer, Amerikaner, Franzosen, Italiener, Deutsche. Die Russen wollten sehen, welche Automarken sich auf ihrem Gelände am besten bewährten, das für Automobile ganz und gar nicht geeignet war. Gegen die schweren Wagen Packard, Mercedes und Steyr hatten die kleinen Aga, Tatra und Talbot keine Chance. Sie wurden in einer Extraklasse zusammengefasst und gewertet. Das Unternehmen war eher eine militärische Operation als eine sportliche Prüfungsfahrt. Die Teilnehmer wurden systematisch vom Volk ferngehalten. Die Soldaten sperrten Straßen und Ortsdurchfahrten ab, trieben Bauern mit ihren Pferdewagen und Packeseln von der Strecke und legten in den Städten den öffentlichen Verkehr lahm. Es kam Clärenore vor, als schlüge eine Welt des Luxus mit Peitschenhieben Schneisen durch Armut, Aberglauben, Tradition und zähes jahrhundertealtes Einerlei. Kann der Mensch durch Blitzschläge umerzogen werden, die ihm höchstens einen Lebensschock versetzen? Die Bauern standen zerlumpt und kopfschüttelnd am Straßenrand und schauten ratlos auf die Kolonne röhrender Motorfahrzeuge. Clärenore sah in ihren Augen mehr Angst als Neugier, und von ihren fest geschlossenen Lippen las sie die trotzige Gewissheit ab, dass ihre bäuerliche Erbsubstanz auch dieses apokalyptische Gespenst aus der Stadt überleben würde.

Zwischen Leningrad und Moskau waren die Straßen schlecht, aber befahrbar. Je weiter es hinter Moskau in Richtung Süden ging, desto schlimmer wurden der Straßenzustand und das Wetter. In diesem Jahr dauerte die Regenzeit, die sonst Anfang Juli zu Ende ging, besonders lange. Bis

Orel kamen sie noch im von den großen Wagen vorgegebenen Temposchnitt von neununddreißig Kilometern in der Stunde voran. Zwischen Orel und Kursk schaffte die Kolonne dann nur noch zwanzig Stundenkilometer. Hinter Charkov hörten alle geschotterten Pisten auf. Asphalt gab es schon kurz hinter Moskau nicht mehr. In Charkov gab es ein Grandhotel, das in einigen Zimmern wenigstens über fließendes Wasser verfügte. Ab hier begann das eigentliche Abenteuer. Tausend Kilometer von Regengüssen aufgeweichte Steppe ohne bebautes Land, ohne Baum und Strauch, ohne Wege und Brücken, ohne zivilisierte Unterkünfte. Die Rote Armee hatte Treibstoff- und Lebensmitteldepots entlang der Strecke angelegt und sorgte für Zeltunterkünfte. Soldaten waren aber von Charkov ab nur noch an den Etappenzielen präsent. Die Fahrer schliefen auf dem Boden verwanzter Herbergen, die vor ihrem Eintreffen von der Armee desinfiziert und geräumt worden waren. Die Wanzen schienen sich von den chemischen Regengüssen aus Armeespritzen jedoch nicht gestört zu fühlen. Der Boden war Morast. Die Wagen hingen bis zum Trittbrett im Schlamm, und die kleinen versanken in den Spuren von Mercedes und Steyr. Wenn ein Motor absoff, mussten der Fahrer und die, die hinter ihm waren, schieben. Man sprang heraus und steckte bis zu den Knien im Schlamm. Am schlimmsten waren die Mückenstiche.

Clärenore lag weit vorn. Auf einem offensichtlich festgrundigen Streckenabschnitt überholte sie und landete in einem Sumpfloch. Tschechen und Österreicher halfen ihr. Sie schoben den Wagen, der sich quer zur Fahrbahn gestellt hatte, auf einen festen Untergrund und fuhren weiter. Heidtlinger und der Prinz waren weit zurück. Der Motorblock war mit einer Schlammschicht überzogen, die von der Hitze sofort fest wurde wie Ton. In diesem Moment hatte es aufgehört zu regnen, und in den nächsten Monaten würde kein

Tropfen mehr fallen. Sie schaute auf den Motor und hörte, wie das Metall im Würgegriff des Schlamms knisternd nach Luft rang. Sie hätte den Schlamm mit ihren Trinkwasservorräten abwaschen können. Später würde die getrocknete Erde, so hatten die Offiziere gewarnt, nur mit dem Hammer zu entfernen sein. Ton hat die Eigenschaft, alles zu verschließen, ein Versprechen von Ewigkeit. In Ton gehüllt, hält das Leben inne wie in der Fotografie. Sie kratzte nur die Lamellen des Kühlers frei und überzeugte sich, dass kein Schlauch abgerissen war. Dann schaute sie den Regenwolken nach, die nach Westen zogen. Von Osten kam himmelblau eine neue Naturkatastrophe – die Trockenheit. Clärenore ließ mit der Kurbel den Motor an. In der Sonne springt die Oberfläche des trocknenden Tonschlamms wie geröstete Haut auf und bildet Schollen. Am Motorblock war das anders. Die bebende Erde, die ihn umhüllte, riss auf. Aus den Rissen wurden Spalten. Dann zerbrach der Ton, und es zeigte sich ein vibrierender Metallkern, der jegliche organische Materie von sich abschüttelte. Sie sah, dass die Natur dem Auto nicht widerstand. Seit Jahrmillionen lagert sie fossile Brennstoffe. Warum sollte sie sich diese Mühe machen, wenn nicht zu dem Zweck, Brennstoffe in Motoren explodieren zu lassen? Der Mensch verwandelt die Welt nicht durch politische Ideen, sondern mit den Mitteln, die ihm die Natur dafür zur Verfügung stellt. In diesem Moment erkannte sie, dass sie über eine stärkere Kraft verfügte als Lenin. Sie saß am Steuer eines Autos. Einmal im Schlamm um die Welt. Allen zeigen, dass die Technik – natürlich die deutsche Technik – die Natur überwindet und dass der Wille eines Menschen mehr vermag als Regen und Eis. Clärenore ahnte nicht, wie nah sie mit diesen Gedanken Lenin und Stalin war – und auch deren Klassenfeinden. Am Nachmittag hatte sie ihren Zeitverlust wieder eingeholt. Die Nacht verbrachten sie in einer lausigen Unterkunft zwanzig Kilometer hinter Isjum. Clärenore lag neben Heidtlinger und dem Prinzen im Stroh und dachte an eine Fahrt mit dem Auto um die Welt. Dort, wo noch nie zuvor ein Wagen gefahren war.

In Rostov starb einer der Mercedes-Fahrer, die Todesursache blieb im Dunkeln. Der Oberst des begleitenden Militärs befahl die sofortige Weiterfahrt. Die Fahrer aller Nationen beschlossen jedoch einstimmig, für den Sportskameraden eine Trauerfeier abzuhalten und die Rallye für zwei Tage zu unterbrechen. Der Mann war schon am nächsten Morgen eingeäschert. Sie konnten nur noch seine Urne zu einem außerhalb der Stadt bereitstehenden Zug begleiten, der die Asche über Moskau nach Berlin transportieren sollte. Die Autofahrer weigerten sich nun erst recht, dem Militär zu gehorchen. Der Oberst erklärte, in Rostov herrsche Kriegszustand, und man werde die Kolonne notfalls mit Gewalt aus der Stadt entfernen. Alle spürten, dass an der Sache etwas faul war. Clärenore, die die Sprachen fast aller beteiligten Nationen sprach, bot sich als Unterhändlerin zwischen den rebellierenden Rallyefahrern und dem Militär an. Der Oberst erklärte ihr, als sie unter vier Augen miteinander sprachen, dass der Mercedes-Fahrer an der Cholera gestorben sei und er nicht mehr für die Gesundheit seiner Gäste garantieren könne, wenn sie das Gebiet nicht so schnell wie möglich verlassen würden.

Hinter Rostov schlich die Kolonne die ersten Berge hinauf. Es waren Eselspfade, von Mensch und Tier getreten. In Pjatigorsk tauchte die Spitze des Elbrus über den Vorgebirgen auf, und in Vladikavkaz hatten sie den Hauptkamm des Kaukasus vor sich mit der mächtigen Eispyramide des Kasbek. Die Kolonne begann den Aufstieg zum Krestovyj-Pass. Der Blick vom Ort Kasbek auf die Berge war atemberaubend. Sie übernachteten im Grandhotel.

Am nächsten Morgen ging es auf der Grusinischen Heerstraße, dem jahrtausendealten Hauptweg durch den Kaukasus, dem Gebirgskamm entgegen. Die knapp hundert Kilometer zwischen Kasbek und Tiflis waren nicht so schwierig wie die verschlammte Steppe, aber sie waren der gefährlichste Teil der Fahrt. Hinter der Passhöhe, die tief verschneit war, stürzte die Straße in halsbrecherischen Kehren ins Tal der Kura. Rechts eine Felswand, die Hunderte Meter steil nach oben ging, links eine Schlucht, die Hunderte von Metern senkrecht abfiel. Gegenverkehr war nicht möglich. Wer auf der Straße wenden wollte, spielte mit seinem Leben. Tausend Meter unterhalb der Passhöhe lag der Ort Mlety. Ab hier schlängelte sich die Straße in achtzehn Windungen, die man in die säulenförmig gegliederten Lavaströme gehauen hatte, ins Tal. Vorne und seitwärts Himmel. Hier Gas geben und fliegen, dachte Clärenore.

In Tiflis fielen alle in ihre Hotelbetten. Clärenore hatte eine Einladung, im deutschen Konsulat zu wohnen. Sie schlief schon beim Abendessen mit dem Generalkonsul, dem Prinzen und ein paar Handelsvertretern fast ein. Trotz ihrer Müdigkeit lag sie den größten Teil der Nacht wach. Sie beobachtete, wie die Idee einer Fahrt um die Welt jede Faser ihres Körpers in Besitz nahm. Ihre Füße, ihre Hände, das Herz, den Bauch, den Rücken. Ihr Kopf bestand aus Generalstabskarten, aus kreuz und quer über den Globus gezogenen Linien. Aus Organisationsplänen. Sie ging die Streckenvarianten durch – Sibirien oder Indien, China oder Australien, Nord- oder Südamerika. Sie hatte alle Sätze im Kopf, mit denen sie die deutsche Industrie, die Politiker, die ausländischen Diplomaten überzeugen wollte. Und sie wusste auch, wo sie anfangen würde. Beim Außenminister und bei Krestinskij.

Am Morgen fühlte sie sich schlapp. Zusammen mit dem Prinzen ließ sie sich von einem Konsulatsangestellten Tiflis zeigen, die erste orientalische Stadt, die sie besuchte. Das Viertel der Georgier und den großen Basar. Gassen und

Gässchen, die steil vom Ufer der Kura anstiegen. Ein Gedränge von Menschen und Lasttieren. Verschleierte Frauen, grusinische Verkäufer mit flachen Holzschüsseln voller Früchte und Fische auf dem Kopf, Perser in langen Kaftanen, tatarische Seïden und Mullahs in wallenden Gewändern mit grünen oder weißen Turbanen, glatt geschorene Tataren, Armenier, Tschetschenen, Osseten, Türken. Der gedeckte Basar war stickig von den Dünsten aus den Garküchen. Die Gänge zwischen den Läden fingen an, sich zu drehen. Clärenore erwachte erst wieder in ihrem Bett im Konsulat. Prinz Carolath sagte ihr, dass sie ohnmächtig geworden war. Sie blieb eine Woche im Bett, nahm nur abgekochtes Wasser zu sich und schlief drei Tage durch. Der Arzt diagnostizierte eine schwere Darmerkrankung. Am fünften Tag ging es ihr wieder besser. Da auch andere Fahrer erkrankt waren, wurde die Rückfahrt verschoben. Plötzlich stand Paul Weitz vor ihrem Bett. Der Nahostkorrespondent der «Frankfurter Zeitung», den sie in der russischen Botschaft in Berlin getroffen hatte, verlangte, sie unter vier Augen zu sprechen.

«Ihr Bruder Edmund hat Konkurs angemeldet.»
«Aga?»
«Ja.»
«Und nun?»
«Die Russen wissen Bescheid. Sie halten die Verträge ein und kaufen die Wagen. Bedingung ist, dass für die nächsten Jahre Ersatzteile lieferbar sind.»
«Das übernehme ich», sagte Clärenore.

Sie fuhr die Strecke mit letzter Kraft und knirschenden Zähnen zurück und gewann die Rallye in ihrer Klasse als einzige Frau gegen zweiundfünfzig Fahrer. Als sie in Moskau ankamen, schwor sie sich: Keine Geschäfte mehr mit der Familie! Der Moskauer Automobilclub feierte sie eine ganze Nacht lang. Sie wurde zum Ehrenmitglied ernannt.

Im Frühjahr 1926 war sie wieder in Tiflis. Diesmal war sie mit der Bahn bis Istanbul gefahren und von dort mit einem Küstenfrachter über das Schwarze Meer bis Batum. Tiflis richtete eine internationale Landmaschinen-Ausstellung aus. Clärenore hatte mit dem Rennfahrer und Autofabrikanten Franz Komnick, der im ostpreußischen Elbing eine Fabrik für Landmaschinen betrieb, eine Vertretung abgeschlossen. Sie wohnte wieder im Konsulat, war in ihren Gedanken aber nur noch bei der Weltfahrt. Sie erkundigte sich bei den deutschen und ausländischen Vertretungen in Istanbul, Tiflis und Moskau, ob sie für eine solche Fahrt Treibstoff- und Ersatzteildepots anlegen würden. In Tiflis suchte sie den persischen Handelsvertreter auf und bat ihn um Unterstützung für die Strecke zwischen Bagdad, Teheran und Täbris. Meistens erntete sie staunendes Kopfschütteln. Sie fuhr enttäuscht über Moskau nach Berlin zurück. Eines wusste sie nun: Sie hatte ein Ziel. – Und sie würde keine Rennen mehr fahren. Die Avus wurde immer mörderischer. Als sie sich bei einem Start mit der Kurbel den rechten kleinen Finger brach, nahm sie das zum Anlass, ihre Rennfahrerkarriere zu beenden. Der Knochen war glatt gebrochen. Sie musste wochenlang die Hand in Gips tragen. Erst die Ärzte im deutschen Krankenhaus in Tiflis nahmen ihr den Verband ab. – Fahren ohne Straßen. Der Welt zeigen, dass das Auto eines Tages diesen Planeten beherrschen wird.

Die Familie langweilte sie. Hilde hatte angefangen, Bildhauerei zu studieren. Sie besuchte die Kunsthochschule und hämmerte nachmittags in der Douglasstraße nackte Männergestalten aus riesigen Sandsteinblöcken. Clärenore fiel auf, dass Hilde den Bernstein trug, den sie nach dem Tod des Soldaten aus dem Fenster der Schule geworfen hatte. Sie hatte ihn als Mittelstein für eine silberne Halskette fassen lassen.

«Sind das deine Männerträume?», fragte Clärenore.

Hilde streckte ihr die Zunge heraus. «Ich stinke wenigstens nicht nach Benzin.»

Nora sammelte weiterhin Männer. Edmund hatte sich auf seine Aufsichtsratsposten und Präsidentschaften verschiedener Gesellschaften zur Förderung von Nachwuchstalenten in Wissenschaft und Kultur zurückgezogen. Er lebte die meiste Zeit des Jahres in Nord- und Südamerika und hatte seinen Familienwohnsitz in Ascona. Hugo hatte für sich und seine Familie in Mülheim das Haus Urge erworben, das einst der Großvater mütterlicherseits, Jean Baptist Coupienne, gebaut hatte. Clärenore besuchte ihn und seine Familie dort. Das Haus war ein finsterer Palast mit zwei Renaissancehaubentürmen zur Gartenfront. Ein Mischmasch aus Historismus und Jugendstil. Die drei Söhne waren ebenso jähzornig wie ihr Vater. Hugos Frau Tilde verriet ihr das Geheimnis des merkwürdigen Villennamens. «Urge», so behauptete sie, sei eine Abkürzung des Satzes «Unser Reichtum gestattet es». Sie seufzte dabei und vertraute Clärenore an, dass sie Hugo bekniet habe, das Haus nicht zu kaufen. Sie habe es auch bereits heimlich in Haus «Ur» umgetauft, «Unser Ruin».

Clärenore hielt es keine zwei Nächte aus. Durch dieses Haus wehte ein Gletscherwind. Sie war froh, als sie mit Lord, der sehnsüchtig in der Douglasstraße auf sie gewartet hatte, wieder an der Tür ihrer kleinen Berliner Wohnung stand. Zwei Pakete lagen vor der Tür. Sie wuchtete sie auf den Küchentisch, knotete mit unendlicher Geduld die Bindfäden auf, obwohl die Sehnen im rechten Handteller Signale von Taubheit und stechendem Schmerz aussandten, und wickelte die Fäden auf eine Rolle. Dann schälte sie die Kartons aus dem Packpapier, das sie sorgfältig zusammenfaltete, und breitete die Generalstabskarten für den Balkan, den Vorderen Orient, die Kaukasusregion, Südrussland, Sibirien, die Mongolei und Nordchina auf dem Wohnzimmerboden aus. Auf dem Paket mit Büchern, Broschüren und alten Baedeker-Bänden lag ein Brief von Krestinskij, der sie in die Botschaft einlud. Sie kroch über die Karten und verfolgte Straßen- und Bahnlinien, markierte Sumpfgebiete, Flussübergänge, Pässe und vor allem Gegenden, in denen keinerlei Straßen oder Pisten mehr eingezeichnet waren. Über diesen weißen Flecken des Verkehrs fing sie an zu träumen.

Endlich gab es ein internationales Rennereignis in Berlin. Der erste Grand Prix nach dem Krieg in Deutschland. Die Avus war der ungewöhnlichste Kurs der Welt. Eine schnurgerade zweispurige Landstraße, gezogen mitten durch die grüne Lunge der Stadt. Fünfzehn Meter Höhenunterschied, knapp zwanzig Kilometer lang. Eine Nordschleife mit einem Radius von zweihundertvierundvierzig Metern und eine engere Südschleife von hundertsechsundsechzig Metern. Die Leiter der Brooklandbahn in England und der Rennstrecke in Indianapolis lächelten. In der Geschichte des Rennsports war Deutschland vor der Eröffnung des Nürburgrings Entwicklungsland. Dennoch war die Avus ein paar Jahre als Todesstrecke verschrien. Für Clärenore war sie ein Heimspiel. Wenn sie in Berlin war, fuhr sie jedes Wochenende kleine Rennen, bei denen sie stets unter den Favoriten war und oft einen der Siegerplätze in ihrer Klasse errang. Zwischen 1925 und 1927 war sie die erfolgreichste Berliner Rennfahrerin. Siebzehn Pokale standen auf der Anrichte in ihrem Esszimmer. Clärenore wollte ein letztes Mal dabei sein, wollte es den Männern noch einmal zeigen. Sie hatte innerlich Abstand gewonnen von dem mörderischen Rundendrehen, bei dem nur noch Profis eine Chance hatten und der Tod in jeder Kurve lauerte. Die Weltfahrt war ihr wichtiger als ein Grand Prix. Dennoch wollte sie ihren Abschied vom Autorennsport mit einem spektakulären Ereignis feiern. In den Grand-Prix-Regeln waren Privatfahrer erlaubt, aber man unterschied wie üblich zwischen Sport- und Rennwagen. Rennen in den anderen Klassen wurden gesondert vom Grand-Prix-Rennen gefahren. Clärenore startete mit Heidtlinger als Beifahrer im zweiten Rennen und belegte in ihrer Klasse den ersten Platz. An diesem Tag gab es zwei Menschen, von denen ganz Berlin sprach: Rudolf Caracciola und Fräulein Stinnes, die Tochter von Hugo Stinnes. Der erste Preis für die zweite Klasse betrug immerhin noch fünftausend Mark. Edmund kam auf sie zu und gratulierte verhalten. Es war ihm sichtlich peinlich, sie im Zentrum der öffentlichen Aufmerksamkeit zu sehen. Im Mittelpunkt stehen, das war es, was sie immer gewollt hatte. Dafür hätte sie sogar das Preisgeld hingegeben. Aber beides zu haben, Ruhm und Geld, das war noch besser.

«Vergiss nicht, wer du bist», zischte ihr Edmund zu.

Ein Mann wie ein Berg, ein Gulliver aus Fleisch ruderte auf sie zu und stellte sie vor eine Kamera. «Aussenberg», sagte der Mann, «Fox-Film Deutschland.» Sie musste für die «Wochenschau» in die Kamera winken, musste Heidtlinger umarmen. Sie musste nochmal ins Auto steigen und wieder heraus. Sie musste ihre von einer Motorreparatur verbrannten Hände vor die Linse strecken, sich auf einen Stapel Reifen setzen und Lord streicheln. Sie gab den Reportern Interviews, die bereits Caracciola ausgequetscht hatten und nach dieser zweiten Sensation des Tages zur Avus zurückgeeilt waren. Sie wollten nur eins wissen: ob sie tatsächlich die Tochter von Hugo Stinnes war. Die Sensation war eine dreifache – ein völlig unbekannter Autoverkäufer gewinnt den Großen Preis von Deutschland, und die zweite Ausscheidung gewinnt eine Frau! Und wer war diese Frau? Die älteste Tochter von Hugo Stinnes, der einst der reichste Mann Europas war und dessen Söhne die größte Firmenpleite in der bisherigen Wirtschaftsgeschichte mit Hunderttausenden von Arbeitslosen zu verantworten hatten.

Aussenberg ließ sie nicht aus den Augen. Er lud sie für den Abend in den Admiralspalast ein. Nora und Hilde waren plötzlich da. Robert kam mit dem Prinzen Carolath, beide umarmten sie. Sie fuhren zum Admiralspalast, Friedrichstraße Ecke Oranienburger. Robert, der Prinz, Nora, Hilde, Aussenberg. Nora hatte den Prinzen untergehakt, und Hilde hielt sich dicht an Aussenberg.

«Weißt du, wen du da an Land gezogen hast?», flüsterte sie ihrer Schwester zu.

Clärenore schüttelte den Kopf

«Das ist der direkte Draht nach Hollywood», schwärmte Hilde.

Clärenore interessierte sich nicht für Aussenberg und Hollywood. Sie diskutierte mit dem Prinzen, was zu tun sei, damit Deutschland wieder eine führende Rolle in der Weltwirtschaft und in der Weltpolitik spielte. Der Admiralspalast war eines der großen Tanzlokale, Orchester auf mehreren Etagen, Revuen, Shows, Glas und Plüsch. Der Besitzer war ein Hotelier, der Anteile am Bristol und am Eden besaß und der auch Esplanade-Anteile aus dem Stinnes-Konkurs erworben hatte. Ihm gehörte das neue Café Berlin am Zoo und das Weinrestaurant Traube in der Leipziger Straße. Seine Tochter Charlotte, genannt Charly, hatte sich vor kurzem beim Tanztee im Europäischen Hof in Dresden in den schweigsamen Jüngling Rudolf verliebt. Nach dem Rennen umarmte sie ihn vor laufenden Kameras. Sie war mit einem Herrn Liemann verheiratet.

Als Clärenore mit ihrem Gefolge durch den Admiralspalast schritt, nahm keiner Notiz von ihr. Für die Rennfahrer um Caracciola waren rennfahrende Frauen Luft, vor allem wenn sie erfolgreich waren. Caracciola durchbrach den Ring, der sich um ihn gebildet hatte, und kam mit Charly am Arm auf Clärenore zu. «Für den Eröffnungstanz dürfen Sie mir keinen Korb geben.» Die Kapelle spielte einen

Tusch, und Caracciola führte Clärenore unter dem Beifall der Gäste auf die Tanzfläche. Einige tuschelten vom Traumpaar des Rennsports. Caracciola tanzte unkonzentriert, und Charly schaute Clärenore finster an. Sie war froh, als der Tanz zu Ende war und sie sich hinter Aussenbergs Rücken verstecken konnte, der natürlich seine Kameraleute mitgebracht hatte.

«Das gibt den nächsten Skandal», lachte Clärenore.

Aussenberg sah Clärenore nachdenklich an. «Rennen fahren hat offenbar Sexappeal. Eine reiche Hotelierstochter fliegt auf einen Autoverkäufer. Sie wird sich bestimmt scheiden lassen. Autofahren scheint alle Eheschranken zu durchbrechen und alle Klassenschranken.»

Clärenore tanzte mit dem Prinzen Carolath. Die Brandwunden unter den Handschuhen fingen an zu pochen. Sie konnte keine Hände mehr schütteln und auch nicht mehr tanzen. Erst jetzt merkte sie, wie hungrig sie war. Sie aß einen ganzen Topf mit Kaviar und frischer Sahne. Aussenberg saß ihr gegenüber und sah ihr fasziniert zu. Er streckte unter dem Tisch seine Beine nach den ihren aus. Clärenore warf den Löffel beiseite und sprang auf. «Wenn Sie mich lieben, dann sagen Sie es mir, aber machen Sie meine Strümpfe nicht kaputt.» Sie packte Lord, der neben ihr auf dem Stuhl saß, am Halsband und verschwand nach draußen.

«Ich sage ja – Brünhilde», sagte Hilde.

Aussenberg sah Clärenore versonnen nach. «Eine Frau aus Feuer und Stahl.»

«Wer weiß», sagte Hilde und kicherte, «vielleicht heiratet sie ja noch mal Stalin. Mitglied im Moskauer Automobilclub ist sie ja bereits.»

11. Hinter der Kamera

«Ich pflanze in euch den Zweifel und die Sehnsucht. Ihr werdet aufwachen und Bilder betrachten und keine Grenzen mehr finden zwischen den Wirklichkeiten, die sind und die zu sein scheinen. Ihr werdet erwachen und an allen Dingen eine große Kehrtwende wahrnehmen.» – Das hatte Nicéphore Niepce, der Erfinder der Fotografie, gedacht, als sich vor seinen Augen auf einer Silberplatte ein gedeckter Tisch abzuzeichnen begann. Jedenfalls unterstellte der schwedische Fotograf Carl-Axel Söderström seinem Idol derartige Gedanken. Fotograf – was für ein Beruf! War das überhaupt ein Beruf? Ein achtbarer Beruf für den Sohn eines schwedischen Handwerkers, eines Ehrenbürgers von Stockholm? Eines verdienten Mannes, der seine ganze Existenz nur seiner Hände Arbeit verdankte? Eines Mannes, der nicht viel sprach, sondern auf den Klang des Metalls hörte? Carl-Axel Söderström war ein versonnenes Kind. Er war in Krosnäs am Runnsee aufgewachsen, einem Vorort von Falun. Er interessierte sich für Formen. Die gelben Ellipsen, die die Blütenblätter einer Wiesenblume bildeten, faszinierten ihn mehr als die Mädchen in seiner Klasse. Er blieb oft stehen, während die anderen weitergingen, und vergaß hinterherzulaufen, um sie wieder einzuholen. Er sah überhaupt nicht ein, warum er jemanden einholen sollte. Er wollte nie der Erste sein. Verweilen war seine Leidenschaft; er konnte stundenlang vor einem Ameisenhaufen sitzen und dem Gewimmel zuschauen. Ebenso geduldig saß er hinter einem Busch und beobachtete eine Katze, die ein Mauseloch belauerte. Um ihn herum stand die Welt still. Die eiszeitliche Stille der Landschaft, in der er aufwuchs, jenseits der Wanderungen von Kontinentalplatten, Völkern und Ideen, saß tief in ihm. Er hatte eine Kamera im Kopf, die die Welt in einzelne Standbilder zerlegte. Wenn er träumte, war es wie ein Blättern durch Fotoalben. Dadurch, dass er seine Umwelt in stehenden Bildern wahrnahm, hatte er ein untrügliches Gedächtnis für Augenblicke und Situationen. Seine Erinnerung bestand aus Fotografien, die er sich jederzeit ins Bewusstsein rufen konnte, um sie in allen Details zu beschreiben. Er überraschte seinen Vater, der eine Schmiede betrieb, damit, dass er im Wald alle Stellen, an denen in seiner Gegenwart Bäume gefällt wurden, wiederfand. Alles, woran er mitwirkte, geriet ins Stocken, und jedes Mal stellte sich im Nachhinein heraus, dass der Sand, den er allein durch seine Anwesenheit ins Getriebe von Vorhaben und Planungen warf, die Unternehmung zu einem guten Ende brachte, weil die Menschen gezwungen worden waren, innezuhalten und nachzudenken.

Carl-Axel war der geborene Fotograf. Er verließ die Schule, sobald er konnte. Während seiner Militärzeit diente er in einer Fahrradkompanie. Er sprang aus dem Sattel, wenn er etwas sah, das sein Kameraauge fesselte, und keine noch so harte Strafe konnte sein Verhalten ändern. Ein Nachrichtentechniker drückte ihm einen Fotoapparat in die Hand. Man trug ihm auf, die Truppenübungen zu fotografieren. Es war, als wäre in jedem seiner Fotos der gesamte Ablauf erzählt, seine innere Logik; die Zukunft und die Vergangenheit des festgehaltenen Augenblicks, die Katastrophen oder das glückliche Ende, das er – wäre es ernst gewesen – bewirkt hätte. Den Ernstfall erlebte Carl-Axel nicht, da Schweden im Krieg neutral blieb.

Er hatte zwei Brüder aus der ersten Ehe seines Vaters, die beide innerhalb eines halben Jahres starben. Der eine starb in Norwegen an einer Grippe, der andere war Steuermann auf einem Handelsschiff und wurde auf dem Weg nach Russland von einer deutschen Mine getötet. Der Tod der Brüder versetzte Carl-Axel einen Schock. Er verkroch sich noch mehr in die Bewegungslosigkeit. Jahrelang war er fest davon überzeugt, er würde ebenfalls sterben, wenn er Schweden verließe. Nur wenn er Musik machte oder tanzte, fiel alles Verharrende von ihm ab. Um sich ein paar Kronen dazuzuverdienen, musizierte er mit seiner Schwester in Stockholmer Restaurants und Cafés. Er spielte Cello und sie Klavier. Wie kamen Tochter und Sohn eines schwedischen Schmieds dazu, Instrumente zu spielen? Der Vater schüttelte den Kopf. Er konnte sich nicht erklären, woher die Talente seiner Kinder kamen, die ein Lehrer bei ihnen entdeckt hatte. Er schaffte Instrumente an, ging in seine Schmiede, während die Kinder übten, und sah schwarz für die Zukunft. Nach dem Tod der Brüder rührte Carl-Axel das Instrument nie mehr an. Er versteckte sich hinter seiner Kamera vor dem Tod. Er las Bücher über die Geschichte der Fotografie, über Techniken und Kamerabau. Er ließ sich von den Firmen aus aller Welt Beschreibungen ihrer optischen Wunderwerke schicken und fing an, selbst Verbesserungen an den Kameras vorzunehmen, die er sich gekauft hatte.

Carl-Axel schwieg, wenn er von seinem Vater zur Rede gestellt wurde, was aus ihm werden solle. Er fotografierte seinen Vater bei der Arbeit. Er porträtierte alle Gegenstände in der Werkstatt. Er hielt den Augenblick fest, in dem sie im Schein des weißen Sprühfeuers eine Zukunft versprachen, die ihnen nie zuteil wurde. Die Bilder reichte er bei einem Fotowettbewerb ein, der von einer schwedischen Kamerafirma und einer Tageszeitung ausgeschrieben worden war. Er gewann den ersten Preis und erhielt fünfzig Kronen. Das preisgekrönte Foto wurde in der Zeitung abgedruckt.

Carl-Axel fuhr mit dem ersten Vorortszug in die Stadt und kaufte für alle Freunde und Verwandte Zeitungen. So viele, dass die fünfzig Kronen ausgegeben waren und für Geschenke an die Eltern nichts übrig blieb. Carl-Axel hatte kein Verhältnis zu Geld. Geld war ihm zu schnell. Er ließ sich nicht von der Geldhysterie anstecken. Sein Traum war es, an einem See zu sitzen und die Wasseroberfläche während jeder Sekunde eines Jahres fotografisch festzuhalten. Das war sein Lebensprojekt. Diese Serie von Millionen von Fotos sollte in aller Welt veröffentlicht werden. Eine Fotosinfonie von gigantischen Ausmaßen. Er hatte schon einen Namen für das Projekt: Annäherung an die Wirklichkeit. Sein Lebensziel war ein Haus am See und irgendein Einkommen, das ihm erlaubte, am Ufer sitzen zu können und den See zu fotografieren.

Die Zeitung nahm ihn als Volontär. Er sah den erfahrenen Fotoreportern bei ihren Reportagen zu und lernte viel über den Alltag eines Fotoreporters, aber nichts über die Fotografie. Er machte Fotoreportagen, die großen Anklang fanden. Die Zeitung schickte ihn nach Oslo, von wo er ein ganzes Jahr lang Fotoreportagen über die Stadt lieferte. Zurück in Stockholm, arbeitete er an einer Reportage über die Stockholmer Filmstudios. Hier traf er den Laborchef des Pathé-Frères-Filmbüros wieder, der während des Militärdienstes sein Vorgesetzter gewesen war. Die französische Filmgesellschaft von Charles Pathé war bis zum Ersten Weltkrieg die größte der Welt gewesen. Nach 1918 wurde sie von den Amerikanern vom Markt verdrängt und beschränkte sich nur noch auf den Handel mit Filmen. Dem Mann gefielen die Fotos. Er stellte ihn als Hilfsoperateur ein und machte ihn mit dem Regisseur Victor Sjöström bekannt. Carl-Axel fotografierte hinter den Kulissen. Er machte keine Aufnahmen von den Stars, sondern fotografierte die Kulissen von hinten und schrieb unter jedes Foto den Filmtitel. Es verging keine Woche, und Sjöström engagierte ihn als Kameraassistenten. Man lud ihn ein für Probeaufnahmen. Er fotografierte, als spiele er auf einem Instrument. Sjöström ließ ihn zu sich kommen und sagte, seine

Fotos gehörten zu den besten, die er gesehen habe, aber er sehe in den Bildern eine intellektuelle Verliebtheit in den Augenblick. Der Film sei etwas anderes – ein dritter Zustand; weder Tod noch Leben. Carl-Axel tat sich zunächst schwer mit den laufenden Bildern. Doch dann sagte ihm der Kameramann Julius Jaenzon, dessen Assistent er wurde, er solle sich vorstellen, ein Film sei nichts weiter als eine Folge von Fotografien. Von da an wurde die Filmkamera für Carl-Axel zu einem Abenteuer. Sie befreite ihn aus der Lähmung, die ihn auf den Tod fixiert hatte. Sein Traum aber blieb, einen Ablauf in Bilder zu zerlegen.

Schnelle Menschen haben keine Zeit für Humor. Carl-Axel war ein junger Mann mit viel Humor. Er war stets zu Scherzen aufgelegt, die sich aus seiner Weltbetrachtung und seiner genauen Beobachtungsgabe ergaben. Um eine Kamera zu drehen, nicht zu schnell, nicht zu langsam, bedurfte es der Sensibilität eines Künstlers. Carl-Axel arbeitete sich in die Geschichte und Technik der Kinematographie ein. Alles, was ihm unlogisch vorkam, nahm er akribisch unter die Lupe. Er baute sich einen Kasten mit einer Kurbel und übte daran – ohne das technische Interieur einer Kamera – tagelang die ruhige, gleichmäßige Handbewegung. Als Sjöström ihn das erste Mal selbständig eine Szene drehen ließ, war er von dem Ergebnis so begeistert, dass er ihn sofort als zweiten Kameramann engagierte. Carl-Axels Kunst, aus dem Kontrast zwischen Hell und Dunkel sowie aus dem räumlichen Gegensatz von Studio und Landschaft faszinierende Bilder zu zaubern, versetzte alle, mit denen er zusammenarbeitete, in Erstaunen. Die Kameras, die er benutzte, befriedigten ihn jedoch nicht. Er nahm sie mit nach Hause und tüftelte an ihnen herum, bis er ihnen vollkommen neuartige Bilder entlocken konnte. Er experimentierte auch während der Szenen, bis die Schauspieler an ihm verzweifelten. Er wurde zu einem der gefürchtetsten Kameramänner der

Stockholmer Studios, aber Sjöström ließ ihn gewähren. Mit seinen Kameras löste er sich endgültig von der Statik der Fotografie.

Carl-Axel begann, mit fließenden Übergängen zu experimentieren. Er erfand eine Überblendungstechnik, die im europäischen Film einmalig war. Dafür arbeitete er mit zwei Kameras, deren Bildfolgen er später ineinander schnitt. Sjöström schickte ihn für seinen zweiten Jerusalem-Film nach einem Roman von Selma Lagerlöf nach Palästina. Carl-Axel bestieg zitternd den Dampfer in der Gewissheit, auf eine deutsche Mine zu laufen. Er kam fast um vor Heimweh. Der Film, in dem es um schwedische Auswanderer nach Palästina und ihre Sehnsucht nach der Heimat ging, traf ihn tief. Nie würde er außerhalb Schwedens leben wollen. Doch kaum war er wieder in Stockholm, schickte ihn Sjöström nach Paris, wo er in einem amerikanischen Studio die neuesten Entwicklungen der Kameratechnik kennen lernen sollte. In Paris ging es ihm wie in Palästina. Er sah nichts von der Stadt, versteckte sich hinter seiner Kamera und war froh, als er vier Wochen später wieder zu Hause war. In Paris lernte er David Aussenberg kennen, der das dortige Studio der Paramount leitete.

1924 produzierte Mauritz Stiller in Stockholm einen seiner berühmtesten Stummfilme, «Gösta Berling», nach dem Erstlingsroman von Selma Lagerlöf. Sjöström war 1923 nach Hollywood gegangen, und Carl-Axel hatte sein Angebot, mit ihm zu gehen, abgelehnt. Der Gedanke, in Amerika zu leben, jagte ihm Schauer über den Rücken. Stiller betraute Jaenzon und Söderström mit der Kameraführung. Es ging um einen jungen, strahlend schönen Pfarrer, der wegen Trunksucht seines Amtes enthoben wird und mit seinen Kameraden im Hause einer Majorin sein Unwesen treibt, bis eine junge Gräfin ihn heiratet und die sittenlosen Menschen in brave Tugendbolde verwandelt. Die weibliche Hauptrolle spielte die neunzehnjährige Greta Louisa Gustafsson. Es war ihre erste Hauptrolle. Der Film hatte eine Länge von fast vier Stunden. Er wurde Stillers größter Stummfilmerfolg und machte Greta Gustafsson über Nacht berühmt. Carl-Axel fertigte während der Aufnahmen auch Standfotos mit seiner eigenen Fotokamera an, die die Gustafsson zeigte, wie sie im gesamten Film nicht zu sehen war. Man konnte in den Bildern die Hollywoodkarriere dieser Schauspielerin voraussehen. Stiller gab dem neuen Star den Künstlernamen Greta Garbo und verschaffte ihr einen Vertrag mit Metro-Goldwyn-Mayer. Die Garbo war so begeistert von Carl-Axels Kameraführung und von seinen Fotos, dass sie ihn unbedingt mit nach Hollywood nehmen wollte. Carl-Axel aber fürchtete nichts mehr als die Vorstellung, Schweden wieder verlassen zu müssen. Er fotografierte nicht nur die Garbo am Drehort und auch außerhalb der Studios, sondern auch ihre Freundin und Assistentin Martha Wahl, genannt Ruby. Das Mädchen war im Gegensatz zu Greta schwarzhaarig. Ihn faszinierte der Kontrast zwischen den beiden Frauen, er konnte nicht aufhören, sie zusammen zu fotografieren. Während er die Aufnahmen entwickelte, verliebte er sich in Ruby. Als der Film fertig war, fragte die Garbo nicht nur Carl-Axel, sondern auch Ruby, ob sie mit nach Hollywood kommen wolle. Als Carl-Axel verneinte, sagte auch Ruby ab.

«Und warum?», fragte Greta.

«Weil ich diesem risikoscheuen Kameramann hier, der wie ein Holzkopf durch die Gegend läuft, noch eine Menge beizubringen habe. Zum Beispiel, dass man einer Frau sagen muss, wenn man sie liebt, auch auf die Gefahr hin, dass man sich eine Ohrfeige einhandelt und zum Teufel gejagt wird.» Damit war der Bann gebrochen. Ruby und Carl-Axel heirateten ein Jahr später.

Söderström wusste wenig über seine Frau. Sie stammte

aus einer wohlhabenden Stockholmer Familie, aber ihre Eltern lernte er nie kennen. Sie nahm ihn zu Verwandten mit, die auch bei der Hochzeit anwesend waren. Ihre Eltern seien tot, sagte sie. Sie hatte offenbar genug Geld, um eine große Wohnung in Stockholm zu mieten. Hier konnte sich Carl-Axel ein eigenes Fotostudio einrichten. Beide arbeiteten weiter in den Stockholmer Filmstudios. Wer Carl-Axel als Kameramann engagierte, musste Ruby als Regieassistentin mitengagieren. Die beiden waren unzertrennlich. Sie drehten noch mehrere Filme zusammen. Carl-Axels Panik gegenüber dem Reisen legte sich, aber obwohl er in Oslo, in Paris und in der Türkei als Kameramann gearbeitet hatte, blieb er skeptisch, was das Reisen anbelangte. Er hasste Äußerungen wie «Der Weg ist das Ziel», und er hasste Fahrzeuge aller Art. Er konnte sich nicht vorstellen, wie ein Mensch es aushielt, in Fortbewegungsmitteln zu leben. Sein Blick für alles Starre machte ihn zu einem exzellenten Bowlingspieler. Es gab keinen Wurf, bei dem er nicht alle Kegel traf. Er war der Champion in seinem Club, und die Zeit, die er dort verbrachte, war ihm heilig. Deshalb reagierte er äußerst mürrisch, als ihn sein Pariser Bekannter Aussenberg im Club anrief und ihn beschwor, sofort nach Berlin zu kommen. Er habe ein Angebot für ihn, das ihn mit einem Schlag weltberühmt machen werde.

Der Pförtner vor dem Auswärtigen Amt in der Wilhelmstraße staunte nicht schlecht, als eine zierliche Frau in Männerkleidung und mit einem Männerhaarschnitt, die kaum älter als zwanzig sein konnte, mit forscher Stimme den Herrn des Hauses zu sprechen verlangte. Der Pförtner hatte schon viele Verrückte, Touristen und Personen, die ihm verdächtig vorkamen, abgewiesen, das war seine Aufgabe. Wer keinen Passierschein hatte, wurde nicht hereingelassen. Pässe für Auslandsreisen könne man in den Einwohnerämtern oder bei der Polizei beantragen, sagte er dem Fräulein. Sie schien damit gerechnet zu haben, abgewiesen zu werden. Sie ließ ihn ruhig ausreden und blieb hartnäckig vor dem Pförtnerhaus im Regen stehen. Der Pförtner hatte plötzlich das Gefühl, dass sie mit ihm spielte, wie eine Katze mit der Maus. Als sie in ihre Tasche griff, dachte er, sie zöge jetzt eine Handgranate, aber sie reichte ihm nur ein Schreiben in sein Häuschen. Er las es mit großen Augen: «Fräulein Clärenore Stinnes ... jederzeit ... Zutritt ... zu gewähren» und erblickte die Unterschrift Stresemanns. Er stand auf. Ein letzter hoffnungsvoller Zweifel ergriff ihn, und er bat die Frau, sich auszuweisen. Sie hatte einen Pass mit vielen russischen Stempeln. Der Pförtner zog die Schultern hoch.

«Aber der Hund bleibt hier.»

«Nur, wenn Sie ihn nicht im Regen stehen lassen.»

Der Pförtner räumte dem Tier einen Platz hinter seinem Stuhl ein.

Gustav Stresemann hörte sich ihr Anliegen an und runzelte die Stirn. «Haben Sie sich das gut überlegt? Ich tue, was ich kann, aber es ist eigentlich Wahnsinn. Und wer soll das Ganze finanzieren? Wie ich die Familie kenne ...»

«Nicht die Familie. Die deutsche Industrie! Ich gebe nächsten Monat eine Pressekonferenz im Saal der Montanunion. Die Route steht schon fest.»

Stresemann versprach für den Fall, dass sich die Industrie hinter das Unternehmen stellen würde, dafür zu sorgen, dass sie alle deutschen Vertretungen entlang der Route als Depot für Ersatzteile und Treibstoff nutzen könne. Sie klapperte eine Woche lang sämtliche Botschaften in Berlin ab, durch deren Länder sie fahren wollte. Der britische Botschafter Viscount D'Abernon, der sich über ihren Vater lustig gemacht hatte, fand an Clärenore großen Gefallen. Er hatte geradezu väterliche Gefühle für sie entwickelt, nachdem sie sich immer wieder bei Dinners in der russischen Botschaft, bei Rennen auf der Avus und bei Pferderennen in

Ruhleben getroffen hatten. Er stellte ihr nicht nur ein Visum für Palästina und den Irak aus, die unter britischer Verwaltung standen, sondern auch für das gesamte Commonwealth – gültig für zwei Jahre. In ihrem Beisein rief er Stresemann an und schlug ihm vor, Miss Stinnes einen Diplomatenpass zu verschaffen. Ihr Ministerialpass hatte die Nummer 543. Dort hieß es: «Alle Behörden und militärischen Dienststellen des In- und Auslandes werden hiermit ersucht, die Inhaberin dieses Passes frei und ungehindert reisen zu lassen sowie ihr nötigenfalls Schutz und Beistand zu gewähren.»

In der folgenden Woche war sie bei Pierre de Margerie, dem französischen Botschafter. Er blätterte in ihrem Pass, sah den britischen Stempel und sagte: «Was die Engländer können, können wir auch.» Damit hatte sie nicht nur ein Visum für Syrien, sondern für das gesamte französische Kolonialreich. Am Abend war sie bei Krestinskij, wo sie alte Freunde traf: den preußischen Innenminister Carl Severing und den preußischen Staatssekretär Robert Weismann. Clärenore spannte sie gleich für ihre Zwecke ein. Weismann und Severing hatten beste Kontakte zu Berliner Industriellenkreisen, und Krestinskij versprach, ihr den Weg durch den Behördendschungel der Sowjetunion zu ebnen, ihr einen Dolmetscher zu besorgen und zu veranlassen, dass auf der Strecke entlang der Transsibirischen Eisenbahn ebenfalls Treibstoffdepots angelegt würden.

Für ihren ersten Werbetermin hatte ihr der ehemalige Berliner Büroleiter ihres Vaters, Ludwig Osius, die Räumlichkeiten der Montanunion verschafft. Vertreter der Industrie und der Presse saßen an den grünen Tischen und in den Lederfauteuils, in denen sonst die Generaldirektoren und Verwaltungsräte tagten. Der Montan-Generaldirektor Busch hatte nach einem Gespräch mit Weismann alle zusammengetrommelt. Die Chefreporter der Berliner Zeitungen, die Korrespondenten der auswärtigen Presse, Manager von Siemens, Bosch, AEG, Mercedes, Dunlop, Varta, Continental, Aral, Vacuum Oil, Teves-Bremsen. Die Herren staunten über das Mädchen, das sich lässig in Männerkleidern vor ihnen auf einen Tisch setzte und von ihrem Plan erzählte. Sie hatte eine Weltkarte hinter sich aufgehängt, auf der mit schwarzer Tinte eine breite Bahn quer durch die Kontinente gezeichnet war. Die Herren lächelten ein wenig, als sie ihre helle Stimme hörten.

«Ich will keinen Rennwagen erproben, sondern ein normales Gebrauchsauto in der rauen Wirklichkeit. Es geht hier nicht um Rekorde. Ich will mit einem ganz gewöhnlichen Kasten mit vier Rädern und einem Motor, wie ihn jedermann im Geschäft kaufen kann, um die Welt fahren. Und zwar durch Gegenden, in denen noch nie ein Auto gefahren ist. Natürlich muss es ein deutsches Fabrikat sein. Ich will der Welt zeigen, dass die deutsche Industrie trotz Versailles die beste ist.»

Die Herren wagten nicht, dieser automobilen deutschen Jungfrau von Orléans uneingeschränkt zuzustimmen. Die einen hielten die Sache für eine Donquichotterie, die anderen für eine neue Blüte der weiblichen Emanzipationsbewegung. Aber sie war eine Stinnes. Und sie hatte einen guten Namen als Rennfahrerin. Der Name Stinnes hallte noch nach, und der Beifall fiel am Ende ihres Vortrags dann doch etwas stürmischer aus, als die Herren es vielleicht gewollt hätten. Auch Erich Kleyer war an diesem Mittag dabei. Die Leute von Mercedes hatten diskret mit den Köpfen geschüttelt und waren schon vor Ende der Veranstaltung verschwunden. Kleyer atmete auf.

Im Jahr 1880 eröffnete der Darmstädter Ingenieur Heinrich Kleyer mit dem Erbe aus der Maschinenfabrik seines Vaters in Frankfurt ein Velozipedgeschäft. Die Fahrradhandlung entwickelte sich so gut, dass der junge Heinrich Kleyer expandieren konnte. Bald baute er an der Höchster Straße, die später seinen Namen tragen sollte, direkt an den Gleisen des Frankfurter Güterbahnhofs eine riesige Fabrik, die nun Adler-Fahrradwerke genannt wurde. Neben Fahrrädern nahm er die Fabrikationen von Büro- und Schreibmaschinen auf, aus dem einfachen Grund, weil um die Jahrhundertwende der Verkauf von Büromaschinen üblicherweise über den Fahrradhandel erfolgte.

Im Jahr 1900 begann die Firma mit dem Autobau und gehörte bald zu einem der führenden deutschen Hersteller von Mittelklassewagen. Die Adler-Autos waren stets an der Spitze der technischen Entwicklung. Adler waren die ersten Automobile in Deutschland mit einer zweiteiligen Antriebsachse. Die Adler-Werke leisteten sich zwei Konstruktionsbüros. Eins für Kleinwagen und eins für Großautos, wozu später Lastwagen kamen. Der Technische Direktor Adam Paul führte als Erster in Deutschland die von der Kurbelwelle angetriebene Ölpumpe mit einer Zentralölschmierung ein, und er verblockte den Motor und das Schaltgetriebe miteinander. Er stattete seine Autos mit Doppelzündung und einer in Öl laufenden Metallkonuskupplung aus. Nach einem kriegsbedingten Produktionseinbruch stieg die Zahl der Beschäftigten bei Adler in den frühen zwanziger Jahren rasch wieder auf siebentausend. Nach der Inflation begann Adler rechtzeitig mit der Rationalisierung seiner Produktion. Das Fließband wurde eingeführt und der Betrieb 1925 vollkommen auf Großserienbau umstrukturiert.

Adam Paul beauftragte den Berliner Ingenieur Professor Gabriel Becker mit der Konstruktion eines vollkommen neuen Autotyps. Der Wagen erwies sich jedoch schlicht als eine Kopie des amerikanischen Chrysler. Adler hoffte, damit auf dem deutschen Markt mit den Amerikanern konkurrieren zu können. Das Auto hatte hydraulische Vierradbremsen, die Alfred Teves, ein Freund von Erich Kleyer, in Lizenz der Firma Lockheed zu bauen begann. Es hatte einen abnehmbaren Zylinderkopf, Kugelschaltung und Batteriezündung. Es war eines der ersten deutschen Modelle mit Linkssteuerung, und es hatte eine Eindruck-Zentralschmierung, die die Firma Willy Vogel aus der Lub-Spritze und aus Prototypen der amerikanischen Firma Bowen entwickelte. Wichtigste Errungenschaft war die Ganzstahlkarosserie. Bisher hatten deutsche Autos vor allem Blechkarosserien mit Holzgerippe gehabt. Die Vorzüge der Ganzstahlkarosserie waren das geringere Gewicht, größere Widerstandsfähigkeit und größere Sicherheit bei Unfällen. Dank schlankerer Dachträger bot die Karosserie mehr Sicht, und sie war geräuschlos; das heißt, es klapperte und schepperte nicht mehr an allen Ecken und Enden. Die Patente für die Ganzstahlkarosserie hatte die amerikanische Firma Edward G. Budd in Philadelphia. Für die deutschen Autohersteller lohnte sich die Anschaffung der teuren Metallpressen und Schweißmaschinen nicht, solange es keinen Bedarf an großen Stückzahlen gab. Außerdem waren bis nach dem Krieg in Deutschland die Lackiermethoden für den Stahl noch längst nicht ausgereift.

1925 errichtete die Berliner Ambi-Maschinenfabrik zusammen mit Budd in Berlin-Johannisthal ein hochmodernes Karosseriewerk. Ambi-Budd kaufte sechsundzwanzig Prozent des Aktienkapitals der Adler-Werke und konnte mit seiner Sperrminorität Adler dazu zwingen, zehntausend Karosserien zu bestellen. Die professorale Autokonstruktion Beckers erwies sich trotz der amerikanischen Vorbilder als derart störanfällig, dass die Techniker des Großwagenkonstruktionsbüros von Adler den Wagen erst einmal «entbeckern» mussten, ehe man mit der Serienfertigung beginnen konnte. Das Auto erhielt den Namen Standard 6. Der Vorserienwagen wurde zum ersten Mal im November 1926 auf der Deutschen Automobilausstellung am Berliner Kaiserdamm gezeigt, und Clärenore, die mit Erich Kleyer in den Wagen stieg, verliebte sich sofort in das Modell. Als sie hinter dem Volant saß, wusste sie, dass sie in diesem Auto die Welt umrunden würde. Die Linkssteuerung erinnerte sie an Fergusons Auto in Asa und ihren ersten Fahrversuch, der an der verkehrten Welt amerikanischer Autobauer gescheitert war. Sie wünschte, Laura würde hinter irgendeinem Wagen auftauchen und mit ihr fahren. Eine normale 40-PS-Limousine, die man für 7600 Reichsmark am Ku'damm kaufen konnte. Und damit durch Hitze und Frost, über Berge und durch Schlamm. Durch Gegenden, wo sie bestaunt würde wie die ersten Weißen. Eine Frau würde diese Fahrt machen, und zwar allein, begleitet nur von zwei Adler-Technikern, die ihr in einem umgebauten Kleinlaster folgen würden.

Erich Kleyer, Generaldirektor Busch, Stresemann, Weismann, Krestinskij, Paul Weitz, die «Deutsche Allgemeine Zeitung» und andere Blätter hatten Clärenores Kampagne zugunsten der deutschen Industrie populär gemacht. Vom Stinnes-Konzern kam kein einziger Pfennig. Hugo war dabei, den Firmensitz nach New York zu verlegen. Immerhin bot er ihr am Telefon an, sie bei ihrer Fahrt durch die Vereinigten Staaten zu unterstützen. «Wenn du überhaupt so weit kommst», sagte er und ließ sie spüren, dass er sicher war, sie würde nach ein paar Wochen aufgeben. Clärenore hatte fast ein Jahr gebraucht, um die Fahrt strategisch bis ins kleinste Detail vorzubereiten. Jetzt arbeitete sie den Schlachtplan für die Publikumsverwertung aus. Sie überließ nichts dem Zufall. Sie handelte einen Vertrag mit der «Deutschen Allgemeinen Zeitung» über Reportagen von der Reise aus, und sie schloss einen Vertrag mit dem Hobbing Verlag über ein Tagebuch ab, das bald nach ihrer Rückkehr erscheinen sollte. Kleyer war begeistert. Er hätte am liebsten eine Miniatur ihrer Gestalt in Messing gegossen und versilbert als Galionsfigur auf die Kühlerverschlüsse der großen Adler-Limousinen gesetzt. Er fragte Hilde, ob sie nicht ein Modell anfertigen wolle. Hilde fand die Idee «wüst», grinste und machte sich an die Arbeit. Sie erzählte ihrem Verehrer Aussenberg von ihrem ersten Auftrag als Bildhauerin.

David Aussenberg war ein Mann, der – wie viele Riesen – für zierliche Frauen schwärmte. Vor allem mochte er keine Schauspielerinnen. Sein Vater Samuel Aussenberg, ein schwäbischer Feinmechaniker, war an die amerikanische Westküste ausgewandert und betrieb dort – zusammen mit seiner Frau – eine Fabrik für optische Zubehörteile für Kameras. Der Sohn war deutschsprachig aufgewachsen. Als Riese hatte er keinen Blick für das Gewimmel unter ihm. Geriet ihm in der Fabrik des Vaters aber einer dieser Winzlinge in die Hände, wusste er, weil er viel weiter sah als die anderen, wo er ihn hinstecken konnte, damit er dem Ganzen nützlich war. Diese Fähigkeit brachte ihn in der Familienfirma voran und war zugleich der Grund für seine Karriere in Hollywood.

Er begann als Akquisiteur oder, wie es später hieß, «Casting-Assistent» in den Paramount-Studios. Er wusste sofort, ob jemand für einen Film geeignet war und wohin man ihn stecken musste. Er wurde Regieassistent und war zuständig für den Kontakt zum Besetzungsbüro. Fehlbesetzungen gab es bei ihm nicht. Er hatte ein Gedächtnis für Gesichter und Bewegungen und hätte alle Menschen, die je an ihm vorbeigetanzt, -gefallen oder -gehumpelt waren, nach Jahren wiedererkannt, und er hätte jeden mit Namen ansprechen können. Die Paramount schickte ihn nach Paris, und von dort wechselte er zur Fox-Film, die ihm die Leitung der Berliner Studios anbot. Er sollte nicht nur amerikanische Filme auf den deutschen Markt bringen, sondern auch amerikanische Filme in Berlin für Deutsche produzieren, um das Monopol der Ufa zu knacken. Aussenberg war darüber hinaus auch verantwortlich für die Fox-Wochenschau für Deutschland sowie die deutschen Wochenschaubeiträge für Amerika. Er wusste, dass Clärenores Unternehmen – so es gelänge – ein Medienereignis werden würde, und er setzte auf diese Frau, die ihm gegen das Schienbein getreten hatte.

Eines Nachmittags stand Aussenberg vor Clärenores Wohnungstür. Lord empfing ihn respektvoll. Clärenore hatte eine Maurerhose an – ein abgelegtes Stück ihres Vermieters – und war dabei, Generalstabskarten entlang der Faltung zu zerschneiden und sie auf eine Leinwand zu kleben. Die Wohnung roch nach Farbe und Klebstoff.

«Was wird denn das?», fragte Aussenberg.

«Die Karten halten länger, sie zerreißen nicht an der Faltung, sie knittern nicht, und sie werden nicht so leicht feucht, wenn man sie zusätzlich mit Klarlack überzieht.»

Aussenberg schälte einen Sessel aus dem Wellengebirge. Er beugte sich über ihre Schulter, bevor er sich in den Sessel fallen ließ. «Beirut – Damaskus – Bagdad – Teheran. Nicht gerade europäische Straßenverhältnisse.»

«Es gibt keine Straßen zwischen Damaskus und Teheran. Wir fahren 48 000 Kilometer. Ein Prozent davon sind vielleicht asphaltiert, zehn Prozent sind geschotterte Pisten. Was den Rest betrifft, lassen wir uns überraschen.»

«Sie haben an alles gedacht», sagte Aussenberg, «nur nicht daran, die Reise im Film festzuhalten. Nehmen Sie einen Kameramann mit.»

Clärenore zog mit einer Art Machete an der Tischkante entlang gerade Schnitte durch das Gewebe, das mit Schraubschlüsseln auf dem Essmöbel fixiert war.

«Kennen Sie einen, der sportlich genug ist, die Reise durchzustehen? Einen, den ich bezahlen kann? Einen, der auch dann scharfe Bilder liefert, wenn es im Sturzflug bergab geht, wenn er bis zu den Knien im Schlamm versinkt, wenn sich ihm der Magen umdreht?»

«Es gibt nur zwei, die dafür infrage kommen. Der eine ist Franzose, der andere Schwede. Wir machen einen Vertrag mit Ihnen. Wenn Sie bei uns einsteigen, wird Baron Rothschild noch ein wenig zur Reisekasse beitragen. Wir bekommen die Rechte für die Wochenschau, und wir bieten Ihnen einen Filmvertrag mit der Tobis-Film.»

«Ich kenne die Männer nicht, die Sie mir da empfehlen wollen. Ich kenne gerade mal Heidtlinger, noch nicht einmal den anderen Techniker. Soll ich mit drei wildfremden Männern auf eine Reise gehen, die wer weiß wie lange dauern kann?»

«Das ist Ihre Entscheidung.»

«Ist einer von den beiden verheiratet?»

«Ja, der Schwede.»

«Dann rufen Sie den Schweden an.»

Im Frühjahr hatte Clärenore hunderttausend Reichsmark an Spendengeldern von der Industrie zusammen und einen Zeitungs-, einen Buch- und einen Filmvertrag in der Tasche. Stresemann teilte ihr mit, dass die Depots entlang ihrer Fahrtroute bis Sibirien angelegt seien. In die Mongolei, nach China und nach Südamerika reichte sein Einfluss nicht. Die Mongolei war ein weißer Fleck auf der diplomatischen Landkarte, in China herrschte Anarchie, und in Peru und Bolivien gab es außerhalb der Hauptstädte keine Straßen. Stresemann riet Clärenore, von Vladivostok aus direkt nach Nordamerika überzusetzen. Sie ließ sich jedoch nicht von ihrer Route über Peking und durch Südamerika abbringen. Sie kannte Südamerika von ihren Reisen im Auftrag des Vaters, und sie kannte die Strecke durch den Kaukasus. Wüste, Schlamm, Eis, Berge. Das war alles. Der Lastwagen sollte als fahrendes Depot dienen für die Streckenabschnitte, wo es nicht möglich gewesen war, stationäre Depots anzulegen.

Bei dem Lastwagen handelte es sich um einen Kleinlaster von Adler mit der Typenbezeichnung L9. Er sollte so ausgerüstet werden, dass die beiden Fahrer im hinteren Teil Platz zum Schlafen hatten. Sie drängte Kleyer, die Wagen endlich fertig zu stellen. Kleyer gab kleinlaut zu, dass Probleme am Motor des Standard aufgetreten seien. Becker habe das Auto mit der merkwürdigen Vorstellung konstruiert, dass ein Motor höchstens 17 000 Kilometer halten müsse. Bis Mitte Mai hätten sie das Problem im Griff, und im Moment würden die Stahlarbeiter in Sachsen streiken.

«Bist du wahnsinnig!», schrie sie ins Telefon, «Mitte Mai, dann kommen wir in den sibirischen Winter!»

Martha L. Wahl war eine geheimnisvolle Frau – so geheimnisvoll wie die Oberfläche eines schwedischen Sees. Niemand kannte sie wirklich. Ihren Freundinnen erzählte sie nichts von sich. Sie sah weder wie eine Schwedin aus, noch hatte sie einen schwedisch klingenden Namen. Sie hatte die Schauspielschule besucht. Als sie mit einem deutschen Schauspieler akzentfrei Deutsch sprach und Viktor Sjöström sie daraufhin als Dolmetscherin beschäftigte, wunderten sich alle, denn sie hatte vorher nie ein Wort Deutsch gesprochen, und auch im Schwedischen hatte sie keinen deutschen Akzent. Ihr Vater sei Deutscher gewesen, erklärte sie dem Regisseur, der sich nicht weiter um ihre Herkunft kümmerte. Gerüchte kursierten, sie sei die Tochter Mata Haris. Sie konnte tatsächlich tanzen wie eine Orientalin, und sie hatte die Haare einer Araberin. Zumindest stellten sich ihre schwedischen Kolleginnen vor, dass Araberinnen so aussehen müssten wie Martha. Als sie davon erfuhr, kam sie mit einer rubinroten Perücke aus dem Fundus zum Set und handelte sich den Spitznamen Ruby ein. Es schien, als ob Greta Gustafsson, die Garbo, mehr über ihre Freundin wusste, aber Greta schwieg. Carl-Axel verliebte sich in die Araberin, nicht in die rubinfarbene Perückenlady. Er liebte sie wegen der Ähnlichkeit ihrer Seele mit der Oberfläche der schwedischen Seen. Aber auch er erfuhr nicht viel über ihre Vergangenheit. Sie sei in Berlin aufgewachsen, erzählte sie. Ihr Vater sei Diplomat gewesen, ihre Mutter Künstlerin. Beide seien früh gestorben. Sie sei in einem Internat in England zur Schule gegangen und habe dann im Haus ihres Onkels gewohnt, der in Stockholm mehrere Textilfabriken besaß. Carl-Axel stellte während ihrer Ehe fest, dass Ruby tatsächlich wie das Wasser der Seen war. Klar, durchsichtig und dennoch nicht zu enträtseln. Er konnte in ihre Augen bis auf den Grund schauen, und er spürte, dass das, was er sah, nicht der Grund dieses Menschen war. Das faszinierte ihn, trieb ihn aber zugleich zur Verzweiflung. Er versuchte, in sie zu dringen – sie schwieg. Eines Abends, als er aus dem Club nach Hause kam, fand er sie leblos auf dem Boden liegen mit einer blutenden Wunde am Hinterkopf. Im Krankenhaus erzählte sie ihm, sie sei gestürzt. Er glaubte die Geschichte nicht. Sie sprach nie mehr über den Vorfall. Carl-Axel begann, sich vor seiner Frau zu fürchten, und liebte sie umso mehr. Er verzog sich in seinen Club. Sie zog aus dem Schlafzimmer aus.

Söderström hatte dem Anruf Aussenbergs keine Bedeutung beigemessen. Er war verärgert, weil er an dem Abend zum ersten Mal in seinem Leben nur Zweiter im Bowling geworden war. Er spürte, dass auf der Sache kein Segen ruhte. Ruby, bei der Aussenberg zuerst angerufen hatte, wusste auch nichts Näheres. Sie vergaßen Aussenberg. Doch drei Monate später rief er wieder an. Es war ein Sonntagvormittag. Carl hatte mit seinem Freund Emil Sandvig die Nacht durchzecht. Als Ruby ihn weckte, traf ihn ein stechender Schmerz, der sich vom Kopfinnern gegen die Schädeldecke presste.

«Du musst übermorgen in Berlin sein. Wir machen einen Vertrag», brummte Aussenberg ins Telefon.

«Ich glaube nicht, dass ich das muss», sagte Carl.

«Du kannst einmal um die Welt fahren.»

«Um Himmels willen.»

«Du wirst berühmt.»

«Ich will nicht nach Hollywood.»

«Schau dich um. Wer ist noch in Stockholm? Sjöström ist in Amerika, Stiller ist in Amerika, die Garbo ist in Amerika. Willst du schwedische Fischer filmen?»

«Eigentlich möchte ich schwedische Fischer filmen», antwortete Carl-Axel, und es war ihm vollkommen ernst.

«Schlaf deinen Rausch aus. Ich ruf dich heute Nachmittag nochmal an.»

«Oder willst du für den Rest deines Lebens Sägeblätter schleifen?», fragte Ruby.

Als Carl-Axel im Büro der Fox-Film den Vorvertrag unterschrieben hatte, war ihm, als kröche er in einen anderen Menschen. Berlin war ihm Vorwarnung genug. Er kannte Stockholm, Oslo, Istanbul und Paris. Die Hässlichkeit der deutschen Metropole gab ihm eine Vorahnung auf das ganze Unternehmen. Er sollte mit einer Frau in einem halb fertigen Taxi um die Welt fahren. Er, der sich schon in einem Vorortszug am liebsten vor Heimweh übergeben hätte. Er war fest entschlossen abzulehnen. Aussenberg hielt den Namen der Frau bis zum Schluss zurück. Als Carl-Axel den Namen hörte, stürmten Kindheitserinnerungen auf ihn ein. Er war einmal in Asa gewesen, kurz vor dem Krieg.

«Heißt sie Clärenore?»

«Kennst du sie?», fragte Aussenberg und schaute ihn verblüfft an.

«Nein», sagte Carl.

«Hast wohl von ihr gelesen. Sie ist nicht einfach, aber ich glaube, du kommst mit ihr klar.»

Carl-Axel stand an Deck und schaute auf die Wellen. Es fiel ihm nicht ein, wie die Schwester dieser Clärenore Stinnes hieß, die er aus der umgestürzten Kutsche gerettet hatte. Ruby wurde bleich, als sie den Namen Stinnes hörte.

«Lass die Finger davon.»

«Du willst doch nach Berlin», sagte Carl-Axel.

«Aber nicht in einem Auto durch den Dschungel.»

«Stinnes. Hast du nicht gehört? Stinnes! Sie zahlt gut. Ein halbes Jahr im Voraus und jeden Monat Taschengeld. Das ist mehr, als ich hier verdiene.» Zum ersten Mal sah er, wie der Grund ihrer Augen sich trübte.

«Was hat diese Frau mit dir gemacht, dass du plötzlich um die Welt fahren willst?»

«Ich kenne sie gar nicht», sagte Carl und fand, dass das nicht gelogen war. «Ich habe nur mit Aussenberg verhandelt.»

«Wir brauchen das Geld nicht, und die Stinnes sind pleite.»

Carl-Axel hatte fünf Tage, um sich zu entscheiden. Am 18. Mai packte er seinen Koffer.

«Bitte bleib hier», sagte Ruby, als der Fahrer die Koffer ins Auto trug. «Du wirst mit dieser Frau ins Unglück fahren.»

«Vor ein paar Tagen hast du mir gesagt, ich soll die Reise machen. Du kennst sie doch gar nicht.»

Als Carl-Axel seine Frau zum letzten Mal umarmte, hatte er das Gefühl, an kochendes Metall zu fassen.

Clärenore saß in einem Fauteuil im Direktionszimmer der Fox-Film-Verwaltung in der Friedrichstraße. Neben ihr Nora, Valerij und Bü. Aussenberg saß an seinem Schreibtisch, und Hilde stand gelangweilt hinter ihm am Fenster. Bü weigerte sich, seinen Namen für das Unternehmen herzugeben. Er könne nichts dagegen tun, wenn Clärenore den Namen Stinnes in dieses kindische Unternehmen hineinzöge, aber gegen ein Etikett mit dem Namen Hugo Stinnes werde er gerichtlich vorgehen. Clärenore erinnerte ihren

Bruder daran, dass sie alle mit ihrem zweiten Vornamen Hugo hießen. Hugo junior stimmte einer Bürgschaft nur unter der Bedingung zu, dass Baron Rothschild ihm ein zinsloses Darlehen in derselben Höhe zusicherte. Rothschild nickte. Hugo junior unterschrieb, und Rothschild bemerkte beiläufig, während er sich von Aussenberg verabschiedete, dass er sich zum ersten Mal selbst beliehen habe. Auf Hugos Frage erklärte der Bankier, dass er soeben Aktien der New Yorker Stinnes-Holding in einer Menge habe erwerben können, die ihm eine Sperrminorität verschaffen würde.

«Sie sollten besser über Ihre Unternehmen informiert sein», sagte Rothschild. «Ihr Vater hätte es gewusst, noch bevor ich es wusste.»

Als er den Raum verlassen wollte, stieß Hugo mit einem großen, distinguiert aussehenden Herrn zusammen, der im Moment seines Erscheinens die Aufmerksamkeit der anwesenden Damen auf sich zog.

Nora wäre mit ihm am liebsten auf eine einsame Insel verschwunden. Zum ersten Mal in ihrem Leben beneidete sie Clärenore. Hilde wusste sofort, wen sie vor sich hatte. Clärenore war sich nicht sicher. Sie beschloss, den Mann nicht wiederzuerkennen und von ihrer beiläufigen Begegnung in der Kindheit keine Erwähnung zu machen. Sie musste sich aber eingestehen, dass ihr künftiger Reisebegleiter ihr nicht unangenehm war. Seine Augen, die Haare, der nordische Typ gefielen ihr. Er machte einen tatkräftigen Eindruck. Aber es war auch etwas Zögerliches an ihm, das sie für einen Moment zweifeln ließ, ob er den bevorstehenden Strapazen gewachsen sein würde – ein in den Augenblick verliebter Ästhet, der sich ständig selbst bedauern wird. Als sie ihm die Hand gab, spürte sie einen kräftigen Druck. Vielleicht kann er doch mehr als eine Kamerakurbel drehen, dachte sie.

Herr Söderström sprach sehr schlecht Deutsch. Clärenore sprach gleich Schwedisch mit ihm. Sie hielt die Möglichkeit, Schwedisch zu sprechen, für einen Vorteil. Sie konnte sich also mit ihm unterhalten, ohne dass die beiden Techniker gleich alles mitbekommen würden. Carl-Axel wusste nicht genau, wie er sich Fräulein Stinnes gegenüber verhalten sollte. Er beschloss abzuwarten. Im Moment hatte er den Eindruck, dass sie ihn nicht wiedererkannte. Wer weiß, wozu es gut ist, dachte er. Fräulein Stinnes erklärte die Vertragsbedingungen. Carl-Axel unterschrieb. Er unterschrieb auch einen Vertrag mit der Fox-Film und der Deulig-Wochenschau. Clärenore bat Herrn Söderström, ihr seinen Pass auszuhändigen. Sie beauftragte Valerij, die Passformalitäten für Russland zu erledigen, und gab ihm für Krestinskij ein Schreiben, das an den englischen und französischen Botschafter gerichtet war, mit der Bitte, Herrn Söderström dieselben Reisebedingungen zu gewähren wie ihr. Für Carl-Axel war sie ein General, der im Sandkasten seine Schlachten plante. Sie breitete eine Weltkarte auf Aussenbergs Schreibtisch aus.

Beim Anblick der roten Linie, die im Zickzackkurs über den Globus lief, wurde Carl schwindelig. Er setzte sich in einen Sessel und nickte zu den Erklärungen von Fräulein Stinnes. Er nahm kaum wahr, dass Baron Rothschild ihn mit einer beträchtlichen Menge an Bargeld ausstattete und Aussenberg ihm den Auftrag gab, sich zusätzlich zu der Kameraausrüstung, die ihm die Fox-Film zur Verfügung stellte, bei den Ica-Werken eine Spiegelreflex zu besorgen. Carl-Axel sah nur die Zickzacklinie, die wie eine elektrische Entladung durch seine Seele fuhr. Er erinnerte sich erst am nächsten Abend, als er schon im Schlafwagen nach Frankfurt saß, dass Fräulein Stinnes ihm zum Abschied die Hand entgegengestreckt, eine gute Zusammenarbeit gewünscht hatte und verschwunden war. Er nahm auch erst nachträglich wahr, dass er sich schon am übernächsten Tag auf dem

Gelände der Adler-Werke in Frankfurt einzufinden hatte. Er dachte an Ruby, und er nahm auch Hilde nicht wahr, die mit einer Bernsteinkette spielte und versuchte, Blickkontakt mit ihm herzustellen. Sein einziger Gedanke war, in der nächstbesten Agentur eine Versicherung abzuschließen – Unfall, Invalidität, Todesfall, Überführung des Sarges aus dem Ausland nach Schweden. Absicherung der Hinterbliebenen, Krankentagegeld, Berufsunfähigkeit. Erst als nur noch Aussenberg und Hilde im Zimmer waren, merkte er, dass die anderen gegangen waren. Hilde bot sich an, ihn auf seiner Einkaufstour zu begleiten und ihm als Dolmetscher zu dienen.

«Ich kann nicht so gut Schwedisch wie meine Schwester. Sie hat Ihre Sprache von einer Schulkameradin gelernt, aber ich war in den Sommerferien oft in Småland.»

«Asa», sagte Carl-Axel leise.

«Sie haben uns gleich wiedererkannt, nicht wahr? Was ist das? Schicksal?»

«Kennen Sie eine zuverlässige Versicherungsgesellschaft?»

Carl-Axel schloss bei der Nordstern zugunsten seiner Frau einen Vertrag über 70 000 Reichsmark ab. Danach war ihm besser zumute. Er kaufte den Fotoapparat und ging dann mit Hilde den Ku'damm hinauf. Sie schleppte ihn zu Adam's. Er kaufte einen Sportanzug, Schuhe, Strümpfe, Pullover, einen Ledermantel, eine Ledermütze, Handschuhe und einen Overall.

«Jetzt brauchst du noch einen Koffer», sagte Hilde und hakte ihn unter.

Er fühlte sich plötzlich wohl und fand die Zukunft spannend. Als sie ins Hotel Nordland kamen, lag schon sein Pass für ihn bereit.

«Clärenore», sagte Hilde. «Normalerweise dauert so was Wochen.»

Sie lud ihn zum Abendessen ein und versprach, ihn in zwei Stunden abzuholen. Er telefonierte mit Ruby.

«Wie ist sie?»

«Ein General. Ich denke, ich werde Probleme mit ihr haben.»

«Da kannst du sicher sein. Kauf dir eine Pistole.»

Ruby hängte ein. Erst jetzt wurde ihm klar, wo er war. Auf einem Sprung ins Wasser.

Auch Kempinski an der Leipziger richtete sich nach der neuen Mode. Russen, Krimsekt und Kaviar. Carl-Axel hatte einige Restaurants in Paris gesehen, ein Etablissement wie das Kempinski war ihm neu. Es hatte etwas von einer Bowlingbahn, jedenfalls was den Geräuschpegel anbelangte. Er hatte gedacht, Fräulein Stinnes zu treffen und noch einige Fragen klären zu können.

«Meine Schwester ist wohl schon auf dem Weg nach Frankfurt», sagte Hilde. Sie saßen mit Aussenberg und dem Baron Rothschild am Tisch und löffelten Kaviar. Als Carl-Axel einen leichten Druck auf dem Leder seiner rechten Schuhspitzen wahrnahm, bemühte er sich, das Gefühl, das seinen Körper in Pfefferminz tauchte, oberhalb der Tischplatte zu verleugnen. Lebensretter hatten sie ihn genannt, als er achtzehn war. Er war wie ein vom Glanz des Besitzes geblendeter Hintersasse mit zwei pubertierenden Millionärszicken über den Asasee gerudert. Er musste mit Hilde tanzen. Als sie auf dem Balkon Luft schnappten, zeigte sie ihm ihre Halskette. Sie deutete auf den Bernstein in der Mitte. «Hast du ihn nie vermisst?» Er erkannte den Stein an dem eingeschlossenen Insekt, das aussah wie ein Seestern. Der Stein war ein Geschenk seiner Schwester zur Konfirmation gewesen. Er erinnerte sich an jedes ihrer Worte. Er müsse ihn immer bei sich tragen. Eines Tages werde er ihn verlieren, und wenn ihn jemand fände und es wäre eine Frau in seinem Alter, dann würde ihn diese Frau heiraten. Carl-Axel rannen die Schweißtropfen in den Hemdkragen. «Ich bin verheiratet», sagte er.

Hilde lächelte ihn an, als sei er eben neu geboren. «Für Clärenore sind Männer nichts als Schmieröl.» Sie drückte ihm einen Kuss auf die Wange, und Aussenberg schrie: «So bleiben!» Neben ihnen stand ein Mann mit einem Fotoapparat, und Carl-Axel hielt still. Er hätte jedem General widersprochen, aber nicht dem Befehl eines Fotografen. Er genoss den Augenblick des Stillstands aller Dinge und Vorgänge, den Augenblick, in dem ein Fotograf die Welt anhielt, bis der Magnesiumstreifen abgebrannt war.

Er versuchte zu entkommen, aber der Morgen begann damit, dass er verschlief. Am Telefon sagte man ihm, dass der nächste Zug nach Saßnitz mit Anschluss an die Fähre erst am Abend gehe. Nachdem er einen Platz reservieren lassen hatte, rief er Ruby an, doch sie war den ganzen Tag nicht zu erreichen. Den Nachmittag verbrachte er im Botanischen Garten, um sicher zu sein, keinem Menschen zu begegnen, der irgendetwas mit der Familie Stinnes zu tun hatte. Sein Gepäck ließ er vom Hotel aus zum Bahnhof Friedrichstraße schaffen, die Ausrüstung hatte Aussenberg nach Frankfurt an die Adler-Werke aufgegeben. Carl-Axel hatte sich erkundigt, dass die Züge in Richtung Frankfurt vom Anhalter Bahnhof fuhren. Er löste einen Fahrschein nach Stockholm, fuhr zum Bahnhof Friedrichstraße und atmete zum ersten Mal aus, als er die Treppe zum Bahnsteig hinaufging. Er war eine Stunde zu früh, vorher ging noch ein Schnellzug nach Hannover. Er rechnete gerade aus, was er dem Baron Rothschild schuldete, als dieser ihn mit einer Champagnerflasche in der Hand begrüßte. «Na großartig. Wir waren schon in Sorge, dass Sie am falschen Bahnhof stehen!» Ehe Carl-Axel zu sich kam, lag er in einem Schlafwagen erster Klasse. Neben ihm ein Herr Lund aus Norwegen, der sich für den Champagner bedankte, als sie morgens um sechs in Frankfurt ankamen.

Clärenore wäre am liebsten auf die Avus gefahren. Noch einmal durchstarten, atmen, eins sein mit dem Motor, den sie kannte, der auch mit ihr einverstanden war. Man kann nicht mit einem Motor fahren, der einen nicht mag. Man kann nicht mit einem Auto fahren, das einem fremd ist. Sie hatte alles geplant, aber in ihrem Plan gab es noch ein paar vom Schicksal geschwärzte Stellen. Mit einem fabrikneuen Vehikel um die Welt fahren, das war wie ein Ehevertrag unter Blinden. Sie hätte den Standard gern eingefahren, ihn auf Herz und Nieren getestet, den Technikern gesagt, was sie ändern müssten. Jetzt hatte sie ein frisch lackiertes Unschuldslamm, die Nummer eins einer Fliessbandserie. Eigentlich genau das, was sie wollte, ein Tourenwagen ist etwas anderes als ein Rennwagen. Der Rennwagen ist ein Gerät. Ein Tourenwagen hat eine Seele wie ein Pferd oder ein Hund. Sie wollte mit Lord nach Weisskollm fahren, um ihn dort zu lassen. Das Tier weigerte sich einzusteigen. Der Gordonsetter biss verzweifelt um sich, als sie ihn ins Auto tragen wollte. «Auf deine Verantwortung», sagte sie. Sie hatte sowieso keine Lust, nach Weisskollm zu fahren und sich von ihrer Mutter zu verabschieden.

Sie fuhr in die obere Friedrichstraße. Als Kind war sie einmal bei einer Berlinreise mit den Eltern und mit Laura hier gewesen. Laura hatte einen Kneipier namens Ermano besucht, der mit Koeppen an einem Raketenauto herumgebastelt hatte. Irgendwas war ihr bei der Sache nicht geheuer gewesen. Laura hatte dem Mann damals einen dicken Umschlag mit Geld von Koeppen zugesteckt. Vielleicht wusste er etwas von Laura.

Ermano war noch immer der Besitzer der Kneipe. Er zapfte Bier. Er erkannte sie sofort, obwohl sie zehn Jahre älter und erwachsen war.

«Man liest, du gehst auf Weltreise.»

Sie zeigte ihm den Buddha. «Der ist von Laura. Wo ist sie?»

«Sie ist eine Mörderin. Sie ist in Schweden. Halt dich da raus.»

«Gib mir die Adresse.»

Ermano zuckte mit den Achseln. Als sie an der Tür war, stand er vor ihr und nahm sie in den Arm. Er steckte ihr, ohne dass sie es merkte, einen Bierdeckel in die Manteltasche. Darauf war kaum leserlich eine Adresse gekritzelt.

Am nächsten Vormittag fuhr Clärenore in die Douglasstraße, um sich von Nora und Hilde zu verabschieden. Hilde stellte ihr einen Jüngling vor, der sich verschämt ihre bildhauerischen Erzeugnisse anschaute. Der Jüngling war Geiger im Berliner Sinfonieorchester.

«Sein Vater ist Max Fiedler, der Dirigent. Er hat noch Brahms kennen gelernt», erklärte Hilde begeistert.

«Hat Söderström seinen Pass?», fragte Clärenore.

«Dein Carl ist wirklich süß. Schade, dass er verheiratet ist, sonst würde ich ihn dir glatt ausspannen. Ihr werdet euch schon noch näher kommen auf der Reise.»

«Er ist ein Angestellter.»

«Dann werde ich mich um deinen Angestellten kümmern.» Hilde legte ganz beiläufig das Foto auf den Tisch, auf dem sie Carl-Axel küsste.

Clärenore ärgerte sich über ihre Schwester und über das Bild. Sie tat, als bemerke sie es nicht, aber sie wusste, dass Hilde sie genau beobachtete. Sie umarmte Nora und würdigte Hilde keines Blickes. Sie konnte das Bild nicht loswerden, wie Hilde auf dem Schoß des Vaters gesessen hatte. Diesmal würde die Schwester ihr nicht mehr im Weg stehen.

«Grüßen Sie mir meine Heimat», sagte Vera Krestinskaja. Der Botschafter gab Clärenore einen verschlossenen Umschlag.

«Das ist besser als eine Pistole. Aber eine Pistole sollten Sie trotzdem dabei haben.»

«Unser Auto sieht jetzt schon aus wie eine fahrende Waffenhandlung.»

Krestinskij gab ihr noch einen Umschlag. «Damit Sie mit der ‹Waffenhandlung› keine Schwierigkeiten bekommen. Es sind die Unterschriften aller Kollegen dabei.»

«Ich kann also erschießen, wen ich will?»

«Sie können erschießen, wen Sie wollen. Sie sollten nur weit genug von Berlin weg sein und nicht auf einen GPU-Mann zielen.»

«Woran erkenne ich, ob jemand von der GPU ist?» Krestinskij küsste sie auf beide Wangen. Sie schaute ihm in die bebrillten Uhu-Augen. Außer ihrem Vater hatte sie noch keinem Mann so fest in die Augen geschaut. Der Uhu sah sie unverwandt an. Ich pflanze in euch den Zweifel und die Sehnsucht. Du wirst aufwachen und Bilder sehen und keine Grenzen mehr finden. Du wirst die große Kehrtwende wahrnehmen.

12. Der Welt einen Stempel aufdrücken

Der Wagen kam aus dem Werkstor gerollt. Er glänzte in der Sonne. Clärenore berührte mit dem Zeigefinger die Kühlerhaube. Der dunkelgrüne Lack war an der Oberfläche trocken, aber er roch noch zu frisch. Sie hatte es abgelehnt, mit einem stärkeren Motor zu fahren, weil sie in einem Auto um die Welt fahren wollte, das man im Laden kaufen konnte. Die einzige Veränderung waren zurückklappbare Sitze, damit man im Auto schlafen konnte. Der Fond war zu einer Ladefläche umgebaut. Motorleistung 50 PS, Sechszylinder, Dreiganggetriebe, Höchstgeschwindigkeit achtzig Stundenkilometer. Hinter der Limousine stand der Lastwagen. Erich Kleyer stellte Clärenore die beiden Mechaniker vor: Viktor Heidtlinger kannte sie bereits von den Avus-Rennen, der andere hieß Hans Grunow. Ein langer, drahtiger Kerl, der ständig lachte. Beide waren um die dreißig. Im Fabrikhof standen die Kisten mit den Ersatzteilen, dem Proviant und den Ausrüstungen. Der Lastwagen wurde beladen und wieder ausgeladen. Es wurde aussortiert, was nicht mehr hineinpasste. Die Gewehre wurden unter dem Dach des Standard in einer eigens dafür angebrachten Halterung befestigt. Spirituskocher und Geschirr wurden verstaut.

Gegen Mittag kam Söderström mit einem Taxi, das mit seiner Ausrüstung voll gestopft war. Es musste noch einmal aussortiert und neu gepackt werden. Am Abend standen die Wagen endlich abfahrbereit im Hof. Clärenore fuhr nach Wiesbaden und verbrachte die Nacht im Haus von Nora. Sie feierte mit Freunden aus Wiesbaden Abschied, tanzte bis in den Morgen Tango und dachte an die Abende in der Heimburg. Die Platten und das Grammophon nahm sie am nächsten Vormittag mit nach Frankfurt, dazu einen Korb mit hundertachtundzwanzig hart gekochten Eiern. Es gab keine Widerrede – die Sachen mussten mit und wurden von den kopfschüttelnden Ingenieuren im Lastwagen und in der Limousine verstaut.

Der Hof stand voller Journalisten. Söderström war dabei, seine Kamera aufzubauen, um die Abfahrt zu filmen. Clärenore gab bis zur letzten Minute Interviews. Sie fühlte sich wohl dabei. Dies war ganz und gar ihr Unternehmen, ihre Idee, ihre Leistung, ihr Erfolg oder Misserfolg. Einer der Reporter verglich ihre Fahrt mit dem Ozeanflug Lindberghs, der vier Tage zuvor in Paris gelandet war. Sie fand den Vergleich treffend. Was Lindbergh in der Luft gelungen war, würde sie mit dem Auto auf dem Landweg schaffen. Sie sagte, ihr Unternehmen sei von einer ähnlichen Tragweite für die Zukunft.

«Sie fährt kreuz und quer über den Erdball wie unsereins über Sonntag nach Lang-Enzersdorf, man hört zu, wie man einem lieben plaudernden Mädchen zuhört, fühlt sich so gar nicht einer Welteroberin gegenüber, bewundert das Dessin ihrer Herrenkrawatte, und der Schneider ihres Jacketts ist es bestimmt wert, daß Clärenore ihn am Ende ihrer Reise ebenso nennt, wie Lindbergh seinen Füllfeder-Lieferanten nicht vergessen hat», schrieb Erich Czech in der «Frankfurter Zeitung». Der Artikel endete mit den Sätzen: «Eineinhalb Jahre im Weekend-Wagen, auf russischen Steppen, in syrischen Wüsten, mitten drin in chinesischen und mexikanischen Wirren. Für eineinhalb Jahre ist Fräulein Stinnes ausgerüstet: mit drei Sportkostümen, drei Nachmittagskleidern, drei Abendkleidern. Sie hat ihren Abschluß mit einem großen Zeitungsverlag gemacht. Und einer Filmfirma natürlich. Darin zeigt sich die Tochter ihres Papas. Sie hat zwei Ingenieure mit und einen Filmoperateur. Journalisten hat sie keinen. Die Berichterstattung besorgt sie selbst.»

Sie musste aus dem Fabrikhof hinausfahren, gefolgt vom

Lastwagen. Sie musste winken. Dann alles zurück, weil eine Wolke die Abfahrt nicht ins rechte Licht gesetzt hatte. Sie wiederholten das Ganze dreimal. Clärenore hatte schon jetzt die Nase voll von dem Kameramann. Der Film war Nebensache. Das würde sie ihm schon noch klarmachen. Sie bestand auf Wimpeln. Rechts schwarzrotgold, links die Farben Preußens. Auf dem Lastwagen prangte das Logo der Firma Adler. Bis Aschaffenburg fuhren sie den Main entlang und dann durch den bayerischen Spessart bis Würzburg. Kurz vor Mitternacht erreichten sie Bamberg. Lord hatte es sich im Fond der Limousine zwischen den Proviantkisten bequem gemacht. Der Wagen schaukelte in den Kurven wie ein Fährdampfer. Carl-Axel wurde schlecht. Er wurde bleich und schnappte nach Luft. Clärenore sah ihren Begleiter von der Seite an und reichte ihm ein hart gekochtes Ei, nach dessen Genuss er sich im Straßengraben erbrach.

«Entweder Sie gewöhnen sich daran, oder Sie fahren von Bamberg direkt nach Schweden zurück», sagte Clärenore. Herr Söderström sagte für den Rest des Tages keinen Ton mehr. Empfindlich ist er auch noch, dachte Clärenore und sah schwarz für den Rest der Reise. In Bamberg gab es nichts Warmes mehr zu essen. Vier Stunden Nachtruhe. Fräulein Stinnes legte die Abfahrt auf fünf Uhr morgens fest.

Am zweiten Reisetag gab es nur eine Mittagspause von einer halben Stunde mit Brot und hart gekochten Eiern. Die Mechaniker machten finstere Gesichter. Söderström schien sich an das Auto gewöhnt zu haben. Er schlief und fing sogar an zu schnarchen, sodass sie ein paar Mal die Kurven etwas schärfer nahm, um sich des Geräusches zu entledigen. Lord saß hinter ihr und hatte seinen Kopf auf ihre Schulter gelegt, die Augen starr auf die Fahrbahn gerichtet. Sie fuhren bei Schrinding über die Grenze in die Tschechoslowakei, tauschten die Wimpel aus und waren froh, als sie abends in Karlsbad ankamen. Carl-Axel stürzte zwei Liter Bier hinunter. Die Hitze hatte ihn völlig ausgedörrt. Es gab Wiener Schnitzel und Knödel. Die Mechaniker murrten über das harsche Tempo.

«Beklagen Sie sich bei der Firma Adler», sagte Clärenore. «Wären die Wagen eher fertig gewesen, hätten wir uns Zeit lassen können. Wir müssen vor dem Winter durch Sibirien sein.»

Clärenore logierte im Grandhotel Pupp, ihre Angestellten schliefen in billigen Quartieren. Carl-Axel lief zwei Stunden durch das nächtliche Karlsbad. Den berühmten Kurort wollte er sich nicht entgehen lassen. Den nächsten Vormittag verschlief er im Wagen. Clärenore hatte Mühe, Herrn Söderström abzuwehren, wenn er in den Kurven im Schlaf an ihre Schulter rutschte. Wenigstens übergibt er sich nicht mehr, dachte sie und schöpfte ein wenig Hoffnung. Gegen Mittag ertönte plötzlich ein Kreischen aus dem Getriebe. Clärenore ließ den Wagen am Straßenrand ausrollen. Die Mechaniker stellten fest, dass die Kupplung zerrieben war. Eigentlich hätte so etwas nicht vorkommen dürfen, beteuerten sie. Clärenore war wütend, und Carl-Axel konnte sich des Eindrucks nicht erwehren, dass Heidtlinger mit einiger Schadenfreude den gesamten Kupplungsblock ausbaute. Die Reparatur dauerte sechs Stunden. Als Carl-Axel Fräulein Stinnes gegenüber Zweifel äußerte, ob die Wagen die ganze Strecke halten würden, sah er in ihren Augen offene Mordlust, und er beschloss, seine Kritik künftig seinem Tagebuch anzuvertrauen. Clärenore trieb die Männer trotz der Verzögerung bis Wien. Sie fuhren die ganze Nacht durch und kamen mit der Morgendämmerung in Wien an. Die Reservierung der Quartiere war bereits verfallen. Sie schliefen in den Autos und Clärenore in einem Zelt, das die todmüden Männer auf einer Wiese aufbauen mussten.

Von Wien bekamen sie nicht viel zu sehen. In der neutralen Zone zwischen Österreich und Ungarn hinter Komáron sprangen so viele Hasen auf der Straße herum, dass sie ihnen nicht ausweichen konnten. Von einem Tier, das sie überfahren hatten, gerieten Knochensplitter in den Ventilator des Lastwagens, der ein Loch in den Kühler riss. Clärenore und Carl-Axel fuhren weiter bis Budapest und schickten von der deutschen Vertretung Hilfe für den Lastwagen. Im dortigen Depot gab es zum Glück einen kompletten Kühler. Carl-Axel freute sich, dass die Montage zwei ganze Tage dauerte. Fräulein Stinnes verschwand in der deutschen Vertretung und ließ sich im Automobilclub feiern. Sie kümmerte sich nicht um ihre Angestellten. Carl-Axel war froh, sie erst bei der Abfahrt wiederzusehen. Sie hatte immerhin ein Zimmer für ihn im Hotel Continental in der Nadórstraße reservieren lassen. Abgesehen von Bukarest, Sofia und Istanbul sollten das für die nächsten Monate die letzten Nächte in einem sauberen Bett und mit akzeptablen sanitären Verhältnissen sein.

Carl-Axel schlenderte mit der Kamera am Donauufer entlang, fotografierte und filmte, saß im Park auf der Margareteninsel, lauschte auf der Fischerbastei einem Zigeunerorchester und betrank sich am Abend mit Tokaier. Am Donauufer traf er zwei deutsche Segler, die mit ihrem Boot über das Schwarze Meer und den Suezkanal die Welt umsegeln wollten. Sie wünschten sich gegenseitig Glück. Zurück im Hotel, füllte er die ersten Seiten seines Tagesbuchs, das er statt Briefen nach Hause schickte. Ruby hatte er von der Wiener Hauptpost zum letzten Mal angerufen. Als er ihre Stimme hörte, hatte er das Gefühl, in einem anderen Leben zu sein. Er sagte ihr, dass er lieber bei ihr wäre. Sie schwieg und hängte ein. Bei der Überlegung, was schlimmer sei, eine Autofahrt oder eine Segelfahrt um die Welt, schlief er ein und wurde bald vom Klopfen des Hotelboys geweckt. Er händigte ihm eine Depesche von Fräulein Stinnes mit dem

Abfahrtstermin und dem Treffpunkt aus. Schläft diese Frau denn nie, dachte er. Sie war ihm ein Rätsel. Mit so jemandem zusammenleben! Ein Grund, sich zu erschießen. Die Szene auf dem See in Asa kam ihm ins Gedächtnis. Wer von den beiden Schwestern hatte das Boot umgeworfen? Der Gedanke an Asa stimmte ihn milde. Und dann fing er laut an zu lachen. Bevor er wieder einschlief, dachte er, du bist einem weiblichen General ohne Armee in die Hände geraten, einem weiblichen Don Quijote oder einer Jeanne d'Arc, die gegen Windmühlen kämpft.

Clärenore saß im Automobilclub und erzählte dem Grafen Kolowrat, den sie von der Avus kannte und der zufällig ebenfalls in Budapest war, von ihrer Unternehmung. Sie tranken Tokaier und Champagner durcheinander und mischten gegen Mitternacht die Getränke. Sie tanzte mit «Sascha», wie der Graf in der Rennfahrerszene genannt wurde, Tango. Bei Sonnenaufgang saßen sie am Ufer der Donau.

«Ich fürchte, ich habe das falsche Auto erwischt», sagte Clärenore, «und ich glaube, ich bin mit drei Trotteln unterwegs. Dem einen wird dauernd schlecht, und die anderen beiden murren um jede Stunde, die sie länger als nötig arbeiten müssen. Wie kann man mit solchen Männern um die Welt fahren? Wenn die Stimmung nicht bald besser wird, sehe ich schwarz.»

«Wenn Sie durch den Balkan brettern wie über die Avus, glaube ich gern, dass die Kerle Angst vor Ihnen bekommen, gnädiges Fräulein.» Sascha zuckte zusammen, als ihr Kopf an seine Schulter sank und sie fest einschlief.

Hinter Szegedin hörten die geschotterten Pisten auf. Sie fuhren über Feldwege. Carl-Axel dröhnte der Kopf von dem tagelangen Motorengeräusch. Er hörte den Motor auch nachts. Der Straßenstaub war nicht mehr aus den Kleidern zu bekommen, er setzte sich am ganzen Körper fest. Carl-Axels Wut auf Fräulein Stinnes nahm täglich zu. Anderthalb

Jahre würde er es nicht neben dieser Frau im Auto aushalten. Was redet man mit einer eingebildeten Zicke, die nur aufs Steuerrad und auf Autofahren fixiert ist, die nicht nach rechts und links schaut, die keinen Blick hat für Landschaften, die um die Welt hetzt, ohne sie wahrzunehmen. Wozu hat sie einen Kameramann dabei, wenn sie nirgends anhält? Eine Frau, die sich in den großen Städten von den Automobilisten und Diplomaten feiern lässt und ihr eigenes Leben lebt, die ihre Mitfahrer behandelt, als seien sie auf dem Sklavenmarkt gekauft, und sie mit ihrem Geiz und ihrer Knausrigkeit in die peinlichsten Situationen bringt. In Szegedin war es genauso wie in Budapest: Sie, die nicht schnell genug vorankommen konnte, kontrollierte seine Hotelrechnung und fuhr zwanzig Kilometer zurück, um mit dem Portier über Pfennigbeträge zu feilschen. Wie sollte ein Mensch das aushalten – ein Jahr lang neben diesem Weib Schulter an Schulter durchgeschüttelt zu werden? Sein einziger Wunsch war zu verweilen. Augenblicke zu genießen.

Wie sollte sie das aushalten mit diesem Kameramann, der ständig nörgelte, der ewig Hunger hatte und dem schlecht wurde, wenn er sich den Magen voll geschlagen hatte und dann neben ihr einschlief? Ein Prasser, der nicht auf den Pfennig achtete, der sich von jedem Kellner übers Ohr hauen ließ. Sie konnte sich nicht vorstellen, es ein Jahr mit ihm auszuhalten. Ihr Ziel war, vor Einbruch des Winters durch Sibirien zu sein. Sie wollte die Welt umfahren zum Ruhm der deutschen Industrie. Es ging ihr nicht um pittoreske Bilder von Zigeunerorchestern. Was Söderström für die Wochenschau abliefern sollte, war vertraglich vereinbart. Er sollte die Autos filmen, wie sie mit Blumen bekränzt durch die Städte fuhren; die jubelnden Menschen am Straßenrand; die Empfänge durch die örtlichen Behörden und Automobilclubs, nicht mehr und nicht weniger. Sie machten keine Urlaubsreise. Das war eine Propagandafahrt zugunsten der deutschen Industrie! Noch mehr aber ärgerten sie die Mechaniker. Ihr Verhalten grenzte an Meuterei. Sie verlangten Ruhepausen. Und sie hatte das Gefühl, die beiden würden die Reparaturen absichtlich in die Länge ziehen, um nicht fahren zu müssen. Die Stimmung war schlecht. Fräulein Stinnes und Herr Söderström redeten während der Fahrt nur das Nötigste miteinander. Das Motorengeräusch war sowieso zu laut für sensible Unterhaltungen.

Nachdem sie die serbische Grenze bei Zemun überquert hatten, brach kurz vor Belgrad am Lastwagen das Kugellager der rechten Hinterachse. Clärenore und Carl-Axel fuhren voraus nach Belgrad. Im Depot der deutschen Vertretung war kein Kugellager vorhanden. – Zwangspause für ein paar Tage, bis ein neues Kugellager per Luftfracht aus Frankfurt angeliefert wurde. Heidtlinger vermutete, dass der Wagen zu schwer, zu hoch und zu hecklastig war. Er schaukelte wie auf hoher See über die unbefestigten Straßen. Die Mechaniker beschlossen, die Wartezeit dafür zu nutzen, den Kastenaufbau hinter den Schlafkojen der Fahrer abzusägen und durch eine Plane zu ersetzen. Carl-Axel atmete auf. Seine Gebete waren erhört worden, er hatte Zeit zum Drehen. Er filmte den Dorfschmied, wie er den Lastwagen zersägte, und dann die Umgebung von Belgrad. Er fand Zeit, die Filme in einem Fotolabor zu entwickeln und nach Berlin zu schicken. Fräulein Stinnes und er wohnten diesmal im selben Hotel. Das Hotel Petrograd war sauber und nicht so teuer wie die Hotels in Wien und Budapest. Er hoffte, dass die Laune von Fräulein Stinnes dadurch etwas besser werden würde. Sie verschwand wieder im örtlichen Automobilclub. Er erhielt eine Drehgenehmigung für die Stadt. Die Leute versammelten sich um seine Kamera. Bei der Abfahrt aus Belgrad waren die Wagen mit Blumen bekränzt.

Hinter Niš begann die Schinderei. Es gab weder Straßen noch Wege im Grenzgebiet zu Bulgarien. Sie mussten im

Bett der Nišava fahren. Söderström und Grunow gingen im Wasser vor den Wagen her, räumten Felsbrocken weg und füllten Löcher mit Geröll. Eine Schinderei wie im Steinbruch. Sie brauchten sechs Stunden für zehn Kilometer, aber sie kamen ohne Panne in Sofia an. Fräulein Stinnes war etwas milder gestimmt. Sie schien sich in ihr Schicksal zu fügen. Offenbar begann sie einzusehen, dass die Straßenlinie, die sie so flott mit rotem und schwarzem Stift in ihre Landkarten eingezeichnet hatte, in Wirklichkeit durch eine unbefahrbare Wildnis führte. Die wenigen Stunden, die Clärenore zum Schlafen blieben, saß sie über ihren Karten, korrigierte den Zeitplan nach unten und kalkulierte die künftigen Streckenabschnitte neu. Dann schrieb sie ihre Presseberichte. Carl-Axel war beeindruckt, als er es merkte, und er bekam Mitleid mit der Frau. Er wusste nicht, ob er fürchten oder hoffen sollte, dass sie die Reise körperlich nicht durchstand. Er hätte sich solche Überlegungen sparen können.

Schon weit vor Sofia wurden sie von Abordnungen des bulgarischen Automobilclubs und der deutschen Gesandtschaft empfangen. Menschen jubelten, und ein Schüler sagte ein Gedicht auf. Eine Eskorte begleitete sie in die Stadt und legte den Verkehr lahm. Sie stiegen im Imperial in der Rakowskistraße ab. Der Königspalast und die deutsche Botschaft lagen ganz in der Nähe. Carl-Axel hörte schon wieder Fräulein Stinnes' Gejammer über die Hotelpreise. Sie war beim bulgarischen Staatsoberhaupt Zar Boris III. zum Tee eingeladen. Der Zar war ein Autonarr und hatte Erfahrung im Fahren ohne Straßen. Er warnte sie vor dem hundertmal höheren Materialverschleiß bei Getriebe und Motor auf der Strecke, die vor ihnen lag. Sie hätten damit zu rechnen, dass im Schnitt alle zweitausend Kilometer beide Achsenwellen brechen würden. Clärenore gab noch am Abend Bestellungen für neue Ersatzteile nach Frankfurt durch. Die Depots wurden mit Kardanwellen ausgestattet. Sie ahnte nicht im Geringsten, was ihr bevorstand, und hätte Carl-Axel es geahnt, wäre er am nächsten Morgen desertiert. So ist das mit Firmengründungen, Entdeckungsfahrten, Ehen, Kriegen. Die Menschen ziehen in die Schlachten, weil sie nicht genau wissen, was ihnen bevorsteht.

Die Schluchten des Balkan wurden schlimmer. Marodierende Räuberbanden mit schnellen Pferden hätten ein leichtes Spiel mit den dahindümpelnden Ganzmetallkästen von Ambi-Budd gehabt. Carl-Axel war während dieses Streckenabschnitts zum ersten Mal vollkommen einverstanden mit Fräulein Stinnes' Hetzerei. Er suchte mit dem Fernglas die Berghänge ab. Der Lastwagen kam nach dem Umbau besser voran. Sie stiegen am Rand steiler Schluchten in unzähligen Windungen den Trajanstorpass hinauf und auf der anderen Seite hinab ins Tal der Maritza. Zum ersten Mal seit Wien waren sie in der vorher berechneten Zeit am Ziel einer Etappe. An der Grenze zur Türkei mussten sie nicht warten, und die Straßen waren besser, als sie vermutet hatten. Dafür setzte Dauerregen ein. Als sie am Abend in Edirne/Adrianopel ankamen, gab es nur noch Quartier in einer Kaschemme. Die Depeschen, die Clärenore von Belgrad vorausgeschickt hatte, waren nicht angekommen. Für Clärenore, Söderström und die Mechaniker standen lediglich zwei Feldbetten im Speiseraum zur Verfügung. Clärenore schlug vor, um die Betten zu losen. Carl-Axel bot ihr sein Feldbett an. Sie bestand darauf, im Schlafsack auf der Theke zu schlafen. Er wusste nicht, ob er sich darüber ärgern oder sie bewundern sollte. Er zog es vor, sich zu ärgern. Eine Stinnes lässt sich nicht von Angestellten einladen. Aber wirft man mit seinen Sklaven eine Münze um eine bequeme Schlafstatt, die einem selbst zugestanden hätte? Carl-Axel hatte in dieser Nacht viel Zeit, über das Problem Stinnes nachzudenken, denn das Krabbeln der Kakerlaken und die Bisse der

Wanzen ließen ihn nicht schlafen. Er hätte viel lieber an Ruby gedacht. Warum tat er es nicht?

Es war, als wirkten zwei gegensätzliche Kräfte auf das Weltfahrtunternehmen ein. Die voranstrebende von Clärenore und die beharrende von Carl-Axel. Sie freute sich über jede durchfahrene Nacht, er freute sich über jede Panne, die die Fahrt verlangsamte und ihm Muße gab, den Stillstand zu genießen, zu fotografieren und sein Tagebuch zu schreiben. Auf der etwa zweihundert Kilometer langen Strecke von Adrianopel bis Istanbul konnte Carl-Axel den Stillstand reichlich genießen. Das lag weniger am Regen und an der Tatsache, dass der Lastwagen immer wieder im Schlamm versank und mit Seilwinden herausgezogen werden musste, sondern am Misstrauen der türkischen Militärs und der Zollbeamten. Die direkte Strecke nach Istanbul war wegen ihrer militärischen Bedeutung für den Privatverkehr gesperrt. Clärenore hatte aber über Berlin bereits vor Reiseantritt eine Sondererlaubnis erwirkt. Das Papier stürzte für die örtlichen Behörden die Weltordnung um. Also wurde in jedem Dorf versucht, die Wagen an der Weiterfahrt zu hindern. Acht Stunden Pass- und Zollkontrolle waren keine Seltenheit. In jedem Dorf wurden die Pässe kontrolliert, und es wurde auf eine Bestätigung per Draht aus Ankara gewartet, die sich oft um Stunden verzögerte, weil dort niemand zu sprechen oder zuständig war. Während dieser Zeit schauten sich die örtlichen Zollbeamten das Gepäck im Lastwagen und im Standard an, drehten jede Schraube um und verlangten für jedes Ersatzteil eine Erklärung.

Carl-Axel kam bei den Aufenthalten nicht auf seine Kosten, denn Fotografieren war verboten, und er musste mehrere Male um seine Kameraausrüstung fürchten. Er sah Fräulein Stinnes mit einer gewissen Schadenfreude zu, wie sie um ihre Waffen und Ersatzteile kämpfte, und sie schaute mit gleichen Gefühlen Herrn Söderström zu, wie er um seine

Clärenore Stinnes als Sechsjährige

Hugo Stinnes mit seinen Töchtern Clärenore (rechts) und Hilde

Die Kinder 1920.
Hinten: Hilde, Edmund, Otto, Clärenore.
Mitte: Hugo jun. mit seiner Frau Tilde und Sohn Dieter.
Vorne: Else und Ernst

Asa Gård

Weißkollm

Familie Stinnes 1915:
Edmund, Ernst, Cläre, Clärenore, Else, Otto,
Hugo sen., Hugo jun. und Hilde

Clärenore und Hugo Stinnes
mit Nora Dunlop

Hugo Stinnes in den
zwanziger Jahren

Trauerfeier für
Hugo Stinnes in
der Douglas-
straße in Berlin

ADLER-Reklame

Die Rennfahrerin Clärenore Stinnes

Clärenore Stinnes während der Weltfahrt

Clärenore mit ihrem Aga-Wagen, mit dem sie an einer Russlandfahrt teilnahm

Clärenore Stinnes und Carl-Axel Söderström planen die Weltreise

Hochzeitsbild von Clärenore und Carl-Axel

Clärenore Stinnes beim Signieren ihres Buches

Carl-Axel Söderström mit Kamera

Die Fahrzeuge werden auf Güterwagen verladen

Kurz vor Tiflis: Bei nächtlicher Fahrt ist der Begleit-LKW umgekippt

Clärenore Stinnes und Carl-Axel Söderström auf dem Zug nach Rostov (Sowjetunion); links und rechts die beiden Mechaniker der Adler-Werke

Clärenore Stinnes auf einer russischen Dorfstraße

Abendessen-Zubereitung

Carl-Axel Söderström in Novosibirsk

Clärenore Stinnes auf dem Baikalsee ...

... und in der Wüste Gobi

Kurze Rast unter der chinesischen Sonne

Peruanische Helfer ziehen den Adler Standard 6 über den Pazifik-Strand

Carl-Axel Söderström installiert seine Kamera bei den Ming-Gräbern

Das Team erholt sich von einer halsbrecherischen Talfahrt

Bei der Überquerung der peruanischen Anden

Begrüßung durch Henry Ford in Detroit

Kameras rang. Am liebsten hätten die Dorfkönige einer nach dem andern alles beschlagnahmt und versilbert. Dass das nicht geschah, war nur der Anwesenheit des Polizeipräsidenten aus Edirne zu verdanken, der sie begleitete. Die Dorfbewohner bewirteten sie mit türkischem Mokka, und manchmal wurde sogar ein Hammel oder ein Huhn geschlachtet. «Wirklich liebenswürdige Menschen, die Türken», sagte Carl-Axel, als sie nach einem halben Tag Aufenthalt mal wieder einem Dorf entkommen waren und die Minarettnadel des nächsten Ortes bereits vor ihnen auftauchte. Da fing Fräulein Stinnes an zu lachen. Es war ein befreiendes Lachen. Zum ersten Mal schlug sie ihm, während sie die Fahrbahn nicht aus den Augen ließ, mit der Hand auf die Schulter.

In Istanbul logierten sie im Pera Palace jenseits des Goldenen Horns. Sie waren todmüde, aber die Behörden hielten sie noch einen ganzen Tag mit Anmeldeformalitäten auf Trab. Nach Tagen endlich wieder ein heißes Bad. Carl-Axel stürzte sich in die Wanne, versank im warmen Wasser und schlief danach sofort ein. Am Morgen riss ihn Fräulein Stinnes mit scharfem Pochen aus dem Bett. Hätte er gewusst, was ihnen in den nächsten Tagen bevorstand, wäre er liegen geblieben.

Von Stambul sahen sie nur die Minarette, die aus dem blendenden grauen Dächer- und Kuppelmeer der Altstadt in die Sonne schossen. Carl-Axel und Clärenore kannten die Stadt am Bosporus. Grunow und Heidtlinger waren ganz still, als sie vom Bug der Fähre Asien entgegenschauten. Heidtlinger hatte Grunow seine Fahrt mit Clärenore durch den Kaukasus in immer finsterer werdenden Farben ausgemalt und als seine und ihre größte Heldentat hingestellt, gegen die die Fahrt durch die Schluchten des Balkan eine Spessarttour gewesen sei. «Anatolien ist ein Kinderspiel gegen den Kaukasus», sagte er und lehnte sich mit dem Rücken an die Reling.

«Bis jetzt war noch nichts ein Kinderspiel», sagte Grunow, «und wir haben nicht einmal ein Zehntel der Strecke.»

Sie mussten die Autos auf den Zug verladen, denn für eine Erlaubnis, durch die entmilitarisierte Zone entlang der Bosporusküste zu fahren, die von den Alliierten kontrolliert wurde, reichten nicht einmal die Verbindungen einer Stinnes. Carl-Axel nahm mit einem Anflug von Genugtuung zur Kenntnis, dass der Name Stinnes eben doch nicht alle Türen und Grenzen öffnen konnte. Zum ersten Mal wurden die Autos auf offene Güterwaggons gefahren. Eine heillose Prozedur, die ihnen noch zur Gewohnheit werden sollte. Wieder durfte er nicht filmen, aber er schoss im Bahnhof von Haidar Pascha heimlich ein paar Fotos von der Menschenmenge, die staunend die Verladung verfolgte, und von Fräulein Stinnes, die in Schlips und Kragen neben dem Standard haarscharf an der Bordkante des Waggons posierte. Es wurden Brote gereicht, die Fräulein Stinnes für alle schmierte. Sie schliefen in den Wagen. Nur Fräulein Stinnes und der Begleiter durch Anatolien, Jussuf Bey, blieben wach, um den Bahnhof am Ende der Zone nicht zu versäumen. Was für ein Gefühl, auf sanftem Schienenpochen dahinzuschweben! Mitten in der Nacht wurden die Wagen ausgeladen. Carl-Axel wünschte sich, dass irgendjemand käme und sie zwingen würde, bis Beirut auf der Bahn zu bleiben.

Am nächsten Morgen fuhren sie durch das Tal der Sakarya. Der Weg war viel zu schmal für den Lastwagen. Grunow und Heidtlinger mussten einige Stellen mit Steinen und Holz abstützen, damit der Wagen nicht in den Fluss stürzte. Der Weg führte über eine Brücke und wand sich dann aus dem Tal in eine steile Bergwand hinein. Sie mussten die Brücke mit hoher Geschwindigkeit nehmen, damit sie nicht zusammenbrach. Clärenore nahm die Kühlerfigur des Adler ins Visier und gab Gas wie bei einem Rennstart.

Natürlich war Herr Söderström vorher ausgestiegen. Sie fuhr auch den Lastwagen hinüber, nachdem sich die Mechaniker geweigert hatten, die Brücke zu überqueren. Es war eine Blamage für die Herren, die sich zu Fuß über die Brücke tasteten und stumm von ihr empfangen wurden. Sie sagte den ganzen Tag nichts mehr. Mit einem dumpfen Gefühl im Magen fuhren sie die Passstraße hinauf. Von einem bestimmten Moment an war allen klar, dass es kein Zurück mehr gab und dass nur noch schnelles Fahren sie vor einem Absturz in die Tiefe bewahrte. Clärenore fuhr wie der Teufel, schaute nicht nach links und rechts. Sie hatte einen Spielraum von zehn Zentimetern. Löcher in der Piste überfuhr sie, indem sie Gas gab. Sie schaltete ihre Gedanken ab, um nicht zur Kenntnis nehmen zu müssen, wie nah sie an ihrem und am Tod ihres Beifahrers vorbeiflog. Das war kein Spiel mehr. Sie sah vor ihren Augen die Todesbresche in der Nordkurve der Avus, und als sie am Abend in ihrem Schlafsack lag, fing sie an zu zittern. Ihr wurde auf einmal klar, was für ein Höllenwahnsinn das Unternehmen war. Was hätte Hugo Stinnes dazu gesagt? Sie hatte keine Bedenken, ihr Leben aufs Spiel zu setzen, aber das der anderen? Zum ersten Mal fühlte sie so etwas wie Respekt gegenüber Söderström, der ihren Fahrkünsten offenbar blind vertraute.

Carl-Axel schloss die Augen und war davon überzeugt, sie erst im Jenseits wieder zu öffnen. An Stellen, die vom Regen so stark ausgewaschen waren, dass die Wagen umkippen konnten, fuhren sie auf zwei Rädern. Die drei Männer hängten sich an die Bergseite des Lastwagens, um das Schwergewicht in der Überlebenszone zu halten. Die Mechaniker weigerten sich zu fahren. Carl-Axel schlug vor auszulosen. Clärenore beendete die Diskussion, indem sie sich ans Steuer setzte. Zum zweiten Mal trauten sich die Herren nicht, Fräulein Stinnes in die Augen zu schauen. Sie arbeiteten sechzehn Stunden am Tag – mehr mit Spaten und Pickel als am Steuer – und kamen nach drei Tagen vollkommen erschöpft über Geyve und Göynük in Ankara an.

Ankara war ein lehmiges Nest. Kilometerstand 3687, notierte Carl-Axel im Bahnhofshotel in sein Tagebuch. Sein Magen war am Ende. Er konnte seit Tagen nur noch Tee zu sich nehmen. Die Männer gingen der Frau, die ihnen bewiesen hatte, dass das Unmögliche zu schaffen war, aus dem Weg. Carl-Axel betrank sich bis kurz vor dem Magendurchbruch mit Grunow und Heidtlinger im Bahnhofshotel mit Raki, der hier dank einer Sondererlaubnis Atatürks an Ausländer ausgeschenkt werden durfte. Sie tranken auf den Staatschef der Türkei, von dem sie wussten, dass er ein Freund des türkischen Schnapses war. Fräulein Stinnes war am Abend in der neuen deutschen Botschaft beim deutschen Repräsentanten Rudolf Nadolny eingeladen. Die Reise war eine Schinderei, ein Kampf mit dem Auto gegen rückständige Straßenverhältnisse. Sie war aber auch ein Privatkampf von Fräulein Stinnes. Wollte sie der Welt beweisen, dass die deutsche Industrie Weltspitze war, oder wollte sie ihrem Vater beweisen, dass sie nicht nur ein Mann, sondern besser war als alle Männer? Carl-Axel erinnerte sich an die Atmosphäre in Asa. Kurz bevor er dort zu Besuch kam, war Hugo Stinnes abgereist, aber der Nachhall war noch deutlich im Verhalten und in den Augen des Personals zu spüren gewesen. Die Menschen waren auf dem Gut herumgelaufen, befreit und orientierungslos zugleich, als hätten die Wege plötzlich keine Wegweiser mehr. Hatte Fräulein Stinnes deshalb eine Reise durch Welten ohne Wegweiser angetreten?

Die Fahrt durch Anatolien wurde von den üblichen Motorpannen unterbrochen. Sie lebten von dem, was sie von den Kurden kaufen konnten. Die Hühner waren allerdings so zäh, dass nur Lord davon satt wurde. Die Herren stellten fest, dass Clärenores Fahrkünste wesentlich besser waren als ihre Kochkünste und dass sich ihr Improvisationstalent, das sie bei der Reparatur von Motoren bewies, nicht auf den Inhalt der Pfanne auf dem Spirituskocher erstreckte. So sind Frauen, die von Gouvernanten erzogen und von Köchinnen bekocht werden, sagte sich Carl-Axel, und er dachte an Ruby, die in der kleinen Studiokombüse Wundermahlzeiten für das ganze Team aus Forellen, Lachsen und Krebsen gezaubert hatte. Dafür schienen Fräulein Stinnes Wanzen und Flöhe nichts auszumachen. Carl-Axel war jedes Mal, wenn neugierige Kurdenfamilien ihr Zelt besichtigt hatten und danach mit Zigaretten und Wasser bewirtet worden waren, mit der Flitspritze unterwegs. Nachdem er trotz aller Desinfektionsbemühungen weiterhin von springenden und beißenden Insekten angegriffen wurde, die Clärenores Mantel- und Jackentaschen offensichtlich als Rückzugsterrain für ihre Armeen nutzten, bat er sie, auf die frische Ersatzmontur zurückzugreifen, bis in Adana alles der chemischen Reinigung übergeben würde. Clärenore ärgerte sich über die empfindliche Haut von Herrn Söderström, wickelte die gebrauchten Kleider dann aber doch in einen Beutel und zog den Anzug aus ihrem Koffer, der zuletzt in Sofia gereinigt worden war. Zum ersten Mal auf der Reise zog sie für die kalten Nächte im anatolischen Hochland einen Mantel über, der seit Berlin im Gepäck lag. In einer Tasche fand sie einen Bierdeckel mit einer Adresse. Das hatte Ermano geschrieben, es war die Adresse Lauras. Zu lesen war nur Laura S., der Nachname sowie Straße und Ort waren unleserlich. War der Name der Stadt Stockholm?

Vor dem Tauruspass kapitulierte der Lastwagen endgültig. Heidtlinger hoffte, ihn in Adana vor der Fahrt durch die Syrische Wüste von Grund auf überholen zu können. In Adana waren alle erforderlichen Ersatzteile im Depot. Sie luden den Lastwagen auf die Bagdadbahn. Die Passstraße über die Kilikische Pforte, durch die seit Jahrtausenden alle europäischen und asiatischen Völker gewandert waren, war von einem Bergrutsch verschüttet worden. Sie mussten auch den Standard auf die Bahn verladen. Clärenore ärgerte sich, dass ihr diese Prüfungsstrecke verloren ging. Eine Todesfalle weniger, frohlockte Carl-Axel und machte es sich im Schlafsack auf dem Waggonboden bequem. Endlich eine Nacht ohne Ungeziefer. Dafür wurde es so kalt, dass sie sich ins Auto verkrochen. Am nächsten Tag fuhr der Zug an Schluchten entlang, die bis zu tausend Meter tief abstürzten. Irgendwo da unten, erzählte Jussuf Bey, würden mindestens dreißig deutsche Armeelastwagen aus dem Weltkrieg liegen. In Yenice luden sie die Limousine ab. Carl-Axel rann der Schweiß aus allen Poren. Sie waren zweitausend Meter vom anatolischen Hochplateau ans hochsommerliche Mittelmeer hinabgestiegen. Von jetzt an war die Hitze ihr täglicher Begleiter.

Es stellte sich heraus, dass der Lastwagen erst in Beirut repariert werden konnte, weil das Depot dort angelegt worden war. Der Lastwagen blieb also auf der Bahn. Carl-Axel hatte sich heimlich gewünscht, bis Beirut Bahn zu fahren. Als Fräulein Stinnes ihm befahl, mit Grunow den Lastwagen zu begleiten, während sie mit Heidtlinger durch das Grenzgebiet über Alexandrette fahren wollte, war er enttäuscht. Er ärgerte sich über ihre Entscheidung. Warum wollte sie nicht mit ihm weiterfahren? Jussuf Bey erzählte, dass das Grenzgebiet zwischen der Türkei und dem französisch besetzten Syrien vollkommen vernachlässigt sei. Aufgerissene Straßen, gesprengte Brücken. Hatte sie kein Vertrauen zu ihm, der über den Schluchten des Balkans so viel Vertrauen zu ihr gehabt hatte? Er fand das ungerecht und war entschlossen, von Beirut aus nach Hause zu fahren.

Beirut sah aus wie eine Baustelle oder wie nach einem Krieg. Es war nicht klar, ob sich die Stadt im Stadium des Abrisses oder des Wiederaufbaus befand. Sie logierten außerhalb der Stadt in einem Hotel am Meer. Es gab Clubs für

Wassersport und Badeanstalten, und Carl-Axel war mit seinem Schicksal fast schon wieder versöhnt, als Fräulein Stinnes eintraf. Sie hielt nichts von Badeanstalten, sondern stürzte sich in die Brandung des offenen Meeres und verspottete Carl-Axel als schwedischen Seeotter. Carl-Axel hatte sie drei Tage nicht gesehen. Jetzt sah er sie plötzlich mit anderen Augen. Sie war tief gebräunt und noch zierlicher, schlanker und drahtiger geworden. Diese Person bestand nur aus dem Willen voranzukommen. Sollte er sie dafür bewundern? War die dreitägige Trennung ein bewusster Schachzug von ihr gewesen, um ihm diesen Blick aus einiger Distanz zu verschaffen? Sollte er ihr so viel Raffinesse zutrauen? Immerhin hatte er an ihr eine große Begabung festgestellt, sich im richtigen Moment publikumswirksam für ihre Sache in Szene zu setzen. Würde sie das auch für sich selbst tun, aus weiblicher Eitelkeit? Carl-Axel war sich in diesem Punkt durchaus nicht sicher. Sein Plan abzureisen schmolz dahin. Er folgte ihr sogar in die Brandung und entdeckte, dass man sich auch im Wasser wohl fühlen konnte, wenn es nicht still war wie ein See, sondern tobte und brauste.

Carl-Axel schlief jeden Morgen bis halb zwölf und ging dann auf Motivsuche. Er ahnte, dass die kommenden Wochen härter werden würden als alle vorangegangenen. Er nahm sich vor, einen längeren Dokumentarfilm über Beirut zu drehen und ihn unter seinem Namen an die Fox-Film und durch Vermittlung Aussenbergs vielleicht nach Amerika zu verkaufen. Ganz ohne Stinnes. Er hatte etwa zwei Drittel der Aufnahmen im Kasten, da kam Stinnes und blies zum Aufbruch. Er bat um einen Tag Aufschub, aber sie ließ nicht mit sich handeln. Sie waren gerade oben in den Bergen und genossen die kühlere Luft. Sie schickte ihn in die Stadt, um die Abreise vorzubereiten. Das Filmprojekt konnte er vergessen, und die Ruhe war dahin. Der ganze Hass auf

Fräulein Stinnes brach wieder hervor. Er war eben doch nur ein Domestik für sie.

Die Wagen waren überholt und gewaschen. Am letzten Tag gab es zum Abschied ein Frühstück beim französischen Oberkommissar und Botschafter Henri Ponçet. Es war das erste Mal, dass Fräulein Stinnes ihn zu einem Diplomatenessen mitnahm. War er doch nicht der Domestik?

«Ich bewundere Sie, Mademoiselle», sagte der Botschafter, «aber ich beneide Sie nicht.»

Am nächsten Morgen sprang Carl-Axel um fünf aus dem Bett, damit um sieben alles startbereit war – Koffer schleppen, verladen. Er saß im Wagen. Im Lastwagen warteten Heidtlinger und Grunow. Nur Fräulein Stinnes erschien nicht. Zwei Stunden später kam sie mit Lord angeschlendert. Sie ging an die Hotelrezeption und fing ihr Palaver um die Rechnung an. Gegen Mittag brachen sie auf. Fräulein Stinnes setzte sich, ohne ein Wort der Entschuldigung oder eine Erklärung abzugeben, ans Steuer. Die Stimmung war wieder einmal auf dem Nullpunkt. Es war mehr als Verzweiflung und Mutlosigkeit, die Carl-Axel empfand. Er war einfach nur traurig. Sie fuhren schweigend über die gut ausgebauten Straßen des Libanongebirges, des Antilibanon und erreichten am Abend Damaskus. Nach der Ankunft im Grand Hotel d'Orient, das von außen passabel aussah, sich aber als Läusefalle erwies, händigte Fräulein Stinnes Carl-Axel sein Gehalt in einem Umschlag aus, nur elf Tage verspätet. Es waren diesmal dreißig statt der üblichen vierundzwanzig Pfund Sterling, die er monatlich zu der Pauschalsumme erhielt. Als er auf seinem Zimmer war, brachte sie ihm noch einen Umschlag, der sein Reisetaschengeld enthielt. Carl-Axel bekam das Geld aus der Reisekasse, über die Fräulein Stinnes jeden Abend bis auf den Pfennig Buch führte. Er war halbwegs versöhnt, aber er ärgerte sich, dass er das Geld erst von Teheran aus nach Hause schicken konnte, weil in Damaskus wegen des Quatorze Juillet, den die Franzosen auch hier feierten, keine Bank geöffnet hatte. Sie gab ihm sogar einen Tag Zeit, um die Ruinen von Baalbek zu filmen, wobei er sich einen Sonnenstich zuzog. Er wurde nicht schlau aus dieser Frau.

Sie starteten um sieben Uhr in Richtung Wüste. Nach dreißig Kilometern lag die Syrische Wüste vor ihnen. Sie mussten warten, bis sich der Autokonvoi versammelt hatte. Man durfte nur in Kolonnen über die Wüstenpiste fahren, wegen der Überfälle sowie der Gefahr, vom Kurs abzukommen und zu verdursten. Vierhundertsechzig Kilometer lagen vor ihnen. Der arabische Dolmetscher fuhr im Lastwagen mit. Staub und Hitze. Die Sandfahnen der vorausfahrenden Wagen nahmen ihnen die Sicht. Das Thermometer zeigte dreiundfünfzig Grad im Schatten – unter dem Auto. Die Karawanenstraße war nur an den Wagenspuren und an den Autowracks rechts und links der Piste zu erkennen. Rings um die Wagen hingen Wassersäcke. Die meisten waren für die Kühler, nur ein paar für die Menschen. Selbst wenn Carl-Axel Lust dazu gehabt hätte, er hätte nicht sprechen können. Der Gaumen war so trocken, dass die Zunge daran festklebte.

Nach hundert Kilometern sprang durch Steinschlag der Benzintank des Lastwagens leck. Grunow und Heidtlinger zurrten in höchster Eile mit Seilen einen Benzinkanister auf dem Dach fest und legten von dort einen Schlauch zum Motor. Die Grundregel der Konvois war, Autos liegen zu lassen, die nicht innerhalb einer Stunde wieder flott gemacht werden konnten. Um die Mittagszeit explodierten in der Hitze zwei Reifen des Lastwagens. Sie hatten Glück, dass noch andere Reifen an den Wagen des Konvois platzten. Man teilte sich in zwei Abteilungen. Die schnelleren und leichteren Wagen durften zur Oase Rutbah vorausfahren. Clärenore fuhr die letzten hundert Kilometer mit Vollgas und belegte den ersten Platz beim Wüstenrennen. Die Araber hielten sie wegen ihrer Männerkleider für einen Mann und beglückwünschten sie. Wenn sie gewusst hätten, dass sie es mit einer Frau zu tun hatten, wäre ihre Welt zusammengebrochen. Carl-Axel stürzte so viel Bier hinunter, wie ein Benzintank gefasst hätte, und ließ sich ins trockene Gras des Oasenbodens fallen. Er wollte keine feste Nahrung zu sich nehmen, aber Clärenore zwang ihn dazu, ein paar Stückchen Hammelfleisch zu essen. Nach einer Art Ohnmachtsschlaf von etwa einer Stunde schlug er die Augen auf und sah in einen dunkelroten Himmel. Er kletterte auf eine Düne und schaute in den Sonnenuntergang. Dahinten am Horizont sah er Wälder und Seen. Er sah den Asasee, und aus einer Waldlichtung kam Ruby auf ihn zugelaufen.

Clärenore fand Herrn Söderström auf dem Kamm einer Sanddüne. Er saß da und schaute ins Nichts. Sie wedelte mit der Hand vor seinen Augen. Er reagierte nicht. Er saß im Schneidersitz und hatte sein Tagebuch auf den Beinen liegen. Sie hatte sich nie dafür interessiert, was der Mann schrieb, aber jetzt packte sie die Neugier. Sie nahm das aufgeschlagene Buch und las den letzten Satz, den er geschrieben hatte: «Schlimm ist es, in der Ferne so allein zu sein, ohne einen Menschen, mit dem man sprechen kann.» Sie legte ihm das Buch wieder in den Schoß und schaute zum ersten Mal auf der Reise den Himmel an. Noch nie hatte sie ein solches Farbenspiel gesehen. Sie blieb neben ihm sitzen, bis es vollkommen dunkel war.

«Machen wir Quartier?»

Clärenore erschrak vor dem in Schwedisch gesprochenen Satz, der ganz und gar nicht in diese Gegend passte. «Sie fahren durch die Welt und bleiben immer in Schweden.»

«Das ist meine Art, mich zu retten.»

«Vor mir?»

Söderström deutete auf den Sternenhimmel, der bis auf die Horizontlinie fiel. «Jetzt glaube ich an das Märchen von den Sterntalern.»

«Für mich sind Sterne vor allem Orientierungspunkte.»

«Das ist Ihr Problem.»

«Halten Sie mich für eine Maschine?»

«Sie halten mich für einen Jammerlappen, und ich halte Sie für einen Menschen, der handelt wie ein Motorblock.»

Sie stand auf. «Wir fahren gleich weiter. Ein Teil des Konvois will die kühlen Nachtstunden nutzen.»

«Und was ist mit Heidtlinger und Grunow?»

«Die Jungs müssen sich mal ausruhen.»

«Und ich?»

Fräulein Stinnes rief nach Lord, der von irgendwoher aus der Finsternis auftauchte und auf den Beifahrersitz sprang. Plötzlich versammelte sich eine Gruppe von Beduinen um sie. Männer, Frauen und Kinder näherten sich ihr zaghaft, betrachteten sie und diskutierten. Carl-Axel stellte sich neben sie, um ihr notfalls beizustehen. Einer der Männer konnte etwas Englisch und sagte: »Die Frauen möchten wissen, ob du Mann oder Frau bist.» Clärenore richtete sich ein wenig auf und lachte. Sie nahm den Tropenhelm ab, und die Frauen berührten sie am Hals, an den Schultern, strichen ihr über die Arme und die Bluse. Eine Beduinenfrau drückte ihr ein Baby in den Arm. Sie ließ den Tropenhelm fallen und nahm das Kind ungeschickt entgegen. Sie wusste nicht recht, was sie damit anfangen sollte. Die Frauen nickten ihr zu. Sie wiegten mit den Armen hin und her und lachten. Das Kind schrie aus Leibeskräften. Die Frauen nahmen das Kind zurück und zogen lachend weiter. Sie ließ den Motor an. Carl-Axel reichte ihr den Tropenhelm.

Die Nachtfahrt durch die Wüste war angenehmer, als Carl-Axel erwartet hatte. Die Luft war so klar, und die Sterne leuchteten so hell, dass sie das Gefühl hatten, direkt durch die Milchstraße zu fahren. Was könnten sich zwei Menschen in so einer Nacht alles sagen?

«Es tut mir Leid», sagte Söderström.

«Was?», fragte Fräulein Stinnes.

«Der Motorblock.»

«Der Vergleich hat im Übrigen nicht gestimmt. Sie hätten höchstens behaupten können, ich funktioniere wie ein Motorblock. Ein Motorblock kann nicht handeln. Das ist auf Schwedisch genauso falsch wie auf Deutsch. Und wenn Sie es in diesem Sinne gemeint haben, dann ist es in meinen Augen nicht unbedingt eine Beleidigung.»

Das war der längste Satz, den Fräulein Stinnes vom Steuerrad her an ihn gerichtet hatte. Bis dahin hatte sie nur kurze Befehle gegeben, und das würde auch in Zukunft so bleiben. War das nun ein Friedensangebot oder eine Kriegserklärung?

Bagdad war ein Glutofen, und es herrschte weiter Krieg. Carl-Axel schlief – nach vierzig Stunden im Auto – den ganzen Tag durch. Als sie am Abend zum deutschen Konsul fuhren, schaute Fräulein Stinnes ihn vom Lenkrad herunter an. Es war der Blick des Prinzipals, und es war ein Blick herab, obwohl sie zu ihm aufschauen musste, weil er eben größer war. Im Foyer des Konsulats, in dem grüne und blaue Lampen alle Menschen in Gespenster verwandelten, sah er in ihren Augen eine Flamme. Er deutete das als ein Lebenszeichen.

Der Vergleich mit dem Motorblock war eine Unverschämtheit. Wenn nicht die Verträge wären, hätte Clärenore den Mann sofort entlassen. Im Foyer des Konsulats sah sie in seinen Augen eine Flamme. Sie hätte nicht erwartet, etwas anderes als Heimweh bei ihm zu entdecken.

Sie fuhren am Tigris entlang und folgten ab Quasr-e-Shirin der Straße hinauf ins Zagrosgebirge. Die Straßen wurden wider Erwarten in Persien besser. Dennoch war die

Strecke über den zweitausend Meter hohen Pass zwischen Kermanshah und Hamadan eine weitere Höllenfahrt an schwindelnden Abgründen vorbei. Sie mussten sich dem Tempo der Kamelkarawanen anpassen, weil Überholen nicht möglich war. Wenigstens war in der Höhe die Hitze erträglich. Sie übernachteten in Polizeistationen und hielten abwechselnd Wache bei den Wagen, um nicht am nächsten Tag ohne Räder dazustehen. Bei Carl-Axel stellte sich allmählich eine vollkommene Gleichgültigkeit gegenüber dem Fehlen aller Bequemlichkeiten der modernen Zivilisation ein. Er trank klaglos das Wasser aus den Wassersäcken, das nach Hammelfett und alten Heringen roch, und ignorierte die schweißnassen Kleider, die Wanzenbisse und seinen Magen. Am 21. Juli 1927 erreichten sie am späten Abend Teheran. Die deutsche Botschaft hatte ihnen einen Wagen entgegengeschickt. Ohne ihn wären sie nicht durch das Kaswiner Tor in die Stadt gekommen. Die Tore wurden drei Stunden nach Sonnenuntergang geschlossen.

Sie fuhren am Schloss des neuen Schahs vorbei. Risa Pachlevi hatte vor zwei Jahren gegen den Protest der Mullahs damit begonnen, das Land der westlichen Zivilisation anzunähern. Der Palast wurde aus Furcht vor Anschlägen scharf bewacht. Sie verließen die Stadt durch das Jussefabad-Tor und fuhren die Hänge des Elbursgebirges hinauf zu den Vororten Gulahek und Sergende, wo die Sommerresidenzen der Botschafter lagen. Diesmal war Grunow ernstlich erkrankt. Er hatte hohes Fieber, wahrscheinlich Blinddarmentzündung. Der Botschaftsarzt verordnete ihm absolute Bettruhe. Sie mussten drei Tage in Teheran bleiben. Carl-Axel genoss die Gastfreundschaft des Grafen von der Schulenburg, eines Grandseigneurs, der aussah wie Bismarck. Clärenore kannte ihn aus der Zeit der politischen Salons in der Douglasstraße und von den Gesellschaften in der russischen Botschaft. Sie hatte das Gefühl, ihr Vater könnte jeden

Augenblick hinter Schulenburgs mächtiger Gestalt auftauchen. Am nächsten Abend gab es ein festliches Dinner, und als der Hausherr und die Gäste sich zurückgezogen hatten, holte sie das Grammophon aus dem Wagen und stellte es auf einen Gartentisch in dem Park. Carl-Axel nahm erstaunt zur Kenntnis, dass diese Frau herzhaft lachte, Humor hatte, trinkfest war und Tango und Charleston tanzen konnte. Er entdeckte eine ganz normale, lebensfrohe junge Frau. Sie zog ihn auf die Tanzfläche, ein Quadrat aus Kies, um das die Gartentische standen. Zum ersten Mal spürte er, wie leicht sie war. Wie eine Schlittschuhläuferin. Die wenigen Lichter der Stadt blinkten herauf. Als die Platte abgelaufen war, war es so still, dass sie beide erschraken.

«Wie in Asa», sagte er.

«Ich muss noch nach Grunow sehen», erwiderte sie und packte das Grammophon ein.

Trotz Drehgenehmigungen von den höchsten Stellen mit Seiten voller Stempel und bedrohlich wirkenden Unterschriften war es schwierig, das Straßenleben in der Nähe des Schlosses und des großen Basars zu filmen. Immer wieder drangen wütende Moslems auf ihn ein, die nur mit Mühe vom persischen Botschaftspersonal beruhigt werden konnten. Carl-Axel gab das Filmen entnervt auf und beschränkte sich aufs Schauen.

Er fuhr mit Heidtlinger im Lastwagen voraus. Fräulein Stinnes wollte Grunow noch einen Tag Ruhe gönnen und sie dann mit der schnelleren Limousine bis Täbris einholen. Sie brachen am Mittag auf. Die Quälerei begann hinter Kaswin. Der Weg führte aus der Hochebene ins Gilangebirge. Bis Mianeh waren es nur zweihundertfünfzig Kilometer. Der Weg war voller Löcher und mit Felsbrocken übersät. Es wurde dunkel, aber sie fuhren weiter. Alle hatten sie gewarnt, in der Nacht zu fahren. Carl-Axel saß zum ersten Mal am Steuer des Lastwagens. Als die Scheinwerfer plötzlich gar nichts mehr erfassten, weder Felsen noch Gestrüpp, stieg er auf die Bremse und zog zugleich die Handbremse an. Als er aussteigen wollte, riss Heidtlinger ihn zurück. Die Fahrerkabine hing schon über dem Abgrund. Sie krochen vorsichtig hinten aus dem Wagen und holten ihn mit einer Seilwinde zurück. Sie trauten sich keinen Meter mehr vor und schliefen im Wagen. Morgens um drei ging es weiter. Durch das Rütteln und vom Steinschlag waren die Wassersäcke undicht geworden; sie tranken das Brackwasser aus den Dorfbrunnen oder Tee. Hinter Mianeh mussten sie einen Pass überqueren, um nach Täbris zu kommen. Es gab keine Wege mehr, und sie richteten sich nach den Telegraphenmasten. Carl-Axel und Heidtlinger wechselten sich alle halbe Stunde ab. Mit zehn Stundenkilometern schlichen sie durch die kahle Steinwüste und erreichten Täbris um halb acht Uhr morgens. Vierundzwanzig Stunden ohne Wasser und ohne ein einziges Stück Brot. Carl-Axel stürzte an die Bar des Hotels, leerte fünf Flaschen Bier und fiel ins Bett. Von den Wanzen, die sich über ihn hermachten, merkte er nichts mehr. Sie warteten zwei ganze Tage auf Fräulein Stinnes.

Er ertappte sich dabei, dass er sich Sorgen machte um sie. Grunow konnte sie nicht ablösen, sie musste die Strecke allein fahren. Er machte sich Vorwürfe, dass er nicht darauf bestanden hatte, mit ihr im Lastwagen vorauszufahren. Das Konsulat stellte ihm ein Auto mit Chauffeur zur Verfügung. Sie fuhren den Weg zurück. Er wagte nicht, in die Schluchten zu schauen, weil er fürchtete, dort die Trümmer der Limousine zu entdecken. Sie waren gerade zwanzig Kilometer gefahren, da tauchte der Standard vor ihnen auf.

«Schön, dass Sie uns entgegenkommen, Söderström», sagte Fräulein Stinnes. Carl-Axel holte tief Luft und presste die Lippen zusammen. Beinahe hätte er sie umarmt.

Am nächsten Tag fuhren sie bis zur russischen Grenze.

Dort wurden sie schon sehnsüchtig von einem Oberzollmeister erwartet, der von Krestinskij den Auftrag erhalten hatte, sie frei passieren zu lassen. An der Grenze warteten auch der Dolmetscher Petr Baliev, der sie durch ganz Russland begleiten sollte, und Konsul Prüfer vom deutschen Konsulat in Tiflis, den Clärenore von ihrem ersten Aufenthalt in der Stadt kannte. Man feierte auf russische Art Wiedersehen und auf persische Art Abschied: Essen, Trinken – vor allem Trinken. Persischer Schnaps, russischer Wodka, alles selbst gebrannt. Carl-Axel ärgerte sich über Fräulein Stinnes, weil sie kein Zutrinken ausließ. Er wusste, wie trinkfest sie war, aber als sie nach drei Stunden auf das Auto zuwankte, wurde ihm angst und bange. Er versuchte, ihr den Zündschlüssel wegzunehmen. Sie ließ sich jedoch nicht davon abhalten, im höchstmöglichen Tempo die scharfen Kurven ins Tal des Aras zu nehmen, wobei sie gar nicht merkte, wie oft sie mit zwei Rädern über dem Abgrund schwebte. Carl-Axel schloss die Augen und faltete die Hände. Der Konsul erlitt von den starken Stößen einen Bandscheibenvorfall. Am Abend konnte er kaum noch laufen. Am nächsten Morgen kamen sie erst gegen Mittag aus Nachitschewan weg. Sie betteten den Konsul so weich wie möglich, doch bei jedem Stoß schrie er vor Schmerz. Man konnte ihn schließlich nicht mehr weitertransportieren, also blieben sie in Jerewan. Am nächsten Tag ging es ihm nach einer Spritze etwas besser. Clärenore beschloss, mit Grunow und Prüfer so schnell wie möglich Tiflis zu erreichen. Söderström und Heidtlinger sollten im Lastwagen nachkommen.

In Kirovakan gab es, obwohl man es ihnen zugesagt hatte, keine Tankstelle, und niemand hatte ein Auto. Sie mussten zur zwanzig Kilometer entfernten Bahnstation in ein Seitental fahren. Nachdem sie dort mit Hilfe aller vorhandenen Empfehlungsschreiben Benzin bekommen hatten, erklärte ihnen der Stationsvorsteher eine Abkürzung. Clärenore folgte einer frischen Autospur. Sie fuhren durch haushohes Gras und standen nach einer Stunde Fahrt vor einem umgepflügten Acker. Sie holperten über den Acker auf ein Gehöft zu. Plötzlich stand ein Reiter mit einem Gewehr im Anschlag vor ihnen. Der Mann war ebenso struppig und verwahrlost wie sein Pferd. Er trug einen Filzhut, den er tief in die Stirn gezogen hatte. Das Gesicht war bis zu den Augen zugewachsen. Clärenore fragte ihn, die Pistole im Ärmel, nach dem Weg. Der Kaukasier übergab sein Pferd einem Mann, der mit drei glutäugigen Höllenhunden hinter ihm stand, und zwängte sich zu ihnen in den Wagen. Sie fuhren in der Dunkelheit über Stock und Stein. Der Mann fing laut an zu singen. Manchmal lehnte er sich zum Fenster hinaus und rief in die Nacht, und jedes Mal erhielt er Antwort. Clärenore erschrak. Der finstere Geselle hätte sie jederzeit in eine Falle locken, ausrauben und ermorden können. Prüfer und Grunow sagten kein Wort.

Kurz vor zwei Uhr morgens kamen sie ins Tal der Kura. Sie folgten einem Hohlweg zwischen zwei Hügelketten. In den Kegeln der Scheinwerfer tauchte vor ihnen, die Räder nach oben, der Lastwagen auf. Clärenore stürzte aus dem Wagen. Söderström, schoss es ihr durch den Kopf, wenn ihm etwas ... Söderström trat hinter dem Wagen hervor, und sie merkte, wie erleichtert sie war. Sie atmete schwer und presste die Lippen zusammen. Beinahe hätte sie ihn umarmt.

Im nächsten Dorf heuerten sie für fünfundzwanzig Rubel Bauern mit zwei Ochsen an, die den Wagen mit Hilfe der großen Winde wieder auf die Beine stellten. Am 8. August fuhren sie in Tiflis ein. Erst jetzt stellte Carl-Axel fest, dass sein linker Arm blau war und er überall Schürfwunden hatte. Fräulein Stinnes ordnete freiwillig einen Ruhetag an und brachte ihn ins deutsche Krankenhaus. Er ließ sich verbinden und verbrachte den Abend in einer Bar, wo er sein gesamtes Taschengeld für den Monat versoff. Kilometerstand 8456, schrieb er schwer benommen noch am Abend in sein Tagebuch. Clärenore war wütend auf Söderström, weil er verschlief und den ganzen Tag mit einem höllischen Kater kämpfte. Zum Fahren war er nicht zu gebrauchen. Sie kannte die Strecke durch den Kaukasus, die seit 1925 noch besser ausgebaut worden war.

In Kasbek ging ihnen das Benzin aus. Ein russischer Lastwagenfahrer verkaufte ihnen einen Eimer voll für dreißig Rubel. Clärenore ärgerte sich über das Geld. Sie hatte fest damit gerechnet, dass Grunow und Heidtlinger die Reservekanister gefüllt hatten. Hatten sie aber nicht, weil sie am Morgen damit beschäftigt gewesen waren, Söderström aus dem Bett zu scheuchen. Sie hatten vergessen, die Kanister voll zu tanken, weil Fräulein Stinnes wie eine Furie über sie hergefallen war. Mit dem letzten Tropfen erreichten sie Vladikavkaz. Clärenore war entschlossen, Söderström die dreißig Rubel vom Gehalt abzuziehen. In Vladikavkaz bestand sie darauf, dass alle Kanister gefüllt würden. Zur Sicherheit ließ sie zusätzliche Kanister im Lastwagen verstauen und warf dafür alle Lebensmittelvorräte raus. Die Konserven verkaufte sie für fünfzig Rubel an den Hotelier des Evropa, wodurch sie den Verlust in der Reisekasse wieder ausglich. Den Rest verschenkte sie an ein Kinderheim.

Sie aßen wortlos zu Abend. Die Stimmung war wieder auf null. In der Nacht ging ein ungeheures Gewitter nieder, gefolgt von einem zweiten. Es hörte nicht auf, wie aus Eimern zu schütten. Am nächsten Morgen kamen sie gerade mal bis zum Stadtrand. Der Terek war über die Ufer getreten und bildete einen See, der bis zum Horizont reichte. An eine Weiterfahrt war nicht zu denken. Am Bahnhof sagte man ihnen, dass alle Straßen in Richtung Norden überschwemmt seien. Sie mussten die Wagen bis Rostov verladen. Drei Tage und drei Nächte saßen sie dann auf den Güterwagen in ihren Autos fest. Irgendwo in dieser Gegend hatte Clärenore zwei Jahre zuvor unter dem Aga gelegen und die Idee für die Weltfahrt gehabt. Sie hatte das Gefühl, als sei sie trotz aller Strapazen, die hinter ihnen lagen, bisher nur im Kreis gefahren. Einem Reporter hatte sie vor der Abreise gesagt, sie wolle die Welt kennen lernen. Was hatte sie bisher gesehen? Außer Passstraßen, Pisten und Feldwegen, außer Werkstätten und ein paar Botschaften nur lausige Hotels. Die Berichte, die sie nach Berlin geschickt hatte, drehten sich ums Autofahren. War das die Weltreise, die sie sich vorgestellt hatte? Sie spürte den Missmut der anderen. Sie fühlte, dass etwas auf sie zukam, das gefährlicher war als alle Wüsten und Schluchten.

Carl-Axel schaute den Scheibenwischern zu, die sie nur gelegentlich in Betrieb nahmen, um die Batterie zu schonen. Das Schlimme war, dass das Prasseln nicht aufhörte oder wenigstens nachließ – drei Tage und drei Nächte ging das so. An den Bahnhöfen musste der Hund ausgeführt werden. Carl-Axel bot sich an, das zu erledigen. Er war trotz aller Wut Kavalier. Sie ließ ihn nicht ausreden, zog die Kapuze über den Kopf und marschierte mit dem Tier durch den Regen. Der Hund war in wenigen Minuten vollkommen durchnässt, ebenso wie ihr Mantel. Lord musste abgetrocknet werden, und Carl-Axel ärgerte sich über den Hund. Nicht einmal mehr die Bauern kamen bei dem Regen an die Bahnsteige. Da Fräulein Stinnes alle Vorräte verschenkt oder verscherbelt hatte, war nicht ein einziger Zwieback mehr im Auto. Grunow hatte plötzlich wieder Fieber. Die Männer rasierten sich mit Kühlwasser, mit dem sie sich auch die Zähne putzten. Der Regen war Gott sei Dank warm, aber sie wurden von Mücken zerstochen. Nur Fräulein Stinnes hatte keinen einzigen Stich. Sogar die Mücken wollen mit ihr nichts zu tun haben, dachte Carl-Axel. Oder war sie vielleicht tatsächlich aus Stahl? Die Tränen traten ihm in die

Augen, wenn er an zu Hause dachte. Er war entschlossen, in Moskau zu kündigen. Er traute sich nicht, Fräulein Stinnes die Wahrheit zu sagen, und bat sie nur, ihn von Moskau aus für eine Woche nach Schweden fahren zu lassen, während die Wagen überholt würden.

«Meinetwegen fahren Sie», sagte Stinnes.

Er atmete auf.

«Wenn Sie nicht alles versoffen hätten, dann hätten Sie vielleicht sogar das Geld für die Fahrt.»

Er sackte wieder zusammen und verkroch sich in seine Wut auf diese Frau, von deren Laune sein Schicksal abhing. Den Rest des Tages schwieg er. Er kalkulierte die Fahrtkosten – mit dem Zug bis Riga und dann die Fähre bis Stockholm. Er hatte noch dreihundert Kronen gespart, das wusste Fräulein Stinnes nicht. Vielleicht war das genug, um ihr zu entkommen.

Gegen fünf Uhr morgens waren sie in Rostov. Sie warteten vier Stunden auf das Abladen. Der Grund für die Verzögerung wurde ihnen nicht mitgeteilt. Sie fuhren gegen Sturzbäche an, die ihnen in den Straßen der Stadt entgegenkamen. Draußen versanken die Wagen im Lehmboden, in dem die Räder immer wieder durchdrehten. Es ging im Zehn-Kilometer-Tempo voran. Sie schoben die Wagen aus den Schlammlöchern; pro Tag kamen sie etwa zwei Dörfer weiter. Sie übernachteten in den Häusern der bolschewistischen Dorfzentralen, die bewacht waren. Oft mussten sie vormittags in einer Dorfkneipe abwarten, bis die schlimmsten Wassermassen abgelaufen waren. Schlitterfahrten. Waten im Schlamm bis zu den Knien. Felder, nichts als Felder. Unterwegs gab es nichts zu essen. Von Fräulein Stinnes kamen jeden Morgen Befehle und Gegenbefehle. Mal die Anweisung, auf die Bahn zu verladen, dann der Bescheid umzukehren, dann wieder der Befehl, auf der geplanten Strecke weiterzufahren. Sie wusste offenbar selbst nicht, was sie wollte.

Am 17. August erreichten sie Nikitovka in der Ukraine. Carl-Axel stürzte in die Bahnhofskneipe. Es gab nur noch zwei kalte Hähnchen mit Brot, die sie sich teilten. Das war das Erste, was sie an dem Tag zu essen bekamen. Ein Mann, der Deutsch sprach, riet ihnen, die ganze Nacht Wache zu halten. Carl-Axel patrouillierte bis zwei Uhr morgens bei strömendem Regen mit der entsicherten Pistole in der Tasche. Am nächsten Morgen setzte Fräulein Stinnes das Verwirrspiel fort. Erst Weiterfahrt, dann der Befehl zur Umkehr. Alles ringsum war überschwemmt, sie mussten einen ganzen Tag über Umwege zurückfahren, um die Bahnstation wieder zu erreichen. Als die Wagen am Abend auf den Zug verladen wurden, waren sie der Verzweiflung nahe. Clärenore und Carl-Axel sprachen kein Wort miteinander. Zum Frühstück gab es das letzte trockene Brot. Nirgends hielt der Zug lange genug, um etwas zu essen kaufen zu können. Am späten Abend des folgenden Tages erreichten sie den Güterbahnhof von Charkov. Dort wurde ihnen mitgeteilt, dass die Wagen erst am Morgen entladen würden. Der Dolmetscher ging los, um etwas Essbares aufzutreiben, und kehrte nach Mitternacht mit einem Brot, einer Wurst und einem Viertelliter Portwein zurück. Heidtlinger fand noch ein Päckchen Nudeln, die sie roh aßen.

«Fahren Sie, wohin Sie wollen, aber nicht mehr mit mir. Ich kündige. In Moskau bin ich weg», sagte Carl-Axel.

Clärenore antwortete nicht. Das war das Gewitter, auf das sie schon seit dem Kaukasus gewartet hatte.

«Wissen Sie, was das ist? Das ganze Unternehmen ist ein einziger Wahnsinn. Sie spielen mit dem Leben dreier Menschen, weil Sie sich einbilden, der Welt müsse ein Stempel mit dem Namen Stinnes aufgedrückt werden, der Name einer Familie, die pleite ist.»

Einen kurzen Moment lang überlegte Clärenore, ob Söderström nicht vielleicht Recht hatte. Es waren nicht die

Beleidigungen, die er gegen sie und ihre Familie ausstieß, es war dieser Moment des Zweifels, für den sie ihn hasste. Sie war entschlossen, die Fahrt ab Moskau ohne Söderström fortzusetzen. Sie wechselte noch auf dem Güterwagen den Platz mit Heidtlinger, der mit Söderström im Standard weiterfuhr.

Am Morgen luden sie ab. Der Güterbahnhof lag dreißig Kilometer vor der Stadt. Sie mussten aber bis Charkov fast hundert Kilometer Umweg fahren. Clärenore war noch nie mit dem Lastwagen gefahren, aber sie ließ sich nichts anmerken. Ab Moskau würde sie ihn sowieso öfter fahren müssen. In Moskau gab es genug gute Filmleute. Sie würde ihren Freund Brockdorff-Rantzau, den deutschen Botschafter, bitten, ihr einen neuen Kameramann zu besorgen. Sie kamen am späten Nachmittag im Hotel Spartak in Charkov an. Clärenore ging ohne Gruß mit Lord auf ihr Zimmer. Den Abend verbrachte sie im deutschen Konsulat und telefonierte von dort mit Brockdorff-Rantzau in Moskau und Aussenberg in Berlin. Aussenberg beschwor sie, sich mit Söderström zu versöhnen. Er legte ihr in aller Ruhe dar, dass Söderström in einigen Punkten Recht hatte. Sie hörte ein Kichern im Hintergrund, und sie hätte schwören können, dass es die Stimme von Hilde war. Sie lag die ganze Nacht wach vor Wut und Verzweiflung.

Carl-Axel stürzte, ohne sich zu waschen und zu rasieren, in die Gaststube des Hotels und verschlang ein Schweinekotelett, zwei große Scheiben Rinderbraten und eine viertel Lachsseite, dazu Blinis, Kartoffeln, Reis und Rotkohl. Er trank vier Flaschen Bier, und als sein Magen kurz vorm Platzen war, half er ihm mit vier Cognac bei der Verdauung. Erst dann legte er sich in die Badewanne und rasierte sich. Beim Wirt kaufte er sich eine Flasche Wodka und legte sich aufs Bett. Schlafen konnte er nicht. Der entscheidende Satz war ausgesprochen. Noch drei lange Tage bis Moskau. Endlich

Schluss mit diesem Irrsinn. Er würde nach Hause fahren können, Ruby in die Arme schließen und Schweden nie wieder verlassen. Er ging noch einmal in die Hotelhalle hinunter und versuchte, Ruby anzurufen. Die Leitung war tot, wahrscheinlich kamen sie nicht durch. Trotzdem musste er eine Unsumme an Telefongebühren bezahlen. Er befand sich in einem Zustand zwischen Wachen und Träumen, draußen rauschte der Regen. Carl-Axel starrte an die Wände, von denen die geblümten Tapeten herunterfaulten. Er sah Asa. Den See. Das Haus. Sie wird es auch ohne dich schaffen, sagte eine Stimme. Das klang beruhigend. Und dann, als der Satz immer wiederholt wurde, begann er zu kippen. Das war keine Beruhigung, es war eine Drohung. Er versuchte, sich Ruby vorzustellen, aber es gelang ihm nicht. Er versank in seinem Wodkarausch.

Heidtlinger weckte ihn pünktlich um sieben. Er hatte das Gefühl, in der Hölle aufzuwachen. Nie mehr einen Tropfen Alkohol! Kaltes Wasser half für die erste Stunde – zum Anziehen, zum Packen. Nur jetzt keine Blöße zeigen; kaltes Wasser, Bewegung, zusammenpacken, die Autos startklar machen. Es hatte aufgehört zu regnen. Sie warteten bis Mittag. Grunow und Heidtlinger schimpften und zogen offen über Fräulein Stinnes her. Es waren dieselben Argumente, die er ihr am Tag zuvor um die Ohren gehauen hatte. «Ihr solltet euch schämen, so von ihr zu sprechen», sagte Söderström und nahm sich vor, den beiden in Moskau die Leviten zu lesen. Fräulein Stinnes kam gegen zwei mit ihrem Köfferchen und Lord und setzte sich in der Limousine ans Steuer. Carl-Axel wollte aussteigen. Sie bedeutete ihm, sitzen zu bleiben. Die Straße, die sie befuhren, war trocken, aber vollkommen durchlöchert.

«Vor zwei Jahren war das noch eine der bestausgebauten Straßen in ganz Russland», sagte Fräulein Stinnes.

Es war ihm gar nicht recht, dass sie wieder mit ihm

sprach. Krise bis Moskau – das hätte ihm den Abschied leichter gemacht.

«Wir bleiben drei Wochen in Moskau», sagte Fräulein Stinnes.

Ich bestimmt nicht, dachte Carl-Axel.

«Sie können die Zeit nutzen und nach Berlin fliegen. Wir brauchen ein paar Ersatzteile und einen Ersatzmechaniker.»

Ohne mich, dachte Carl-Axel.

«Das dauert vielleicht zwei Tage. Für den Rest der Zeit können Sie nach Stockholm fahren. Ich bezahle Ihnen den Flug. Sie können in vier Tagen zu Hause sein.» Sie griff hinter den Sitz und holte einen Beutel hervor. «Das ist für Sie als eine kleine Erinnerung, falls Sie nicht zurückkommen.» Es war ein russisches Zigarettenetui aus Holz, mit Halbedelsteinen verziert. Carl-Axel hielt seinen Kopf aus dem Fenster in den Fahrtwind.

Sie fuhren noch zwei Tage bis Moskau über Kursk, Orel und Tula. In der Nähe von Tula besuchten sie das Geburtshaus Tolstojs, in dem seine Nichte und Großnichte wohnten. Kurz vor Moskau bekam Grunow einen Schmerzanfall, der das Schlimmste befürchten ließ. Sie fuhren mit Vollgas auf der gut ausgebauten Straße auf die Stadt zu. Eine Abordnung der deutschen Botschaft und des Moskauer Automobilclubs hatte die Straße zur Begrüßung mit Girlanden geschmückt. Sie bremsten scharf und erklärten den Leuten, die am Straßenrand standen und ihre Hüte schwenkten, die Situation. Hinten im Auto lag stöhnend vor Schmerzen der Mechaniker. Mit Polizeieskorte und begleitet von den Wagen des Clubs, rasten sie in die Innenstadt zu einem Krankenhaus. Die Menschen am Straßenrand wussten nicht, ob sie winken oder die Köpfe einziehen sollten.

«Ein etwas stürmischer Einzug in Moskau», sagte Ulrich Graf Brockdorff-Rantzau am Abend beim festlichen Empfang in der deutschen Botschaft. «Ich hoffe, Ihrem Mechaniker geht es gut.»

«Er wird übermorgen operiert», sagte Clärenore und stellte Herrn Söderström vor. «Der Mann, ohne den ich nicht bis hierher gekommen wäre.»

«Ich habe schon viel von Ihnen gehört», sagte Brockdorff in tadellosem Schwedisch.

«Ich drehe meine Kamera, sonst nichts», sagte Söderström. So wie Graf Brockdorff schaute, stellte sich Carl-Axel vor, müsse Gott auf die Welt schauen: mit gesenkten Augenlidern, nicht mit vorgebeugtem Kopf. Carl-Axel war schon vom französischen Botschafter in Beirut begeistert gewesen. Von der Schulenburg hatte ihn noch mehr beeindruckt. Brockdorff-Rantzau war ein Gentleman vom Scheitel bis zur Sohle. Was war das für eine Frau, die eben noch, bis zu den Knien im Schlamm stehend, einen Bauern mit einer Pistole in Schach gehalten hatte und nun freundschaftlich mit Männern umging, die die Welt zusammenhielten?

Fräulein Stinnes begleitete Carl-Axel zum Moskauer Flughafen. Er hatte schweißnasse Hände vor Aufregung, denn er war noch nie geflogen. Sie waren viel zu früh. Carl-Axel konnte zusehen, wie die Maschine, eine Dornier, aus dem Hangar gerollt kam. Sie glänzte silbern in der Sonne. Um das Flugzeug waren Frachtkisten, Postsäcke und Kartons mit Proviant gestapelt. Er dachte an Frankfurt, an die Adler-Werke, an den Tag ihrer Abfahrt. Fräulein Stinnes begleitete ihn auf das Rollfeld. Carl-Axel klopfte Lord auf die Flanke und stieg als Letzter ein. Als er seinen Fuß auf die Leiter setzte, fragte sie: »Kommen Sie zurück?»

Er nickte. Aber die Geste war fast nicht zu merken.

13. Auf beiden Seiten des Flusses

Im Spätsommer 1927 erschien im Berliner Erich Reiß Verlag ein Buch, das viel Aufsehen erregte. Hier wurde zum ersten Mal das neue Land Sowjetunion, über das sich im Westen alle neugierig die Köpfe zerbrachen, im Detail unter die Lupe genommen. Es ging nicht um politische Theorien, sondern um das Alltagsleben der «neuen Russen» in ihrer neuen Hauptstadt Moskau und in den Provinzen. Endlich schaute einer hinter den Vorhang – bis dahin hatte man nur Propagandafilme zu sehen bekommen. Als man nun damit konfrontiert wurde, wie die Menschen wirklich lebten, war man enttäuscht. Allzu viel hatte sich nicht geändert. Enttäuscht waren sowohl die Schwärmer und Utopisten, die verkündet hatten, der russische Mensch sei ein Indiz für das Ende der Geschichte, als auch die Emigranten, die sich fragten, warum man sie eigentlich verjagt hatte. «Die Menschen sind gleich, die Mägen aber sind verschieden.» Das war einer der heimlichen Kernsätze in Egon Erwin Kischs Reiseberichten über die Sowjetunion, die der Prager Journalist und Reportagekönig im selben Jahr bereist hatte, in dem Clärenore im Aga durch Südrussland gerast war.

Kisch, der 1925 der Kommunistischen Partei Deutschlands beigetreten war, sang keine Hymnen auf das Sowjetreich – vom Absterben des Staates keine Spur, die leninistische Bürokratie hatte lediglich die zaristische abgelöst. Die Verwaltung des neuen Menschen hatte die typischen Merkmale von Weltmaschinen, wie sie Irre erfinden. Ein kompliziertes, bis ins kleinste Detail durchdachtes Räderwerk, dessen Ordnung gerade das hervorbrachte, was es zu vermeiden suchte: das Chaos. Darin war das neue Sowjetreich den Reichen aller Despoten und Behinderten auf den Sultans-, Zaren- und Kaiserthronen gleich. Es übertraf sie nur in der Effizienz der Zerstörung.

«Gegenüber dem größten Kremlpalast», schrieb Kisch, «hatte die Kaufmannschaft den ihren erbaut. Mehr als einen Viertelkilometer lang und fast hundert Meter breit. Ein dreistöckiger Sandsteinbau mit glasgedeckten Gängen und Brücken, mit tausend Geschäften, Detail und Engros. Jetzt heißt das Ganze ‹GUM›, Staatliches Universal-Magazin. Wo einst die Firmentafeln von Morosow, P. Botkin Söhne, K. & S. Popow, Meyer & Co., Einem, Abrikossow leuchteten, sind jetzt kannibalische Abbreviaturbildungen zu lesen, zusammengezogene Anfangsbuchstaben der staatlichen Unternehmungen, ‹Gospromzwetmet›, ‹Glawschwejmaschina›, ‹Zentrobumtrest›, ‹Moskwoschwej›, ‹Trjapjoloskat›, ‹Sewsapgostorg›; auf der Holzverkaufsstelle der ‹Wälder des fernen Ostens› steht der tragikomische Firmenname ‹Dalles›. Die Maßnahmen, die ein Überhandnehmen des Zwischenhandels verhindern sollen, bewirken, daß oft in ein und demselben Geschäftsraum zwei Firmen mit Waren unvereinbaren Charakters etabliert sind: eine Konditorei mit einer Pelzhandlung, ein Herrenmodegeschäft mit einer Drogerie.»

Clärenore stand vor dem Geschäft eines Devotionalienhändlers, das zwei Schaufenster hatte. In dem einen lagen Abzeichen mit Hammer und Sichel, mit dem roten Fünfzack und mit Bildern Lenins, in dem anderen sah sie Heiligenbilder, Ikonen, Fahnen für kirchliche Prozessionen, Altarstücke, Kruzifixe und Priesterornate. Die Menschen sind gleich, aber ihre Heiligen sind verschieden, dachte Clärenore und musste lachen. Sie schlenderte die drei Parallelstraßen der Innenstadt auf und ab. Die Nikolskaja hinauf, die Iljanka hinunter und die Varvarka wieder hinauf. Eigentlich langweilte sie sich. Sie zählte die Tage, die verstrichen, ohne dass sie auf dem Weg nach Sibirien waren. Die Vormittage verbrachte sie mit Heidtlinger in der Werkstatt. Nach dem Ausscheiden Grunows wurde deutlich, dass Heidtlinger trotz seiner Rennerfahrung mit den neuen Adler-Motoren nicht vertraut war. Sie war überrascht von seiner Unbeholfenheit. Bisher hatte sie ihn für den Tüchtigeren gehalten. Ihr wurde klar, dass mit Grunow der einzige Fachmann von Bord gegangen war. Nach einer Woche traf der neue Mechaniker ein. Er war ihr vom Deutschen Automobilclub empfohlen worden. Söderström hatte in Berlin über Krestinskij alles veranlasst. Der Mann war seit zwölf Jahren Fahrlehrer, aber unfähig, mit den Innereien eines Autos umzugehen. Er konnte nicht einmal einen Motor reinigen – eine totale Niete. Clärenore sah schwarz für die Weiterfahrt, vor allem, wenn Söderström ausfiele.

Die Abende verbrachte sie im Moskauer Automobilclub oder in der Botschaft. Sie wohnte im Gästehaus der Botschaft. Der Graf war einer ihrer besten Freunde, sie hatte ihn bei Krestinskij kennen gelernt und bereits bei ihren ersten Moskauaufenthalten 1925 und 1926 bei ihm gewohnt. Mit diesem eleganten Mann, der nur wenig jünger war als ihr Vater, hätte sie leben mögen. Vielleicht deshalb, weil er Frauen nicht gefährlich werden konnte und sie dennoch über alles schätzte – als Gesprächspartnerinnen, als Gefährtinnen, als Ratgeberinnen. Ulrich Graf Brockdorff-Rantzau war der erste deutsche Botschafter in Moskau nach dem Rapallo-Vertrag. Nach seinem Jurastudium hatte er als Legationssekretär in St. Petersburg, Wien, Budapest und Kopenhagen gearbeitet. Er hatte Lenins Reise im plombierten Waggon von der Schweiz über Deutschland nach St. Petersburg organisiert. Als Außenminister leitete er die deutsche Delegation bei den Versailler Verhandlungen und trat aus Protest zurück. Er war gut befreundet mit dem russischen Außenkommissar Georgij Čičerin. Čičerin war bei fast allen Dinners in der Botschaft dabei. Die beiden schienen unzertrennlich, sie übertrafen sich in geistreichen Scherzen. Man nannte sie den «roten Grafen» und den «revolutionären Aristokraten». In kultivierten Umgangsformen und diplomatischer Noblesse waren sie einander ebenbürtig. Sie gehörten jener transnationalen und transsozialen Elite an, in der sich Clärenore Stinnes zu Hause fühlte und die von Hitler und Stalin in Europa nahezu ausgerottet wurde. Auch Čičerin war Junggeselle. Wie der Graf liebte er gute Weine, und er war ein virtuoser Pianist. Nach gutem Essen setzte er sich oft an Brockdorffs Flügel, und am Ende seiner Klavierausflüge durch die europäische Musik spielte der Volkskommissar zu Ehren seines Gastgebers stets den «Hohenfriedberger Marsch».

Clärenore genoss diese Abende. Es waren die einzigen Stunden in Moskau, in denen sie nicht mehr ans Autofahren dachte. Brockdorff gab für sie ein kleines, aber feines Dinner in seiner Residenz, an dem neben Čičerin auch der Präsident der russischen Staatsbank Aaron Scheinmann teilnahm. Als die Gäste gegangen waren, blieben die vier Trinkfesten übrig. Brockdorff, Čičerin, Scheinmann und Clärenore. Georgij setzte sich an den Flügel und spielte Chopin. Nach einer Polonaise ging er ohne Unterbrechung in einen Tango über. Der Bankpräsident forderte Clärenore zum Tanz auf. Er überragte sie um einen halben Meter und machte aus jedem Tango eine Polka. Georgij spielte zu ihrem Erstaunen die neuesten Titel aus Argentinien. Plötzlich hielt er inne – er stand auf und sah auf die Uhr.

«Ich könnte euch heute Nacht etwas zeigen, was wohl bisher die wenigsten Menschen gesehen haben. Auch du noch nicht, Aaron.»

«Außer mir», sagte Brockdorff, sog an seiner Zigarette und grinste.

Sie nahmen die Regierungslimousine und mussten die Samtvorhänge vor die hinteren Fenster ziehen. Durch das große Tor am Roten Platz gelangten sie in den Kreml. Die Wache ließ sie ungehindert passieren. Georgij führte sie in ein Gewölbe, in dem es nur eine Notbeleuchtung gab. Clärenore stockte der Atem. In Schränken und dürftig zusammengezimmerten Vitrinen schlummerten die Reichtümer der Zaren: Goldkronen mit Rubinen und Saphiren besetzt, Pokale voller Edelsteine, Diamantkolliers, Ehrendegen, Teller aus purem Gold – alles abgestumpft im Staub des ersten Jahrzehnts der neuen Zeit. Nur die Zarenkrone war offenbar auf Hochglanz poliert. Sie stand in einem eigenen Glaskasten auf einem Samtsockel und schickte noch schwache Lichtstrahlen in die Welt, die sich längst eine andere Signalsprache zugelegt hatte.

«Ist es wahr?», fragte Brockdorff und ging um die Zarenkrone herum.

«Ein Gerücht, das Trotzkij in die Welt gesetzt hat», sagte Georgij. «Stalin hat sich ein- oder zweimal hier eingeschlossen, aber was er gemacht hat, weiß niemand.»

«Gibt es eine Möglichkeit, Stalin zu treffen? Vielleicht heute Nacht?», fragte Clärenore.

Die beiden Diplomaten und der Bankier zuckten zusammen. Brockdorff und Čičerin nahmen Clärenore in die Mitte, und Scheinmann hielt sich dicht hinter ihr, als sie wieder zum Auto gingen.

«Habt ihr Angst, dass ich euch weglaufe und direkt zu Stalin ins Bett?»

Die Herren wurden schlagartig nüchtern und atmeten erst auf, als sie den Kreml unbehelligt verlassen hatten.

«Ich kann dir einen Termin bei Kalinin verschaffen», sagte Čičerin.

Carl-Axel schaute mit bangem Herzen durch das Kabinenfenster auf den rechten Propeller, der an der Tragfläche hing und sich in Bewegung setzte. Clärenore stand mit dem

Hund am Rand des Vorfeldes. Sie winkte. Er winkte zurück. Aber sein Blick war auf den Propeller gerichtet, dessen Blätter unsichtbar wurden. Er war fest davon überzeugt, dass Fliegen technisch nicht möglich war. Die Maschine der Deruluft, eine Dornier Merkur, hatte zehn Plätze, die mit NEP-Männern, deutschen Geschäftsleuten und Diplomaten besetzt waren. Die Motoren zerrten am Kabinengehäuse. Carl-Axels Magen hob und senkte sich in der Dünung der Schallwellen. Das Brummen durchquirlte seine Gehörgänge. Er dachte an Lindbergh. Er schaute nicht auf die Startbahn, die unter ihm wegschoss. Sein Blick fraß sich in den Propeller, von dem sein Leben abhing. Der Gedanke, dass sein Blick den Propeller vielleicht irritieren, ins Stocken oder ganz zum Stillstand bringen könnte, trieb ihm den Angstschweiß auf die Stirn. – Da gingen sie in die Luft. Das Rumpeln hörte auf, und er sah die Welt aus der Vogelperspektive. In diesem Moment fiel alles von ihm ab. Zehntausend Kilometer durch Lehm und Staub, Sand und Matsch. Warum muss man eigentlich noch mit einem Auto um die Welt fahren, wenn es viel leichter ist, sich in der Luft fortzubewegen? Die unüberwindlichen Hindernisse der Erde, die Menschen das Leben kosteten, spielten hier keine Rolle. Am meisten hatte er sich vor der Geschwindigkeit gefürchtet, aber die war unsichtbar. Man spürte sie nicht. Während er in die Gewitterwolken unter sich schaute, musste er an einen gezeichneten Witz denken, den er in einer schwedischen Zeitung gesehen hatte: Ein Bergsteiger erklettert mit letzter Kraft einen Berggipfel und wird oben von einem Mann begrüßt, der sich aus einer Ballongondel dort hat absetzen lassen. Stinnes' Weltfahrt. Was für ein anachronistisches Unternehmen! Er wusste, wie es unter der Wolkendecke aussah – Schlamm, Überschwemmungen, Menschen, die schwer vorankamen. Beim Gedanken an die Gleichzeitigkeit so verschiedener Welten wurde ihm schwindelig.

Sie landeten in Riga und flogen dann weiter bis Königsberg. Hier stieg er in eine komfortablere dreimotorige Maschine um, die in der Luft lag wie ein Brett. Nach achtzehn Stunden Flugzeit näherten sie sich Tempelhof. Unter ihm die Stadt, Millionen Lichter. Das Berlin, das nur achtzehn Stunden von Moskau entfernt war, war eine andere Stadt als die, die er in drei Tagen mit der Bahn erreicht hätte. Er war überzeugt davon, dass Flugzeugpassagiere in einer Parallelwelt lebten, mit gleichen Start- und Zielorten wie die Land- und Seefahrer. Nur lagen diese Orte auf einer anderen Weltkarte und vor allem viel dichter beieinander. Kurz vor der Landung zündeten an den Flügelspitzen Raketen. Er bekam einen Todesschrecken, dachte, die Flügel hätten Feuer gefangen. Er wankte aus der Maschine. Auch der Erdboden hatte Luftlöcher.

Erich Kleyer holte ihn ab. Sie aßen am Ku'damm zu Abend und besprachen die Ersatzteillieferungen und den Austausch der Mechaniker. Carl-Axel übernachtete bei Kleyer. Er rief in Stockholm an, Ruby war am Telefon. Nach ein paar Worten versagte ihm vor Freude und Heimweh die Stimme. Am nächsten Mittag war er in Stockholm – sie liefen sich in die Arme. Auch Ruby brachte kein Wort heraus. Er hörte die Leute um sich Schwedisch sprechen und fing an zu weinen. Sie war hager und zäh geworden, als hätte sie die Fahrt mitgemacht.

«Du siehst aus, als kämst du aus dem Krieg», sagte Martha.

«Ich komme aus dem Krieg», erwiderte er.

«Gehst du zurück?»

«Morgen schreibe ich ihr und kündige.»

Er schlief vierundzwanzig Stunden. Nach dem Mittagessen gingen sie im Djurgården spazieren und dann über die Brücke zu den Filmstudios. Er begrüßte die alten Kollegen und war glücklich. Und doch hatte er das Gefühl, als sei er nicht wirklich zu Hause, sondern immer noch in der Parallelwelt der Flugreisenden oder der Zeitreisenden und nur auf Besuch in der eigenen Vergangenheit. Es war eine Zeitkrümmung zwischen ihm und den altvertrauten Menschen und Dingen. Im Restaurant hatte er immer wieder in das Stimmengewirr der Gäste gehorcht und türkische, arabische, russische und deutsche Idiome ausgemacht. Und wenn er sich auf die eine oder andere Stimme an den Nebentischen konzentriert hatte, war es doch Schwedisch gewesen. Es war zu viel Welt in ihm. Im Studio sah er, wie seine Kollegen Gebirgskulissen filmten. Er hatte den Elbrus gesehen, den Ararat und den Kasbek und fing an zu lachen. Die Gewalt der Wirklichkeit lag zwischen ihm und dieser Studiowelt. Wenn er zurückkehrte, dann nicht mehr hierher.

Am Abend ging er in den Club. Ruby begleitete ihn. Er fand, dass sie Fräulein Stinnes in unerklärlicher Weise ähnlich geworden war. Die Jungs sangen ein Ständchen und ließen ihn hochleben. Er traute sich nicht, die Finger in die Bowlingkugel zu stecken. Am nächsten Vormittag, als Ruby im Studio war, sah er auf ihrem Schreibtisch die Tagebücher liegen, die er an sie geschickt hatte. Sie waren nicht einmal ausgepackt. Er besah sich die Briefmarken, die er selbst auf die Verpackungen geklebt hatte. Sie hatte nicht einen einzigen Moment Anteil an dem genommen, was hinter ihm lag. Die Welt, die in ihm war, die einen wichtigen Teil seines Lebens ausmachte, konnte er mit niemandem teilen. Er würde für immer allein darin bleiben. Auch das Geschenk, das Fräulein Stinnes ihm für Martha mitgegeben hatte, lag unberührt auf dem Schreibtisch. Er war nicht wütend, er war traurig. Zum ersten Mal in seinem Leben fühlte er sich in seiner Heimat als Fremder.

Er suchte nach einem Stück Papier und einem Bleistift und zog eine Schublade auf. Obenauf lag ein Foto, das zwei Kinder zeigte. Er schaute es sich an. Das eine Kind war

Ruby, das andere kannte er nicht. Die beiden Mädchen saßen auf dem Geländer eines Landungsstegs, im Hintergrund war ein See, ein schwedischer See. Er hatte so viele schwedische Seen fotografiert, dass er sie von allen Gewässern der Welt hätte unterscheiden können, und wenn nur die Wasseroberfläche und die sich darin spiegelnden Wolken abgebildet gewesen wären. Er wollte das Foto zurücklegen, als sein Blick auf einen weißen Kirchturm fiel, der auf der anderen Seeseite auf einem Hang emporragte. Das war die Kirche von Asa. Er spürte, wie sein Herz schlug. Das war die Kirche von Asa! Er holte eine Lupe. Es war die Kirche von Asa, kein Zweifel. Wenn es die Kirche von Asa war, dann musste das Foto auf dem Landungssteg von Asa Gård aufgenommen worden sein. Er schaute sich die Mädchen an. Sie hatten gegenseitig die Arme um die Schultern gelegt. Das Bild zeigte eine innige Kinderfreundschaft. Und die Freundin? Wer war die Freundin? Eine Stinnes? Hilde? Clärenore? Nein, das war nicht möglich. Es war eine andere Kirche, das war nicht der Asasee. Ein anderer. Tolgasee, Helgasee, Örkensee, Övrasee, Bergsee, Furensee, Övingensee, Algunnensee, Frissee, Vallsee. Er hätte jetzt die Lupe auf das Gesicht der Freundin halten müssen. Er legte das Bild zurück, nahm die Tagebücher und schrieb auf den Küchenzettel, dass er nach Korsnäs gefahren sei.

Seine Schwester lief ihm auf dem Bahnhof von Falun entgegen, jetzt erst war er zu Hause. Seine Mutter weinte. Er schenkte ihr eine Mütze und einen Umhang aus Wolfsfell. Der Schwester schenkte er eine Silberbrosche mit einem Topas, die er auf dem Schmuckbasar in Bagdad gekauft hatte. Der Vater war auf dem See – die Krebsnacht stand bevor. Carl-Axel ruderte hinaus, sie legten schon die Netze aus. Die Lampions hingen am Haus, am Steg, an den Booten. Als der Vater seinen Sohn sah, deutete er auf die Bucht, in der er die Netze auslegen sollte. Er wartete, bis es dunkel wurde, und konnte sich nicht vorstellen, jemals weg gewesen zu sein. Die Menschen auf den Booten flüsterten, die Lampions verloschen. Der Mond kam heraus. Der Vater war zu Carl-Axel ins Boot gestiegen, der eine Flasche staatlichen russischen Wodka aus seinem Rucksack holte und sie dem Vater gab. Der nahm einen großen Schluck.

«Siehst mager aus. Berlin ist nichts für dich.»

«Ich war nicht in Berlin, ich war in Istanbul, Bagdad, Moskau.»

«Du gehörst nicht nach Berlin», sagte der Vater und zog das Netz ein. Die Tiere wurden am Ufer in Kisten geschüttet und ins Haus getragen. Der nächste Tag ging hin mit den Vorbereitungen, mittags kam Ruby. Am Abend wurden die Krebse in großen Schüsseln serviert. Sie waren mit Dillkronen geschmückt. Zum Nachtisch gab es Grütze aus roten Beeren. Carl-Axel schenkte Ruby ein Kollier aus Granat, das er in Moskau gekauft hatte. Ihr Hals war mit tausend rot funkelnden Lichtern übersät.

«Ist das auch ein Geschenk von Fräulein Stinnes?»

«Es ist von mir. – Warst du mal am Asasee?»

«Nein», sagte Ruby.

In der Morgendämmerung fuhr er auf den See. Sein Gefühl war Stillstand. Das, was er sein Leben lang am meisten geschätzt hatte, ging ihm jetzt auf die Nerven. Er vermisste den Motorenlärm, das Schaukeln des Wagens, das Vorankommen um Meter und Kilometer. Er hielt es nicht aus, auf der Stelle zu stehen. Er ruderte zurück, holte die Tagebücher aus seinem Koffer und legte sie in einen Schrank.

«Hast du gekündigt?», fragte Ruby beim Frühstück.

«Morgen», sagte Carl-Axel.

Noch am Abend schrieb er einen Brief an die deutsche Botschaft in Moskau, in dem er Fräulein Stinnes erklärte, dass er die Reise nicht weiter mitmachen werde. Er bat sie, ihn von dem Vertrag zu entbinden und ihm alle Forderungen zu präsentieren, die sie an ihn habe. Dem Brief legte er den Schein für den Rückflug bei. Am nächsten Tag fuhr er mit dem Zug nach Falun und bestieg ein Taxi ins Stadtzentrum. Das Auto war ein Adler, ein Vorgänger des Standard 6. Er fragte den Fahrer nach dem Wagen.

«Einen zuverlässigeren Motor gibt es nicht in Europa. Der neue soll noch viel stabiler sein», sagte der Taxifahrer.

«Ja, das ist er», erwiderte Carl-Axel.

Er machte ein paar Besorgungen und kaufte in der Konditorei eine Torte.

«Ist der Brief weg?», fragte Ruby, als er die Torte auf den Tisch stellte.

«Nein», sagte Carl-Axel.

Sie stand auf.

«Wo willst du hin?»

«Unsere Erinnerungen sind zu verschieden.»

Stakkati, Legati, Bass, Diskant, Glissandi aufwärts und abwärts. Allegro und Adagio. Vor allem die rhythmischen Verschiebungen – Fräsen und Schurfeln. Der Klang des Metalls, je nachdem, ob sich die Zähne der Sägeblätter in nasses oder trockenes Holz fraßen. Carl-Axel kam erst im Sägewerk ans Ziel seines Heimwehs. Es war das Arbeiten der Motoren, der Aggregate, selbst der Mühlräder, das ihn auf der Reise am Leben erhalten hatte. Der Automotor barg ein Geräusch aus seiner Kindheit in sich. Er war aufgewachsen mit Maschinen, die sich an Ort und Stelle zerschlissen. Stationäre Gewalt gegen Baumstämme. Mit dieser Gewalt konnte man Brücken, Häuser und Möbel bauen, Tunnel abstützen und Schwellen legen. Sägewerke verwandelten die Welt. Der Vater zog ihn aus dem Konzertsaal in eine Ecke.

«Ich fahre wieder nach Berlin», sagte Carl-Axel.

Der Vater horchte in die Sägehalle. «Es ist die Kleine, sie schreit ein Achtel zu hoch. Von hier hör ich's ganz deutlich.»

Carl-Axel nickte. «Es ist die Kleine.» Fahrende Motoren sind mobile Gewalt. Der mobilen Gewalt gehört die Zukunft, dachte er.

Als er seinen Koffer packen wollte, saß seine Schwester auf der Bettkante.

«Du tust ihr sehr weh», sagte Lena.

«Ich weiß.»

«Die Stinnes hat dich heimatlos gemacht.»

«Ich muss herausfinden, wo ich hingehöre.»

Sie gab ihm ein Kästchen. «Von Martha. Sie möchte, dass du wirklich zurückkommst. Heil. Geheilt von Stinnes.»

In der Schachtel lag, in Watte gepackt, ein kleiner grüner Jadebuddha.

«Es ist ihr Talisman», sagte Lena.

«Hat sie dir erzählt, ob sie mal in Småland am Asasee war?»

«Du hast mir erzählt, dass du mal dort warst.»

Die Menschen sind zwar gleich, aber ihre Erinnerungen sind verschieden.

Ihre Augen tränten vom Gold. Es war ihr nicht möglich aufzuschauen. Die Kirchtürme des Kreml schossen mit Querschlägern des Sonnenlichts jeden nieder, der sich dem heiligen Machtbezirk erhobenen Hauptes näherte. «In diesem Punkt sind wir uns offenbar mit den Zaren einig», sagte Čičerin. Sie gingen über einen Hof und betraten den Palast durch eine Hintertür. Das angebaute Treppenhaus war unverputzt. Die neue Zeit brauchte drei Stockwerke, um zur zweiten Etage der alten Zeit zu gelangen. Sie kamen in einen Spiegelsaal. – Lüster. Goldverzierungen. Vorhänge verhinderten, dass die Sonne einen Doppelschlag gegen die Augen führen konnte. Wer bis hierher gelangt war, durfte aufschauen. Ein Soldat salutierte.

«Wie soll ich ihn anreden?», fragte Clärenore.

«Sagen Sie einfach: ‹Dobryj den gospodin Michail Ivanovič!› Oder sagen Sie: ‹Guten Tag, Genosse Michail Ivanovič.› Kalinin versteht Deutsch. Er ist von Ihrer Fahrt durch unser Land unterrichtet.»

Sie warteten eine halbe Stunde. Dann wurde die zweiflügelige Tür zum Büro des Präsidenten des Obersten Sowjet geöffnet. Der Raum war genauso lang wie der Spiegelsaal und lag in einem Zwielicht aus Finsternis und Glanz. Am Ende saß ein Riese an einem zierlichen Damenschreibtisch aus der Zeit des Rokoko. Kalinin trat auf Clärenore zu. Sie fand, dass er Rathenau ähnlich sah.

«Wir verfolgen Ihr Unternehmen mit großem Interesse. Der Automotor wird die Welt verändern. Sie werden beweisen, dass das Auto dem sibirischen Winter trotzen kann. In hundert Jahren werden Millionen von Russen den Fernen Osten bewohnen und dort besser leben als die Menschen in Paris und Rom.»

Sie legte dem Präsidenten der Sowjetunion ihr Reisetagebuch vor. Er trug sich als viertes Staatsoberhaupt nach Hindenburg, Boris III. von Bulgarien und König Faisal I. von Irak ein. Am Abend gab ihr Scheinmann ein Postsparbuch über zehntausend Rubel. Es genüge, wenn sie es in der letzten russischen Bank vor der Mongolei durch einen Barscheck ausgleiche. Clärenore war damit der Sorge enthoben, mit allzu viel Bargeld durch Sibirien reisen zu müssen. Als alle gegangen waren, führte sie Brockdorff in sein Arbeitszimmer.

«Sind Sie abergläubisch?»

«Autofahrer sind von Natur aus abergläubisch.»

Er zog aus seiner Smokingtasche einen rosaroten Elefanten aus Alabaster, etwa in der Farbe und Größe einer Calvat Bourbon Rose. Er nahm ihre Hand und legte den Elefanten hinein.

«Das ist mein Talisman. Ich habe ihn als Junge bekommen. Er hat mich immer und überall begleitet. Ich will, dass Sie ihn mitnehmen und dass er Sie beschützt.»

«Das kann, das darf ich nicht annehmen», sagte Clärenore.

Graf Brockdorff schaute auf seinen leeren Schreibtisch. «Er kann mir nicht mehr viel nützen. Aber Ihnen umso mehr.»

Sie wollte seine Hand nehmen. In der rechten hatte er die Zigarette, die Linke steckte fest in der Smokingtasche. Sie spürte, dass dieser Mann etwas von seinem Leben über den Tod hinaus retten wollte. Sie sah in seinen Augen die Augen ihres Vaters auf dem Sterbebett. Sie verlor ihn zum zweiten Mal. In diesem Moment traf sie die Erkenntnis, dass das Leben darin besteht, Menschen zu verlieren, und nicht darin, sie wiederzufinden. Aus dem Salon erklang der «Hohenfriedberger». Sie gingen zu Čičerin und stießen mit randvollen Wodkagläsern an, die sie in einem Zug leerten. Ganz gegen seine distinguierte Art ließ Brockdorff sein Glas, nachdem er es geleert hatte, an der Wand zerspringen. Clärenore stellte den rosaroten Elefanten neben den grünen Buddha auf ihren Nachttisch und saß lange vor den beiden Figuren, die die Geheimnisse zweier Menschenleben in sich bargen. Als sie ein halbes Jahr später über den Baikalsee fuhren, war Brockdorff tot.

Carl-Axel wurde in Tempelhof von Aussenberg und Hilde empfangen. Er war taub und durchgefroren. Die Maschine der Luft Hansa im Skandinaviendienst war eine ältere Ausführung der neunsitzigen Junkers G 24. Die Kabine war nicht beheizbar. Hilde hakte sich bei ihm unter. Sie lud ihn ein, in der Douglasstraße zu übernachten. Nora empfing ihn herzlich. Er war zum ersten Mal in dem Hause und schaute sich verstohlen um. Wenn die Familie Stinnes pleite war, dann war das die komfortabelste Pleite, von der er je gehört hatte. Das Haus war prächtiger als alle Botschafterresidenzen, die er gesehen hatte. Hier und in ähnlichen Häusern war also seine derzeitige Arbeitgeberin aufgewachsen. Und sie hatte mit ihm in verwanzten Karawansereien gehaust. Sie hatte in Ställen geschlafen und auf Schanktischen ihren Schlafsack ausgebreitet. Er konnte sich nicht erklären, warum eine Frau, die es sich für den Rest ihres Lebens in einem hochherrschaftlichen Salon bequem machen konnte, solche Strapazen auf sich nahm. Warum war Clärenore nicht wie Hilde?

Er bekam ein Gästezimmer mit Blick auf den Park und den Grunewald. Allmählich wurde ihm klar, aus welcher Perspektive Berlin und vielleicht sogar die ganze Welt zu ertragen war. Sie dinierten und tanzten im Admiralspalast, und als Aussenberg sich verabschiedet hatte und Nora in der Nacht verloren gegangen war, schleppte Hilde ihn von einer Künstlerkneipe in die andere. Carl-Axel wunderte sich, was für Menschen diese Frau kannte. Gegen Mitternacht stieß ein hagerer Jüngling mit einem Geigenkasten in der Hand zu ihnen. Hilde behandelte den armen Kerl, der offenbar in sie verliebt war, wie einen schlachtreifen Hahn. Sie schlug ihm aber nicht den Kopf ab, sondern gab ihm nochmal einen Gnadentritt in die Freiheit des Hühnerhofs.

«Was gefällt dir besser – schwedische Krebsfeste, Wodkagelage in russischen Dorfkneipen oder Berliner Tanzpaläste?»

Carl-Axel wusste keine Antwort. Es gefiel ihm alles.

«Wenn du hier bliebst und mir einen Antrag machtest, würde ich vielleicht nicht nein sagen.»

«Ich bin verheiratet», sagte Carl-Axel.

«Wie sehr bist du verheiratet? So sehr, dass du vor deiner Frau nach Sibirien fliehst?»

Carl-Axel holte Rubys Talisman hervor und stellte den grünen Buddha auf den Tisch.

«Ich wusste nicht, dass ihr schon so weit seid.»

«Den hat mir meine Frau mitgegeben. Und ich habe nicht die Absicht, vor ihr zu fliehen.»

«Ach, Carl», sagte Hilde enttäuscht, «jetzt lügst du.»

«Es ist die Wahrheit.»

«Gib dir keine Mühe. Ich weiß, dass es Clärenores Talisman ist.»

«Ich habe ihn von Ruby!»

Die tiefe Wut auf ihre Schwester brach in Hilde auf. Sie bestellte Carl-Axel ein Taxi und schickte es in die Douglasstraße. Er sah sie vor seiner Abreise nicht wieder und kam zu der Einsicht, dass eine Stinnes-Tochter verrückter war als die andere.

Sie gab sich keine Blöße. Ruhig zählte sie die Passagiere, die über die Leiter aus der Maschine kletterten. Sie wusste, dass zehn Männer herauskommen mussten. Sie war bei neun; Herr Söderström war nicht dabei. Clärenore schloss die Augen. Sie wollte den Letzten nicht sehen. Sie streichelte Lord, der ihr plötzlich davonlief. Als sie die Augen wieder öffnete, sah sie, wie Lord seine Pfoten an Söderströms Jacke abstreifte. Sie begrüßte ihn mit viereckigem Händedruck. Hatte er etwas anderes erwartet? Ein Zeichen der Freude? Sie ging voraus, ließ ihn bei den Zollbeamten allein. Nur der Hund wich nicht von seiner Seite. Clärenore kümmerte sich um die Zollformalitäten für die Frachtkiste. Vor dem Flughafengebäude standen der Standard und der Lastwagen. Heidtlinger und der neue Mechaniker warteten auf die Frachtkiste, um sie in den Lastwagen zu verladen. Carl-Axel klopfte Heidtlinger auf die Schulter; er hatte sich verändert, wirkte unsicher und verstockt. Er trug jetzt einen Lenin-Spitzbart. Heidtlinger stieg in den Lastwagen und rangierte ihn so unsanft, dass er an die Laderampe knallte. Sie hievten die Kiste in den Wagen. Heidtlinger brach unter der Last fast zusammen.

«Was ist denn da drin?»

«Gewehre und 2800 Schuss Munition. Jetzt können wir uns gegen eine ganze Armee verteidigen.»

«Und die Russen lassen das zu?»

Carl-Axel zuckte mit den Schultern. «Frag Fräulein Stinnes, wie sie das geschafft hat.»

Sie kam aus dem Zollbüro und sah sofort die Beulen und Schrammen der Kollision mit der Laderampe. Es gab ein Donnerwetter, und Heidtlinger weigerte sich zu fahren. Der Ersatzmechaniker fuhr den Lastwagen in die Stadt zurück. Carl-Axel setzte sich neben sie in die Limousine. In diesem Moment, als er in den Geruch des Wagens, in das Gemisch aus Leder und Maschinenöl eintauchte, hielten sich Heimweh und Abenteuerlust die Waage. Es war das erste Mal, dass er in diesem Wagen saß und nicht zurückdachte. «Mit Heidtlinger werden wir noch viel Ärger haben, und der Neue ist eine Niete», sagte Fräulein Stinnes.

Am Abend gab es ein Dinner im Moskauer Automobilclub. Gegen Ende des Abends wurde ihm die Ehrenmitgliedschaft des Clubs verliehen – er erhielt ein goldenes Abzeichen. Fräulein Stinnes hatte ein Seidenkleid an, in dem sie aussah wie die Ablagehilfen, die man «stummer Diener» nannte. Ihr Händedruck zur Gratulation war dreieckig, und ihm wurde plötzlich klar, dass das ihre Art war, sich zu bedanken. Diese Frau hatte außer ihrem Vater nie einen Menschen gestreichelt, und sie würde es auch für den Rest ihres Lebens nicht tun.

Carl-Axel arrangierte in seinem Hotelzimmer ein kleines Abschiedsfest für Hans Grunow, der aus dem Krankenhaus entlassen worden war. Am nächsten Tag brachte er ihn zur Bahn.

«Ich bin froh, dass ich nach Hause kann», sagte Grunow. «Du wirst mit ihr am Ende allein sein. Ich glaube nicht, dass die beiden noch lange durchhalten.»

Carl-Axel gab ihm im Auftrag von Fräulein Stinnes einen Scheck über dreißig englische Pfund. Als der Zug anfuhr, wurde ihm klar, dass sie erst am Anfang der Reise standen und dass Fräulein Stinnes und er ab heute allein waren. Mit Heidtlinger war nicht mehr zu rechnen, und es war nur eine Frage der Zeit, dass der Neue aufgab. Unterstützung konnten sie nur von Petr Baliev, ihrem Dolmetscher, erwarten, der sich schon seit Tiflis als unbezahlbare Hilfe erwiesen hatte.

Am 16. September 1927 starteten sie in Moskau. Der Morgen begann gleich mit schlechten Nachrichten: In der Mongolei und in Sibirien war früher als gewöhnlich der Winter hereingebrochen. In Moskau schüttete es aus Eimern. Nur war der Regen jetzt viel kälter als im August. Heidtlinger hatte gehört, dass alle Strecken bis zum Ural überschwemmt waren, und er hatte die Warnungen der Sibirienkenner bezüglich des frühen Wintereinbruchs mitbekommen. Eine Quälerei wie zwischen Rostov und Charkov wolle er nicht noch einmal mitmachen, und er wolle auch nicht im Eis sterben oder von Wölfen zerrissen werden. Fräulein Stinnes und Heidtlinger standen sich vor dem Hotel im strömenden Regen gegenüber und schrien sich an. Er könne bleiben, wo der Pfeffer wächst, sagte sie, und Heidtlinger deutete auf die Schafspelze, mit denen sie sich reichlich eingedeckt hatten, und beschuldigte Clärenore, sie alle lieber in den Schneetod fahren zu wollen, als ihr wahnsinniges Unternehmen aufzugeben. Carl-Axel kam mit seinem Koffer heraus. Er packte Heidtlinger und schob ihn zum Lastwagen. Als Heidtlinger sich weigerte zu fahren, setzte Carl-Axel den Neuen ans Steuer. Sie wurden mit Eskorte bis an die Stadtgrenze gebracht. Die bestellte Blaskapelle blieb wegen des Regens in ihren Autos sitzen. Der Abschied von Moskau war ebenso hektisch wie der Empfang. Clärenore war froh, endlich weiterzukommen.

Sie fuhren auf einer guten Straße geradewegs nach Osten in Richtung Nišnij Novgorod. Übernachtungen im Freien waren nicht mehr möglich. Sie schliefen auf den Heuböden der staatlichen Pferdeställe, auf den Höfen der Dorfsowjets, in Polizeistationen oder in den Büroräumen der GPU. Die Wagen packten sie in Decken ein, die sie morgens auswringen mussten. Ihre Heizung in den Ställen war die Wärme, die von den Tierkörpern aufstieg. Das Wetter blieb schlecht. In den vier Wochen, die sie bis zum Ural brauchten, gab es nicht eine einzige längere Regenpause, und hinter dem Ural ging der Dauerregen in Dauerschneefall über. Hinter Vladimir hörten die geschotterten Pisten auf. Sie versanken wieder im Lehm. Der Neue hatte den Lastwagen nicht im Griff, er fuhr in Schlangenlinien durch den Schlamm. Er hieß Peter Sarazin, aber Clärenore und Carl-Axel gaben ihm den Spitznamen «Serpentin». Da sie sich nicht trauten, dem unerfahrenen Mann den Lastwagen zu überlassen und Heidtlinger sich immer noch weigerte zu fahren, übernahm Carl-Axel das Steuer.

In Vjazniki hatte sich an der Limousine wieder eine Kardanwelle durchgedreht. Sie mussten eine Woche auf Ersatz aus Frankfurt warten. Petr Baliev fuhr mit der Bahn zurück nach Moskau, um die Achse und noch zwei Ersatzachsen in Empfang zu nehmen. Sie schoben die Wagen in einen Schuppen und machten es sich in einem leer stehenden Büro der GPU bequem. Clärenore zauberte auf dem schwedischen Primusbrenner aus Eiern, Kartoffeln und einem Schinken Mahlzeiten für die Männer. Die Hälfte des Raums legten sie mit Stroh aus, auf das sie ihre Schlafsäcke betteten. An den Wänden hingen neben dem Schinken die Gewehre und darüber Schwarzweißdrucke von Lenin, Trotzkij, Stalin, Dzeržinskij und allen möglichen Generälen der Roten Armee. Sie holte das Grammophon heraus und ließ den ganzen Tag Tangos laufen. Zwischendurch kochte sie auf dem

Petroleumkocher die Wäsche der Männer, während die Herren im Stroh saßen und ihre Strümpfe stopften. Je schlechter das Wetter wurde und je mehr die Stimmung sank, desto mehr taute Fräulein Stinnes auf. Eines Abends forderte sie Carl-Axel zu einem Ringkampf auf. Die Männer setzten auf ihn, aber er ließ sich von Fräulein Stinnes k. o. schlagen, was sie ihm hoch anrechnete, da sie wusste, dass er ihr absichtlich das Kinn präsentiert hatte. Carl-Axel dachte trotz der Lage, in der sie waren, immer weniger an zu Hause.

Baliev weckte sie um sieben Uhr morgens. Sie fuhren zur Bahnstation und luden die Ersatzteile ab. Er hatte aus Moskau Weißbrot mitgebracht und für Carl-Axel eine wasserdichte Lederhose sowie wadenlange Gummistiefel. Sie arbeiteten den ganz Vormittag, um die Achsenwelle einzubauen. Carl-Axel, der Grunow bei allen Reparaturen genau auf die Finger geschaut hatte, kam mit dem Auswechseln der Achse inzwischen besser zurecht als Heidtlinger. Clärenore fuhr mit Söderström siebzig Kilometer zurück in die nächstgrößere Stadt, um Proviant einzukaufen. Es gab wenig. Immerhin erstanden sie eine Ente, Kartoffeln und Kohl. Carl-Axel steuerte für das Festmenü eine Flasche Wein aus seinem eisernen Vorrat bei.

Am 26. September starteten sie morgens um halb sieben in Richtung Nišnij Novgorod. Es regnete. Sie fuhren auf der Hauptstrecke in Richtung Ural. Der Weg war etwa dreißig Meter breit, mit Gras bewachsen und von den Spuren der Pferdewagen vollkommen zerschnitten. Die Autos versanken in diesen Schienensträngen eines endlosen Güterbahnhofs. Tausend Kilometer Dünengelände, bewachsen mit Birken und Nadelbäumen. Auf den Kuppen der Hügel war das Fahren kein Problem, aber in den Senken sammelte sich das Wasser, das durch den Lehmboden nicht abfließen konnte. Sie mussten die Wagen aus jeder Senke herausschieben und -ziehen. Die Nächte verbrachten sie in den Dörfern bei den

Ortsbürgermeistern. Ratten krochen über ihre Schlafsäcke. Sie wehrten sie ab, aber wer bleibt nach zehn Stunden Autoschieben eine ganze Nacht wach? Die Bauern schauten ihnen misstrauisch zu. Sie bekreuzigten sich, wenn sie ihre Ochsen vor den im Schlamm versunkenen Lastwagen spannten. Die Jugendlichen versammelten sich um die Autos und schauten neugierig in die Motoren, bis sie von ihren Eltern verscheucht wurden. Die Leute stürzten aus ihren Hütten, wenn sie die Motoren hörten. Sie rieben sich die Augen. Die Männer schauten auf ihre fast geleerten Wodkaflaschen, einige warfen sie sogar weg. Es begegneten ihnen Pferdefuhrwerke mit volltrunkenen Kutschern auf der Ladefläche. Die Pferde fanden von allein nach Hause.

Wenn sie bei einem Dorfgewaltigen am Ofen saßen, versammelten sich die Kinder unter den Fenstern und schauten herein. Manchmal klangen Wolgalieder von draußen an ihre Ohren. Heidtlinger verbrachte die Nächte damit, Jagd auf Wanzen zu machen. Stundenlang kroch er angeekelt mit der Kerze in der Hand auf dem Fußboden herum und war am nächsten Tag vor Müdigkeit nicht zu gebrauchen. Einmal hätte er beinahe das Heu in Brand gesteckt. Die anderen hatten sich an die Wanzen und Ratten gewöhnt. Die Schlafsäcke und ihre Kleider waren vom Geruch des Motoröls so durchtränkt, dass das Ungeziefer sie mied. Oft mussten sie so eng beieinander schlafen, dass kein Platz war, sich auf die andere Seite zu drehen. Ein Dorfältester fragte Carl-Axel, warum sie mit solch sinnlosen Vehikeln unterwegs seien, wo man doch mit Pferd und Wagen viel schneller vorankommen könne. Baliev übersetzte. Carl-Axel wusste keine Antwort, die den Bauern zufrieden gestellt hätte.

«Befehl aus Moskau», sagte Baliev. Da war der Bauer zufrieden.

Clärenore schickte «Serpentin» von Nišnij Novgorod aus mit der Bahn nach Hause. Ihm war anzusehen, wie erleichtert er war. Heidtlinger wurde von Tag zu Tag missmutiger, aber immerhin fuhr er jetzt wieder abwechselnd mit Carl-Axel den Lastwagen.

Als sie bei dem Ort Lvuva die Böschung zum Ufer der Sura, eines Nebenflusses der Wolga, hinunterfuhren und die Fähre sahen, war Clärenores erster Gedanke, dass die Reise hier zu Ende sei. Die «Fähre» war ein maroder Kahn, der kaum ein Ochsengespann trug. Das Boot trudelte durch die reißende Strömung, die Landungsbrücke bestand aus ein paar schwankenden Bohlen. Am anderen Ufer war überhaupt kein Landungssteg zu sehen, und die nächste Eisenbahnbrücke befand sich erst zweihundert Kilometer entfernt flussaufwärts. In die Richtung gab es keine Straße. Sie hätten bis Nišnij Novgorod zurückfahren und von dort bis Kazan einen Wolgadampfer nehmen können. Heidtlinger entschied sich sofort für diese Lösung. Er weigerte sich weiterzufahren und drohte mit Kündigung.

«Ich fahre den Wagen nur noch zurück, keinen Meter mehr vorwärts!», schrie er.

«Wenn Sie uns hier im Stich lassen, dann sind Sie gefeuert!»

«Ohne mich kommen Sie sowieso nicht weiter. Ich habe Ihre ganze Art satt. Sie haben Grunow vergrault und Sarazin. Und wenn Söderström Ihnen nicht hörig wäre, wäre er längst auf und davon!»

«Das reicht. Sie sind entlassen!»

Clärenore und Heidtlinger standen sich im Sand des Flussufers gegenüber. Carl-Axel nahm Heidtlinger bei der Schulter, zog ihn unter einen Strauch und befahl ihm, sich hinzusetzen. Fräulein Stinnes stand starr im Regen und schaute auf die Fähre. Carl-Axel konnte nicht erkennen, ob es der Regen war oder Tränen, die ihr übers Gesicht liefen. Söderström und Baliev verhandelten mit dem halb betrunkenen Fährmann. Sie versprachen ihm fünfzig Rubel, wenn er die Fähre für den Rest des Tages stilllegte. Mit Hilfe einiger Bauern und der Fährleute verstärkten sie das Schiff seitwärts mit Baumstämmen, die sie anseilten, um die Fähre stabiler zu machen. Dann bauten sie aus Brettern und Balken eine neue Zufahrt, an die sie das Boot festnagelten. Sie arbeiteten den ganzen Mittag, fuhren mit einem Beiboot auf die andere Seite und legten Bretter und Planken durch das tiefere Wasser, bis zu einer Stelle, an der sie gewiss sein konnten, dass kein Wasser mehr an die Motoren kam. Clärenore setzte sich in den Standard und presste die Lippen zusammen.

«Wollen Sie da voll beladen rüber?», fragte Carl-Axel entsetzt.

«Das ist immer noch nicht so viel wie der leere Lastwagen. Und wenn ich mit der Karre untergehe, dann habt ihr wenigstens alle eure Ruhe.»

Sie gab Gas und war mit einem Satz auf der Fähre, die bedenklich schwankte. Carl-Axel verfolgte das schaukelnde Schiff mit dem Fernglas. Er wagte kaum zu atmen. Wenn ihr jetzt etwas zustieße, würde er Heidtlinger erschlagen. Auf der anderen Seite fuhr sie in einer hohen Wasserfontäne mit Vollgas über die Planken und stoppte den Wagen auf dem trockenen Sand. Dann sah er, wie sie – knietief im Wasser – zur Fähre zurückging. Er atmete auf und begann mit Baliev, den Lastwagen zu entladen. Sie steuerte wortlos auf den Lastwagen zu, aber er trat ihr in den Weg. Als sie ihn zur Seite schieben wollte, sagte er: »Es genügt, dass Sie einmal Ihr Leben aufs Spiel gesetzt haben, jetzt bin ich an der Reihe.»

«Dafür werden Sie nicht bezahlt. Sie können meinen Untergang ja filmen.»

Carl-Axel packte sie an den Schultern.

«Jetzt hören Sie mir mal zu. Ich werde nicht zulassen, dass drei Männer hier herumstehen und zusehen, wie eine Frau russisches Roulette spielt. Was Sie mit dem Kleinen gemacht haben, mache ich jetzt mit dem Großen. Und wenn es nötig ist, um die ganze Welt herum.»

Er ließ sie stehen, stieg in den Wagen und gab Gas. Die Fähre schwankte unter dem Gewicht des Lastwagens wie auf hoher See. Die Überfahrt glich einer rasenden Karussellrunde. Carl-Axel merkte nicht, wie sich seine Hände ans Steuerrad klammerten. Schwimmend würde er niemals ans Ufer kommen. In der Mitte kam ihm der Fluss so breit wie ein Meeresarm vor, als stürze sich ein Ozean in den anderen. Und mittendrin im Weltuntergang ein leerer Lastwagen aus Frankfurt. Er hörte jemanden laut lachen, und als er in den Rückspiegel schaute, sah er, dass er es selbst war. Die Fähre fuhr mit voller Kraft auf den Strand, und Carl-Axel gab noch einmal Vollgas. Er hatte mehr Glück als Verstand.

Es gibt Ereignisse, durch die ein vertrautes Gesicht auf einmal eine unerwartete Veränderung erfährt und vollkommen neue Züge gewinnt. In der Sprache der Liebe heißt dieser Vorgang: Ich sehe dich mit neuen Augen.

Als Carl-Axel zurückkam, sahen beide in den Morgen ihrer neuen Gesichter. Sie waren verwirrt über das vertraute fremde Gesicht, in das sie schauten. Sie wussten die Überraschung nicht zu deuten, die sie vollkommen unvorbereitet traf. Söderström und Fräulein Stinnes standen sich auf dem Strand gegenüber, nicht viel anders als kurz zuvor Heidtlinger und Stinnes. Es waren nur Sekunden, in denen sie nichts sagten und synchrone Bewegungen ausführten. Es schien, als ob ihre Hände gemeinsam etwas Schweres anhoben. Einen Stein, den sie zwischen sich setzten. Hier auf diesen Uferboden. Etwas Deutsch-Schwedisches, worin das Wort «Freundschaft» vorkam. Clärenore und Baliev fuhren mit der ersten Gepäckladung hinüber. Er half ihr ausladen und kam wieder zurück. Clärenore bewachte die Kisten. Die Dämmerung brach herein. Als Lord plötzlich knurrte, entsicherte sie das Gewehr. Drei Kerle sprangen aus dem Dickicht die Böschung herunter auf sie zu. Sie waren mit Knüppeln bewaffnet. Lord griff sie mit gesträubten Haaren an. Clärenore zielte auf den Ersten und gab einen Warnschuss ab. Das war genug, um die Banditen in die Flucht zu schlagen. Die Männer auf der anderen Seite hörten den Schuss. Carl-Axel unterbrach das Verladen und ließ sich sofort hinüberfahren.

«Ich habe Sie nicht dafür engagiert, sich um mich Sorgen zu machen», sagte Clärenore. Seine Seele sitzt in seinen Mundwinkeln, dachte sie. Und da sitzt auch der Schalk in ihm.

«Zum Drehen ist es zu dunkel», sagte Carl-Axel. Sie hat tatsächlich eine Seele, dachte er, und die sitzt in ihren Mundwinkeln. Und da sitzt zugleich ihre Entschlossenheit.

Sie luden die Kisten ab, die leichteren in den Wagen. Dann fuhr Söderström ein letztes Mal hinüber und kam mit den anderen und dem Rest des Gepäcks zurück.

Auf beiden Seiten des Flusses standen die Bauern mit ihren Fuhrwerken im Stau. Der Fährmann machte Feierabend, er hatte für heute genug verdient. Die ersten Autos, die an dieser Stelle die Sura überquerten, hatten den ersten Verkehrsstau in der Geschichte der Sowjetrepublik Čavač verursacht. Die Bauern waren wütend und rotteten sich zusammen. Baliev beruhigte sie, indem er ihnen einen Nebenverdienst in Aussicht stellte. Die Autos saßen im Sand fest, es waren drei Kilometer zu überwinden, bis man festen Boden unter die Räder bekommen würde. Die Ochsen der Bauern wurden vor die Wagen gespannt. Carl-Axel und Baliev bauten zusätzlich eine Doppelspur für die Reifen aus Birkenrinden und Jutesäcken. Auf diesem Pfad kamen die Wagen unter dem Geschrei der Bauern und dem Knallen der Peitschen Meter für Meter voran. Als es immer dunkler wurde, kam irgendjemand mit Fackeln. Das Ganze sah aus, als wären mit der neuen Zeit die Pyramidenbauer in Russland eingezogen. Gegen neun Uhr am Abend schlugen sie ihr Lager auf. Die Bauern auf dieser Seite der Sura waren zufrieden und die auf der anderen weit weg. Heidtlinger, der die ganze Aktion mit Unkenrufen begleitet und ansonsten keinen Finger gerührt hatte, wurde gegen Abend immer kleinlauter. Als er sah, dass Fräulein Stinnes den Zweikampf gewonnen hatte, bot er sich an, das Zelt aufzubauen und die erste Wache zu übernehmen. Clärenore war entschlossen, ihn beim nächsten Zwischenfall in den Zug zu setzen und nach Hause zu schicken.

Clärenore und Carl-Axel lagen sich in der Mitte des Zeltes gegenüber. Baliev lag am Rand. Er fiel sofort in einen tiefen Schlaf. Carl-Axel wagte nicht, Fräulein Stinnes anzuschauen. Die Wasserstrudel der Sura hatten eine geizige, sperrige und spleenige Millionärszicke in eine mutige, schöne Frau verwandelt. Er bezweifelte, dass so etwas möglich war, und er dachte zugleich an die Kraft des Wassers. Wasser vermag alles. Warum sollten russische Flüsse über geringere magische Kräfte verfügen als schwedische Seen?

«Das werde ich Ihnen nie vergessen», sagte Clärenore.

Er sah sie an und war wieder verwirrt, weil er sich noch nicht an ihr neues Gesicht gewöhnt hatte. Er hätte sie gern länger angeschaut, aber er schloss die Augen. Es war das erste Mal, seit sie in Frankfurt gestartet waren, dass er sich auf den nächsten Tag freute.

«Hat Ihre Frau keine Angst um Sie, wenn Sie ihr in Ihrem Tagebuch alles haarklein schildern?», fragte Clärenore.

Zum ersten Mal fragte sie ohne Umschweife nach Ruby.

«Sie hat Angst. Sie liest die Tagebücher nicht. Und sie hat mir ihren Talisman mitgegeben. Ihre Schwester hat sogar gemeint, es sei Ihrer.»

«Hilde? – Zeigen Sie her.»

«Sie verlieren ihre Wirkung, wenn man sie anderen zeigt.»

«Ich habe sogar zwei. Einen rosaroten Elefanten und einen grünen Buddha.» Clärenore griff in ihre Jacke und zog die Stücke heraus.

«Der sieht tatsächlich genauso aus», sagte Carl-Axel verwundert.

Clärenore nahm Söderströms Talisman in die Hand und hielt beide Buddhas nebeneinander. «Von wem haben Sie den?»

«Von meiner Frau.»

«Wie heißt Ihre Frau mit Vornamen, mit Mädchennamen?»

«Martha Wahl.»

«Ist sie schön? Ist sie schwarzhaarig?»

«Sie ist schön und schwarzhaarig. Aber was sollen die Fragen?»

Sie schauten in das Lachen des wiedervereinigten Budhapaares.

«Wissen Sie, was die chinesischen Schriftzeichen an der Unterseite bedeuten?», fragte Carl-Axel.

«Nein. Aber sie haben uns heil über die Sura gebracht. Sie werden uns heil nach Hause bringen», sagte Clärenore und verkroch sich in ihren Schlafsack.

Carl-Axel erwachte vom Prasseln des Regens. Heidtlinger schlief neben ihm. Clärenore war mit dem Hund draußen. Es war nicht der Regen, der ihn geweckt hatte, es waren Schreie. Baliev schrie. Nein, er wimmerte. Er sprach im Traum. Carl-Axel leuchtete mit der Taschenlampe in seine Richtung. Er warf den Kopf hin und her und sprach im Traum – Russisch. Carl-Axel konnte nur das Wort «Vater» übersetzen. Und dann verstand er noch etwas: «die Deutschen». Heidtlinger schnarchte. Carl-Axel schlief erst ein, als Baliev Wachdienst hatte. Baliev weckte ihn. Carl-Axel hatte das Gefühl, auf eine Eisscholle gezogen zu werden.

«Ich komme mit raus», sagte Baliev.

Sie setzten sich auf einen Birkenstamm unter die Regenplane. «Wovor hast du Angst?», fragte Carl-Axel und wunderte sich über sich selbst, weil er noch nie einem Fremden eine solche Frage gestellt hatte. Die Sura hatte ihn zu einem anderen Menschen gemacht. Er versuchte, sich Rubys Gesicht vorzustellen.

«Ich habe keine Angst», sagte Baliev.

«Du schreist im Traum nach deinen Eltern, und keiner kann schlafen.»

Baliev schwieg.

Ruby – wie sieht sie aus, dachte Carl-Axel. Wer hat damals das Boot zum Kentern gebracht? Wieso hat Hilde den Bernstein gefunden? Er versuchte, sich Ruby in ihrem langen schwarzen Kleid vorzustellen – Silvester in Stockholm. Aber es schoben sich immer wieder Herrenpullover und Krawatte über das Bild sowie die entschlossenen Mundwinkel von Fräulein Stinnes. Schmale Lippen hätten viel besser zu ihrem Charakter gepasst.

«Die einen bezahlen mich dafür, dass ich euch heil durchbringe, die anderen dafür, dass ihr euch das Genick brecht», sagte Baliev nach einer Weile.

Carl-Axel hörte nicht, was er sagte. Die Menschen sind zwar gleich, aber die Rätsel, die ihnen aufgegeben werden, sind verschieden.

Am nächsten Morgen sahen sie die Kirchturmspitze des Dorfes, die sie schon seit zwei Tagen vom anderen Sura-Ufer aus in der Ferne gesehen hatten, unmittelbar vor sich.

«Das ist Russland», sagte Baliev, «und wenn ihr es jetzt noch nicht begreift – in Sibirien werdet ihr es begreifen.»

Sie zogen die Wagen mit der Winde Meter für Meter durch den Boden. Die Limousine drehte sich immer wieder mit heulendem Motor in die Richtung, aus der sie gekommen war, und Heidtlinger nickte dazu. Schließlich fällten sie junge Birkenstämme und bauten Knüppelstraßen an den Stellen, wo der Schlamm grundlos war. Auf diese Weise kamen sie in acht Stunden knapp zehn Kilometer voran. Der Kirchturm lag immer noch vor ihnen. Was zum Greifen nahe schien, war unerreichbar. Noch eine Nacht im Zelt, und am nächsten Abend hatten sie das Dorf erreicht. Das Pferd war in dieser Gegend und bei diesem Wetter dem Auto tausendmal überlegen. Hier war noch nie ein Auto gefahren. Sie waren die ersten Menschen, die auf Gummireifen in Čurasevo einfuhren. Das Dorf war wie ausgestorben. Keine Kinder, die neben ihnen herliefen. Auf dem Dorfplatz stand plötzlich eine Wand von Männern. Die Bauern hatten Sensen in der Hand. Sie schwankten.

«Mit denen ist nicht zu spaßen», sagte Baliev.

Carl-Axel nahm ein Gewehr aus der Deckenhalterung und stieg aus. Die Bauern rückten näher. Einer kam heran und schwang seine Sense. Carl-Axel schoss in die Luft. Die Bauern duckten sich und rückten vor. Einer von ihnen drehte das Blatt vom Sensenstiel. Söderström ging in die Knie. Die Klinge raste knapp über seinem Kopf vorbei und blieb im Schlamm stecken. Söderström zielte vor die Füße des Sensenwerfers, traf ihn aber ins Bein. Der Mann fiel hin, die anderen rannten weg. Clärenore und Baliev sprangen aus dem Wagen. Der Bauer wimmerte und wand sich im Schlamm. Sie befahl, den Bauern ins Auto zu schaffen. Baliev brüllte auf den Mann ein.

«Der Arzt wohnt ein paar Werst von hier», sagte Baliev. Der Landarzt nahm sie für die Nacht auf. Er behandelte den Bauern und schickte ihn nach Hause. Clärenore bezahlte die Rechnung.

«Er hätte mich fast umgebracht», sagte Carl-Axel, «warum tun Sie das für ihn?»

«Er ist ein Mensch», antwortete Clärenore.

Der Arzt ließ in riesigen Zinnkesseln Wasser auf den Herd stellen. Die Mägde gossen das heiße Wasser kichernd über die verdreckten Männer, die in der Waschküche in Zubern saßen.

Zum Schluss war Fräulein Stinnes an der Reihe. Sie holte sich das Wasser selbst und verbot jedem, den Raum zu betreten. Als sie das Wasser über sich ausschütten wollte, fiel ihr der Kessel aus der Hand. Sie stand eingeseift im Zuber und fror. Sie rief nach dem Arzt, aber der war nicht erreichbar. Carl-Axel kam mit einem neuen Wasserbehälter an die Tür.

«Schließen Sie die Augen», befahl sie.

«Und wie soll ich Sie finden?»

«Sie dürfen einmal blinzeln, und dann schütten Sie mir das verdammte Wasser über.»

Sie saß im Zuber und verdeckte mit den Armen den Oberkörper. Er blinzelte und ließ die Augen offen, während er ihr das Wasser übergoss.

«Und jetzt verschwinden Sie. Sie haben genug gesehen», sagte Clärenore.

Er ging bis zur Tür und blieb stehen.

«Wir waren als Kinder schon mal in einer ähnlichen Situation. Erinnern Sie sich?»

«Sie machen ab morgen die Kasse», sagte Clärenore, indem sie sich abseifte, «und Sie bekommen ab morgen ein Zusatzgehalt als Chauffeur.»

«Glauben Sie nicht an Schicksal?»

«Ich glaube nur eins: dass ich diese Fahrt zu Ende bringen werde. Gehen Sie schlafen. Morgen früh geht's weiter.»

Sie erreichten die Wolga und fuhren das letzte Stück bis Kazan mit einem Wolgadampfer, auf den sie die Autos verluden. Carl-Axel freute sich auf das Hotel. Die Hauptstadt der Tatarischen Republik lag hochwassersicher auf einem Hügel oberhalb der Wolga. Die Goldkuppeln des Kreml blieben stumpf unter den trüben Regenwolken. Sie stiegen im Gasthof Franzija ab, der in einer der schnurgeraden Prachtstraßen lag, die sich strahlenförmig vom Kremlberg nach Südosten zogen. Clärenore ärgerte sich über die fünfzig Kopeken, die der Wirt zusätzlich für frische Bettwäsche berechnete. Die Auskünfte über die weiteren Wege und Flussübergänge bis Perm und zum Ural und weiter durch Sibirien waren finster. Sie beschlossen, den Lastwagen von Etappe zu Etappe auf die Bahn zu setzen. Zunächst bis Sverdlovsk und dann bis Novosibirsk. Mit der Limousine allein würden sie besser durchkommen. Clärenore war froh, Heidtlinger los zu sein, der mit dem Lastwagen auf dem Güterzug fuhr. Heidtlinger war froh, Fräulein Stinnes nicht mehr sehen zu müssen.

Baliev kauerte sich zusammen mit Lord zwischen die Gepäckstücke im Fond des Standard. Die Wege blieben schlecht. Sie fraßen sich im ersten und zweiten Gang Meter für Meter durch den schwarzen Lehmteig. Sie wühlten bis zu den Achseln im Schlamm, um die Hinterräder hochzubocken. Schließlich legten sie Schneeketten an und kamen damit etwas besser voran. Abends lieferten sich Clärenore und Carl-Axel Boxkämpfe auf den Heuböden, um ihren Stress abzubauen. Es gab blaue Flecken. Beide dachten an ihre Kindheit, und beide vermieden es, an Asa zu denken. Clärenore raufte mit Carl wie mit ihren Brüdern, und einmal dachte sie sogar, ihr Vater wäre ihr Boxpartner. In der Nacht schrie Baliev seine Ängste heraus. Er träumte immer wieder, von einem Zug überfahren zu werden. Sie mussten ihn jede Nacht zwei-, dreimal wecken, um ihn von seinen Albträumen zu erlösen. Sie lebten von Schweinebraten, Kartoffeln und Möhren. Das Fleisch war nie abgehangen und deshalb kaum zu beißen. Sie mussten es mehrere Tage hintereinander aufkochen, damit man es essen konnte. Die Russen beobachteten sie bei all ihren Tätigkeiten stumm und mit staunenden Blicken, wie Besucher, die eine vollkommen unbekannte Tierart in einem Zoogehege entdeckt haben. In größeren Dörfern spritzten sie die zentimeterdicke Schlammschicht bei der Feuerwehr vom Wagen. Vor allem die Lamellen des Kühlers mussten immer wieder mit einem selbst geschnitzten Holzmesser freigekratzt werden. Kurz vor Perm bekam Clärenore starke Zahnschmerzen. Sie behalf sich mit Morphium, aber sie konnte nicht mehr fahren. Carl-Axel versuchte, einen Zahnarzt zu finden. Mit vorgehaltener Pistole zwang er zwei betrunkene Fährleute, sie über einen Fluss zu setzen. Das Benzin wurde knapp. Sie machten einen Umweg zu einer Bahnstation. Vergeblich. In der Nacht hörten sie zum ersten Mal das Heulen der Wölfe. Sie schworen sich, zwei Patronen übrig zu behalten – falls es keinen Ausweg mehr geben würde. Carl-Axel kam tagsüber kaum noch zum Filmen oder Fotografieren. Er schoss Bilder von seinen Gastgebern, die ins Blitzlicht schauten wie in den Weltuntergang. Sie durchschnitten mit dem Auto Kreise menschlichen Lebens, die seit Jahrhunderten ohne Zu- oder Ablauf in sich ruhten. Sie ahnten nicht, was ihre Durchreise für einen Schock hinterließ. Vielleicht war das der tiefere Sinn ihrer Fahrt durch Russland und auch der Grund, warum Stalin seinen Arm über das Unternehmen hielt, ohne dass diese Tatsache jemals zur Sprache gekommen wäre. Kein GPU-Mann, der im Zug angereist kam, hätte die Leute auf dem Land so sehr verunsichern können wie ein Automobil. Baliev, der mehr über diesen Aspekt von Clärenores Fahrt durch Sibirien wusste, schwieg.

Sie fuhren durch Orte, die kurze Zeit später zu geschlossenen Städten erklärt wurden. Sie sahen GPU-Baustellen und wussten nicht, dass die Männer, die dort arbeiteten, Zwangsarbeiter waren, die die Gulag-Galaxien der Zukunft bauten. Der Schrecken in den Augen der Menschen, die in Söderströms Kamera starrten, war von langer Hand gefertigt. Und wenn sie ihre Zielorte Novosibirsk und Irkutsk nannten, wurden sie von einigen wie Aussätzige behandelt. Man wagte nicht, sie zu berühren. Alte Frauen wiederum küssten ihre Hände und segneten sie, als lägen sie auf dem

Sterbebett. Für die Russen war Clärenores Weg ein Weg in die Verbannung. Sie konnten nicht glauben, dass sie die Reise freiwillig unternahm. Man hörte so viele Geschichten von Frauen, die ihren Ehemännern nach Sibirien gefolgt waren. Aber im Auto? Das waren die Grausamkeiten der neuen roten Zaren. Anders war die Erscheinung des Automobils und seiner Insassen nicht zu erklären. Die Dorfmenschen waren nicht in der Lage, im modernsten Erzeugnis Frankfurter Ingenieurskunst eine bessere Zeit heraufdämmern zu sehen.

Clärenore erschütterte vor allem das Los der Frauen. Welche Frauen sollte sie am meisten bedauern – die Russinnen mit ihren achtzehn Kindern und den prügelnden, betrunkenen Ehemännern? Die Moslemfrauen, die in häuslichen Kerkern gehalten wurden? Oder die Frauen Europas, die von ihren Müttern und Brüdern tyrannisiert wurden? Zur Freiheit und zu einem selbstbestimmten Leben war es für Frauen weltweit noch ein weiter Weg. Autofahren war einer dieser Wege, das wurde ihr in Russland klar. Aber es war ein sehr privilegierter Weg. Er war dennoch beschwerlich, ein Abenteuer auf Leben und Tod. Befreiungen sind immer ein Abenteuer auf Leben und Tod, dachte sie, bevor sie im Heu einschlief.

Carl-Axel stürzte ins Bahnhofsrestaurant von Perm und schlang zwei Beefsteaks hinunter. Dazu leerte er eine halbe Flasche Cognac. Die Männer bildeten einen Kreis um ihn und sahen ihm staunend zu. Es war ihm egal. Er stand auf, satt und blau, wankte nach draußen und fuhr mit dem Wagen davon. So was hatten die Leute in Perm noch nicht gesehen. Er holte Fräulein Stinnes vom Zahnarzt ab. Der Weisheitszahn war gezogen, und schwere körperliche Anstrengungen waren für die nächste Zeit verboten. Der Arzt hatte ihr eine Flasche reinen Alkohol und Watte zum Desinfizieren mitgegeben. Eine kurze Nacht. Am nächsten Morgen ging es weiter, sie kamen bis Kungur. Die letzten Kilometer mit vorgespannten Ochsen. Die Kupplung war hin.

Am 14. Oktober verluden sie den Standard auf die Bahn nach Sverdlovsk. Baliev blieb im Auto, und Clärenore und Carl-Axel kamen im Personenzug nach. Im Zug nahm Clärenore ein Stück Zeitungspapier mit auf die Toilette, auf dem sie ein Foto von Heidtlinger entdeckte. In Sverdlovsk zeigte sie es mit dem dazugehörigen Artikel Baliev. Er wurde bleich, als er den Text las.

«Was ist los?»

«Er verkauft unsere Ersatzteile vom Eisenbahnwaggon herunter an die Rote Armee.»

Zwei Tage Zwangspause in Sverdlovsk. In der Werkstatt kam man mit der modernen Kupplung nicht klar. Der Lastwagen stand tatsächlich auf einem Waggon im Güterbahnhof. Von Heidtlinger keine Spur. Die Ersatzteile, die sie gebraucht hätten, waren verschwunden.

«Den sehen wir nicht wieder», sagte Carl-Axel.

Clärenore telefonierte mit dem deutschen Generalkonsulat in Novosibirsk. Carl-Axel schlief zum ersten Mal seit Wochen wieder in einem eigenen Hotelzimmer im Bett. Er vermisste den Geruch des Motoröls und konnte erst einschlafen, als er den Schlafsack aus dem Auto geholt und sich auf den Boden neben das Bett gelegt hatte. Aber er schlief nicht sehr tief. Fräulein Stinnes fehlte.

Am nächsten Tag kamen die beim Konsulat deponierten Ersatzteile aus Novosibirsk. Die Fahrt ging weiter. Baliev begleitete den Lastwagen auf der Bahn. Nach fünf Tagen waren sie in Tjumen. Sechzehn Kilometer hinter der Stadt versanken sie in einem Morastloch. Das Übliche – gebrochene Achsenwelle. Pferde. Verladen auf einen Sonderwagen mit Extralokomotive und zurück nach Tjumen. Dort wartete Baliev mit dem Baggage-Wagen. Inzwischen suchten ihn seine Albträume schon bei kurzem Einnicken heim.

Er wurde nicht mehr von Zügen überfahren, sondern auf Zügen in ein Arbeitslager gebracht. Clärenore war froh, so schnell wie möglich nach Novosibirsk zu kommen.

«Nicht einmal meinem schlimmsten Feind würde ich eine solche Nacht wünschen», schrieb Carl-Axel in sein Tagebuch. Sie saßen im Auto auf dem offenen Güterwagen. Schneesturm. Die Scheiben waren von einer dicken Eisschicht überzogen. Keine Heizung im Auto. Der Petroleumkocher versagte nach einer Stunde. Durch alle Ritzen fegte der Schnee hinein. Sie hielten sich mit zwei Flaschen Wodka am Leben. Zwanzig Grad Kälte. In dieser Nacht bekam Baliev hohes Fieber. In Omsk stieg Clärenore mit dem Kranken in einen Personenzug um und fuhr voraus. Lord ließ sie bei Carl-Axel. Allein mit zwei unbeheizten Autos auf dem Güterwaggon im Schneesturm durch die Barabinsker Steppe – tausend Kilometer nichts als Heidelandschaft, offene Birkenwälder, unberührte Schneeflächen von der Größe Südschwedens. Rechts und links des Bahndamms auf Hunderte von Kilometern unpassierbar. Unpassierbar bis zum Nordpol. Was für ein Land, dachte Carl-Axel, du könntest von hier aus losmarschieren und für den Rest deines Lebens auf keinen Menschen mehr stoßen. Er saß fünf Tage und Nächte allein im Auto, Lord auf den Füßen als einzige Wärmequelle. Was kann ein Mensch in einer solchen Situation denken? Er dachte nicht an Schweden. Er dachte nicht an Clärenore. Er dachte nicht an sich. Er dachte an die Syrische Wüste. Er hätte alles gegeben für eine Stunde Syrische Wüste.

Clärenore schleppte ihn gleich nach seiner Ankunft zum deutschen Konsul Walter Großkopf. Er hatte kaum Zeit, sich im Hotel zu waschen und umzuziehen. Er schlang zwei Steaks herunter und trank Unmengen von Wodka. Im Salon schlief er im Sessel ein. Clärenore stieß ihn gerade noch rechtzeitig an, bevor ihm die Zigarre aus dem Mund gefallen wäre. Im Hotel erhielt er die Nachricht vom Tod seines Onkels. Sein Vater hatte den ersten und einzigen Brief seines Lebens geschrieben. Seine Schrift war wie die Linie eines Sägeblatts. Carl-Axel merkte erst jetzt, wie sehr er seine Welt vergessen hatte. Der Onkel war der, der ihn in Asa vor den Stinnes gewarnt hatte. Sie machen tatsächlich die ganze Welt unsicher, dachte er. Wie soll das weitergehen?

«Sie kommen hier nicht weiter», sagte der Konsul. «Sie müssen warten, bis die Flüsse zugefroren sind.»

Clärenore war wütend auf alles, was hinter ihr lag. Carl-Axel konnte inzwischen an ihren Stirnfalten abzählen, wie viele Sätze mit dem deutschen Konjunktiv «hätte» ihr durch den Kopf gingen. Er verstand die umständlichen Konstruktionen ihrer Sprache immer noch nicht sehr gut, aber er wusste, dass ihre Laune mit jedem «hätte» um einen Punkt sank. Sie sank am nächsten Tag noch tiefer. Heidtlinger tauchte auf und forderte seinen Restlohn. Clärenore warf ihn raus und drohte mit einer Anzeige wegen Diebstahls. Er lachte ihr ins Gesicht und verschwand. Er verschwand für immer, und Clärenore atmete auf. Mehr Sorgen bereitete ihr Baliev. Er hatte eine Lungenentzündung mit Verdacht auf Tuberkulose. Bevor er zurück nach Moskau fuhr, beschwor er sie, nicht weiterzufahren, bis er für Ersatz gesorgt habe.

«Bisher war es umgekehrt, aber ab hier können Sie den GPU-Leuten vertrauen. Auf keinen Fall aber den Ortsheiligen», flüsterte Baliev Carl-Axel auf dem Bahnsteig zu.

Clärenore zuckte mit den Achseln, als Carl-Axel ihr die Botschaft Balievs überbrachte. Als eine Woche später die Nachricht kam, Baliev säße in Moskau im Gefängnis, wurde sie unruhig. Der Konsul brachte nichts in Erfahrung. Sie schickte ein Telegramm an Brockdorff und an Krestinskij und erhielt von beiden diplomatische Antworten, aus denen die Empfehlung zu entnehmen war, die Fahrt abzubrechen und nicht weiter nach Baliev zu fragen.

«Schauen Sie», sagte der Konsul, «es braucht hier im sibirischen Winter keine Saboteure. Das ganze Land ist eine einzige Sabotage. Wenn Sie weiterfahren, haben die, die das vielleicht verhindern wollen, gewonnen. Sie müssen Ihre Feinde also unter denen suchen, die Ihnen zur Weiterfahrt raten.»

«Wir verladen nach Irkutsk», sagte Clärenore, «und warten dort den Winter ab.»

Die Menschen sind gleich, schrieb Egon Erwin Kisch auf seiner Russlandreise. Aber sie leben in Städten oder Dörfern, in ewiger Hitze oder ewigem Eis. Vor allem aber unterscheiden sie sich in Männer und Frauen.

14. Im Zentrum des Würfels

Die Erkämpfung der Gleichberechtigung – nicht nur durch Worte, sondern durch Taten – bildet die Aufgaben der Frauen unserer Zeit. Kämpfer in den Reihen der Kämpfer werden ist das Beste, was man in dieser Beziehung tun kann. Ihr Unternehmen, Clärenore Gugovna, reiht Sie in die Reihe der Kämpfer, die die Entfernungen besiegen, die die Annäherung der Massen des Ostens und des Westens begünstigen. Aufrichtig wünsche ich Ihnen einen großen Erfolg in dieser großen Sache.
Vivien Etin

Sibirien ist Landschaft. Eine Landschaft, die dem Europäer vertraut ist und zugleich fremd. Es gibt Weltgegenden, die die Seele betrunken machen und den Betrachter mit dem Tod versöhnen. Wie viel Frieden, wie viel Majestät, wie viel Endlosigkeit – wie viel Hoffnungslosigkeit – ist hinter dem Ural. Wer hier durchfährt, erkennt, dass Mitteleuropa nichts weiter ist als ein Kleingarten, in dem die Landschaft Sibiriens en miniature enthalten ist. Mitteleuropa ist die Exposition zu einer monumentalen Sinfonie, die sich in Sibirien entfaltet. Ein leises Allegretto, das sich zu einem grandiosen Totenmarsch ausweitet. In Mitteleuropa fährt man eine halbe Stunde durch den Teutoburger Wald und durch eine Heidelandschaft; eine Stunde durch ein Mittelgebirge und durch die Alpen bis zur ligurischen Küste. Tausend Kilometer, und man hat alle pittoresken und dramatischen Gegenden gesehen.

In Sibirien fährt man tagelang durch einen Teutoburger Wald und tagelang durch eine Art Lüneburger Heide. Die Barabinsker Steppe zwischen Omsk und Novosibirsk würde, auf Deutschland übertragen, von München bis Hannover reichen. In Sibirien ist nichts anmutig oder pittoresk. In Sibirien ist alles grandios und überwältigend. Auch die Kälte, das Eis. Im Winter ist Sibirien am lebendigsten. Flüsse und Seen werden zu Autobahnen. Während man in der Regenzeit im Schlamm versackt und im Sommer von Mücken gepeinigt wird, ist das Reisen im Winter leicht. Die kurzen Tage sind strahlend, die langen Nächte vom sibirischen Sternenhimmel erleuchtet. Der sibirische Winter ist tödlich. Eisstürme, Schneestürme, Polarkälte, Kältetod. Das größte Land der Welt ist nicht geeignet für menschliches Leben – in dieser Tatsache ist die ganze Tragik Russlands und der Russen begründet. Der Kampf gegen den Frost hat Millionen Menschen das Leben gekostet. Südlichere Länder schürfen ihre Bodenschätze ab, als ernteten sie Wasserkastanien, und werden unermesslich reich. Russlands Bodenschätze sind vom Permafrost versiegelt. Deshalb haben alle russischen Herrscher skurrile Gesetze erfunden, aus deren Minenfeldern kein Bürger heil herauskam. Der Sinn dieser Gesetze war die Bestrafung. Freiwillig ist nie ein Mensch nach Sibirien gegangen, um Schwellen zu legen, Dämme aufzuschütten, Flüsse zu stauen oder Stollen zu graben.

Sibiriens grandioser Höhepunkt ist der Baikalsee. Wenn man durch das Vorgebirge an der Angara entlangfährt, leuchtet plötzlich eine Fläche aus purem Silber zwischen den Berghängen auf. Nichts auf der Welt ist mit diesem Anblick vergleichbar – Gott Baikal; Väterchen Baikal. 25 Millionen Jahre alt, 1600 Meter tief, 600 Kilometer lang. Alle Tränen, die die Menschen je vergossen haben, sind hier gesammelt. Die Luft ist so klar, dass das gegenüber liegende Ufer zum Greifen nahe scheint, obwohl es vierzig Kilometer entfernt ist. Es gibt Orte auf der Welt, an denen man leben möchte, und Orte, an denen man sterben möchte. «Die Natur», schrieb Alexander Herzen, der russische Sozialutopist, «ist wie eine griechische Statue: Ihr ganzes Inneres steckt in ihrer äußeren Form. Alles, was sie ausdrücken kann, hat sie darin ausgedrückt, und sie überläßt es den Menschen, in der Form zu entdecken, was sie selber nicht offenbaren kann.» Wenn es eine Landschaft gibt, die alle denkbaren Seelenzustände in erlebbare Formen gegossen hat, dann ist sie am Baikalsee zu finden. Der Anblick des Sees kehrt das Innerste nach außen. Eine Gefühlsdusche prasselt auf den Kopf des Betrachters – heiß, kalt, heiß. Lachen, weinen. Dem Ansturm des Sees auf die Seele ist niemand gewachsen. Nach dem Glauben der Burjaten, der Ureinwohner an den Ufern des Sees, fordert Gott Baikal von jedem, der ihn erblickt, Tränen. Und der Gott fordert auch von jedem Glas Wodka ein gutes Viertel – zum Wohl der menschlichen Lebern und der göttlichen Laune.

«Ich entbinde Sie von Ihrem Vertrag. Sie können jederzeit nach Hause fahren», sagte Clärenore und gab Söderström eine Depesche vom Auswärtigen Amt in Berlin, die sie soeben vom Postamt in Irkutsk abgeholt hatte. Carl-Axel las das Schreiben. Es war die Abschrift einer Nachricht der deutschen Gesandtschaft in Peking vom 3. September, die über Berlin an das Konsulat in Novosibirsk gegangen war. Darin stand folgender Text:

Die Botschaft in Moskau hat unterm 30. August telegraphisch hierher mitgeteilt, daß Fräulein Stinnes demnächst über Urga-Kalan oder Harbin-Mukden nach Peking fahren und voraussichtlich im Laufe des Oktober hier eintreffen werde. Ich bitte, falls sich Gelegenheit dazu bietet, Fräulein Stinnes mitzuteilen, daß die von ihr ins Auge gefaßten Reisewege durch Gebiete führen, in denen Räuberbanden zur Zeit in bedrohlichem Maße ihr Unwesen treiben. Angesichts der gegenwärtigen Lage kann auf einen wirksamen Schutz von Reisenden durch die chinesischen Behörden nicht gerechnet werden. Fräulein Stinnes wird sich deshalb darüber klar sein müssen, daß sie ihre Reise auf eigene Verantwortung übernimmt.

Carl-Axel sah sie an.

«Ja und?»

«Ich kann nicht verantworten, dass Sie in der Wüste Gobi Ihr Leben riskieren.»

«Und was machen Sie?»

«Ich bin nach Osten gefahren und werde nur von Westen zurückkommen.»

«Sie müssen sich damit abfinden, dass das ganze Unternehmen ab jetzt eine deutsch-schwedische Kooperation ist», sagte Carl-Axel.

«Sie wissen, dass wir allein sind. Ohne Mechaniker, ohne Dolmetscher. Unser Leben ist keinen Pfifferling wert.»

Sie saßen sich auf den beiden Stühlen der Zweizimmerwohnung gegenüber, die sie für ihren Aufenthalt in Irkutsk von einer russischen Kaufmannsfamilie gemietet hatten. Das Haus stand am Hochufer der Angara, deren Rauschen durch die geschlossenen Fenster drang. Der Fluss und der Baikalsee würden erst in zwei Monaten zufrieren. Carl-Axel schaute Clärenore an, und sie sah nicht an ihm vorbei.

«Sie wissen genau, wann ich mich entschieden habe.»

«Denken Sie nicht an Ihre Frau? Wenn Ihnen was passiert! Sie haben zwei Monate Zeit, ihr zu schreiben, sie zu fragen und ihre Antwort abzuwarten.»

«Es ist allein meine Entscheidung.»

«Vielleicht haben Sie sich ja schon vor dreizehn Jahren in Asa entschieden.»

Es war das erste Mal, dass Fräulein Stinnes von ihrer Jugendbegegnung in Asa sprach. Er war so verwirrt, dass ihm dazu nichts einfiel.

«Auf das deutsch-schwedische Unternehmen», sagte sie, füllte zwei Gläser mit Wodka und reichte ihm eins.

Sie vertrieben sich die Zeit mit Jagdausflügen. Die Motoren, die in Filzmäntel eingehüllt waren, liefen bei vierzig Grad Kälte trotzdem nur an, wenn man Äther in die Zylinder goss und die Ölwanne mit einer Petroleumlampe erwärmte. Sie tauten die Zündkerzen im Backofen auf und erhitzten den Motorblock und die Ansaugleitungen mit der Lötlampe. Das Wasser füllten sie kochend in den Kühler. Jede Art von Handgriff am Motor war nur mit Handschuhen zu bewerkstelligen, da die bloße Haut sofort am Metall festgefroren wäre. Der Chef der Irkutsker GPU, Aleksandr Šarašin, gab Carl-Axel die Erlaubnis zu filmen. Er empfahl ihnen, nach Einbruch der Dunkelheit nie ohne entsicherte Pistole im Ärmel auszugehen, und übernahm jede Verantwortung, falls sie bei Gefahr von ihrer Waffe Gebrauch machen würden. Carl-Axel dachte an die Warnungen Balievs. Reichte der Einfluss von Stalins Gegnern bis in die Familien der Burjatenhäuptlinge, die sie zur Bärenjagd einluden? Šarašin schoss mit Nadeln in seine Augen, als er ihn offen danach fragte.

«Es gibt Menschen, die fuhren eben noch mit Ihnen im Auto, und nun fahren sie auf Nebengleisen an Ihnen vorbei. Es wird ihnen die ehrenvolle Aufgabe zuteil, aus Sibirien einen modernen Industriestaat zu machen.»

Obwohl er mit dem Rücken am Ofen saß, fror Carl-Axel bei dieser Antwort. Er wusste sie nicht zu deuten. Er dachte an Baliev und war sich sicher, dass Šarašin ihn meinte. Šarašin wich ihnen nicht von der Seite. Die Bärenjagd führte sie in vollkommen entlegene Gegenden. Es galt, die Bärenhöhlen ausfindig zu machen, in denen die Tiere ihren Winterschlaf hielten. Das Auto war dafür nicht geeignet. Sie ritten einige Tage durch tiefen Schnee und übernachteten in Jagdhütten und Jurten. Das erste Reh, das Carl-Axel geschossen hatte, wurde am Abend nach Landessitte mit viel Schnaps gefeiert. Er wurde mit dem Blut des Tieres eingerieben.

Dann musste er jedem zutrinken. Bis kurz vor Mitternacht hielt er durch. Einer nach dem anderen fiel von seinem Hocker einfach hintenüber und blieb liegen. Šarašin war einer der Ersten.

Ein GPU-Mann, der nicht trinkfest ist, dachte Carl-Axel, ist nicht viel wert. Plötzlich war ihm nach Tango zumute. Ruby zog ihn auf die Tanzfläche, dann Hilde. Er tanzte mit Hilde auf den Balkon des Kempinski hinaus, sah die Schlusslichter der Autos auf dem Ku'damm und den Bernstein um Hildes Hals. Er fühlte sich wohl in der Eiszeit. Mit Schnee kann man sich zudecken wie mit einem leichten Daunenbett. Alles war wunderbar warm. Sibirien ist gar nicht kalt, dachte er. Plötzlich zog ihn jemand aus dem winterlichen Mutterleib Sibiriens. Er sah in Clärenores Gesicht, sie ohrfeigte ihn. Sie zog, schlug ihn, bis er sich aus eigener Kraft gebar und aus dem Wald auf allen Vieren zurück zur Hütte kroch. Sie gab ihm zwei, drei Tritte. Nur starker Schmerz konnte ihn dazu bringen, die Evolutionsleiter wieder zu erklimmen und einigermaßen aufrecht ins Bett zu gelangen.

«Sie haben ihm das Leben gerettet», sagte Šarašin am nächsten Morgen zu Clärenore. Der GPU-Mann sah aus wie ein Schneegespenst.

«Wodka ist nicht gleich Wodka, schon gar nicht, wenn es sich um Samagonka oder Tarasun handelt.»

Šarašin hatte heimlich Proben entnommen. In der Klinik von Irkutsk wurde festgestellt, dass die Getränke für die Gäste starke Betäubungsmittel enthalten hatten. Clärenore hatte nur die vergorene Stutenmilch getrunken. Keiner der Gastgeber hatte damit gerechnet, dass eine Deutsche das mongolische Nationalgetränk anrührt. Šarašin war zu früh ausgeschieden. Nur bei Söderström wäre der Plan aufgegangen, hätte ihn Clärenore nicht durchkreuzt.

«War das tatsächlich ein Anschlag auf uns?», fragte Clärenore.

«Sie können solche Zwischenfälle ausschließen, wenn Sie Ihren Mann dazu bringen, nicht mehr auf die Jagd zu gehen», sagte Šarašin.

«Er ist nicht mein Mann.»

«Sie kümmern sich um ihn, als wäre er Ihnen was wert», sagte Šarašin und grinste.

Am 29. Dezember erreichte sie eine weitere Depesche vom deutschen Konsulat in Novosibirsk:

Nach zuverlässigen Nachrichten aus der Mongolei ist der Autoverkehr zwischen Urga und Kalgan wegen zunehmender räuberischer Überfälle eingestellt worden. Außerdem gehört Kalgan bereits zum nordchinesischen Kriegsgebiet, in welchem Anfang November der deutsche Franziskanerpater Karl Waeldele von herumstreifenden Soldaten ermordet worden ist. Außerdem wird auf die aus der Presse bekannten Fälle des Times-Korrespondenten Riley und des Schiffskapitäns Lalor verwiesen. Unter diesen Umständen muß Sie das Konsulat vor der Reiseroute Urga-Kalgan-Peking warnen. Um gefl. schriftliche Bestätigung des Empfanges dieses Schreibens darf gebeten werden.

«Ich glaube, Sie wären im Moment in der Mongolei sicherer als hier», sagte Šarašin, als er die Nachricht las.

«Was ist los?», fragte Clärenore.

«Möglich, dass Ihr Unternehmen in Moskau zwischen die Fronten geraten ist.»

«Welche Fronten?»

Šarašin schwieg. Er drehte sich zum Fenster seines Büros und schaute in den hellblauen Himmel. Er besorgte ihnen einen Dolmetscher, der Englisch, Mongolisch und ein bisschen Chinesisch sprach und bereit war, sie durch die Mongolei zu begleiten. Den Weihnachtsabend verbrachten sie bei Pedersen, dem Leiter des dänischen Telegraphenamts, und seiner Familie. Heiligabend war zugleich Söderströms Geburtstag. Es gab einen geschmückten Weihnachtsbaum und Gänsebraten zum Abendessen. Clärenore überraschte Carl-Axel mit Strümpfen, Fäustlingen, Seife, einem Bleistift, Nagelbürste, Haarwasser, Manschettenknöpfen, Krawattennadel und dreißig Rubeln für den Rehpelz, den er sich bei einem Burjatenhäuptling bestellt hatte. Am meisten freute er sich über ein nagelneues Drillingsgewehr. Der deutsche Konsul in Novosibirsk schickte ihm ein Zigarettenetui aus Birkenholz und zwei Dosen Tabak. Es hagelte Telegramme aus Deutschland. Aus Schweden kamen keine Grüße. Als der Weihnachtsbaum angezündet wurde und sie dänische, deutsche und schwedische Lieder sangen, überfiel Carl-Axel Heimweh – vielleicht zum letzten Mal. In allen Telegrammen aus Deutschland warnten Clärenores Freunde vor der Weiterfahrt. Einige vermuteten, dass sie bis zum Juni warten müssten. Niemand ahnte, was Clärenore vorhatte.

Um den 20. Januar nahm das Eis auf der Angara gewaltig zu. Sie hörten vor allem in den Nächten, wie die Schollen aufeinander krachten, wie sie schabend übereinander krochen. Wie sie barsten und mit einem hellen Klirren zersprangen. In der Luft war ein Geräusch, als rissen gespannte Stahlseile. Es war, als läge die Stadt in einer Fabrikhalle, in der sich Messer aneinander scharf wetzten. Carl-Axel fühlte sich fast wie zu Hause im Sägewerk seines Vaters. Eines Nachts wachten sie auf, weil es plötzlich totenstill war. Das Eis war zum Stehen gekommen. Es würde sich bis zum Frühjahr nicht mehr rühren. Am nächsten Morgen gingen sie auf Erkundungsfahrt. Sie fuhren am Ufer der Angara entlang durch tiefen Schnee und erreichten am Nachmittag Listvjanka am Baikalsee.

Der See war glatt. Ein Glastisch. Die Berge am gegenüber liegenden Ufer waren in Rosarot getaucht. An der Uferböschung wuchsen Palmenwälder aus Eis. Ein gläserner Urwald, der von innen heraus rötlich schimmerte. Es ging ein leises Singen über den See, und es war vollkommen windstill. Knisternde Stille. Und doch dieses Singen, unhörbar für Ohren. Es stieg aus den Tiefen des Sees, die warm waren, direkt in ihre Körper und versetzte sie in eine Art Trance. Sie standen neben dem Auto. Atemlos. Der Baikal durchwühlte ihre Seelen. Er schaufelte in ihnen.

«Ich denke, Sie können du zu mir sagen», sagte Clärenore und musste sich räuspern. «Wir starten am 1. Februar und werden mit dem Auto quer über diesen See fahren.»

Sie übernachteten bei einem Sägewerksbesitzer. Zum ersten Mal schliefen sie ohne Schlafsäcke im selben Zimmer.

«Was geschieht hier?», fragte Carl-Axel.

«Schlafen Sie ... schlaf», sagte Clärenore.

«Ich weiß, was Seen vermögen. Aber dieser ist etwas anderes. Er tut etwas mit uns.»

In dieser Nacht hatte Carl-Axel Alpträume. Die Vorstellung, über eine dünne Eisschicht zu fahren, über einen See, der 1600 Meter tief war, versetzte ihm einen tiefen Schock. Clärenore hatte erzählt, dass die Russen sogar Schienen aufs Eis gelegt und einen Zug darauf hatten fahren lassen. Einer der Waggons war allerdings mit Mann und Maus in einer Eisspalte versunken. Das Eis war fest. Man hätte Häuser darauf bauen können. Das Gefährliche waren die Spalten, die durch Verschiebungen und Spannungen in der Eisfläche mit einem hellen Krachen kilometerlang aufrissen. Manche waren nur einige Zentimeter breit, andere aber mehrere Meter. Er träumte von dem Eisenbahnwagen voller Toter. Sie tauchten plötzlich aus der Tiefe auf. Weiße Gespenster kamen ihnen entgegengelaufen, um sie vor der Weiterfahrt zu warnen. Aber Clärenore gab Gas. Er schrie im Schlaf, bis sie ihn weckte.

Am nächsten Morgen fuhren sie zurück. Auf halber Strecke war der Weg überschwemmt, das Eis drückte das Wasser der Angara über die Ufer. Sie fuhren weiter und befanden sich plötzlich bis zu den Trittbrettern in einem uferlosen Meer. Carl-Axel setzte sich auf die Motorhaube und versuchte, mit einem Pickel die dünnen Eisschollen vom Auto wegzustoßen, damit sie nicht den Kühler zerschnitten. Ein Bauer kam ihnen mit einem Pferd entgegen, das bis zu den Knien im Eis einbrach und dessen Beine von Schnittwunden blutüberströmt waren. Er machte ihnen Zeichen, aus denen sie entnehmen konnten, dass ihm eine riesige Flutwelle folgte. Clärenore fuhr mit Vollgas in der gebahnten Spur rückwärts, bis sie wieder festen Boden unter den Rädern hatten. Sekunden später wurde die Strecke, die sie zurückgelegt hatten, von einer rauschenden Welle überflutet. Sie fuhren weitere fünfzehn Kilometer zurück. Der Wagen war vollkommen vereist. Sie gaben ihn bei einem Dorfpolizisten in Obhut und fuhren die Strecke bis Irkutsk durch höher gelegenes Gelände im Pferdeschlitten. Sie sahen ein Rudel Wölfe, das ihnen in einigem Abstand folgte. Gegen Mitternacht erreichten sie die Stadt.

Eine Woche später war das Überschwemmungsgebiet zugefroren. Es ließ sich tatsächlich problemlos auf den Eisflächen fahren. Den Lastwagen verluden sie bis Ulan-Ude auf den Zug. Šarašin hatte einen Mechaniker aus Irkutsk aufgetrieben, der ihnen zugleich als Dolmetscher diente. Er war ein Balte deutscher Abstammung und hieß Emil Kornetzki. Was er sonst noch für eine Funktion hatte, wollten sie gar nicht erst wissen. Kornetzki begleitete den Lastwagen auf dem Zug.

Sie schnallten zwei dreieinhalb Meter lange Holzplanken auf das Autodach und fuhren am 7. Februar hinter Listvjanka auf das Eis des Sees. Carl-Axel stieg aus und machte ein paar Fotos. In diesem Moment rollte ein lautes Donnern von Süden heran. Es verwandelte sich in ein helles Singen, das an ihnen vorbeizog – eine Spalte klaffte im Eis, etwa fünfzig Meter vor ihnen in einer Länge von mehreren Kilometern. Der See war ein lebendes Wesen, ein Ungeheuer mit Appetit auf Menschenfleisch. Sie sahen die Schlittenkarawane, die vom anderen Ufer kam und fast das Dorf erreicht hatte. Unter dem letzten Schlitten brach das Eis. Er verschwand mit dem Pferd und dem Mann darauf von der Bildfläche. Man hörte nur ein trockenes Rascheln, das Schürfen der Pferdehufe, ein kurzes Wiehern. Die vorderen Schlitten blieben keinen Moment stehen, die Fuhrleute trieben die Tiere mit Peitschenhieben und Schreien an. Der See hatte sein Tagesopfer.

Jeder umfasste seinen Talisman in der Tasche. Clärenore gab Gas. Sie erreichten den Riss, schoben die Planken darüber und prüften, ob die Eiskanten an den Rändern fest waren. Clärenore fuhr ein Stück zurück und bat Carl-Axel auszusteigen.

«Kommt nicht infrage. Entweder zusammen oder gar nicht.» Sie gab Gas. Der Wagen ratterte über die Bretter. Sie fuhren dicht am Ufer entlang in Richtung Nordosten. Der See wollte sie auf seinen Grund ziehen. Es war nichts als gefrorenes Wasser, das sie vor dem sicheren Tod bewahrte. Das war mehr als ein Besiegen der Entfernungen – das war ein Flug über Zeit und Raum, über Millionen Jahre Erdgeschichte. Ein Flug durchs Weltall mit einem Vehikel, das dafür ganz und gar nicht geschaffen war. Es war die Überfahrt in ein anderes Leben. Nichts würde nachher so sein wie vorher. Sie hatten das Gefühl, etwas Verbotenes zu tun, gegen die Weltordnung zu verstoßen. Als Lebende über den Acharon, im Automobil über ein Gewässer, das den Toten gehörte. Das Automobil besiegte an diesem Tag nicht nur Landschaft, es mischte sich ein für alle Mal in die Erdgeschichte ein. Überall dort fahren, wo es nicht möglich war, sogar auf dem Wasser. Eine Industriellentochter aus Mülheim an der Ruhr brach im biblischen Ausmaß Regeln, die bis dahin als unumstößlich galten.

Sie mussten sich mit Pickel, Beil und Schaufel einen Weg durch die Torsofelder der in der Uferregion zusammengepressten Eismassen schlagen. Der See schoss zurück, als würden Sprengkörper in einer Schlacht detonieren. Die Ufer vervielfachten im Echo die Schüsse. Scherbenklirren unter ihren Füßen. Mit Schallgeschwindigkeit raste das Krachen auf geraden Bahnen kreuz und quer über den See, aber das Eis war schneller als der Schall. Es brach, bevor man es hörte. Sie fuhren nicht nur über Eis, sondern auch durch ein Gewebe aus tödlichen Geräuschen. Eine Sinfonie, die nur die wenigsten Menschen je gehört haben; Töne, die einen für den Rest des Lebens im Traum begleiten.

«Autofahren ist Krieg», sagte Clärenore und gab Gas, als sie die Torsofelder hinter sich hatten und sich auf der glatten mittleren Zone des Sees befanden. Sie fuhren immer noch parallel zum Ufer. Nach dreißig Kilometern waren sie auf der Höhe des Ortes Bolšoe Goloustnoe am kleinen Delta des Goloustnoe-Flusses. Hier begann die Überquerung mit einem Schwenk von neunzig Grad in Richtung Südosten auf das riesige Delta der Selenga zu. Vierzig Kilometer im Nichts. Auf dieser Strecke blendete der See ihre Vergangenheit aus und ließ nur noch die Gegenwart zu. Sie waren Adam und Eva und zugleich das letzte Menschenpaar. Aber Automobilisten denken nicht in solchen Kategorien – der See hatte keine Chance gegen den Otto-Motor. Clärenore raste mit achtzig Stundenkilometern über eine Eisspalte, die einen halben Meter breit war. Bei halber Geschwindigkeit wären sie wahrscheinlich abgesoffen, Bremsen wäre nicht möglich gewesen. Fliegen oder sterben.

Als sie das Delta erreichten, das eine einzige griffige Fläche war, eine Autobahn der Zukunft, hielten sie an und atmeten aus. Sie lagen sich in den Armen; ein Nachspiel nach einem gemeinsamen Rausch. Der Schnee wurde höher, und Clärenore war unerfahren, was das Fortkommen im Schnee anbetraf. Sie übergab das Steuer an Carl-Axel. Auf dem Fluss kamen sie gut voran. Sie übernachteten in Kabansk und erreichten am nächsten Mittag Ulan-Ude. Kilometerstand 16728, notierte Carl-Axel. In Ulan-Ude stieß Kornetzki zu ihnen und beglückwünschte sie zur Überquerung des Sees. Sie schickten den Lastwagen zur Grenze voraus und legten eine Pause in Ulan-Ude ein. Sie logierten auf Einladung des sowjetischen Pelzmonopols und gingen auf Bärenjagd – wieder ohne Erfolg. Am 20. Februar passierten sie mit Auto und Lastwagen die Grenze zur Mongolei.

Die Mongolei ist eng verwoben mit den tiefsten Urängsten und Sehnsüchten der Europäer. Die mongolische Steppe ist die Urlandschaft, deren Farben und Formen in der Erinnerung ihrer Gene aufgehoben sind. Vage Erinnerungen an den Eissturm, den fegenden, pfeifenden Tod; vor allem aber an die sommerlichen Graslandschaften, wenn die ganze Welt eine einzige Weide ist. An dieser Erinnerung hängen alle Gefühle, die wir mit Geborgenheit und Lebenswärme verbinden, mit dem ersehnten Frieden von Mensch und Natur. Mit einer Natur, die uns nicht quält und die wir nicht quälen. Von hier kommen unsere Vorstellungen vom irdischen Paradies, vom Garten Eden, von Arkadien. Im Gegensatz zum genetischen hat das historische Gedächtnis der Europäer den Osten schwarz eingefärbt. Im Wort «Mongole» klingt für uns bis hin zur Bezeichnung von Erbkrankheiten der tiefste Schrecken unserer Kulturgeschichte nach. Was wäre aus Europa geworden, wenn es dem Ansturm mongolischer Reiterhorden – mehr durch Glück als Verstand – nicht entkommen wäre? Was für einen Lauf hätte die Weltgeschichte mit einem mongolisierten Europa genommen? Wäre eine baikalische Tochter des Hugo, der Unaussprechlichkeit ihres Namens wegen «Gugovna» genannt, über den zugefrorenen Bodensee gefahren?

Als Clärenore und Carl-Axel die Grenze zur Äußeren Mongolei bei Süchbaatar überquerten, gab es erst seit knapp vier Jahren wieder einen selbständigen mongolischen Staat. Das Land war menschenleer, allerhöchstens eine halbe Million Einwohner, wovon die meisten in der Hauptstadt lebten. Auf den Rest des Landes verteilte sich knapp ein Mensch pro Quadratkilometer, aber hundertmal so viele Weidetiere. Je südlicher Clärenore und Carl-Axel kamen, desto übersichtlicher wurde die Landschaft. Dafür wurden die politischen Verhältnisse immer undurchsichtiger. Kornetzki war an der Grenze umgekehrt, bis Ulan-Bator reisten sie allein. Carl-Axel fuhr den Lastwagen. Sie fuhren Tag und Nacht, achtunddreißig Stunden ohne Unterbrechung. Der Zud erlaubte es nicht anzuhalten, sie wären in kürzester Zeit unter einer Schneewehe begraben gewesen. Mit defektem Auspuff knatterten sie querfeldein. Straßen oder Wege gab es nicht. Sie richteten sich nach Telegraphenmasten und nach den Spuren vorausfahrender Wagen, die in kürzester Zeit zugeweht waren. Sie krochen über Hügelkämme und schlitterten in Senken. – Schnee. Nichts als Schnee und Himmel, Weiß und Blau und manchmal nur Weiß, wenn der Sturm den lockeren Schnee aufwirbelte. In der Nacht folgten sie den eigenen Lichtkegeln und dem Kompass. Unter ihren Vorräten gab es nur noch vereiste Nahrung, selbst der Inhalt der Büchsen war zu Säulen gefroren. In der mongolischen Silvesternacht erreichten sie die Stadtgrenze von Ulan-Bator. Carl-Axel fuhr an der Zollstation einfach vorbei. Er hörte die Schüsse nicht, die der Zollbeamte auf den Wagen abgab, weil sie von den Schüssen des Motors übertönt wurden. Erst die Lichtzeichen Clärenores, die er im Rückspiegel sah, machten ihn aufmerksam, und er kehrte um. Der Zollkommissar richtete seine Augen auf die Säcke, die verschnürt um den Lastwagen hingen. Sie wären verhaftet worden, wenn Clärenore aus dem Umschlag, den ihr

Krestinskij mitgegeben hatte, nicht ein weiteres Sesam-öffne-dich gezogen hätte. Es enthielt den Namen des Ersten Sekretärs des mongolischen Wirtschaftsministers Sampilon. Die Gier in den Augen des Zollkommissars wich der Angst.

Nachdem sie eine Woche in Ulan-Bator verbracht hatten, brachen sie am Schalttag des Jahres 1928 in die Wüste Gobi auf. Es wurde wärmer, nur noch zehn Grad minus. In den südlichen Landesteilen gab es sogar schneefreie Stellen, auf denen die Bauern ihre Kamele, Yaks, Pferde und Schafe weideten. Der Boden war hart wie Asphalt, eine ideale Rennbahn. Man musste nur auf Bodenlöcher Acht geben, über die aber selbst der Lastwagen bei Höchstgeschwindigkeiten von fünfzig Stundenkilometern hinwegfliegen konnte. Herr Sampilon hatte ihnen für die Strecke bis Peking einen Dolmetscher von der chinesischen Transportgesellschaft mitgegeben, der ihnen zugleich als Guide durch das Gebiet der Hunghutzen dienen sollte. Ihre Tagesleistung bis zur Grenze lag bei 250 Kilometern. Das war Rekord seit Europa und würde es bleiben, bis sie ihre Tour durch Nordamerika begannen.

Niemand glaubte ernsthaft daran, dass sie die Strecke zwischen der chinesischen Grenze und Peking lebend überstehen würden. Nur Experten wussten, wer in China in welchem Gebiet gerade an der Macht war. Es war noch nicht einmal klar, welche Hauptstadt im Moment die wirkliche Hauptstadt des Landes war. Es gab die alte Hauptstadt Peking – hier saß General Chang Tso-lin, der über den Norden Chinas herrschte, bis ihn Tschiang Kai-schek im Juni 1928 vertrieb. Es gab die neue Hauptstadt Nanking, in der Tschiang Kai-schek als Führer des rechten Flügels der Kuomin-tang herrschte. Es gab die alte Machtzentrale Kanton und eine neue kommunistische in Wuhan. Ansonsten gab es vierunddreißig einzelne Militärdiktatoren im Süden Chinas und noch ein paar im Norden. Dazu die Hafenstädte, die unter der Kontrolle europäischer Nationen standen und in denen chinesische Mafiabosse herrschten. Zudem hatten die Japaner überall ihre Hände im Spiel. Sie bereiteten sich darauf vor, die Mandschurei zu erobern und einen chinesischen Operettenstaat zu errichten, über den der letzte Kaiser Chinas herrschen sollte. Jeder kämpfte gegen jeden. Das Land war durchzogen von Militärgrenzen und Straßensperren, an denen man willkürlich verhaftet werden konnte, wenn man das falsche Gesicht hatte. Tschiang Kai-schek hatte im Augenblick die Oberhand. Er hatte 1927 in einer beispiellosen Hetzkampagne zur Jagd auf die Kommunisten geblasen, mit der die Kuo-min-tang bis dahin verbündet war. Tausende von Kommunisten fielen dem weißen Terror zum Opfer. 1927 war die Kommunistische Partei Chinas fast völlig vernichtet. Es dauerte zwei Jahrzehnte, bis Mao Tse-tung sie wieder zu einer ernsthaften Macht in China aufbauen konnte.

Tschiang Kai-schek hatte auch die Armeen der Warlords im Süden unterworfen und war im Frühjahr 1928 dabei, die lokalen Militärdiktatoren im Norden zu liquidieren, um China zu einigen. Auf dem Gebiet der zu China gehörenden Inneren Mongolei lieferten sich Reste von Chang Tso-lins Armee mit den Guerillas des mongolischen Rebellenführers Sinelama blutige Schlachten. Außerdem zog auf der Flucht vor den Truppen der Nanking-Regierung eine Soldateska durch diesen machtfreien Raum, die auf eigene Rechnung mordete und von Entführungen und Erpressung lebte. Die Soldaten hatten sich mit den Hunghutzen verbündet, einem Nomadenstamm, der sein Weideland gegen die Enteignung durch chinesische Großgrundbesitzer verteidigte. Sie belagerten vor allem die Handelswege, die vom Norden durch die Innere Mongolei in Richtung Peking und Shanghai führten. Wer ihnen in die Hände fiel und nicht zahlte, dem wurde zuerst ein Ohr abgeschnitten, das man per Post an die

Angehörigen schickte. Nach einer Woche folgte das andere Ohr, dann die linke und die rechte Hand und schließlich, sorgfältig im Postpaket verpackt, der Kopf. Die Hunghutzen, die die Hauptstrecke über Kalgan nach Peking unsicher machten, waren beritten und gut bewaffnet, aber nicht motorisiert. Das gab Autokolonnen eine gewisse Chance.

Herr Sampilon riet Clärenore, ohne sichtbare Waffen zu reisen. Die Gewehre, die sie unter dem Autodach deponiert hatten, würden ihren sicherem Tod bedeuten. Schweren Herzens verkaufte Carl-Axel das Drillingsgewehr, das Clärenore ihm zu Weihnachten geschenkt hatte. Sie hatten nur noch ihre Pistolen, als sie in die Wüste Gobi aufbrachen. Die Reisekasse und alle Wertsachen hatten sie per Botschaftspost vorausgeschickt. 1200 Kilometer bis Peking. An der Grenze wurden sie von einem Sandsturm überrascht, der taubeneigroße Steine durch die Luft wirbelte. Sie fanden Schutz im Haus des mongolischen Grenzbeamten. Erst am nächsten Mittag ging die Reise weiter. An der chinesischen Grenzstation Erlian wurden sie gefilzt. Der Dolmetscher war verschwunden. Es war klar, dass es sich beim Grenzpersonal um Angehörige einer illegalen Armee handelte. Jedes Gepäckstück wurde durchwühlt. Alles, was den Soldaten irgendwie brauchbar schien, verschwand in ihrem Büro. Die Stempel und Empfehlungen der Botschaften verursachten nur meckerndes Lachen. Auch die Sesam-öffne-dichs Krestinskijs halfen nichts. Carl-Axel bebte vor Zorn, Clärenore hatte Mühe, ihn zurückzuhalten. Zum Schluss kam die Leibesvisitation. Kein Zweifel, sie würden sie bis aufs Hemd ausziehen und dann vielleicht nackt in die Wüste jagen oder erschießen.

Die Chinesen nahmen grinsend ihre Pistolen an sich. Sie durchsuchten Clärenores Taschen und fanden den Buddha. Der Leiter der Grenzsoldaten griff in ihre linke Rocktasche und förderte den rosaroten Elefanten zutage. Als er die Figur sah, erstarrte er. Er fing am ganzen Körper an zu zittern und schrie seinen Spießgesellen etwas zu. Clärenore und Carl-Axel hörten erstaunte, entsetzte Rufe. Es dauerte keine halbe Stunde, die Wagen und die konfiszierten Sachen waren wieder im Gepäck und die Kisten und Säcke wieder in den Wagen verstaut. Zitternd und mit gebeugten Knien gab der Anführer ihnen ihre Waffen zurück und schien einen Gnadenschuss zu erwarten. Sie sprangen in die Autos und fuhren mit quietschenden Reifen durch die geschlossene Barriere davon. Erst nach zwanzig Kilometern hielten sie an, und der Dolmetscher kam von der Ladefläche des Lastwagens gekrochen. Sie hatten ihn in der Eile völlig vergessen.

«Was war denn das?», fragte Carl-Axel.

Clärenore holte den Elefanten aus der Tasche und schaute ihn an.

«Großer Boss, großer Boss!», rief der Dolmetscher, den sie «Boy» nannten, weil sie seinen Namen nicht aussprechen konnten und weil er ihnen vorkam, als sei er nicht viel älter als sechzehn.

«Den Elefanten hat mir Brockdorff in Moskau gegeben», erklärte Clärenore.

«Ich verstehe es trotzdem nicht», sagte Carl-Axel.

Boy erzählte ihnen wirres Zeug von einer mächtigen Organisation, deren Chef in Shanghai säße. Er zitterte am ganzen Körper, als er endlich den Namen des Mannes herausbrachte. Er hieß Chang Tsi-kuei und war Führer der «Schutz gewährenden Gesellschaft». Der rosarote Elefant war das Zeichen, dass die Person, die in seinem Besitz war, unter dem persönlichen Schutz Changs stand. Wer sich an dieser Person vergriff, war ein toter Mann.

«Ist das Zufall, oder hatte Brockdorff Kontakte zur chinesischen Mafia?», fragte Carl-Axel.

«Keine Ahnung», sagte Clärenore, «ich weiß nur eins. Man kann nicht genug Talismane mit sich herumtragen.»

«Ob der uns auch gegen die Hunghutzen schützt?»

Clärenore zuckte mit den Achseln. «Ich glaube, da hilft nur Gas geben.»

Sie gaben Gas und kamen mit einer Durchschnittsgeschwindigkeit von sechzig Stundenkilometern bis Saihan und am nächsten Tag bis Shangdu. Ab hier gab es keine Garantien mehr. Die Soldaten, die die Strecke bewachen sollten, waren zu den Banditen übergelaufen. Clärenore und Carl-Axel erhielten die Nachricht, dass am Tag zuvor ein amerikanischer Wagen geplündert und die Insassen erschossen worden waren. Sie starteten um halb fünf am Morgen und wollten mit Vollgas bis Kalgan durchfahren. Die Ortschaften mussten sie weiträumig umgehen. Boy saß mit dem Fernglas im Lastwagen und suchte die Hügelkuppen ab. Sie konnten genau beobachten, wie sich die Posten der Räuber von Hügel zu Hügel mit Zeichen und Flaggen verständigten. Bei der ersten Begegnung mit einem Trupp hielten sie außer Schussweite an. Sie sahen durchs Fernrohr vierzig schlecht bewaffnete Männer auf altersschwachen Gäulen und rasten mit Vollgas mitten durch den Haufen. Als sie querfeldein über Steine und Erdlöcher flogen, schoss plötzlich eine Stichflamme vor Carl-Axel aus der Motorhaube. Er stieg in die Bremse, sprang heraus, riss die Motorhaube auf und löschte den Brand mit dem Minimax. Nur wenige Sekunden später, und das Feuer hätte die Ladesäcke und Kanister erreicht – vierhundert Liter Benzol und dreitausend Meter Zelluloid. Der Vergaser hatte durch Funkenschlag Feuer gefangen.

Im Eiltempo ersetzten sie die verbrannte Dichtung des Auspuffrohrs und hasteten weiter. Hinter ihnen sammelten sich ohne Eile die Räubertrupps. Die Banditen wussten, dass sie ihnen nicht entkommen würden. Sie näherten sich dem Hauptort der Banden. Tschaibassi lag in einem Talkessel, sie mussten den Ort in Sichtweite umfahren. Acht Kilometer weiter raste der Lastwagen in eine Autofalle, die mit

Gras verdeckt war. Der Standard flog in voller Fahrt über den Graben. Der Motor des Lastwagens neigte sich nach links heraus, außerdem mussten sie eine neue Feder einbauen. Fieberhaft gingen sie an die Arbeit. Boy suchte den Horizont mit dem Fernglas ab und fing laut an zu lamentieren, als er sah, wie sich die Räubertruppen auf den Hügelkuppen zum Angriff sammelten. Sie brauchten nur achtundzwanzig Minuten für die Reparatur. Der Lastwagen schaffte es im letzten Augenblick, mit eigener Kraft aus dem Loch zu kommen. In sicherer Entfernung zum nächsten Ort legten sie eine Pause ein. Boy schlich sich an und kam mit der Nachricht zurück, dass hier die Hauptmacht der Banditen auf sie wartete. Es war ihr Glück, dass ihre Feinde nicht wussten, dass sie einen ortskundigen Führer dabei hatten, der die Wege abseits der Karawanenstraße kannte. Sie fuhren einen Umweg von hundertfünfzig Kilometern, ohne in Sichtweite des Banditenheeres zu geraten.

In Zhangbei gelangten sie wieder auf die Karawanenstraße – sie hatten das Gefahrengebiet hinter sich. Teepause. Dann der halsbrecherische Abstieg von der Hochsteppe ins tausend Meter tiefer gelegene Kalgan oder Zhangjiakou. Die Strecke erinnerte Carl-Axel an die schlimmsten Passagen durch den Balkan und den Antikaukasus: zwei Räder über dem Abgrund. Abends um sieben blinkten unter ihnen die Lichter von Kalgan. Sie kamen bei der Familie May unter, einem deutschen Handelsvertreter mit seiner chinesischen Frau. In nur fünf Tagen hatten sie die Wüste Gobi durchquert. – Das war Rekordzeit. Kilometerstand 18 725, schrieb Carl-Axel in sein Tagebuch.

Endlich wieder eine Nacht in einem europäischen Haus. Frau May erschrak, als sie Clärenore im Hof ihres Anwesens aus dem Auto springen sah. Sie sah verwildert aus wie ein chinesischer Revolutionär. Erst als Clärenore ihre Gastgeber auf Deutsch begrüßte, beruhigte sich die Frau. Die

Nervosität der Leute war verständlich. Die Stadt lag in unmittelbarer Nähe der Bürgerkriegsfront. Man rechnete damit, dass die Truppen Tschiang Kai-scheks Kalgan in einigen Tagen einnehmen würden. Niemand wusste, was dann geschehen und wie sich der Nationalist Tschiang den Europäern gegenüber verhalten würde. Chang Tso-lin hatte sie zumindest geduldet, wenn er auch so viel Geld wie möglich aus ihnen herausgepresst hatte. Die Stadt war voller Gefangener. Die Köpfe der Hingerichteten steckten auf Stöcken an den Brückengeländern. Auf den Bahngleisen sahen sie zerschossene und ausgebrannte Züge. Die Brücke über den Fluss – ein Nebenfluss des Yangtze, der vom Schmelzwasser angeschwollen war – war vom Militär gesperrt worden. Man durfte nur mit dem Zug hinüber.

Sie brauchten fast eine Woche, um einen zerschossenen Waggon aufzutreiben, den sie an einen Zug in Richtung Peking anhängen konnten. Der Boden des Wagens hatte kaum noch Substanz; sie flickten ihn mit den Bohlen, die sie selbst dabei hatten. Abends saßen sie in den Fauteuils im Salon, tranken Whisky und konnten kaum glauben, dass es so etwas noch gab. Betten mit weißem Leinen überzogen, seidene Steppdecken. Wie Kinder strichen sie über das Material. Boy fuhr zurück nach Ulan-Bator.

Clärenore und Carl-Axel kamen mit einem der letzten Züge aus Kalgan heraus, bevor es von den Kämpfen überrollt wurde. In Nankou luden sie aus. Sie mussten einen Teil der Strecke zurückfahren, weil der direkte Zugang nach Peking gesperrt war. In den Bergen verirrten sie sich und blieben mit dem Lastwagen in einem Schlammloch stecken. Das hieß aufs Neue sibirische Quälerei mit Hochbocken und Winde – für eine ganze Nacht. Zwei Halbwüchsige aus einem Dorf zeigten ihnen am nächsten Vormittag den Weg nach Peking. Sie mussten den Lastwagen noch zweimal ausgraben, bevor sie zu einer Allee gelangten, die in Richtung der alten Hauptstadt führte. Sie erreichten Peking mitten in der Nacht. Die Stadt im Mittelpunkt der Erde schloss ihre Tore bei Sonnenuntergang, die Eingänge wurden von Militär bewacht. Sie standen vor dem Nordtor, und keine Macht der Welt, kein Stempel und kein Talisman brachte sie auch nur einen Schritt weiter. Die Stadt der Mitte war ein Quadrat und die Welt ein Würfel.

Clärenore spielte ihre letzten Trümpfe aus. Sie schrie auf die Soldaten ein, schimpfte in sämtlichen Sprachen und Kraftausdrücken, die sie kannte. Als die Wache dadurch etwas eingeschüchtert war, zog sie einen Brief heraus, den ihr Krestinskij gegeben hatte. Er trug das Wappen Chang Tso-lins. Sie wiederholte einige Male drohend den Namen Chang Tso-lin. Die Soldaten wurden unsicher. Ein Vorgesetzter kam herbei und hängte sich an ein Wandtelefon. Das Hin und Her der Gespräche dauerte zwei Stunden. Dann öffnete sich das Tor, und sie fuhren in die Stadt. Sie logierten im Nordhotel, das im Botschaftsviertel lag, und besuchten am nächsten Abend den Antiquitätenhändler Dr. Müller, der seit dreiundzwanzig Jahren als Chinakorrespondent des «Berliner Tageblatts» in Peking lebte. Den ganzen Tag drängten sich in der Hotellobby die Reporter der internationalen Zeitungen um sie. Sie mussten erzählen, berichten. Für Carl-Axel lag ein dickes Paket mit Briefen und Zeitungen von zu Hause bereit, über das er sich hermachte. Nach einigen Zeilen legte er die Briefe aber erst mal beiseite. Es war alles zu fern, zu fremd.

Am nächsten Tag besuchten sie den Himmelstempel und waren zum Lunch beim deutschen Botschafter Freiherr von Schön eingeladen. Auch die Botschafter der anderen westlichen Länder waren mit ihren Frauen anwesend. Clärenore stand wieder einmal im Mittelpunkt.

In Peking war die alte Kaiserzeit noch lebendig – in den verkrüppelten Füßen der Frauen und Mädchen, in den stumpfen Augen der Alten aus den Hutongvierteln. Müller führte sie in das geheime, das einst verbotene und für Fremde immer noch nicht zugängliche Peking. Für Geld war hier alles möglich. Sie wandelten wie im Traum durch die Hallen und Tempel der Kaiserstadt und der verbotenen Stadt, durch den Kaiserpalast, der der Legende nach 9999 Räume hatte, einen weniger als der Himmel. Seit einem halben Jahrtausend hatte sich hier nur wenig verändert. Die Räume lagen verlassen da, die Gegenstände waren mit einer dicken Staubschicht bedeckt. Aber nichts war zerstört. Wie ist es möglich, dass das größte Volk der Erde von Menschen beherrscht wurde, die dieses Palastgeviert in ihrem Leben nie verlassen hatten? Die von der Welt nichts wussten?

«Wer der festen Überzeugung ist, im Mittelpunkt der Welt zu leben, braucht seinen Platz nicht zu verlassen, um die Welt zu kennen», sagte Müller.

Die Formen im Halbdunkel der Hallen versetzten sie in einen Trancezustand. Von jenseits der Mauern hallten die fernen Gongs, die Pergamenttrommeln und das Klingeln der Geisterglöckchen an den Hausdächern durch die stumpfe Stille. Sie setzten sich auf die Stufen vor dem Thron, auf dem vor einer Generation noch die höchste Macht der Welt gesessen hatte.

«Kennen Sie einen deutschen Diplomaten namens Ketteler?», fragte Clärenore ihren Begleiter.

«Clemens Freiherr von Ketteler.»

«Kennen Sie ihn?»

«Nein, als ich nach Peking kam, war Ketteler schon seit fünf Jahren tot. Aber den Fall Ketteler kennt hier jeder Europäer, und es kursieren die unglaublichsten Legenden. Wenn Sie offiziell etwas über den ehemaligen deutschen Botschafter wissen wollen, fragen Sie Freiherr von Schön. Wenn Sie die ‹unschöne› Seite hören wollen, fragen Sie mich.»

Die Märzsonne brannte kräftiger als in Mitteleuropa. Sie setzten sich in den Schatten eines Vordachs, aus dessen Ecken Schlangen- oder gehörnte Drachenköpfe hervorschossen.

Robert Müller war besessen von China und voll von Geschichten über dieses Land. Man musste nur eine Jahreszahl nennen, und es sprudelten die abenteuerlichsten Geschichten aus ihm heraus. «1897 wurden in China zwei deutsche Missionare ermordet. Kaiser Wilhelm nutzte das als Vorwand, einige Kanonenboote vor die chinesische Küste zu schicken. Im Angesicht der Kanonen unterzeichneten die Chinesen einen Pachtvertrag über neunundneunzig Jahre für die Hafenstädte Kiautschou und Tsingtau, die von da an unter deutscher Verwaltung standen. Das Vorgehen der Deutschen machte Schule unter den europäischen Nationen. Bald standen dreizehn von achtzehn Provinzen Chinas unter einer Art Vorkaufsrecht. Die Chinesen begannen sich zu wehren. Die radikalste Reaktion war der so genannte Boxeraufstand. Die ‹Boxer› waren Mitglieder eines Geheimbundes, der sich ‹Faustkämpfer der Rechtlichkeit und Eintracht› nannte. Die Faustkämpfer waren in allen Disziplinen des Zweikampfes bestens ausgebildet. Das umfasste auch Guerillataktiken und den Umgang mit modernen Waffen. Im Juni 1900 zogen Boxer-Einheiten zur Verteidigung der Stadt in Peking ein. Der Kaiserhof stellte sich auf ihre Seite. Die Europäer, allen voran das europäische Botschaftspersonal, betrachteten die Boxer als Terroristen, die ihnen nach dem Leben trachteten, und deshalb als ‹jagdbares Freiwild›. Das war aus der Sicht der Europäer nicht ganz unberechtigt, denn die Boxer wüteten fürchterlich in der Stadt. Sie massakrierten die chinesischen Christenfamilien, deren Frauen und Kinder. Kirchen, Geschäfte und Häuser von Christen gingen in Flammen auf. Etwa dreitausend flüchteten sich ins Botschaftsviertel.

Ketteler betätigte sich in vorderster Front als Freiwildjäger. Bei einem Erkundungsgang mit seinen Leuten schoss er sieben Boxer von der Stadtmauer herunter. Der Korrespondent der ‹Times›, Morrison, nannte den Anschlag eine ‹sportliche Veranstaltung› und zog das Fazit: ‹Die Strecke war ausgezeichnet.› Der Kaiserpalast verhängte ein Ultimatum, bis zu dem die Fremden das Botschaftsviertel zu räumen hatten. Ketteler, der Flucht grundsätzlich für Feigheit hielt, wollte das Viertel nicht preisgeben, weil das den sicheren Tod für die chinesischen Christenfamilien bedeutet hätte. Sieben Stunden vor Ablauf des Ultimatums begab er sich in einer Sänfte zum Gebäude des kaiserlichen Rates. Die Straßen waren wie ausgestorben, die Geschäftshäuser rauchende Trümmer. Als sie zum Huta-Tor abbogen, war die Straße auf einmal von Soldaten versperrt. Ein Mandschu-Krieger mit Mandarinhut und blauer Feder rannte zur Sänfte Kettelers und feuerte mit seinem Karabiner auf den Diplomaten. Noch am selben Tag erklärte China den europäischen Staaten offiziell den Krieg. Am Nachmittag des 20. Juni begann die Belagerung des Pekinger Diplomatenviertels durch die Boxer und das chinesische Militär. Sie dauerte fünfundfünfzig Tage. Wer floh, wurde massakriert. Die Eingeschlossenen, etwa tausend Bewohner und die dreitausend chinesischen Flüchtlinge, schlachteten ihre Reitpferde, um sich zu versorgen. Sie standen unter ständigem Gewehrfeuer. Das Viertel wurde nur deshalb nicht eingenommen, weil chinesische Staatsmänner die Belagerung aktiv sabotierten. Ihr Ziel war der Sturz der Dynastie.

Mitte August gelang es einem internationalen Hilfskorps aus Japanern, Russen, Engländern, Amerikanern und Franzosen, die Eingeschlossenen zu befreien. Die Witwe des Kaisers floh aus der Stadt, und die alliierten Truppen plünderten, was die Boxer von Peking übrig gelassen hatten. Die Deutschen trafen erst vier Tage später ein. Kaiser Wilhelm hatte dem Grafen Waldersee als ‹Kaiserlichen Scheidegruß› zu seiner Expedition mit auf den Weg gegeben, zu erschlagen, was zu erschlagen sich fände. ‹Pardon wird nicht gegeben; Gefangene nicht gemacht. Wie vor tausend Jahren die Hunnen, so möge der Name Deutschland in China in einer solchen Weise bekannt werden.› Für den Feldmarschall war in Peking nichts mehr zu holen. Er tat sich dafür an der Umgebung gütlich, indem er – inzwischen zum Oberbefehlshaber der internationalen Truppen bestellt – alle größeren Städte um Peking herum terrorisierte.»

«Wurde bei dem Attentat auf Ketteler noch ein deutscher Diplomat erschossen? Wissen Sie, wie er hieß?», fragte Clärenore.

«Zwei Schüsse trafen einen Dolmetscher ins Bein, der in der nachfolgenden Sänfte saß. Er kam mit dem Leben davon. In der dritten Sänfte saß der Botschaftssekretär, der von einem Querschläger getroffen wurde. Die Träger konnten den Toten und die Verletzten ungehindert zurück ins Botschaftsviertel bringen. Der Sekretär starb im Krankenhaus. Ich glaube, er hieß Puttberg oder Puttenbach. Auf jeden Fall traf es keinen Unschuldigen. Es gibt eine schwarze Liste von allen Europäern, die sich damals an der Jagd auf die Boxer beteiligt haben. Da stand der Name Puttberg oder Puttenbach an oberster Stelle. Diese Liste hat bisher kein Europäer gesehen – außer mir. Ich habe eine Abschrift.»

«Und woher haben Sie die Abschrift?»

«Das ist mein Geheimnis. Aber Sie dürfen sich das nicht so einfach vorstellen. Die Liste, das waren chinesische Zeichen. Europäische Namen, in chinesische Bilderschrift übertragen. Ich habe die Zeichen zurückübersetzt. Da können erhebliche Abweichungen von den richtigen Namen entstehen.»

«Kann ich die Liste sehen?»

«Ja, natürlich. Sie hat inzwischen jede politische Brisanz verloren, es ist ein Erinnerungsstück. Von den Leuten, die sie betrifft, werden die meisten nicht mehr am Leben sein. Der Rest sind pensionierte Diplomaten aus dem alten Vorkriegseuropa.»

«Wissen Sie, ob dieser Puttberg eine Frau und eine Tochter hatte?»

«Merkwürdig, dass Sie mich danach fragen, denn über die vermutliche Frau Puttbergs und den Chauffeur der Botschaft gibt es eine Geschichte, die man sich in Peking noch erzählte, als ich hier ankam.»

«Erzählen Sie?»

Müller wurde stutzig. «Wieso interessiert Sie das? Kennen Sie die Familie oder Nachkommen?»

«Möglich», antwortete Clärenore. «Erzählen Sie zuerst. Dann sage ich Ihnen, was ich weiß.»

«Das wird ja richtig spannend», sagte Carl-Axel.

Sie zogen sich in das Innere der Halle der höchsten Harmonie zurück und setzten sich mit überkreuzten Beinen zu Füßen des Thronsessels der Mandschu-Kaiser, der trotz der Dämmerung und der Staubschichten wie eine eben freigelegte Goldader schimmerte.

«Diese Frau des Botschaftssekretärs nennen die Chinesen, die die Geschichte erzählen, Lala Wang. Das ist die chinesische Übertragung eines europäischen Namens, der aber kaum zurückzuübersetzen ist. Sie können sich ungefähr vorstellen, wie es im August in den überfüllten belagerten Botschaften ausgesehen hat. Allein neunhundert Menschen lebten auf den Fluren und im Pferdestall der britischen Botschaft. Der holländische Gesandte hatte sich in einen Wandschrank verkrochen. Im Nothospital operierten zwei Ärzte unter katastrophalen Bedingungen. Bei jedem Granateneinschlag stoben Hunderte von Fliegen von den Körpern der Verletzten, um sich gleich wieder darauf niederzulassen. Angreifer und Verteidiger lagen auf Rufweite verschanzt einander gegenüber. Alle konnten das nervtötende Sha!-

Sha!-Gebrüll der Boxer hören. Und jeder wusste inzwischen, was es hieß: Töte! Töte!

Lala Wang war schwanger. Sie suchte einen kühlen Platz zum Schlafen. Sie haben das Gebäude der deutschen Botschaft gesehen, es ist ein wuchtiger Backsteinbau. Neogotik. Und es hat tiefe Kellergewölbe. Sie stieg hinab, vielleicht auch, um die Sha-Sha-Rufe nicht mehr hören zu müssen. In den Kellergängen hörte sie Schreie. Sie öffnete eine Tür und sah, wie drei Botschaftsangehörige ein Kind, das an einem Seil an der Decke hing, mit Eisenrohren schlugen. Es war ein chinesisches Kind, vielleicht zehn Jahre alt. Die Männer hielten inne, als sie vor ihnen stand. Sie sah in ihren Augen, dass das Kind keine Überlebenschance hatte.

Chinesen können Italiener von Schweden genauso wenig unterscheiden wie wir Kantonesen von den Einwohnern Pekings. Deshalb war ich sehr verwundert, dass Lala Wang in allen Erzählungen als eine Frau charakterisiert wurde, die anders aussah als die Europäerinnen im Botschaftsviertel. Für Chinesen waren alle Europäer rote Teufel. Schwarzhaarige Europäerinnen waren selten.»

«Die Frau war also schwarzhaarig?»

«Offenbar. Sie zog eine Pistole und befahl den Männern, den Knaben loszubinden. Sie lachten sie aus und weigerten sich mit dem Argument, der Gefangene sei der Sohn eines der Anführer des Aufstandes. Lala Wang drohte noch zweimal. Dann schoss sie einem der Folterknechte ins Bein. Die beiden anderen banden den Knaben los. Sie schloss aus den Zeichen, die er ihr gab, dass er wusste, wie er aus dem Botschaftsviertel herauskam. Sie fesselte die Männer an den Stuhl, der zur Hinrichtung des Knaben hatte dienen sollen, während das chinesische Kind seine Peiniger mit der Pistole in Schach hielt. Als sie draußen waren, legte der Knabe seine Hände um Lala Wangs Bauch. Sie wurde nicht schlau aus seinen Gesten, aber sie folgte ihm. Wahrscheinlich rechnete sie sich eine Überlebenschance für sich und ihr Kind aus, da sie dem Sohn des Anführers das Leben gerettet hatte. Sie hatte Recht. Einer der Mächtigen jenseits des Botschaftsviertels sorgte für ihre Sicherheit in den kommenden Monaten. Er versteckte sie in einem Kloster in den Westbergen, wo sie ihre Tochter gebar. Von dort wurde sie in die Hafenstadt Weihaiwei gebracht. Kurz vor der Stadt, die unter englischer Kontrolle stand, übernahm Kettelers Chauffeur Mutter und Kind. Der Knabe, den Lala Wang gerettet hat, ist übrigens der Neffe Chang Tso-lins. Der Vater, Jung Lu, war Vizekönig von Chilih und Oberkommandierender der Peiyang-Armeen. Jung Lu gehörte zu denjenigen, die das Massaker im Botschaftsviertel verhinderten. Er starb im darauffolgenden Jahr bei den Kämpfen mit den Europäern. Chang Tso-lin hat heute allerdings wenig Freude an seinem Neffen, denn der gehört zu den tüchtigsten Generälen Tschiang Kai-scheks und wird wahrscheinlich demnächst in Peking einmarschieren.»

«Was für eine Geschichte», sagte Carl-Axel und atmete tief aus.

«Wissen Sie, wie das Kind von Lala Wang hieß?», fragte Clärenore.

«Keine Ahnung, Sie stellen Fragen.»

«Und wie hieß der Chauffeur Kettelers?»

«Weiß ich nicht, aber da kann Ihnen sicher Freiherr von Schön weiterhelfen. Und was den Namen des Kindes von Lala Wang betrifft – ich hätte da eine Idee. Aber jetzt müssen Sie erzählen.»

Clärenore stand auf. Sie vertröstete die Herren auf später und verschwand, als sie das Hotel erreicht hatten, wortlos in ihrem Zimmer. Carl-Axel ließ sich von Müller in den Deutschen Club einführen. Sie aßen im Peking-Hotel und verbrachten die Nacht in einem Club des Grand Hotel de Wagon-Lits, einem Amüsierbetrieb der gehobenen Art.

Während Carl-Axel seinen Rausch ausschlief und sich dann, begleitet von einem Angestellten Müllers, in der Stadt umsah, um zu fotografieren und zu filmen, fuhr Clärenore zur deutschen Botschaft. Von Schön kannte weder den Namen des Chauffeurs Ketelers noch den seines Ersten Sekretärs. Von einer Frau namens Lala Wang hatte er noch nie gehört. Er stellte ihr jedoch einen Mitarbeiter zur Seite und erlaubte ihr, das Archiv im Keller zu sichten. Viel Hoffnung machte er ihr nicht. Das Archiv bestand, was die Jahre vor 1912 betraf, aus Kisten mit ungeordneten Papieren. Wenigstens hatte man für jedes Jahr eine Kiste angelegt, sodass sie sich auf die beschränken konnte, auf der die Jahreszahl 1900 stand. Die meisten Ordner waren leer und mit dem Vermerk versehen, dass der Inhalt ans Auswärtige Amt nach Berlin gegangen war. Es gab etliche Schriftstücke mit chinesischen Zeichen. Viele Blätter waren vergilbt, die Ränder bröckelten. Einige waren an den Rändern verbrannt. Sie wollte die Suche schon aufgeben, als ihr Blick auf eine Gehaltsliste für das nichtdiplomatische Botschaftspersonal fiel. Es gab Köche, Butler, Zimmermädchen, einen Gärtner, zum Teil chinesische Namen in lateinischer Umschrift. Sie fand den Namen des Chauffeurs, der zugleich für die Wagenreparaturen und die Pferde zuständig war. Er hieß Ferdinand Koeppen. Die erste Spur von Laura! Vielleicht gab es auch eine Gehaltsliste des diplomatischen Personals. Sie suchte weiter und stieß noch einmal auf den Namen Koeppen: ein Schreiben nach Berlin vom Dezember 1900, in dem man um Ersatz für Koeppen bat. Der Mann sei entlassen und nach Hause geschickt worden, weil man ihn für politisch unzuverlässig hielt. Ketelers Nachfolger hatte den Verdacht, dass Koeppen mit den chinesischen Rebellen sympathisiere. Eine Liste des diplomatischen Personals fand Clärenore nicht.

Dr. Müller hatte sich in seinem häuslichen Leben vollkommen den chinesischen Sitten angepasst. Sein Haus war wie ein kleiner chinesischer Palast eingerichtet. Er verfügte über ein Heer von Angestellten, die er überdurchschnittlich bezahlte. Auf alle Eigenheiten seines Personals nahm er Rücksicht. Als ein Boy einen Marder erschlagen hatte, hatte dieser plötzlich die Vorstellung, er sei vom Geist des Marders besessen, und er wurde schwer krank. Man baute im Hof des Hauses einen kleinen Tempel für den Mardergeist und brachte ihm regelmäßig Opfer dar. Der Hausboy wurde wieder gesund. Carl-Axel und Clärenore erlebten in Müllers Haus einen unverfälschten chinesischen Alltag. Fahrende Schauspielertruppen kamen vorbei und wurden eingeladen, ihr Schattentheater aufzuführen. Blinde Musikanten kamen ins Haus. Clärenore lernte aus dem Stolz der Straßenkünstler, die ihnen für wenige Cents ihr Können darboten, mehr über China und seine Menschen als aus allen Rundgängen durch die Stadt. Wenn der Himmel 10 000 Zimmer hatte und der Kaiser 9999, dann hatte jeder der ärmsten Chinesen nicht weniger als 9998 Zimmer. Auch er stand also im Mittelpunkt des Weltwürfels, nur ein paar Zentimeter neben dem Kaiserthron. Selbst Lord erlebte im Hause Müller Wunder. Er bellte einen Papagei an, der ihn zu Fuß auf der Rasenfläche angriff und zurückbellte.

Sie besichtigten die Ming-Gräber und fuhren zur Großen Mauer. Kurz vor ihrer Abreise lud Dr. Müller sie zu einem Ausflug in die Westberge ein. Bis zum Fuß der Berge fuhren sie mit dem Auto, wo sie von einer Karawane von sieben Packeseln, drei Reiteseln, einem Koch, einem Diener und vier Kulis, die Dr. Müllers Sänfte trugen, erwartet wurden. Sie stiegen zu Bergklöstern hinauf und hinab zu Klöstern, die in tiefen Schluchten lagen. Sie tauchten ein in das tiefe Schweigen der Höfe und Tempel. Die Nächte verbrachten sie in den Klöstern. Sie hörten den Gesang der Mönche und den der Nachtigallen in den Bambuswäldern. Im letzten, abgeschiedensten Kloster durften sie die Mumie des letzten Kaisermönchs sehen. Er saß, in seidene Gewänder gehüllt, auf seinem Thron. Clärenore tippte mit dem Finger auf seine Wange. Sie war weich, obwohl sie mit dunklem Goldlack überzogen war. Im Dämmerlicht des Tempels wirkte die Mumie wie eine Bronzestatue. Dann fuhr plötzlich ein Kerzenschein über ihr Gesicht, und die Gestalt sah aus, als würde sie leben und jeden Moment die Augen aufschlagen. Clärenore erschrak, denn der, der da saß, war ihr Vater – Hugo Stinnes im Mittelpunkt der Welt! Sie ärgerte sich über diesen lächerlichen Streich, den ihr ihr Unterbewusstsein gespielt hatte. Und dennoch kamen ihr die Tränen. So nahe wie hier war sie ihrem Vater seit seinem Tod nicht mehr gewesen. Hugo Stinnes befand sich im Mittelpunkt des Weltwürfels, er war nicht der Mönch des Kaisers, er war der Kaiser. Trotz des warmen Frühlingstages wurde ihr kalt.

Sie besichtigten ein Kohlebergwerk. Die Kulis arbeiteten für fünfundzwanzig Cent zehn Stunden am Tag. Auf schrägen Gängen, in denen sie nur gebückt stehen konnten, krochen sie hundertfünfzig Meter tief in die Erde. Sie standen bis zu den Knien im Wasser, wenn sie die Kohle aus dem Fels hackten. Um die Stirn hatten sie eine offene Öllampe gebunden, sie schlugen fast blind ins Gestein. Kein Mensch fragte nach ihnen, auch wenn sie zu Hunderten umkamen. Clärenore sah den Ruhrkampf auf einmal von einer anderen Seite, und sie sah die schwarzen Zungen der Koeppens. Warum hatte Laura auf sie geschossen? Dachte sie, sie hätte die Koeppens getötet? Ermano hatte Laura als Mörderin bezeichnet. Hatte sie ihre Pflegeeltern umgebracht? Auch in der Mitte der Welt lösten sich die Rätsel nicht.

Sie übernachteten im Kloster des Kaisermönchs und wohnten in strömendem Regen vor dem Tempel der Zeremonie bei. Müllers Koch bereitete für alle Mönche ein Abendessen zu. Es war Teil einer ewigen Zeremonie. Wie sonst wäre die Harmonie zwischen Himmel und Erde wieder herzustellen als durch Essen? Das abendliche Mahl nahmen sie schweigend ein. Clärenore empfand das strenge Redeverbot im Kloster als sehr angenehm. Was für ein Genuss, beim Essen nicht Konversation treiben zu müssen. Als sie sich schlafen legen wollte, klopfte Dr. Müller an ihrer Tür. Er trat mit einem alten Mönch in die Zelle, der sich mit zusammengelegten Handflächen, die Fingerspitzen gegen die Stirn gerichtet, auf den Boden hockte. Er sprach mit einer sägenden und stoßenden Diskantstimme, die unvermittelt in gurgelnde Abgründe stürzen konnte. Er hatte die Augen geschlossen. Dr. Müller übersetzte.

«Lala Wang war eine Barbarin, aber sie war auch eine Beschützerin. In ihr war die Harmonie zwischen Osten und Westen, Norden und Süden. Sie lebte näher am Mittelpunkt als alle anderen Barbaren. Ich habe es an ihrem Gesicht gesehen, ihre Nase saß genau in der Mitte ihres Kopfes. Sie war nicht so lang wie die der anderen Langnasen, und sie war nicht rot wie die roten Teufel.»

«Fragen Sie ihn, wie die Frau hieß, wie die Tochter hieß», unterbrach Clärenore.

Müller legte den Zeigefinger auf die Lippen. Der Mönch schaute sie finster an und schwieg. Müller redete auf ihn ein und gab ihm ein Geldstück.

«Der Vollmond schenkte ihr eine Tochter. Das Gesicht des Kindes war wie der leuchtende Buddha, aber das Kind war ein Mädchen. Ich sah ein Leben vor der Inkarnation.»

Clärenore ärgerte sich über frauenfeindliche Religionen und konnte mit dem Singsang des Mönchs nichts anfangen. Sie überlegte, wie sie ihm den Namen des Kindes entlocken konnte. Da sagte der Mönch plötzlich in klar verständlichem Deutsch:

«Sie wissen, wo dieses Mädchen jetzt lebt.»

Selbst Dr. Müller war erstaunt.

«Sprechen Sie Deutsch?»

«Nein», sagte der Mönch.

Clärenore hatte Müller in Verdacht, dass er für sie ein Abschiedshokuspokus aufführte.

Da sagte der Mönch: »Sie haben ihren Talisman in der Tasche.»

Sie holte den Buddha hervor.

«Sie ist nicht tot», fuhr der Mönch fort und verneigte sich vor ihr. «Wenn sie Ihnen das geschenkt hat, dann sind Sie etwas Besonderes. Aber es waren zwei Buddhas, die ich Laura Wahl zum Abschied gab. Unzertrennlich ...»

«Laura? Laura? Was für einen Namen haben Sie eben genannt?», rief Clärenore.

Der Mönch schaute sie an, als erwache er aus einem Trancezustand. Er krächzte wieder in seiner voranrückenden Sprache, und Müller übersetzte. Clärenore stand auf, ging zu Carl-Axels Zelle und weckte ihn. Er zeigte dem Mönch seinen Talisman. Der Mönch schloss die Augen und blieb stumm. Es war nichts mehr aus ihm herauszubringen. Clärenore deutete auf die Zeichen an den Unterseiten der Figuren und bat den Mönch, sie zu übersetzen. Er war wie versteinert. Dr. Müller nahm die Jadefiguren und hielt sie über eine Kerze.

«Auf dem einen steht», sagte Dr. Müller: «‹Wer uns trennt, wird uns verlieren.›» Er hielt den anderen gegen das Licht und las: «‹Wer uns zusammenbringt, wird nie mehr getrennt.›»

Clärenore war eine Frau, die rechnen konnte. Sie konnte Auto fahren und Motoren reparieren. Sie hatte keine Angst vor Eis- und Sandwüsten, vor Schluchten und Gipfeln, vor Schlamm und Wasserfluten, vor Räubernestern und Königsthronen. Sie hatte ein Ziel vor Augen. Sie wollte mit dem Auto die Welt erobern, und sie wollte, dass das Auto die Welt eroberte. Deutsche Autos mit dem Namen Stinnes. Sie hatte nicht vor, den Weg zum Ziel zu machen, und sie hatte nicht vor, die Rätsel der Welt zu lösen. Sie lag auf ihrer Pritsche in der Klosterzelle, und ihr wurde auf einmal klar, dass sie viel tiefer in Lauras Vergangenheit eingesunken war als in alle Morastlöcher seit Moskau. Sie weigerte sich, an eine geheimnisvolle Laura zu glauben, die im Scheitelpunkt ihres und Söderströms Leben stand. Der Mönch war zweifellos ein von Müller bestellter Schauspieler. Aber dann hätte Müller ihre Kindheit kennen müssen! Müller war unschuldig, die Grenze zwischen Wirklichkeit und Wahn lag im Kopf des Mönchs. Möglicherweise war die Laura, die sie gekannt hatte, tatsächlich in diesem Kloster geboren worden. Vielleicht hieß ihre Mutter ebenfalls Laura und mit Nachnamen Wang oder Wahl oder eben Puttenbach. Vieles sprach dafür. Vor allem der Name Koeppen auf der Gehaltsliste. Carl-Axels Frau aber hieß Martha. Na also. Es war ein Leichtes, ihre Laura von Carl-Axels Martha zu trennen. Auch in Schweden gab es schwarzhaarige Mädchen. Und grüne Buddhas mit irgendwelchen Sprüchen gab es überall auf der Welt. Sie nahm sich vor, sich Laura endgültig aus dem Kopf zu schlagen. Clärenore schlief über der Frage ein: Ist ein Mönch, der im Gebet plötzlich in klares Deutsch verfällt, ein Wunder oder ein Scharlatan? Für sie gab es nur eine Antwort, und eins war ihr klar: So schnell wie möglich weg von hier! Sie schlief auf dünnem Eis.

Carl-Axel wusste weder, was er von der Vorstellung, die der Mönch gegeben hatte, noch, was er von den Buddhafiguren halten sollte. War diese Laura tatsächlich Marthas Mutter? Er wusste nichts über ihre Familie. Von China war nie die Rede gewesen. Es gab nur ein Grab der Mutter. Auf dem Grabstein stand Luisa Wahl, geborene Veijde. Hier aber ging es um einen Vater namens Puttberg. Und die beiden Buddhas? Und Clärenores bohrende Fragen nach Ruby? Hirngespinste. Eins war klar: So schnell wie möglich weg von hier, um endlich wieder nach Hause zu kommen. Carl-Axel schlief wie ein Lamm.

Sie schauten einander an und waren sich einig: Weg! Keine Umwege mehr. Die nächsten Ziele waren Tokio, Honolulu, San Francisco, Los Angeles. Sie hatten Passierscheine für die Strecke nach Tientsin. Es gab einen Gala-Abend bei dem Repräsentanten der Stinnes-Linien Kurt von Brackenhausen, eine Garden-Party bei Freiherr von Schön und ein Dinner beim Direktor der Hapag-Linien Heinrich Mutzenbecher. Hinter Peking die ersten Straßensperren. Selbst ernannte Soldaten, bei denen alle Stempel nichts galten. Beim ersten Mal versuchten sie noch zu diskutieren, von da an sprangen sie nur noch mit Gebrüll aus ihren Autos und schlugen die verblüfften Wegelagerer k. o. oder durchbrachen, ohne anzuhalten, die Barrieren. Es war ein Rasen bis Amerika, als wollten sie ihrem Schicksal entkommen. Es war eine Flucht aus Asien auf – wie Clärenore dachte – berechenbareres Terrain. Eine Flucht voreinander. Südamerika würde für sie keine Terra incognita mehr sein.

Zunächst aber gerieten sie vor der japanischen Küste in einen Taifun. Die Passagiere der «S.S. Resolute» flogen mit ihrem Geschirr durch den Speisesaal. Clärenore hielt sich mühsam an Deck fest und beobachtete mit Sorge die Autos, die auf dem Vorderdeck festgezurrt waren und von den Brechern überspült wurden. Als sie in Kobe ausluden, waren alle Gepäckstücke nass und versalzen. Die Zollformalitäten zogen sich so lange hin, dass bis zur Weiterfahrt alles wieder getrocknet war. Sie fuhren über asphaltierte und geschotterte Straßen in drei Tagen bis Tokio. Der Weg führte jedoch über Gebirgsketten; eine Kehre nach der anderen, tiefe Schluchten. Das Übliche: Reifenpannen, Beinahe-Abstürze, Übernachtungen in Teehäusern und Ryokans. Schlafen auf Tatami-Matten. Bedienung durch und Baden mit Geishas, die vor Carl-Axel niederknieten. Dass die Mädchen auch zu ihm in die Wanne stiegen, war ihm durchaus peinlich. Clärenores Gefühle waren gemischter Natur, als sie entdeckte, dass die Aufforderung an Söderström, als Erster ins Bad zu gehen, keine reine Formsache war. Er war der Herr und sie nur eine Frau, die an zweiter Stelle rangierte und froh sein durfte, nach ihm das gleiche Badewasser zu benutzen. Als sie im gebrauchten Seifenschaum schwamm, trat ein dicker Alter ins Zimmer, um sich zu ihr in die Wanne zu setzen. Sie gestikulierte mit dem freien Arm, während sie mit dem anderen ein Handtuch an sich riss, so lange, bis der Mann kopfschüttelnd abzog.

In Tokio wohnten sie beim deutschen Botschafter Solf. Die Stadt war in weiten Teilen noch nicht wieder aufgebaut. 1923 war sie durch ein Erdbeben fast völlig zerstört worden. Carl-Axel besichtigte die Filmstadt von Tokio.

Am 16. Mai verluden sie im Hafen von Yokohama die Autos auf die «M.S. President McKinley». Großer Bahnhof mit Reportern zum Abschied. «Beherzt» nannten die deutschen Blätter die Frau, die um die Welt fuhr. Zehn Tage später Blitzrundfahrt mit dem Standard um die Hawaii-Insel Oahu. Carl-Axel filmte fasziniert die Surfer am Strand. Sechs Tage später Landung in San Francisco. Sie verluden die Wagen auf die «S.S. Ecuador» und trafen drei Tage später in San Pedro ein, dem Hafen von Los Angeles. Der Lastwagen wurde vom Repräsentanten der Firma Vacuum Oil in Empfang genommen. Er sollte gründlich überholt werden: Das Auto hatte keine Chance, über die Anden zu kommen. Sie luden alles Lebensnotwendige in den Standard um. Für Lord war kein Platz mehr im Auto. Sie mussten ihn in einer Hundepension in Los Angeles zurücklassen. Um sein Geheul nicht zu hören, hielten sie sich die Ohren zu. Clärenore tröstete sich damit, dass sie spätestens in drei Monaten zurück wäre. Südamerika würde für sie ein Heimspiel sein – so dachte sie jedenfalls. Sie besuchten Hollywood, um Victor Sjöström zu treffen. Sjöström war in Nevada und machte Außenaufnahmen. Carl-Axel fühlte sich, als er durch die Studios ging, wie in eine andere Welt gefallen und in ein längst vergangenes Leben. Er hatte Zweifel, ob er je zurückfinden würde, und sehnte sich zugleich nach beidem – nach der Rückkehr und nach neuen Abenteuern mit dem Auto.

Die Traumfabrik hatte er sich schwungvoller vorgestellt. Die Filmarbeit war hier nicht so mühselig wie in Schweden, und er war beeindruckt von der Lichttechnik. Was ist ein Film gegen das Leben, dachte er, als er durch die Kulissenstädte und künstlichen Landschaften ging. Auf dem Studiogelände traf er Greta Garbo. Sie schaute Clärenore tief in die Augen und fragte Carl-Axel auf Schwedisch nach Ruby. Er wusste nicht, dass Greta mit Ruby in engem Briefkontakt stand. Er sah in ihren Augen, wie weit Ruby von ihm entfernt war, und erschrak. Vielleicht hätte Greta Clärenore auch nichts gesagt, wenn sie gewusst hätte, dass die Tochter von Hugo Stinnes vor einem Lebensrätsel stand, das die Schauspielerin leicht hätte lösen können. Die Garbo beglückwünschte sie zu ihrer Fahrt, von der sie in der Presse gelesen hatte. Clärenore antwortete ihr auf Schwedisch. Die Garbo ließ sich ihre Überraschung nicht anmerken.

Sie stachen noch am selben Tag in See. Clärenore war fasziniert von Greta Garbo, vor allem aber von der Vertrautheit, in der sie mit Carl-Axel umgegangen war. Sie hatte diesen Schweden in Situationen kennen gelernt, die im Alltagsleben der europäischen Mittel- und Oberschicht unvorstellbar sind, und plötzlich war er für sie wieder ein Fremder. In Acajutla, El Salvador, blieben sie wegen eines Hafenarbeiterstreiks hängen und feierten auf einem schwedischen Nachbarschiff. Für die Schleusen des Panamakanals hatte Clärenore kein Auge. Sie litt unter einer Zahnentzündung. In Balboa ließ sie sich unter abenteuerlichen Umständen operieren. Sie verließen in Cristóbal das Schiff und luden um auf den Dampfer «Santa Elisa», der von New York kam. Durch den Panamakanal fuhren sie zurück und unterzogen sich am 30. Juni 1928 der Äquatortaufe.

Am 3. Juli landeten sie in Calao, der Hafenstadt von Lima. Sie logierten im Hotel Gran Bolivar in Lima. Der deutsche Konsul schlug die Hände über dem Kopf zusammen, als er hörte, dass sie mit dem Auto die Anden bis La Paz überqueren wollten. Er setzte sich sofort mit der peruanischen Armee in Verbindung. Ein Generalinspekteur Faupel wies ihnen Hauptmann Pedro Galvez zu. Wege über die Kordilleren existierten nicht. Der Hauptmann sollte die Gelegenheit wahrnehmen, topographische Aufnahmen von der Strecke zu machen, denn es gab noch nicht einmal Karten von dem Landstrich, der vor ihnen lag. Carl-Axel fuhr den Wagen vor der Abfahrt auf eine Autowaage. Die Skala zeigte 2208 Kilo. Kilometerstand 21 230. Gemessen am Erdumfang, hatten sie gerade die Hälfte der Strecke geschafft. Carl-Axel hatte ein mulmiges Gefühl, als er am 11. Juli nach dem Frühstück aufs Gaspedal drückte. Jetzt merkte er, dass er dieses Gefühl in den letzten Wochen vermisst hatte. Seit dem 28. April und eigentlich seit Mitte März hatten sie – von einigen kurzen Strecken in China und Japan einmal abgesehen – nicht mehr mit dem Auto gegen die Welt Krieg geführt.

Endlich wieder fahren, dachte Clärenore, und sie dachte an die Zeilen, die die Frauenrechtlerin Vivien Etin am zehnten Jahrestag der Oktoberrevolution in Novosibirsk in ihr Reisebuch geschrieben hatte: Erkämpfung der Gleichberechtigung durch die Überwindung von Entfernungen. Sie zweifelte mehr denn je am Sinn ihrer Fahrt. War das ganze Unternehmen nicht eine einzige Täuschung? Zumindest hatte sich der Sinn der Reise vollkommen geändert. Sie war losgefahren, um ihren Vater wiederzufinden. Jetzt fuhr sie, um seinem Schatten zu entkommen. Und sie fuhr nicht mehr für den Firmennamen Stinnes. Den Nachrichten, die sie in Los Angeles aus Berlin erhalten hatte, konnte sie entnehmen, wie tief Hugo und Edmund gefallen waren. Der Name Stinnes war zum Gespött geworden. Hugo hatte sich in einem Prozess wegen Veruntreuung von Kriegsanleihen zu verantworten. In New York, wohin Hugo den Firmensitz verlegt hatte, sah man den Fall allerdings nicht so sehr unter einem moralischen Aspekt, sondern mehr unter dem der Kreditwürdigkeit. Sie fuhr nur noch für den Namen Clärenore Stinnes und vielleicht für Deutschland und Schweden. Aber sie fuhr nicht, um am Ende in den Armen eines schwedischen Kameramanns zu landen.

15. Die Erfindung des Highways

Der Ort hieß Atico und lag in Sichtweite des Ozeans in der peruanischen Verlängerung der Atacama. Damit ist schon alles gesagt – Wege aus Staub, ein Platz aus Staub, Hauswände aus gepresstem Staub. Er verwandelt zuerst die Schuhe; aus schwarzem wird graues Leder. Von den Schuhen kriecht der Staub in die Hosenaufschläge, und dann erobert er den ganzen Körper, nistet sich überall ein: in Taschen, Hautfalten und Beugen. Er sprengt die Lippen, verödet die Schleimhäute, scheuert an der Netzhaut, betoniert die Haare. Wasser und Tränen schaffen nur vorübergehende Erleichterung. Der Mensch ist auf dem Weg, zu Stein zu werden. Hier hatte es noch nie geregnet. Auf dem ganzen Globus gab es keinen sandigeren Ort. Der Holzboden der Kirche war von der Trockenheit gewellt wie das Meer, Generationen von Frauen hatten Fett in ihn eingerieben. Hier wurde alles brüchig. Wer nicht trank, war verloren. Vier Liter am Tag, sonst zog einem der Staub alle Säfte aus dem Leib, und man wurde bei lebendigem Leib mumifiziert. Manche meinten allerdings, man könne seinen Flüssigkeitsbedarf auch mit Pisco, dem nationalen Tresterschnaps, decken.

Nach tausend Jahren der Ruhe hatte Atico seit Pizarros Zeiten die merkwürdigsten Dinge erlebt. Zuerst, als der Ort nur aus fünf Indianerzelten bestand und noch keinen – oder wer weiß was für einen – Namen hatte, sprangen eines Tages eiserne Männer aus schwimmenden Häusern auf den Strand und verwandelten sich in vierbeinige Feuer speiende Halbtiere, denen niemand entkam. Diesen Leuten war nichts recht, wie es die Götter geschaffen hatten. Sie durchwühlten weiter oben in den Kordilleren die Erde, trugen Berge ab und häuften daneben andere Berge auf. Sie schleppten Wasser dorthin, wo nie welches gewesen war, und ließen dafür woanders ganze Seen austrocknen. Sie schichteten Steine aufeinander und bauten eine Halle mit einem Turm. Sie waren erst zufrieden, wenn sie jeden im Umkreis von vielen Tagesreisen in ihre Halle geschleppt und seinen Kopf in ein Wasserbecken gehalten hatten. Sie vertrieben die Mücken, aber die Einheimischen starben wie die Fliegen. Es war wohl so, dass sie ausgezogen waren, die Welt zu verbessern. Nur erkauften sie jeden mühseligen Erfolg, für den sie unzählige Menschenleben opferten, mit einer Katastrophe, die sich viel später am gleichen oder unmittelbar an einem entfernten Ort ereignete, sodass sie nie zur Einsicht in die Vergeblichkeit ihres Tuns kamen. Eines Tages kamen Ingenieure nach Atico, die durch Fernrohre schauten. Dann kam ein Heer von Arbeitern mit einem Tross von Marketenderinnen und Huren, und als sie wieder abzogen, hatte das Dorf einen Zugang zum Meer, der drei Jahre später wieder versandete. Ein paar Jahre später kamen wieder Ingenieure und Huren, und als sie abgezogen waren, zog sich mitten durch Atico und direkt an der Kirche vorbei eine Linie von Masten, über die sich Seile aus Metall schwangen. Der Bürgermeister von Atico kletterte hoch und fiel in einem prächtigen Funkenregen tot herunter.

Sein Nachfolger zapfte die Hochleitung an. Dabei half ihm sein Vetter, der aus Pisco stammte und bereits Erfahrung mit Elektrizität hatte. Statt der Petroleumlampen leuchteten nun glühende Drähte in seinem Wohnzimmer. Da die Spannung ständig schwankte, war seine Hütte Tag und Nacht abwechselnd in dunkelblaues und hellgelbes Licht getaucht. Er erklärte das Phänomen damit, dass auch Elektrizität atme. Das Licht schaltete er niemals aus. Es wurde zum Zeichen seiner Würde und seiner Auserwähltheit, bis er eines Tages einen Condor, der sich auf die Leitung gesetzt hatte, herunterschoss und das Tier auf der

Bahn, die die Kugel genommen hatte, mit einem hellen Lichtbogen zurückschoss. Danach lagen beide durchlöchert nebeneinander im Staub, und der Pfarrer verdammte das künstliche Licht als Teufelswerk.

Eines Tages, lange nach dem Staatsstreich von Präsident Augusto Leguia und kurz nach dem Tacna-Krieg mit Chile, kamen wieder Ingenieure – diesmal ohne Huren im Schlepptau, dafür aber mit Dynamitkisten. Sie sagten, sie würden weiter oben die Kordilleren wegsprengen für eine Straße. Eine Straße! Die Menschen in Atico konnten sich nicht vorstellen, wozu eine Straße gut sein sollte. Sie hörten die Detonationen in der Nähe des Straßenbaucamps und schüttelten den Kopf, und der Pfarrer zog jeden Sonntag nach der Messe mit seinem Esel zu ihnen hinauf, um sie zu bekehren, wie er sagte. Der neue Bürgermeister aber vermutete, dass er den Leuten beim Pokern das Geld aus der Tasche zog. Er ging zu den Ingenieuren und versuchte sie davon zu überzeugen, dass die Straße durch Atico führen müsse. Als er damit keinen Erfolg hatte, schmiedete er Pläne, den Ort kurzerhand an die Straße zu verlegen. Die Einwohner spalteten sich in zwei Parteien. Befürworter und Gegner der Umsiedlung hielten sich die Waage. Alte Freunde sprachen nicht mehr miteinander, Familien wurden getrennt, Nachbarn verbarrikadierten sich voreinander. In der Kirche saßen die Parteien in getrennten Bankreihen und auf der Plaza de Armas rechts und links vom einzigen Baum des Ortes.

Es war Sonntag. «Zu Staub werdet ihr werden», wetterte der Pfarrer und gab dem Organisten das Zeichen. Das Harmonium schnarrte aus den versandeten Höllenpfeifen einen Choral hervor. Als der Pfarrer die Kirche verlassen wollte, blieb er wie angewurzelt stehen. Vierzig Männer schleppten einen viereckigen Kasten auf vier Gummireifen vor die Kirche. Aus dem Vehikel, das ringsum mit Gepäcksäcken behangen war, sprangen ein Mann und ein Knabe. Beide in kurzen Khakihosen. Der Mann hatte einen Sombrero, der Knabe einen Tropenhelm auf dem Kopf. Die Männer, die das Automobil an Seilen durch den Sand zogen, in den es bis zu den Trittbrettern einsank, stammten aus Chala. Der Knabe kam auf ihn zu, nahm seinen Tropenhelm ab, und jetzt sah der Pfarrer, dass es eine junge Frau war. Er bekreuzigte sich, als ihn die Frau in perfektem Spanisch ansprach und nach einer Werkstatt fragte. Der Pfarrer schüttelte den Kopf. Er bot sich an, die Fremden zum Straßenbaucamp zu begleiten. Der Wagen wurde unter den Baum gezogen, wodurch die Ordnung der verfeindeten Dorfparteien vollkommen durcheinander geriet. Vor lauter Erstaunen unterhielten sich plötzlich Leute, die seit einem halben Jahr nicht mehr miteinander geredet hatten. Die Frau schwang sich auf ein Pferd und folgte dem Pfarrer in die Berge. Der Mann holte aus dem hinteren Teil des Wagens, der bis unter das Dach voll gestopft war, ein Glas mit Gurken und setzte sich auf das Trittbrett des Autos. Die Männer aus Chala verschwanden in der Kneipe und erzählten dort, sie hätten gesehen, wie dieses Auto ganz allein fuhr, ohne dass man Pferde davorspannen musste. Das Dumme sei nur, dass so ein Auto – und einer, der mal in Lima gewesen war, erzählte, dass es dort von solchen Vehikeln nur so wimmele –, dass so ein Auto also Straßen brauche. Ohne Straßen würde so ein Ding nicht vorankommen.

Jetzt dämmerte es den Leuten in Atico. Dafür also war eine Straße nötig. Und wozu das Ganze? «Zum Beispiel, um schneller von uns zu euch zu kommen», sagten die Leute aus Chala. – «Was wollt ihr denn bei uns?», fragten die Männer aus Atico erschrocken. – «Wir könnten euch Fisch bringen, so schnell, dass er nicht verdirbt.» – «Wir haben selber genug Fisch», sagten die Fischer aus Atico. Es war nicht einzusehen, warum man Straßen brauchte, im Gegenteil. Jeder könnte überall hinfahren, was zur Folge hätte, dass niemand mehr genau wüsste, wo er hingehörte. Überall würde es von Fremden wimmeln, Menschen, deren Eltern und Großeltern keiner kannte und von denen man deshalb nicht wüsste, was man von ihnen halten sollte. Menschen wie Zigeuner. Eines wurde den Männern in Atico an diesem Sonntag klar: Das Auto und die Landstraße waren eine Erfindung der Zigeuner. Sie begossen ihren Kummer mit Pisco, standen für den Rest des Mittags wankend um das Auto herum und starrten in den Motor, dessen Hauben geöffnet waren.

Männer mit Fotoapparaten hatten die Leute in Atico schon gesehen. Die Ingenieure waren damit herumgelaufen und hatten Aufnahmen von Felsen und von der Küste gemacht. Der Bürgermeister, der vom Mast gefallen war, hatte auch eine Kamera gehabt, mit der er seine Familie aufgenommen hatte. Er hatte einen schwunghaften Handel mit den Bildern aus seiner Kamera angefangen, mit der er sich in einen geheimnisvollen Raum zurückzog, ehe sie zum Vorschein kamen. Jeder Familienvater wollte ein Bild von sich an oberster Stelle mit der ganzen Familie, das er über sein Bett oder seine Hängematte hängte. Ein Bett hatten nur der Bürgermeister, der Pfarrer und der Apotheker, der zugleich Arzt und Tierarzt war. Dieser Fremde aber mit dem Auto, der kein Wort Spanisch sprach, hatte neben der Kamera noch ein Gerät mit einer Kurbel, an der er drehte. Einige fragten ihn, wohin sie wollten. Man machte sich mit Zeichen verständlich. Sie glaubten, sie hätten sich verhört, als der Fremde die Orte Caraveli, Camaná, Vitor, Arequipa und Puno nannte. Nach Caraveli benötigte man drei Tage mit dem Esel, und nach Camaná kam man nur mit dem Schiff. Wer nach Arequipa wollte – und da waren aus dem Dorf bisher nur zwei gewesen –, musste bis Mollendo mit dem Schiff fahren, und von dort, so hatten die beiden erzählt, gab es eine Eisenbahn durch die Berge bis Arequipa und möglicherweise bis zum Titicacasee hinauf. Das wusste aber niemand so genau, und die Eisenbahn konnten sie sich auch nicht wirklich vorstellen. Mit diesem Vehikel durch die Berge zu fahren kam ihnen jedoch vor wie ein Frevel gegen Gottes Weltordnung. Die Männer in Atico hatten kein gutes Gefühl, was die Zukunft betraf. Es war allen klar, dass sich an diesem Sonntag die Welt endgültig wendete.

Clärenore, Carl-Axel und Hauptmann Galvez waren problemlos von Lima bis Nazca gekommen. Hinter Nazca hörten die befestigten Straßen auf, und sie versanken im Sand. Eine schmale Dorfstraße führte sie bis Lomas. Sand, nichts als Sand. Die Farbe Grün hatte Gott diesem Teil der Welt vorenthalten. In Yauca erreichten sie das Ende aller Wege. Galvaz' Wagen blieb hier zurück. Er stieg auf ein Reittier um. Selbst die Pferde, mit denen sie die weitere Gegend erkundeten, versanken im Sand. Sie besorgten sich Kuhhäute, die sie Meter für Meter unter die Räder legten. Zweiundvierzig Mann wurden vor den Wagen gespannt. Bei dreißig Grad Hitze mussten sie eine Steigung von dreißig Prozent überwinden, immer den Sandhügel hinauf. Dann wurde gelost, wer sich für den Sturzflug hinab ans Steuer setzen musste. Wenn sie Glück hatten, konnten sie sechs bis acht Kilometer auf einem Hochplateau mit festem Untergrund durch die Pampa fahren, ehe sie wieder bis zum Meer abstürzten. Mit etwas Glück ging es dann auf dem festeren Sandstrand mit eigener Kraft voran. Vielleicht ein paar Kilometer, bis eine Felswand oder eine Schlucht ihnen den Weg versperrte. Hundert Meter für stundenlanges Schleppen bergauf, und das Ganze von vorn. Am Strand wurde der Wagen plötzlich von einer Welle überrollt. Die Wucht des Wassers verbog einen Flügel des Kühlventilators, der ein Loch in den Kühler riss. Carl-Axel warf sich unter das Auto, um so viel Kühlwasser wie möglich zu retten. Vergeblich. Der Kühler war leer, das Wasser im Sand versickert. Alle fünfzig Meter mussten sie dem Motor Zeit zum Abkühlen lassen. Sie erreichten einen Felsen, in dessen Schatten sie das Loch zulöteten. Nach drei Stunden war der Schaden behoben. Während der Reparatur ritt ein Mann voraus, um neues Kühlwasser zu holen – vierzig Kilometer zum nächsten Ort und zurück.

Tagesleistung vierzehn Kilometer, schrieb Carl-Axel am Abend in sein Tagebuch. Sie übernachteten im Auto und im Zelt. Der Sternenhimmel war hier noch klarer als in der Syrischen Wüste und in Sibirien. In dieser Luft war alles Weite nah. Sie konnten von den Hügelkämmen mitunter hundert Kilometer weit sehen. Und was sie sahen, machte sie immer hoffnungsloser: nichts als Sand und Felsengebirge. Carl-Axel wünschte sich, aus dem Sand abzuheben und über den klaren südlichen Nachthimmel zu rasen. Die Nächte waren eiskalt. Er fror und zitterte am ganzen Körper, dass das Auto bebte. In der nächsten Nacht erreichten sie ein Dorf. Sie schliefen in einer Hütte und wurden von Flöhen aufgefressen. «Dann lieber frieren», sagte Carl-Axel und zog ins Auto um. Wegen schwerer Magenkrämpfe konnte er aber nicht schlafen.

Kurz vor Chala übernachteten sie in einem Camp der Straßenarbeiter, die am Trans American Highway arbeiteten. Sie schliefen auf Dynamitkisten. Carl-Axel hatte Schüttelfrost. Er träumte von einer asphaltierten Landstraße, die über Brücken und durch Tunnel geradewegs bis zum Südpol ging. Am nächsten Morgen hatten sie eine Gefällstrecke von achtundvierzig Prozent vor sich. Das Los fiel auf Carl-Axel. Eine Fahrt auf Leben und Tod. Sie nahmen Abschied voneinander, halb im Spaß, halb in bitterem Ernst. Der Wagen stand auf der Kippe. Clärenore drehte die Kurbel der Winde, die das Hinterteil des Autos über den Grat hob. Die Spitze neigte sich. Der Wagen kam ins Rutschen und sauste mit blockierten Rädern wie ein Schlitten durch den Sand.

Am Fuß des Abhangs traf er auf festeres Dünengelände. Er schoss im Bogen wie auf einer Sprungschanze etwa sechs Meter durch die Luft und landete krachend in einer Senke. «Jetzt ist er hin!», schrie Galvez. Sie rutschen den Hang hinunter und fanden Carl-Axel, weiß wie ein Gespenst, am Steuer eingeklemmt. Das gesamte Gepäck war auf ihn gefallen. Sie befreiten ihn, und die Indios zogen das Auto durch die Dünen bis zum Strand. Dann ging es ein paar Kilometer mit Motorkraft weiter, bis die Indios das Auto wieder auf den nächsten Hügel hinaufziehen mussten.

In Chala wechselte das Schleppteam. Die Indios aus Yauca wurden entlohnt, und die Männer aus Chala spannten sich lachend vor das Auto. Für die Einwohner der Küstenorte war die Tour des Adler über die Küstenkordilleren ein Ereignis, von dem sie noch ihren Enkeln erzählten. Hinter Chala mussten sie den Wagen über drei ausgetrocknete Flussbetten schleppen, deren Schluchten vierzig Meter breit und hundert Meter tief waren. Sie sahen nur Felsen vor sich, keinen Ausweg und mussten dennoch weiter. Als sie die erste Schlucht überwunden hatten, versperrte ein Felsbrocken jede Weiterfahrt. Galvez half ihnen beim Setzen einer Sprengladung mit Dynamit, das sie aus dem letzten Camp mitgenommen hatten. Es gab keine Möglichkeit, das Auto weit genug von der Sprengstelle wegzufahren. Einige Brocken zerbeulten das Dach und die Türen. Sie schufteten mit Hacke und Spaten den halben Tag, um die Felstrümmer beiseite zu schaffen. Dann lag die nächste Schlucht vor ihnen. Carl-Axel rannen die Tränen übers Gesicht. Er war wegen der Aussichtslosigkeit ihres Unterfangens der Verzweiflung nahe.

«Das ist Krieg», sagte er.

«Möglich», sagte Clärenore, «aber das Schlechteste, was man in einer Schlacht tun kann, ist, über seine Lage nachzudenken.»

In der letzten Schlucht mussten sie den Wagen mit der Winde Meter für Meter hochziehen. An diesem Tag hatten sie ihn dreimal ent- und wieder beladen. Als sie im nächsten Straßenbaucamp ankamen, wurden sie von den Arbeitern und Ingenieuren wie Helden gefeiert. Für die Ingenieure kam das Auto gerade zur rechten Zeit. Es war für sie ein Symbol der Zukunft, eine Bestätigung ihrer Arbeit. Das Auto überholte die Straße, es fraß, es sprengte sich in Gegenden, die nicht im Geringsten dafür geschaffen waren. Das Ganze war Wahnwitz – eine Straße von Alaska bis Feuerland war Wahnwitz genug, aber jetzt fuhr auf dieser Strecke, bevor sie überhaupt gebaut war, ein Auto! Das war doppelter Wahnwitz.

Der Mensch zeichnet sich vor allen anderen Wesen dadurch aus, dass er tut, was wahnwitzig und aussichtslos ist. Clärenore und Carl-Axel waren so erschöpft, dass sie sofort in ihren Schlafsäcken einschliefen, die sie auf die Dynamitkisten legten. Am nächsten Morgen um fünf ging es dann wieder aufs Schlachtfeld. Zunächst Reifen flicken, denn die hielten den spitzen Steinen nicht länger als zwölf Stunden stand. An diesem Tag schlug der Benzintank leck. Die Indios schleppten das Auto bis nach Atico.

Das Straßenbaucamp, das Clärenore und der Pfarrer per Esel erreichten, hieß Puyanca. Tamayo, der Ingenieur, bot sich an, mit ins Dorf hinunterzukommen und ihnen bei der Reparatur des Tanks zu helfen. Das Leck zu löten war für Clärenore aber das kleinste Problem, das konnten sie inzwischen im Schlaf. Es ging darum, das verlorene Benzin zu ersetzen. Erst zweihundert Kilometer weiter, bei der Eisenbahn in Arequipa, gab es wieder Treibstoff. Deshalb mussten sie jeden unvorhergesehenen Verlust ausgleichen. Clärenore hatte im letzten Camp gehört, dass man ab Atico schon ein Stück auf der neuen Straße fahren konnte. Das war der Grund gewesen, die Bauarbeiten in Augenschein zu nehmen. Doch Tamayo hob nur bedauernd die Schultern: Die Strecke zwischen Atico und Camaná entlang der Küste war durch eine unüberwindliche Schlucht versperrt. Die Brückenbauer hatten noch nicht einmal mit dem Vermessen des Geländes begonnen.

Um nach Camaná zu gelangen, musste man zunächst über die Berge nach Caraveli fahren, das fast zweitausend Meter hoch gelegen war. Von dort ging es dann auf Eselspfaden durch unpassierbares Gelände hinunter nach Camaná. Immerhin hatten die Straßenbauer einen Arbeitspfad vom Camp zum Dorf angelegt sowie einen geschotterten Stich in Richtung Caravelí. Der war allerdings nach einem Kilometer zu Ende, und danach … Als Tamayo den Wagen auf dem Dorfplatz sah, seufzte er. Sie arbeiteten den ganzen Nachmittag unter dem Auto. Am späten Nachmittag war der Benzintank wieder voll. Den Bewohnern von Atico blieb das Herz stehen, als Carl-Axel eine Ehrenrunde um die Plaza de Armas drehte. Sie entschlossen sich, auf dem Dorfplatz zu campieren und erst am Montag in Richtung Camp und Caravelí aufzubrechen. An Sonntagen hatten sie mit dem Auto bisher nur Pech gehabt. Die Dorfbewohner bauten flink alles für ein opulentes Asado auf. Es wurde ein Fest gefeiert, wie es Atico noch nicht gesehen hatte. Das war zugleich das Versöhnungsfest der verfeindeten Parteien. Man kam im Laufe des Abends zu der Überzeugung, dass weder Straße noch Ort verlegt werden müssten. Es war nur eine Stichstraße zum Highway zu bauen. Und wenn jeder ein Auto hätte, wären alle Probleme gelöst. Clärenore holte das Grammophon aus dem Gepäck und legte Tangos auf. Bei diesem neuen Wunder rissen die Einwohner von Atico noch mehr die Augen und Münder auf als beim Anblick des Otto-Motors. Während sich die Lämmer und Ochsenhälften am Spieß drehten, forderte Clärenore den Bürgermeister zum Tanz auf. Carl-Axel saß mürrisch im Auto. Er brachte wegen seiner Magenkrämpfe keinen Bissen herunter. Selbst den Pisco liess er stehen.

Noch am Abend schickten sie Leute aus Atico voraus, die sich für den nächsten Tag an der ersten Steilstrecke für das Ziehen des Wagens bereithalten sollten. Die Einwohner von Atico erkannten auf einmal, dass das Auto ganz neue, einträgliche Perspektiven bot. Sie rechneten sich aus, dass sie mit dem Transport der Autos über die Berge reich werden könnten, und empfanden die Strassenbauer als lästige Konkurrenz, die ihnen in Zukunft das Geschäft verderben würden.

Hinter dem Strassenbaucamp wurde die Gegend unpassierbar. Zwei Gebirgsketten versperrten ihnen den Weg. Nichts als Felsen. Sie begannen schon am Vormittag mit kleineren Sprengungen. Galvez und Carl-Axel liefen vor dem Wagen her, um die Felsbrocken und spitzen Steine wegzuräumen, die die Reifen aufschlitzen konnten. Bis elf Uhr hatten sie vom Camp aus vier Kilometer bewältigt und drei Pannen hinter sich. Sie flickten die Reifen mit immer grösseren Lederlappen. Nach zehn Kilometern waren sie oben. Die Leute kehrten nach Atico zurück. Am nächsten Morgen geriet ein Stein ins Rollen und traf die Ölwanne. Carl-Axel schüttete das Trinkwasser aus und warf sich unters Auto, konnte aber nur noch einen Liter auffangen. Sie löteten das Loch mit kleinen Blechstücken zu, die sie aus einem leeren Benzinkanister herausschnitten. Sechsmal mussten sie neue Teile auflöten, bis der Tank endlich dicht war. Die Reparatur dauerte vier Stunden. Der Weg wurde schlechter und schlechter, sie krochen im ersten Gang voran. Am Nachmittag rollte ein Stein in den Tank, sie verloren fünfzig Liter Benzin. Der Humor sank auf null. Die Schlammschlachten in Russland waren nichts gegen das hier. Die Nacht verbrachten sie in einer Schlucht. Am nächsten Morgen erkundeten sie das Gelände, das vor ihnen lag. Es gab keine Möglichkeit mehr weiterzukommen.

«Ich gebe mich geschlagen», sagte Clärenore.

Carl-Axel sagte nichts. Es war das erste Mal auf der ganzen Reise, dass er sie nicht fluchend, schimpfend oder verzweifelt erlebte, sondern hoffnungslos.

Auf dem Rückweg tat sie ihre Arbeit wie eine Marionette. Die geflickten Reifen flogen ihnen um die Ohren. Galvez holte noch einmal Leute aus Atico, die sie über eine schwere Steigung schleppten. Dabei brach die Hinterachse. Als sie zurück ins Dorf kamen, sah Clärenore aus wie ein geschlagener Feldherr. Die Dorfbewohner feierten sie aber wie einen Helden. Tamayo kam und half ihnen bei der Reparatur der Achse. Sie arbeiteten zwei Tage in einem leer stehenden Raum der Landpolizei und schliefen neben dem Auto. Die Männer lagen den ganzen Tag unter dem Auto, das sie in seine Einzelteile zerlegten. Clärenore wusch Schrauben in Benzin und rührte nebenbei Pfannkuchenteig an. Gewaschen hatten sie sich seit vier Tagen nicht mehr. Die Leute im Dorf schlossen Wetten ab, ob sie das Auto wieder flottkriegen würden. Clärenore beschloss, den Küstendampfer zu nehmen, um nach Camaná zu kommen. Über die Einschiffung des Autos an der hafenlosen Küste machten sie sich noch keine Gedanken.

Die Frauen aus Atico stellten Clärenore bereitwillig ihre Küchen zur Verfügung. Sie hätten sie am liebsten zur Bürgermeisterin gewählt. Und sie stellten ihr dieselben Fragen, die ihr alle Frauen auf der Reise gestellt hatten, in Kleinasien, in Russland, in der Mongolei, in China und sogar die Reporterinnen in den USA: Warum bist du nicht verheiratet? Warum hast du keine Kinder?

Mit neuer Achse und Achsenwelle fuhren sie zum Camp, um dort das Küstenschiff abzuwarten. Sie warteten vier Tage. Carl-Axel vertrieb sich die Zeit, indem er mit Dynamit Fische aus dem Meer sprengte. Sie saßen auf Stühlen, die aus Dynamitkisten gezimmert waren. Sie schliefen auf den

Kisten, und sie besorgten sich ihre Nahrung mit Hilfe von Dynamit. Nur voran kamen sie nicht – trotz Dynamit.

Der 28. Juli 1928 war Nationalfeiertag. Vor hundertsieben Jahren hatte Peru seine Unabhängigkeit von Spanien erlangt. Sie feierten mit den Camparbeitern. Die ganze Nacht hindurch dudelte das Grammophon Tangos. Am Morgen verlegten sie ihren Standort an die Küste, um das Schiff nicht zu verpassen. Sie campierten am Strand. Die Nacht war traumhaft, die Sterne zum Greifen nahe. Aber Hauptmann Galvez wurde melancholisch, Tamayo dachte an seine Braut, die er bald heiraten wollte, und Carl-Axel sang schwedische Lieder. Clärenore wurde plötzlich klar, dass Carl-Axel und sie trotz aller gemeinsamen Unternehmungen und erlebten Höhen und Tiefen seit dem Erlebnis in dem chinesischen Kloster Abstand voneinander gehalten hatten. Sie taten, was getan werden musste, aber jeder blieb in seiner eigenen Welt. Wollte sie wirklich nicht am Ende der Reise in den Armen eines schwedischen Kameramanns landen? Darf eine Frau einer anderen den Mann wegnehmen? Wollte sie ihn denn überhaupt? Wollte sie überhaupt ein Leben mit einem Mann verbringen? Eins war sicher: Nach all diesen gemeinsamen Erfahrungen gab es am Ende nur zwei Möglichkeiten – entweder, sich nie mehr wiederzusehen, oder ... Das Rätsel Laura blieb.

«Wahrscheinlich liegt das Schiff, auf das wir warten, längst auf dem Meeresgrund. Und der ist hier sechstausend Meter tief», sagte Carl-Axel und fröstelte.

«Was macht dein Magen?», fragte Clärenore.

«Den Fisch hat er behalten, vielleicht liegt's am Gewürz-Dynamit.»

«Und was ist, wenn der Dampfer tatsächlich nicht kommt?»

«Dann versuchen wir es eben nochmal durch die Berge», sagte Carl-Axel.

Sie lehnte sich an seine Schulter. Zum ersten Mal auf der Reise war sie diejenige, die aufgeben wollte, und er derjenige, der ihr Mut machte.

Nach zwei Tagen kam aus Atico die Nachricht, dass der Dampfer in einem Sturm weiter südlich mit Mann und Maus untergegangen war. Das nächste Schiff würde erst in vier Wochen vorbeikommen, aber es war durchaus nicht sicher, dass es an dieser Stelle anlegen würde. Schon gar nicht bei Seegang. Sie fuhren zurück ins Camp und liehen sich zweihundertfünfzig Liter Benzin, drei Kanister Öl, eine Kiste Dynamit und reichlich Zündschnur und Zünder. Dann fuhren sie zurück nach Atico, wo sie mit einem neuen Freudenfest begrüßt wurden. Im Ort trafen sie einen Amerikaner, der seit acht Jahren im Tal von Nazca Weinbau betrieb. Er nahm den Pfarrer beiseite und redete eine Stunde auf ihn ein.

Am nächsten Tag erschien der Pfarrer aus Chala, und da wussten die Leute, dass Außergewöhnliches bevorstand. Die Heiligenfiguren in der Kirche wurden blank geputzt und die Prozessionskarren repariert. Ochsen wurden geschmückt, und am nächsten Sonntag gab es eine Prozession zweimal rund ums Dorf. Am Ende der Prozession predigten beide Pfarrer abwechselnd und riefen die Gläubigen zwischen den Psalmen zu guten Taten auf. Zu guter Letzt wurde den Männern von Atico eingebläut, dass es Christenpflicht sei, den Autofahrern zu helfen. Nach dem Gottesdienst suchte der Dorfkommandant Don Calixto Velarde die zwanzig Kräftigsten unter den Freiwilligen aus, und am 2. August ging es dann um fünf Uhr morgens los. Das ganze Dorf war mit Kindern und Eseln auf der Plaza de Armas versammelt. Die Abschiedszeremonien zogen sich bis sieben Uhr hin. Dann setzte sich die Karawane aus zweiundzwanzig Männern, zwei Polizisten in voller Bewaffnung, Don Calixto, elf Reiteseln, sieben Packeseln, zwei Reitpferden und zwei Maultieren in Bewegung. Mittendrin der Standard. Die Proviantkolonne blieb schnell hinter ihnen zurück. Gegen Mittag erreichten sie nach zwanzig Kilometern die Schlucht, an der sie beim ersten Ansturm auf die Berge aufgegeben hatten. Sie rasteten eine halbe Stunde. Von nun an mussten sie ihren privaten Straßenbau betreiben – das hieß Durchgänge sprengen, Steine wegräumen und Wege ebnen, verbreitern oder befestigen. Sie schafften am ersten Tag dreißig Kilometer, die halbe Strecke bis Caraveli.

Carl-Axel weckte die Leute um fünf Uhr mit einem Dynamitschuss. Kurze Zeit später brannten überall die Lagerfeuer. Das Gepäck wurde auf die Esel geschnallt und das Auto startklar gemacht. Sie krochen mit kochendem Motor im ersten Gang, ziehenden Pferden und ziehenden Menschen eine endlose Steilwand hinauf, als gelte es, die in einem Steinsarg verschlossenen heiligen Gebeine eines Inkafürsten der Sonne entgegenzutragen. Aber das Auto war in dieser Gegend noch nicht an die Stelle eines Gottes getreten, und gegen Mittag brach die Rebellion aus. Selbst die Polizisten konnten die Indios nicht dazu bewegen weiterzumachen. Das Auto hing an einem Abgrund, die Hinterräder mit Steinen gestützt. Die Leute luden alles Gepäck von den Eseln und verschwanden. Carl-Axel konnte gerade noch verhindern, dass sie den Wasserkanister mitnahmen. Nur Don Calixto blieb. Galvez war vorausgeritten, um Hilfstruppen aus Caraveli zu holen. Sie schleppten sich meterweise voran. Einer ging unter Einsatz seines Lebens hinter dem Auto und legte nach jedem gewonnenen Meter Steine unter die Hinterräder. Am Nachmittag gab Carl-Axel, der sich inzwischen als Sprengmeister bewährt hatte, zwei Dynamitschüsse ab, und kurze Zeit später trafen die ersten Hilfstruppen mit Pferden aus Caraveli ein. Ohne das Signal wären sie in einer Parallelschlucht an ihnen vorbeigezogen. Vor Sonnenuntergang erreichten sie einen steilen Berg. In

Meterschüben zogen vierzig Mann und ein Maultier den Standard über den Kamm. Carl-Axel musste das Auto ständig in einer Balance zwischen Vollgas und Vollbremsung halten. Dabei riss ein Bremsschlauch. Die Handbremse war längst verbrannt. Sie zogen den Wagen ohne jede Bremswirkung die letzten Meter über den Berg. Vor der Talfahrt musste der Bremsschlauch ersetzt werden.

Es war stockdunkel, als sie auf einem Eselspfad nach Caraveli hinabfuhren. Carl-Axel fuhr nach Gehör. Unten läutete die Kirchenglocke zu ihrer Begrüßung, der Dorfplatz war schwarz vor Menschen. Clärenore ritt auf einem Pferd unter dem Jubel der Bewohner ins Dorf ein. Der Wagen wurde direkt zum Theater des Ortes dirigiert, wo er auf der Bühne ausgestellt wurde. Die Leute saßen stundenlang staunend um das Gefährt. Es gab ein Fest und für die Autopioniere ein Abendessen beim Gouverneur. Tagesleistung neununddreißig Kilometer, schrieb Carl-Axel in sein Tagebuch. In den letzten beiden Tagen hatten sie das Auto auf eine Höhe von 1600 Metern bugsiert. Die Kleider hingen ihnen in Fetzen vom Leib, ihre Hände waren schwarz von Öl und geronnenem Blut.

Sie blieben fünf Tage in Caraveli. Don Calixto musste in der Zeit nach Atico zurückreiten und einen vierfachen Flaschenzug sowie siebzig Meter Schiffstau besorgen. Sie erkundeten die Umgebung zu Pferd, um den besten Weg in Richtung Camaná zu finden. In zwei Tagen ritten sie achtzig Kilometer und schliefen in Schlafsäcken auf dem Boden. Sie ließen noch sechs Matten aus zusammengebundenem Knüppelholz aus Atico kommen, die dem Wagen bei der Bergfahrt im Flugsand besseren Halt geben sollten. Clärenore wohnte im Lehmhaus des Gouverneurs, Carl-Axel und Galvez teilten sich einen Raum im Haus des Dorfpriesters. Im Gegensatz zu den Russen, die die Weltfahrer für Abgesandte der Hölle hielten, verehrten sie die Peruaner als

Heilige der Zukunft. Sie hielten den Adler im Firmenzeichen für einen Kondor. Jeden Abend wurde ein Fest veranstaltet. Man ernannte Clärenore und Carl-Axel zu Ehrenmitgliedern des örtlichen Fußballclubs »Atletico Palacio», und Clärenore bekam vom Bürgermeister den Auftrag, bei der Rückkehr nach Berlin Kaiser Wilhelm zu grüßen. Der Mann war nicht davon zu überzeugen, dass Deutschland inzwischen Republik war. Von einem Weltkrieg hatte man hier nichts gehört.

Am 9. August brachen sie in Richtung Ocoña auf. Hauptmann Calvez ritt voraus, um eine zusätzliche Mannschaft aus dem nächsten Ort zu organisieren. Das Übliche – Dynamit und Hochziehen des Autos, diesmal mit Ochsen. Tagesleistung dreißig Kilometer. Am nächsten Tag war die Mannschaft komplett. Zwei Polizisten, einunddreißig Mann, vier Eselstreiber, vierundzwanzig Pferde und Maultiere, vier Esel für Gepäck, vier Esel für Wasser und Proviant, zwei Zugochsen. Sie zogen das Auto zunächst mit dem neuen Flaschenzug über einen Steilhang, bevor sie es mit zwei Ochsen, voller Motorkraft und allen Leuten am Schlepptau eine Schlucht hinaufzogen – fünfzig Meter, fünfundvierzig Prozent Steigung. Am Nachmittag warfen sich alle todmüde auf den Boden und schliefen dort ein, wo sie lagen. Zu essen gab es nichts, weil die Proviantesel an einem Wasserloch zurückgeblieben waren. Tagesleistung sechs Kilometer. Die Nacht war eisig kalt. Clärenore, Carl-Axel und Galvez hielten sich mit einer Flasche Pisco am Leben, die Proviantesel trafen auch in der Nacht nicht ein. Am nächsten Tag lag ein Hang von hundert Metern und sechzig Prozent Steigung vor ihnen. Trotz Flaschenzug und untergelegten Holzmatten rührte sich der Wagen nicht von der Stelle. Die Männer nahmen einen zweiten Flaschenzug zur Hilfe. Carl-Axel dirigierte die Arbeiten vom Steuer aus. Sie waren auf halber Höhe, als ein Seil des Flaschenzugs riss. Das Auto schwebte nur noch an einem Seil über dem Abgrund. In diesem Moment, in der Mitte zwischen Leben und Tod, während die Leute fieberhaft daran arbeiteten, ein neues Seil einzuziehen, rief ihm Clärenore etwas auf Spanisch zu, das er nicht verstand. Ihre Stimme, die bisher wie Vogelschreie hoch über den Schluchten und den Befehlen Galvez' und Calixtos geschwebt hatte, war auf einmal tief. Es kam ihm vor wie eine Beschwörung, eine Abbitte – ein letztes Lebewohl, eine Liebeserklärung an einen Toten. Ihm wurde bewusst, wie sehr diese Frau in diese Landschaft passte. Die Steine ringsum waren die Konturen ihrer Seele. Nur wer mit ihrem Auto über diese Hänge kam, würde eines Tages vielleicht ihr Herz erreichen.

Es stellte sich heraus, dass die Leute, die die Proviantesel führten, den gesamten Proviant geplündert hatten und verschwunden waren. Die Indios, die das Auto zogen, sahen, dass ihre Kameraden es besser gemacht hatten, und wurden mürrisch. Carl-Axel verteilte die eisernen Vorräte aus dem Wagen: ein Pfund Reis, fünf Pfund Erbsen, zehn Pfund getrocknetes Schafsfleisch. Trotz der Würmer in den Erbsen stürzten sich alle auf die Suppe, die Clärenore auf dem Spirituskocher zusammengebraut hatte. Am Nachmittag trafen sie auf ein paar Berghirten, die ihnen sagten, dass der Weg hinab nach Ocoña problemlos zu schaffen sei. Eine glatte Talfahrt von vier Stunden. Sie verabschiedeten die Hilfstruppen und fuhren mit Galvez allein weiter. Leider erwies sich die Auskunft als falsch. Nach zwei Stunden Fahrt versperrte ihnen ein mächtiger Felsbrocken den Weg. Das Dynamit reichte nur noch, um den halben Stein wegzusprengen. Es war ein enger Felsspalt frei geworden. Sie nahmen Maß; ein paar Zentimeter fehlten. Einige Zacken schlugen sie mit dem Hammer ab.

«Wer fährt?», fragte Carl-Axel.

Clärenore nickte ihm zu. «Du.»

«Das könnt ihr doch nicht machen», jammerte Galvez. «Also los.»

Carl-Axel biss die Zähne zusammen. Er fuhr ein Stück rückwärts, trat die Kupplung durch und gab Vollgas. Dann liess er die Kupplung kommen – der Standard sprang auf das Loch zu. Es hörte sich an, als führen Nägel über Metall. Das Geräusch schoss durch die Nervenbahnen der Zahnwurzeln. Clärenore hielt sich die Ohren zu und schaute zum Himmel. Der Wagen war durch. Beide Trittbretter und der rechte Kotflügel blieben auf der Strecke. Galvez sammelte die Teile ein und schnallte sie aufs Dach. Gegen halb sechs war der Weg wieder versperrt. Es wurde dunkel, und sie schlugen das Nachtlager auf. Tagesleistung vier Kilometer, schrieb Carl-Axel im Licht der Scheinwerfer in sein Tagebuch.

Statt Frühstück füllten sie mit ihrem letzten Trinkwasser den Kühler auf und begaben sich dann zu Fuss auf Erkundungstour durch das Gelände. Sie mussten dreihundert Meter zurück, um auf eine höher gelegene Pampafläche zu gelangen, von der aus Spuren ins Tal führten. Sie zogen den Wagen mit dem Flaschenzug fünfundsiebzig Meter hoch, schufteten den ganzen Tag. Pro Stunde kamen sie zehn Meter voran. Nach jeweils ein bis zwei Metern mussten sie den hinteren Teil des Wagens mit Steinen aufbauen, um die Steigung zu vermindern. Clärenore und Carl-Axel liefen die Tränen in Strömen über das Gesicht – vor Anstrengung, vor Verzweiflung, vor Hoffnungslosigkeit. Bisher hatten sie sich gegenseitig Mut gemacht. Wenn sie sich jetzt angeschaut hätten, hätten sie gemerkt, dass es ihnen nicht möglich gewesen wäre aufzugeben, denn dann hätten sie das Auto aufgeben müssen. Das Auto aber hatte auch von Carl-Axel Besitz ergriffen. Er machte nicht den Versuch zu erklären, wie das möglich gewesen war. Ein Auto war ein Auto – Eisenteile, Blech, Gummireifen. Auf einmal war es mehr als alle seine Teile zusammen. Es hatte zwar keine Seele, aber es war ein Teil seiner Seele geworden. Er wäre lieber im Zinksarg als ohne das Auto zurückgekehrt. Und Clärenore sowieso. Sie tranken zum Abendbrot etwas Wasser aus dem Autokühler. Tagesleistung hundertfünfzig Meter.

Am nächsten Morgen trugen sie das Gepäck den Hang hinauf. Nach zwei Kilometern standen sie vor einer Steigung aus losem Sand. Galvez und Carl-Axel zogen den Wagen tausend Meter weiter nach oben. Dann saßen sie endgültig fest. Der Motor lief fast ohne Kühlwasser, von den Hilfstruppen aus Ocoña keine Spur. Bei der kleinsten Bewegung begann sich die Welt um sie zu drehen. Clärenore torkelte über die Steine. Galvez war die Anstrengung in der Höhe besser gewöhnt. Am Mittag gaben sie auf. Galvez bot sich an, nach Ocoña zu laufen und Hilfe zu holen. Sie wollten ihn nicht allein gehen lassen – siebzig Kilometer Fußmarsch, und er kannte den Weg nicht. Er brach auf, ohne ein Wort zu sagen. Sie gaben ihm den letzten Tropfen Kühlwasser mit. Carl-Axel und Clärenore wollten versuchen, sich bis zur nächsten Wasserstelle nach Gramadal durchzuschlagen. Sie verschlossen den Wagen und nahmen nur das Geld und ihre Pässe mit. Zum ersten Mal mussten sie das Auto im Stich lassen. Sie kamen sich vor wie Deserteure. Clärenore schaute sich, während sie den Hang erklommen, immer wieder um. Das Auto stand wie ein Mondfahrzeug in der Steinwüste. Ein Rätsel wie die Linienbilder von Nazca.

Als sie den Kamm erreichten, warf sich Clärenore hemmungslos schluchzend in Carl-Axels Arme. Sie marschierten den ganzen Tag. Die Steine zerschnitten ihre Schuhsohlen. Jeder Schritt brannte wie Feuer. Sie fingen ihre Tränen mit der Zunge auf, und dann begann sich ihr Bewusstsein zu trüben. Das Merkwürdige war, dass beide dieselben Halluzinationen hatten. Zuerst sahen sie einen Hang voller Wölfe. Die Tiere waren zu Stein erstarrt, sie mussten an ihnen vorbeiklettern. Dann schauten sie in ein Tal und sahen eine Wiese an einem Seeufer. Clärenore sah Gulliver auf der Wiese liegen. Sie lief den Hang hinunter und flog ihrem Vater in die Arme. Carl-Axel sah ebenfalls die Wiese und das Seeufer. Er lief den Hang hinunter und flog Ruby in die Arme. Sie küsste ihren Vater. Er küsste Ruby. Sie drehten sich mit den ersehnten Menschen auf dem weichen Boden, bis sie das Gleichgewicht verloren und hart aufschlugen. Als sie zu sich kamen, fand sich Clärenore in den Armen Carl-Axels und Carl-Axel in den Armen Clärenores wieder. Sie schauten sich zum ersten Mal ruhig und offen in die Augen, und jeder sah, wie die geträumte Figur in den Augen des Gegenübers verlosch.

«Das ist wohl kaum der Ort ...», sagten beide zugleich. Dann mussten sie lachen; das Lachen ging in Weinen über und dann in Erstaunen. Sie lagen am Rand einer Quelle.

Zwei Stunden später erreichten sie im Licht der Taschenlampen Gramadal. Der Ort bestand aus einer einzigen Lehmhütte, in der ein alter Mann hauste. Das Gebäude hatte weder Dach noch Tür. Immerhin bekamen sie eine heiße Suppe. Sie legten sich auf den Steinboden und konnten vor Kälte nicht schlafen. Zitternd pressten sie sich aneinander. Vor Sonnenaufgang gingen sie weiter. Carl-Axel fing einen Esel, auf den er Clärenore hob. Das Tier brach nach kurzer Zeit aus Altersschwäche zusammen. Gegen Mittag erreichten sie eine Hacienda. Ihre Füße waren rohes Fleisch, sie waren fünfzig Kilometer über ein Nagelbrett gelaufen. Seit einer Woche die erste normale Mahlzeit. Carl-Axel konnte nichts mehr bei sich behalten, er wand sich vor Magenkrämpfen. Abgesehen vom Hausmeisterpaar und einer Wachtruppe, war die Hacienda wie ausgestorben. Alle waren zum Jahrmarkt in die Berge geritten. Clärenore konnte den Hausdiener überreden, ihr eine Schimmelstute zu überlassen. Die Stute hatte ein Saugfohlen bei sich, das sie auf ihren

Weg nach Caraveli mitnehmen musste. Carl-Axel sollte auf der Hacienda warten, bis Clärenore ihm ein Pferd schicken würde.

In Caraveli gab sie sofort Telegramme nach Ocoña auf, um sich nach Galvez zu erkundigen. Aber auch in Caraveli waren keine Pferde aufzutreiben, die Leute waren ebenfalls auf dem Jahrmarkt. Am nächsten Vormittag kam Carl-Axel zu Fuß im Dorf an. Galvez war inzwischen in Ocoña eingetroffen, hatte aber hohes Fieber und lag im Bett. Auch Carl-Axels Zustand war Besorgnis erregend. Sein Fieber stieg bis zum Abend auf einundvierzig Grad. Clärenore brachte ihn beim Pfarrer unter und wachte die ganze Nacht an seinem Bett. Trotz dicker Decken schüttelte ihn der Frost. Sie wischte ihm den Schweiß von der Stirn. Er behielt nicht den kleinsten Schluck Tee bei sich. In der Nacht wackelte das ganze Haus, die Leute liefen auf die Straße. Clärenore blieb trotz des Erdbebens am Bett sitzen. Die Deckenbalken knisterten.

«Wenn du jetzt hier schlapp machst, verzeihe ich dir das nie», sagte Clärenore.

Carl-Axel hörte sie nicht. Am Morgen war keine Besserung zu spüren. Sie kochte aus Kokainblättern einen Tee und flößte ihn Carl-Axel ein. Das Indianermittel, das sie auf ihrer ersten Südamerika-Reise kennen gelernt hatte, wirkte Wunder. Nach einer halben Stunde bekam Carl-Axel Hunger, und am Abend verspeiste er ein gebratenes Hähnchen. In dieser Nacht träumte Clärenore, dass der Adler von Banditen geplündert und in Brand gesteckt würde. Sie wachte von ihren Schreien auf und hielt sich den Rest der Nacht wach, aus Angst, wieder in den Albtraum zu versinken.

Am übernächsten Tag machten sie sich mit Pferden auf den Weg zum Auto, mit Pack- und Wassereseln und siebenundzwanzig Mann, die aus Ocoña zu ihnen gestoßen waren. Clärenore war nicht beim Tross zu halten. Sie ritt voraus und atmete erst auf, als sie den Wagen unversehrt fand. Der Krieg ging weiter. Die Männer schleppten den Adler durch drei Schluchten und über einen Berg. Es dauerte zwei Tage, bis sie am letzten Abhang vor Ocoña standen. Der Ort lag unter der Wolkendecke, zweitausend Meter unter ihnen. Sie rutschten mit glühenden Bremsen bis auf den Kirchplatz und wurden von Galvez, dem Straßenbauingenieur Don Carpio und den Einwohnern des Ortes mit dem üblichen Jubel empfangen. Diesmal spielte sogar eine Dorfkapelle. Kilometerstand 22 178, schrieb Carl-Axel am 18. August in sein Tagebuch.

Am nächsten Tag bekamen sie Hilfe von den Straßenbauern, die ihnen mit Maschinen den Weg ebneten. Sie fuhren in Richtung Meer, bis eine Felsklippe die Weiterfahrt versperrte. Es gab keine andere Möglichkeit, als zwei Kilometer auf dem Strand zu fahren. Als sie das Hindernis fast überwunden hatten und schon die Zelte der Straßenbauer sahen, schlug ein Brecher über dem Wagen zusammen, und der Motor soff ab. Clärenore sprang heraus und goss Benzin in den Verteiler. Sie versuchte, die Maschine mit der Kurbel wieder anzuwerfen. Das Hinterteil des Wagens versank immer tiefer im Wasser. Galvez lief winkend und schreiend auf das Zeltlager zu. Im letzten Augenblick zogen die Arbeiter den Wagen aus der Flut. Der Motor war völlig versandet und verdreckt. Aus den Koffern lief das Salzwasser, die Kleider waren hin. Sie trockneten sie an der Sonne. Clärenores Abendkleider waren vom Salzwasser zerfressen. Carl-Axel stürzte sich auf die Kästen mit den Negativen – die meisten waren vom Wasser verschont geblieben, ebenso die Tagebücher. Sie trockneten die Fotoplatten unter den Sombreros der Straßenarbeiter. Fünf Kilometer vor Camaná kamen ihnen die Abgeordneten der Stadt und die regionalen Honoratioren mit Blumen und Bier entgegen. Sie blieben zwei Tage und ließen die üblichen Dorffeste über sich ergehen. Am 23. August machten sie sich nach Arequipa auf, in dem Glauben, das Schlimmste überstanden zu haben. In Richtung Vitor gab es bereits eine ausgebaute Piste.

Diesmal hatten sie einen anderen Grund, sich nicht anzuschauen. Jeder wusste, was der andere dachte. Es war Zeit für die Kardanwelle, sie hatten keinen Ersatz mehr dabei. Elf Kilometer hinter Camaná traf sie der erwartete Pistolenschuss in den Rücken. Die Achsenwelle gab ihren Geist auf. Galvez und Clärenore organisierten einen Lastwagen, der den Standard nach Camaná zurückschleppte. Carl-Axel und Galvez fuhren noch in derselben Nacht mit einem anderen Lastwagen und der Achse nach Sotillo, wo sie den Zug nach Arequipa bestiegen. Sie hofften, dass man ihnen in der Eisenbahnwerkstatt nach dem mitgebrachten Modell eine neue Achse anfertigen konnte. Es gelang, und eine Woche später waren sie mit der neuen Achse zurück.

Sie starteten um Mitternacht, um die Motorkühlung nicht durch Sonnenhitze zu belasten. Clärenore sah die schwarze Katze, die ihnen am Ortsende über den Weg lief. Carl-Axel fuhr, Galvez saß hinten. Es war lange her, dass sie in die Tasche gegriffen und den Buddha gerieben hatte. Seit sie in Amerika waren, hatte sie den Talisman nicht mehr berührt. War das der Grund für ihre Pechsträhne? Konnte man mit einem Buddha Inka-Götter gnädig stimmen, die ihre Berge gegen die Autos der Amerikaner und Europäer verteidigten? Clärenore fürchtete sich vor dem grünen Lächeln, seitdem der Mönch in den Westbergen von Lauras Buddhas erzählt und Dr. Müller die Zeichen auf der Unterseite entziffert hatte. Der Buddha hatte keine Chance gegen die Katze. Fast an derselben Stelle, bis zu der sie vor einer Woche gekommen waren, krachte es wieder. Diesmal war es das Differenzial.

Sie warteten den Morgen ab und bockten das Auto mit Reifen und Benzinkanistern hoch. Nach ein paar Stunden hatten sie die Hinterachse abmontiert und das Differenzial ausgebaut. Zwei Zähne des Antriebskegelrads waren herausgebrochen. Sie bestellten aus Camaná einen Indio, der am Wagen Wache hielt. Dann fuhren sie zu dritt nach Arequipa. Sie fanden weder einen Wagen, aus dem sie ein ähnliches Antriebskegelrad hätten ausbauen können, noch gab es bei der Eisenbahn eine Werkmaschine, die ein neues Rad hätte herstellen können. Der Vorsteher des Eisenbahnwerks Dr. Jenkins versuchte, dem Kegelrad zwei neue Zähne einzusetzen. Beim Härten des Metalls zersprang es in tausend Stücke. Weitere zehn Tage verstrichen, in denen die Dreher den Versuch unternahmen, ein neues Kegelrad per Hand anzufertigen. Während dieser Zeit saßen sie in Arequipa fest. Sie hatten keinen Blick für die beeindruckende Lage der alten Kolonialstadt mit ihren weißen Häusern in 2300 Meter Höhe am Fuß der Schneeanden. Clärenore spendete jeden Tag eine Kerze in der Jesuitenkirche und in der Kirche des Klosters Santa Catalina. Carl-Axel und Galvez erholten sich von ihrer Darmkrankheit mit Pisco Sour. Clärenore telegraphierte nach Frankfurt und forderte neue Achsen und zwei Ersatzdifferenziale an. In Frankfurt war man froh, überhaupt wieder etwas von ihr zu hören. In einigen Pressemeldung war sie schon für verschollen erklärt worden.

Sie ritten von Arequipa aus bis auf 4000 Meter Höhe, um den Weg zum Titicacasee zu erkunden. Nach einem Tag war ihnen klar, dass ein Auto die Steigungen niemals schaffen würde. Am 14. September hatten sie den Wagen wieder zusammen und starteten zu einer Probefahrt. Das Kegelrad ratterte wie eine Dreschmaschine, und nach hundert Metern flog ihnen das ganze Getriebe um die Ohren. Sie organisierten zwei Lastwagen, die – einer ziehend, der andere schiebend – den Adler über die Berge bugsierten. In Sotillo verluden sie das Auto auf einen Güterzug und fuhren die Anden hinauf. Clärenore lehnte sich hinaus und dachte an die Gebirge, die sie überwunden hatten. Was ist ein Auto ohne Straßen?

Es blieb ihnen nichts anderes übrig, als in der Garnisonsstadt Puno auf die Lieferung der Ersatzteile aus Frankfurt zu warten. Hauptmann Galvez verabschiedete sich und fuhr nach Lima zurück. Sie stiegen im Ferro Carril, dem einzigen Hotel, ab. Ein schäbiger Holzbau hinter dem Güterbahnhof. Nach vorn gab es immerhin ein paar Zimmer mit Blick auf den Titicacasee – er wirkte wie ein Meer über der Welt. Aber Carl-Axel hatte nicht viel von der Aussicht. Er lag mit Fieber im Bett und rang nach Luft. Weiß wie die Wand und abgemagert bis auf die Knochen, sah er aus wie ein Toter. Er schnappte nach Luft wie ein Fisch auf dem Trocknen. Clärenore holte den Militärarzt. Diagnose: Lungenspitzenkatarrh. Auf einer Höhe von 4000 Metern könne das gefährlich werden, meinte der Arzt. «Wenn er eine Lungenentzündung bekommt, wird er sterben.»

Er verschrieb Medikamente. Clärenore griff zusätzlich zu den bewährten Hausmitteln. Sie flößte ihm Aspirin mit heißer Zitronenlimonade ein. Literweise. Eine achtundvierzigstündige Rosskur. Carl-Axel war halb bewusstlos. Er phantasierte, rief nach Ruby. Der Name Laura fiel nicht. Mund und Nase füllten sich mit Blut, Carl-Axel hatte das Gefühl, über dem See zu schweben. Er hörte das Konzert der Sägeblätter, sah seinen Vater, wie er auf die Maschinen horchte. Und dann sah er, wie ihn Direktoren des Stinnes-Konzerns in schwarzen Gehröcken auf ein Brett schnallten und unter das Fallbeil schoben. Hugo Stinnes nahm ihm die Beichte ab und betätigte den Mechanismus. Aber er lebte weiter. In seinem Kopf. Er sah, wie man seinen Kopf auf ein silbernes Tablett legte und ihn Clärenore servierte. Sie nahm den Kopf in beide Hände und gab ihm einen Kuss.

Clärenore hatte nur einen Gedanken. Wenn er hier stirbt, was sage ich seiner Frau? Ich bin für ihn verantwortlich. Sie wachte Tag und Nacht an seinem Bett. Das Klima war nicht dazu angetan, seinen Zustand zu bessern. Tagsüber Hitze, nachts Frost. Tropengewitter und Schneesturm zugleich. Die Zimmer hatten keine Heizung, Carl-Axel lag ringsum mit Wärmflaschen bepackt im Bett. Das Schwitzen half. Nach einer Woche war er über den Berg. Er konnte kaum aufstehen, da wurde Clärenore krank. Dieselbe Diagnose, das ganze Hotel war infiziert. Der Arzt benannte es in Hospital Ferro Carril um. Carl-Axel konnte sich gerade so auf den Beinen halten. Er behandelte Clärenore mit den gleichen Mitteln wie sie ihn. Auch sie hatte Träume. Sie lief und drehte sich um. Laura verfolgte sie mit dem Gewehr in der Hand und gab Schüsse auf sie ab. Sie traf – Lungensteckschuss. Clärenore fiel hin. Laura beugte sich über sie. «Ich habe seine Macht gebrochen», sagte Laura. Ich habe Hugo Stinnes erschossen.

Als sie wieder gesund waren, vertrieben sie sich die Zeit damit, alte Minen aufzusprengen und mit den Offizieren der Garnison zu pokern und Billard zu spielen. Auf den Tag genau zwei Monate nach ihrer Ankunft in Puno trafen die Ersatzteile über La Paz mit dem Schiff ein. Aus unerklärlichen Gründen hatten sie drei Wochen beim Zoll in Buenos Aires gelegen. Keiner von beiden konnte sagen, was schlimmer gewesen war: der Krieg in der Steinwüste oder das achtwöchige Warten.

In La Paz wurde der Wagen von Fachleuten überholt. Clärenore und Carl-Axel verbrachten die Abende mit dem deutschen und dem amerikanischen Botschafter. Hinter Oruro fuhren sie über den Salar de Uyuni in Richtung Argentinien. Auf der trockenen Hochebene mit ausgebauten Straßen für den Lastverkehr zu den Minen kamen sie problemlos voran. Sie fuhren auf einer Salzpiste an gespenstischen Salzfiguren vorbei. Es sah so aus, als hätte die Natur in einer der einsamsten Gegenden die Menschenwelt im Modell nachgebaut mit grotesken Abweichungen vom Original, wie ein Kind, das Erwachsene malt. Sie stiegen aus und liefen zwischen den Figuren herum.

«Der hier sieht aus wie der Bürgermeister von Atico», sagte Clärenore.

«Und der hier hat Ähnlichkeit mit Galvez», erwiderte Carl-Axel.

Sie gerieten immer tiefer in den Figurenwald. Der Wind fegte durch die Gassen, an denen die Salzgebilde standen. Die Salzmenschen fingen an zu pfeifen, in hohen, in tiefen Tönen. Als sich die Sonne dem Horizont näherte, wurden die bleichen Gesellen transparent. Unter ihrer milchigen Oberfläche sah man das Blut zirkulieren. Je weiter sie in das Gewirr der Figuren vordrangen, desto häufiger begegneten ihnen Gestalten aus ihrem Leben. Carl-Axel erkannte einen schwedischen Nachbarn wieder, Clärenore sah Ferguson und neben ihm Lord. An einer anderen Ecke stand August Thyssen, und es schien, als wolle er sie herbeiwinken. Plötzlich stand sie vor Hugo Stinnes, der sie um einen halben Meter überragte. Sie erkannte ihren Vater an seinem Hut und an dem spitzen Kinnbart. Sie sah, wie das Blut in ihm pulsierte. Er gab ein lang gezogenes Tuten von sich wie das Tuten eines Flussdampfers. Clärenore schrie auf und erstarrte selbst zur Salzsäule. Carl-Axel fand, dass das Salzgebilde nicht die geringste Ähnlichkeit mit Hugo Stinnes hatte. Und dann schaute er sie entsetzt an. Sie hatte etwas zu ihm gesagt, ohne die Lippen zu bewegen – es war ein einziger Laut, der klang, als habe ihn ein chinesischer Krieger gerufen: «Sha!»

Carl-Axel war ein paar Schritte hinter Clärenore stehen geblieben. Er näherte sich ihr und erschrak, als sie sich zu ihm umdrehte. Ihre Augen glühten wie die der Salzfiguren.

«Töte ihn», flüsterte sie, «mach ihn kaputt. Hau ihn um, sonst tu ich's.»

Sie stürzte auf die Salzformation zu und hieb mit den Fäusten auf sie ein. Sie gab dem Gebilde Hackentritte. Dann zog sie ihr Schweizer Messer, klappte es auf und schnitzte kreuz und quer die Haut der Figur auf. Es rieselten Salzkörner.

«Mach ihn fertig», flüsterte Clärenore.

Da nahm Carl-Axel alle seine Kräfte zusammen und warf sich in wilder Mordgier gegen die Gestalt. Er fiel mit ihr um. Clärenore sprang auf die zerbrochenen Stücke und zermalmte sie unter ihren Füßen, bis nur noch ein formloser Salzhaufen übrig blieb. Dann fing sie an zu weinen. Sie schluchzte hemmungslos und hörte auch nicht auf, als sie schon wieder im Auto saßen.

«Alles in Ordnung?», fragte Carl-Axel.

«Alles okay», sagte Clärenore und wischte sich die Tränen aus dem Gesicht.

Sie fuhren auf schnurgeraden Pisten bis zur Grenze. Es dauerte fünf bis zehn Minuten, bis die entgegenkommenden Autos, deren Scheinwerfer ganz nah zu sein schienen, ihnen endlich begegneten. Orte, deren Lichter zum Greifen nahe waren, erreichten sie erst nach einer halben Stunde. Die Landschaft des Andenhochplateaus war eine Welt wie auf einem anderen Planeten. Sie fuhren ständig bergab. Und bergab ging es auch mit dem Zustand der Straßen. Hinter der Grenze fing es an zu regnen. Sie mussten wieder über Stock und Stein fahren, durch Morastlöcher, Schlamm und durch Sand. Sie mussten wieder die Winde und den Flaschenzug in Betrieb nehmen. Diesmal halfen ihnen Gleisarbeiter. Die Hölle von Atico stand wieder vor ihren Augen, aber sie kamen mit ein paar Lecks in der Benzinleitung, einigen geplatzten Reifen und einer verbogenen Vorderachse davon. Sie fuhren über Salta bis San Miguel de Tucuman. Hier mussten sie den Wagen für die nächsten zweihundert Kilometer bis La Banda auf den Zug verladen. Das Gebiet war gesperrt. Es herrschte die Beulenpest.

Am 8. Dezember 1928 waren sie in Malbran. Die Hauptstrecke bis Buenos Aires war überschwemmt. Sie umfuhren auf Nebenstraßen das Gebiet großräumig. Die Straßen waren in einem miserablen Zustand, aber gegen das, was sie bisher erlebt hatten, waren die Schwierigkeiten nicht der Rede wert. Am 10. Dezember fuhren sie in Buenos Aires ein und wurden vom Automobilclub empfangen. Reporter aus aller Welt stürzten sich auf sie. Die Stadt feierte sie wie Kriegshelden. Clärenore fühlte sich fast wie zu Hause. Den Jahreswechsel und Carl-Axels Geburtstag feierten sie im Haus von Edmondo und Elsa Wagenknecht.

Zu Weihnachten gab es eine Überraschung. Die Tür zum Salon der Wagenknecht-Villa sprang auf, und Hilde flog Clärenore in die Arme. Hilde sah beim ersten Blick, wie sehr sich ihre Schwester und Carl-Axel verändert hatten. Alles Stählerne war von ihr abgefallen. Sie schien größer geworden zu sein, hagerer, kantiger, beweglicher und reifer. Sie sah in ihren Augen Lebenserfahrung, Tod und Glück. Clärenore hatte eine Lebensschlacht geschlagen, und Carl-Axel war nicht mehr der etwas schüchterne, etwas unbeholfene, heitere und humorvolle Schwede, sondern ebenso kantig. Er sah aus wie ein Mann, dem die Welt nicht mehr so leicht etwas vorgaukeln konnte, einer, der wusste, was er gewonnen und was er verloren hatte. Sie sah, wie die beiden sich körperlich ähnlich geworden waren – ein Lebenspaar. So selbstverständlich, dass niemand daran gezweifelt hätte, dass sie seit Jahrzehnten verheiratet waren, wenn Clärenore nicht erst Mitte zwanzig gewesen wäre. Als sie allein waren, sagte Hilde ihrer Schwester, was sie dachte. Bisher hatte Clärenore Andeutungen Hildes auf Söderström stets als Eifersucht und Missgunst ausgelegt und hatte sich jede Art von Anspielung verbeten. Diesmal schwieg sie. Sie betrachtete Hilde nicht mehr als Rivalin.

«Ich will und darf ihn nicht seiner Frau wegnehmen», sagte Clärenore. «Im Gegenteil, ich habe etwas gutzumachen. Er war fast zwei Jahre von zu Hause weg, in völlig anderen Welten. Sie müssen sich wieder aneinander gewöhnen. Ich habe vor, sie nach Le Havre einzuladen. Frau Söderström soll das letzte Stück der Fahrt bis Berlin und bis Stockholm mit ihm, mit uns zusammen machen.»

«Dir ist nicht zu helfen», seufzte Hilde. «Ihr seid zusammen durch die Hölle gegangen. Und du willst ihn einfach seiner Frau abliefern?» Hilde zeigte ihrer Schwester den Bernstein. «Du hast ihn gefunden. Und weggeworfen.»

«Mein Entschluss steht fest», sagte Clärenore, «ich werde ihr noch von hier aus schreiben. Und jetzt lass uns nicht mehr davon reden. Erzähl mir lieber von zu Hause.»

Weihnachten war heiß. Sie setzten sich unter die Bäume im Park der Villa, und Hilde erzählte von Berlin, von Nora und vom ewigen Streit zwischen Cläre, Hugo und Edmund. Die Mülheimer Firma hatte sich erholt, der Reederei in Hamburg ging es weder gut noch schlecht. Edmund hatte sich vollständig aus der Firma zurückgezogen. Er leitete von seinem Schweizer Wohnsitz aus eine weltweit operierende Wohltätigkeitsorganisation und engagierte sich im Kunsthandel. Hugo saß in New York, Hamburg und Mülheim, war ständig unterwegs und ständig überfordert. Er war auf der Jagd nach dem Schatten seines Vaters.

«Es ist merkwürdig», sagte Clärenore, «als ich Elsa und Edmondo wiedersah und dieses Haus, hatte ich das Gefühl, die Welt ist stehen geblieben, während ich sie umrundet habe. Dasselbe Gefühl habe ich bei allem, was du mir aus Deutschland erzählst.»

«Wir haben deine Berichte gelesen. Was du erlebt hast, kommt einer Reise zu fremden Planeten gleich. Und wenn ich die Physiker richtig verstanden habe, gibt es nach einer solchen Reise keine Gemeinsamkeiten mehr zwischen den Reisenden und der Welt, in die sie zurückkehren. Weißt du, dass Carl-Axel und du euch ähnlich geworden seid?»

Die Welt war stehen geblieben, während sie sie umrundet

hatte. Elsa war so kindisch wie vor neun Jahren. Edmondo war weder älter noch seiner Frau gegenüber kritischer geworden. Kinkelin war dasselbe Schlitzohr geblieben. Neun Jahre, und in ganz Argentinien schien nur eine Nacht vergangen zu sein. Clärenore ging mit Hilde, die ebenfalls ihre Erinnerungen an Buenos Aires auffrischen wollte, ins Café Madrid, ins Majestic, ins Londres. Im Tortoni stand ihr plötzlich Fernando Pereyra gegenüber. Der Mann, vor dem sie vor neun Jahren geflohen war. Er verneigte sich vor ihr und überreichte ihr einen riesigen Rosenstrauß.

«Von einer solchen Frau besiegt zu werden wie Sie, Señorita Stinnes, ist selbst für einen Argentinier eine Ehre.»

Fernando verbeugte sich tief vor ihr. Tosender Beifall. Tusch. Tango. Okay, dachte Clärenore, jetzt kannst du mit ihm tanzen. Von Mann zu Mann. Als sie die Augen wieder öffnete, sah sie Fernando mit Hilde über die Tanzfläche fliegen.

Als Carl-Axel, Hilde und Clärenore im Boot über den See im Parque 3 de Febrero fuhren, nahm Hilde die Bernsteinkette aus ihrem weißen Handtäschchen und gab sie ihrer Schwester.

«Sie hat deinen Talisman gefunden», sagte Hilde zu Carl-Axel. Carl-Axel spekulierte beim Rudern laut über den Plural von Talisman, und Hilde hatte den Eindruck, dass die beiden längst über das Stadium hinaus waren, in dem man noch an einen Talisman glaubt.

Am Abend schrieb Clärenore einen Brief an Frau Söderström.

Liebe Frau Söderström,
Ihr Mann und ich, wir haben das Schlimmste hinter uns. Ich nehme an, Sie sind durch seine Tagebücher über alles informiert. Ich hoffe, Sie haben sich nicht zu viele Sorgen gemacht. Wir hatten und haben einen guten Schutzengel.

Ich würde mich sehr freuen, wenn Sie in Le Havre zu uns stoßen und den Erfolg der Reise, an dem Sie einen nicht unerheblichen Anteil haben, gemeinsam mit Ihrem Mann und mir feiern würden. Ich denke, daß wir in drei Monaten wieder in Europa sind. Ich werde Ihnen von New York aus unser genaues Ankunftsdatum in Le Havre mitteilen. Die Fahrscheine für die Reise werden Ihnen rechtzeitig über Berlin zugehen. Ich freue mich sehr, Sie bald kennenzulernen, und verbleibe mit besten Empfehlungen, Ihre ...

Dann fügte sie ein Postskriptum hinzu:

Wie wäre es, wenn wir Ihren Mann überraschen, und Sie kommen einfach in Le Havre zur Tür herein, ohne daß er etwas ahnt?

Als Clärenore in der Dokumentenkiste nach dem Vertrag mit Söderström suchte, auf dem seine schwedische Adresse angegeben war, fiel ihr der Bierdeckel Ermanos in die Hand. Wenn die Adressen nun übereinstimmten? Sie hielt den Atem an – aber die Schrift Ermanos war nicht zu entziffern. Nicht einmal die Zahlen. Sie zerriss den Bierdeckel und warf ihn in den Papierkorb.

Carl-Axel übernachtete in einer Tangobar im Zentrum. Allein. In Hildes Händen hatte ihm der Bernstein keine Sorgen gemacht, die Prophezeiung seiner Schwester und die Frau waren nicht in Einklang zu bringen. Jetzt sah die Sache anders aus. Bernsteine, Jadebuddhas, rosarote Elefanten. Er trank auf jedes Stück zwei Cognac und noch zwei und noch zwei.

Anfang Januar verbrachten sie ein paar Tage auf der Estancia eines befreundeten deutschen Ehepaares. Als sie ihre Reise in Richtung Santiago de Chile fortsetzten, blieb Hilde auf der Ranch zurück.

«Wir sehen uns in Berlin», sagte sie zum Abschied und küsste beide.

Am 11. Januar kamen sie nach Mendoza. Sie dachte an die Weltkarte im Büro des Vaters. Mendoza war einer der ersten Ortsnamen, den sie als Kind gelernt hatte. Mendoza, ein Märchenort aus Kindheitsträumen. Man kann die Götter der Jugend stürzen, aber Lebensfäden kann man nicht zerschneiden. Sie begannen sofort mit dem Aufstieg. Den Wagen verluden sie für ein kurzes Stück auf die Bahn und fuhren dann mit rot glühendem Motor über den Gebirgspass nach Chile hinunter. Fünfzig Kilometer vor Santiago wurden sie von der Pressemeute empfangen. Die Reporter hatten eine Straßensperre errichtet. Sie ließen sie erst weiterfahren, als sie allen ein Interview gegeben und sich den Fotografen gestellt hatten.

Der Pfarrer von Atico war der Einzige im Ort, der Zeitungen bekam. Sie wurden unregelmäßig angeliefert. Mal brachten sie die Straßenbauingenieure mit, dann der Arzt aus Chala oder der Kollege aus Caraveli auf der Durchreise. Lesen konnten sie sowieso nur der Pfarrer und der Dorfarzt. Der Bürgermeister nahm die Zeitungen an sich, wenn der Pfarrer und der Arzt sie gelesen hatten. Er schnitt alle Fotos aus und klebte sie in Alben. Wer diese Alben durchgeblättert hätte, hätte eine einmalige Privatgeschichte Südamerikas entdecken können. Leider waren die Fotos weder datiert noch unterschrieben, sodass später niemand gewusst hätte, wer auf ihnen abgebildet war und warum. Es gab eine einzige Ausnahme: ein Bild des Bürgermeisters in Großaufnahme, wie er einer Frau vor einem Auto die Hand schüttelte. Es folgte eine Reihe von Bildern derselben Frau mit demselben Auto. Neben der Frau stand stets ein Herr, auf dessen Schultern aber nicht sein eigener Kopf saß, sondern – viel zu groß – der aus zwanzig oder dreißig Exemplaren des ersten

Fotos herausgeschnittene Kopf des Bürgermeisters. Darunter standen Daten und Namen von Orten, die mit Silberstift in der Schrift eines Erstklässlers geschrieben waren: Atico, Caraveli, Camaná, Arequipa, Puno, La Paz, Oruro, Buenos Aires, Mendoza, Santiago de Chile, Valparaiso, Panama, Los Angeles, Vancouver, San Francisco, Grand Canyon, Chicago, Detroit, New York, Washington, Berlin. Die Fotoserie prangte auch auf einer langen Holztafel, die in der Wohnküche des Bürgermeisters über den Kaminabzug genagelt war. Und es gab dieselbe Folge noch einmal an der Wand über seinem Bett. Der Bürgermeister von Caraveli war etwas bescheidener als sein Kollege in Atico. Er hatte lediglich das Foto von Kaiser Wilhelm aus dem Rahmen genommen und ins Abseits gehängt. In dem Rahmen und in der Mitte der Küchenwand hing nun das Bild mit Clärenore, Carl-Axel und dem Fußballclub.

16. Tummelplatz des Lebens

> Kraft und Maschine, Geld und Güter sind nur insofern nützlich, als sie zur Lebensfreiheit beitragen. Sie sind lediglich Mittel zu einem Zweck. Ich betrachte Maschinen, die meinen Namen tragen, nicht als bloße Maschinen. Wären sie das, so würde ich etwas anderes unternehmen. Für mich sind sie der konkrete Beweis einer Geschäftstheorie, die, wie ich hoffe, mehr als eine Geschäftstheorie ist – nämlich eine Theorie, die darauf abzielt, diese Welt zu einem erfreulichen Tummelplatz des Lebens zu machen.
> Henry Ford

Die Europäer haben das Auto erfunden, zum Massenheiligtum wurde es aber zuerst in den Vereinigten Staaten. Amerikaner und Autos waren füreinander geschaffen. Liebe auf den ersten Blick. Eine Liebe, die noch nach hundert Jahren so frisch ist wie am ersten Tag. Das vierrädrige automobile Vehikel für den Selbstfahrer traf auf eine Gesellschaft von eigenbrötlerischen Nomaden, die ständig mit Pferd und Wagen nach Westen, Süden oder Norden unterwegs waren und von denen es jeder als eine ungeheuerliche Zumutung empfand, sich mit wildfremden Menschen in ein Zugabteil zu setzen und ihr Geschwätz zu ertragen, ihre Körperausdünstungen, den Gestank ihrer mitgebrachten Lebensmittel oder das Geschrei ihrer Kinder. Was für ein klägliches Wesen ist ein Mensch auf einem Bahnhof? Ein Vogel, der vom Himmel fällt. Aber wenn du die dreihundert Meilen von Chicago nach Council Bluffs am Missouri selbst geschafft hast, am Steuer, in acht Stunden und mit den schreienden Kindern im Rücken, wenn du mitten in der Nacht direkt vor der Haustür des Vaters hältst und der Geburtstagsgesellschaft noch eine halbe Gallone Schwarzgebrannten mitbringst, dann bist du dem amerikanischen Mythos und deinen Vorvätern schon ein wenig näher.

Im Jahre 1890 drohte New York City an tausend Tonnen Pferdeäpfeln täglich zu ersticken. 1900 gab es in den USA 8000 Automobile, 1920 waren es acht Millionen. 1929 rollten auf gut ausgebauten Straßen achtzehn Millionen Kraftfahrzeuge durch das Land. Unvorstellbar für Europa, wo die Regierungen Autos mit einer Luxussteuer belegten. 1927 war der erste Trans-American Highway fertig. Er führte von New York nach San Francisco. Der amerikanische Traum vom Go West war nun für jedermann zum bequemen Wochenendtrip geworden, zu einem pneumatischen Salonabenteuer. Mobilität ohne Risiko. Das Auto wurde für die Amerikaner viel eher ein Gegenstand der Volksreligiosität als für die Europäer. Ende der zwanziger Jahre hatten die USA bereits eine vom Auto geprägte Zivilisation. In der Kleinstadt wäre man noch lieber ohne Kleider als ohne Auto bei Verwandten und Bekannten erschienen. Zumindest war für die Amerikaner das Autofahren wichtiger als die Hygiene. Die Statistiker fanden heraus, dass von sechsundzwanzig Autobesitzern nur fünf eine eigene Badewanne hatten. Das Auto war Prestigeobjekt Nummer eins. Die Amerikaner fuhren Auto um des Fahrens willen, nicht, um ein Ziel zu erreichen. Das erste Auto mit Otto-Motor, das Charles und Frank Durya in Serienfabrikation gebaut hatten, wurde sofort in einem Schlager verewigt, der jahrzehntelang populär blieb. Er überlebte das Oldsmobile, das er besang, und ging später in den Jazz ein. «Come away Lucille in my merry Oldsmobile», hieß der Song, der Generationen von Amerikanern in den Ohren klang. Sie hätten am liebsten ihr ganzes Leben im Auto verbracht, weshalb sie über Wohnmobile, Motorhotels, über Restaurants, in denen man sein Essen ins Auto serviert bekam, und Kinos, in die man mit dem Auto fahren konnte, nachdachten. Am liebsten hätten sie im Auto gearbeitet, gewohnt, geschlafen, gegessen, geheiratet, Kinder gezeugt, um dann darin bestattet zu werden.

1925 eröffnete am Pacific Coast Highway, später U.S. 101, zwischen San Francisco und Los Angeles in San Luis Obispo das erste Motel Inn der Welt mit dem Namen Milestone Motor Hotel. Die Architekten Arthur und Alfred Heineman bauten das Gebäude im spanischen Stil mit Einzelbungalows, um Innenhöfe gruppiert. Natürlich konnte man mit dem Auto fast bis an die Bar fahren. Die Allgegenwart des Autos war Ende der zwanziger Jahre in den Vereinigten Staaten bereits absehbar. Und es gab nicht nur den Opfertanz ums Auto, sondern auch einen Gottvater in dieser ersten Massenreligion der Technik – Henry Ford, ein Spross irischer Einwanderer und Bauernsohn aus Michigan. Er guckte sich die Fließbandproduktion der Schlachtbetriebe Chicagos ab und übernahm sie 1908 für den Autobau. 1925 lag die Tagesproduktion der Detroiter Ford-Werke bei 9575 Autos des Model T, «Tin Lizzie» genannt. Ein Wunder an mechanischer Einfachheit. Vorwärtsgang, Rückwärtsgang, Bremse. Für jede Funktion ein Pedal. 20 PS, vier Zylinder. Höchstgeschwindigkeit 40 Meilen, später mehr. So ein Vehikel brauchte in den zwanziger Jahren für die neue Strecke von New York nach San Francisco gut eine Woche. Die Großväter der Volksauto-Kapitäne hatten dafür noch Monate gebraucht, und viele hatten dabei ihren Skalp verloren.

1930 war man bei Ford in der Lage, aus dem geförderten Eisenerz in achtundzwanzig Stunden ein Automobil zusammenzubiegen, -zustanzen, -zuschrauben und -zuschweißen. Drei Jahre vorher rollten bereits 15 Millionen Autos des Typs T vom Band. Der Preis für die Neuanschaffung sank von 1500 Dollar (1913) auf 600 Dollar (1929). Das war, je nach Kursschwankung, etwa ein Fünftel bis ein Zehntel des Preises für einen Adler Standard. Henry Ford war – wie alle Götter – wahnsinnig. Er verbot seinen Arbeitern, am Fließband zu sprechen. Lächeln war ebenfalls verboten. Gewünscht war eine starre Miene. Walt Disney hat später das Gegenteil von seinen Angestellten verlangt. Aber Ford war der Erste, der mit dem Fließband das dazugehörige firmenidentische Gesicht schuf. Ford war ein Prometheus. Er war hyperaktiv, sein Körper saß auf Federn. Voran, voran. Traf er unterwegs auf einen seiner Züge, dann ließ er ihn anhalten, kletterte auf den Tender und spielte, den Fahrtwind im Gesicht, auf der Mundharmonika. Er war unbescheiden, schlagzeilenhungrig, selbstverliebt, Anhänger der Trennkost, überzeugt von Gedankenübertragung und Erfinder des Recycling-Prinzips.

«Come away with me Lucille, in my merry Oldsmobile», sang Carl-Axel in die laue Frühlingsluft hinein. Sie hatten Los Angeles noch vor Sonnenaufgang verlassen. Mitten in der Nacht hatten sie Lord aus seiner Hundepension erlöst. Das Tier heulte stundenlang seinen Jammer heraus und legte seine Schnauze abwechselnd auf die Schultern seiner wiederauferstandenen Bezugspersonen. Schließlich versuchte er, die Melodie nachzujaulen, die Carl-Axel sang, bis Clärenore, die am Steuer saß, beiden das Singen verbot.

«Sehr wohl, my Henry. Sir!», schrie Carl-Axel, saß stramm und legte die rechte Hand zum militärischen Gruß an die Stirn.

«Was soll das?»

«Als Tochter des bedeutendsten europäischen Kollegen von Mr. Ford müsstest du eigentlich wissen, dass unser aller Henry seinen Arbeitern verboten hat, zu singen, zu sprechen, zu lächeln.»

«Wenn das stimmt, dann wird es seine Richtigkeit haben.»

«Hat Hugo Stinnes je gelacht?»

«Und ob», sagte Clärenore, verstimmt über Carl-Axels übermütige Laune. «Er hat sogar gesungen und Cello gespielt.»

Die Erinnerung an das Cellospiel brachte Clärenores Beifahrer in eine andere Welt. Lord tupfte seine Schnauze im Rhythmus der Bodenwellen auf Carl-Axels Schultern.

«Wir sind herumgezogen mit dem Cello», sagte Carl-Axel.

«Wer?»

«Meine Brüder, meine Schwester und ich.»

«Du hast Brüder? Du hast nie von ihnen erzählt.»

«Sie sind tot.»

«Das tut mir Leid», sagte Clärenore. «Krankheit? Unfall?»

«Der jüngere Grippe, der ältere deutsche Seemine», sagte Carl-Axel im Tonfall des Rapports.

Clärenore sog durch das geöffnete Fenster die Frühlingsluft ein. «Und deine Schwester?»

«Lebt in Stockholm.»

«Was habt ihr gespielt?»

«Kaffeehausmusik. Klavier, Geige, Cello. Wir haben auch Tango gespielt.»

«Spielst du noch?»

«Ich habe nie mehr ein Cello angefasst.»

«Und ‹Come away›?»

«War auch in Schweden sehr in Mode.»

«In Mülheim nicht.»

Sie waren den Reportern entkommen. Man erwartete, dass sie erst am nächsten Tag mit einem amerikanischen Linienschiff eintreffen würden, das von New York durch den Panamakanal kam. Sie hatten aber ein paar Tage früher in Panama einen kleinen Küstenfrachter bestiegen, der unauffällig in San Pedro vor Anker gegangen war. Einfach mal durchbrettern auf dem Pacific Highway nach Kanada, unerkannt. Sie müssten Meilen schinden, um die Strecken, die sie auf den Zügen zurückgelegt hatten, wieder reinzukriegen, meinte Clärenore, aber Carl-Axel sah das Road-Fieber in ihren Augen. Sie legten in kürzester Zeit Kilometer zurück wie nie zuvor auf der gesamten Tour. Es war ein Rausch. Fahren ohne Hindernisse, vorankommen. Eine kleine Maschine – kaum einen Viertel Quadratmeter groß – zog sich selbst und sie schneller als der Wind eine 1500 Kilometer lange Küste hoch. Los Angeles–Vancouver und zurück. Ein Freizeitspaß ohne Reporter und Weltöffentlichkeit, ohne Ambassadeure und Telegramme. Ohne Achsenbruch und Lebensgefahr. Ohne in jedem Ort von Bürgermeistern empfangen zu werden. Ein Auto unter anderen. Freilich ein bisschen fremd, ein wenig snobistisch. Eine Limousine erweckte in den USA noch immer Naserümpfen. Man fuhr in offenen Wagen. Wer in einer Limousine fuhr, hatte etwas zu verbergen. Kalifornien war das Paradies des Adler. Endlich fliegen, surren, gleiten. Mit hohem Ton die Welt abhängen. Freiheit, eine auf Straßen vorgeplante. Die Freiheit ohne Straßen hatten sie zur Genüge kennen gelernt. Die Sonne stand wie eine Orangenreklame am Himmel, und Clärenore fielen die Augen zu. Sie entschieden sich für eine Herberge direkt an der Strecke.

Als sie vorfuhren, wurden sie sofort in eine Garage geleitet, von der aus sie einen unbeobachteten Zugang zu einem Bungalow in spanischem Stil hatten. Sie warfen sich so, wie sie waren, aufs Doppelbett und schliefen sofort ein – Lord zwischen ihnen. Zwei Stunden später stand die Polizei von San Luis Obispo vor der Tür. Im Protokoll war zu lesen: »Helllichter Tag. Schwarze Limousine. Hautfarbe der Fahrer: weiß. Unverheiratet. Doppelzimmer. Alkoholische Schmuggelware konfisziert. Europäisches Automobil! Kennzeichen nicht identifizierbar. Nach Angaben der Halter ist der Wagen in Berlin (Deutschland) registriert. Sie geben an, über Russland und China gekommen zu sein. Vermutlich exzentrische Honeymooner der Upper Class. Verwarnung ausgesprochen. Beabsichtigen nach Vancouver zu fahren und in einer Woche wieder zurück zu sein. Konnten zum Zweck ihrer Reise keine plausible Erklärung liefern. Verrückte Europäer, denen es nur ums Autofahren geht. Solche Fälle häufen sich in letzter Zeit. Unter Beobachtung halten.»

In der nächsten Nacht fuhren sie weiter und erreichten mittags Oakland. Am Abend waren sie in Eureka und am Abend darauf in Portland. Am übernächsten Abend kamen sie im Hotel Britannia in Vancouver an. Sie machten einen Ausflug ins nahe gelegene Skigebiet und nahmen eine verletzte Skiläuferin mit in die Stadt zurück. Die Frau benahm sich sehr merkwürdig. Obwohl sie ein Bein gebrochen hatte und weit und breit keine Hilfe in Sicht war, weigerte sie sich, von dem Adler transportiert zu werden. Clärenore musste erst einen Teil ihrer Lebensgeschichte erzählen, bevor die Frau Vertrauen fasste. Sie hatte von der Fahrt in der Zeitung gelesen. Die aufmerksame amerikanische Distriktpolizei hatte den Weg des Adler verfolgt und ihre Informationen an die kanadischen Kollegen weitergegeben. Die dunkle Limousine mit dem geheimnisvollen Kennzeichen fiel überall auf. Aus solchen Autos wurde meistens geschossen. Man ging dem Wagen aus dem Weg, bis die Skifahrerin im Krankenhaus von Miss Stinnes erzählte. Eine Stunde später stürmten die Reporter Clärenores Hotelzimmer. Clärenore und Carl-Alex stahlen sich mitten in der Nacht davon und fuhren im Bogen um die großen Städte herum. In Los Angeles konnten sie den Reportern nicht mehr entkommen. Die Route, auf der sie bis zur Ostküste fahren wollten, war in allen Zeitungen nachzulesen. Vacuum Oil machte aus der Tour eine Werbekampagne. In jedem größeren Ort gab es einen Empfang beim Bürgermeister und Presserummel. Die

Tagesleistung lag bei drei- bis vierhundert Kilometern, bis auf die Tage, an denen der Lastwagen Schwierigkeiten machte.

Am 10. April 1929 starteten sie von einem Autocampingplatz in der Nähe von Ventura in Richtung Mojave-Wüste. Auf der Fahrt zur Ostküste war der Lastwagen wieder dabei. Ihr Begleiter war William Diekey, der Direktor von Vacuum Oil in Kalifornien. Es regnete Hunde und Katzen. In Needles zersprang der Kolben des Lastwagenmotors. An der nächsten Tankstelle mussten sie den Motor vollkommen auseinander nehmen. Carl-Axel fuhr mit Diekey im Bus zurück nach Los Angeles, um Ersatzteile zu besorgen. Reservekolben waren nicht zu bekommen. Sie mussten neue anfertigen lassen. Während die Kolben in einer Fabrik gefräst wurden, sah sich Carl-Axel den ersten Tonfilm seines Lebens an. Er war erschrocken über den Lärm und wusste nicht, auf welchen seiner Sinne er sich konzentrieren sollte. Hören und sehen gleichzeitig. Der Ton lenkte von den Gesichtern ab. Die Gesichtsausdrücke stimmten nicht überein mit dem, was die Leute sagten. Der Hörsinn durchkreuzte den Sehsinn. Der Ton beraubt den Film seiner universalen Wirkung, dachte Carl-Axel. Die Filmkunst stürzt zurück in die babylonische Verwirrung des Theaters. Das Ergebnis: Nationalfilme. Was ist ein Wort gegen eine Geste? Die Menschen im Tonfilm parlieren, anstatt aufeinander Acht zu geben. Der Tonfilm verbirgt die Verhältnisse unter den Menschen, der Stummfilm deckt sie auf.

Um 18 Uhr fuhren sie mit den Ersatzteilen zurück und lagen zwei Tage zusammen mit einem Monteur unter dem Auto.

Carl-Axel fuhr den Lastwagen bis zum Grand Canyon. Diekey saß bei Clärenore. Sie war während der gesamten Fahrt durch die USA weiter von Carl-Axel entfernt als auf allen anderen Strecken seit ihrem Start in Frankfurt. Sie waren zurück in der Zivilisation. Eine Freundschaft – in der Wildnis geschlossen – scheitert meist am Alltagsleben. Seit sie die Polizei nebeneinander im Bett in San Luis Obispo geweckt hatte, hatte Carl-Axel das Gefühl, dass Clärenore ihn mied. Wie oft hatten sie Seite an Seite geschlafen. Aber das war in den Anden gewesen. Carl-Axel hatte wenig Freude am Grand Canyon, er hatte Kopfschmerzen. Der Auspuff des Lastwagens war undicht und verursachte einen Höllenlärm. Im Hotel El Tovar legte er sich sofort ins Bett und schlief durch.

Am nächsten Tag zeigte ihnen Mr. Mike Harrison das Reservat. Bunte gewebte Stoffe hingen auf langen Leinen. Blechnäpfe, leere Schnapsflaschen, Fleischkonserven, rostige Ölfässer, halb mit Wasser gefüllt. Verschlagartige Hütten mit einem Wellblechdach. Wohnwagen, aus denen Fenster und Türen herausgebrochen waren. Während Clärenore mit dem Vacuum-Oil-Mann zum Hotel zurückkehrte, schoss Carl-Axel Fotos. Er ging auf einen Wohnwagen zu, vor dessen Eingang ein schwerer Kohleherd geschoben war. Jemand tippte ihm auf die Schulter. Ein Greis stand dicht hinter ihm und machte die Geste des Rauchens. Carl-Axel gab ihm ein paar Zigaretten. Der Mann zog die Lippen breit, und Carl-Axel konnte in seinen zahnlosen Mund schauen. Der Indianer spitzte die Lippen und klopfte mit dem Zeigefinger darauf. Carl-Axel folgte ihm eine Treppe hinauf, die zu einem Höhleneingang führte. Der Alte schlug den Teppich zurück, und sie traten in einen dunklen Raum. Carl-Axel hörte einen Dieselmotor unruhig schlagen. In der Höhle hockte ein Dutzend Männer und Frauen auf dem Boden. Sie starrten auf eine kleine Leinwand, wie sie Amateurfilmer benutzen. Der Film hatte Löcher. Milchige Fluten ertränkten die Szenen. Eine Frau wurde inmitten einer johlenden Menge guillotiniert. Paris 1792. Fetzen deutscher

Zwischentitel. Ernst Lubitschs «Madame Dubarry». Der Film brach ab, bevor das Beil fiel. Die Leinwand war dunkel, aber die Leute blieben sitzen. Der Alte zog Carl-Axel nach draussen. Er lachte. Er öffnete den zahnlosen Mund und liess seine Bauchdecke vibrieren. Es kam kein Ton.

«Sie sitzen den Rest der Nacht da und staunen über die Welt, die sie gesehen haben. Über die Häuser voller Menschen. Über das Gerüst. Vor allem staunen sie darüber, dass die Weissen sich selbst skalpieren, während sie das Töten allen anderen verbieten. Ihr habt das Rad erfunden. Also fahrt ihr auf Rädern in den Tod.»

Am nächsten Morgen fuhren sie an den Rand des Grand Canyon, und beide dachten nur, wie schön, dass wir da nicht durch müssen. Als sie gegen Abend am Mount Union vorbei über den Pass hinunter nach Phoenix fuhren, versagten die Bremsen des Lastwagens. Carl-Axel gab dem vorausfahrenden Standard Signale. Die Fahrbahn war zu eng, um den Lastwagen vorbeizulassen. Clärenore gab Gas. Sie rasten dicht hintereinander durch die Kehren und hingen Stossstange an Stossstange, als sie endlich die Ebene erreichten und eine breitere Fahrbahn. Carl-Axel schoss mit hundert Stundenkilometern und nassen Händen an Clärenore vorbei ins Tal. Er brauchte drei Meilen, bis der Wagen zum Stehen kam. Kilometerstand 37 707.

Am nächsten Tag schliffen sie in einer Garage die Bremstrommeln und montierten neue Bremsbeläge. Sie reparierten den Kühler und wechselten die Vorderfeder vom Standard aus. Das war die letzte grosse Reparatur auf der Reise. Carl-Axel schuftete den ganzen Tag und ärgerte sich über die Pfuscharbeit der Mechaniker in den Werkstätten von Los Angeles. Was war hier besser als in Peru? Clärenore war, abgesehen von den ersten Tagen, als sie unerkannt die Küste bis Vancouver hinaufgebraust waren, so stumm geworden wie zu Beginn der Reise auf dem Balkan. Sie wussten, dass sie es geschafft hatten. Die Fahrt über Phoenix, El Paso, Wichita, Kansas City, Milwaukee, Chicago, St. Louis bis Detroit bestand aus Presserummel und abendlichen Dinnerpartys bei Repräsentanten von Vacuum Oil. Ehrenmitgliedschaften der örtlichen Autoclubs. Fabrikbesichtigungen. Sie schauten sich Flugzeugwerke, Schlachthöfe, Großkinos und Boxkämpfe an.

In Wichita hätten sie die Riesenflugzeuge bestaunen können, die in den Ingenieursbüros geplant wurden, und in Chicago hätten sie sich über das Stevens Hotel mit dreitausend Zimmern wundern können und über das größte Schlachthaus der Welt. Sie hätten in einem Rasthof an einem Radioempfänger eine Sonntagspredigt für Autofahrer verfolgen können. Rundfunk für die Massen. Ein Rundfunkempfänger vielleicht eines Tages sogar im Auto. Was für Anforderungen an die Sinne! Autofahren und Musik hören und Predigten verfolgen und Pässe überwinden mit leck geschlagenen Bremsleitungen.

Es war eine andere Welt in ihnen. Sie brauchten den Rest ihres Lebens, um den Sturz zurück in den Alltag zu bewältigen. Sibirien und die Anden steckten ihnen in den Knochen. In einer Flugzeughalle in Wichita schworen sie sich plötzlich, nie wieder über Sibirien und die Anden miteinander zu sprechen. Ein furchtbarer Abschied. Es war ihnen, als ob sie ein gemeinsames Kind ertränkten. Eine Missgeburt von einer Schönheit, die niemand ausgehalten hätte. Natürlich erzählten sie der Presse weiter ihre Geschichte, aber sie wurde ihnen immer fremder, je öfter sie sie aufsagten. Tagsüber saß jeder am Steuer und raffte Kilometer. Keine Lebensgefahr, keine Zweifel, keine Verzweiflung brachte sie zusammen. Sie tauchten auf aus Versteinerung und Eis und gefroren im Alltag der städtischen Ablenkungen. Das Medienduo Stinnes-Söderström war eine Pappfigur, ein doppelter Winkaugust. Was kann einem das Leben noch bieten?

In Kansas City bekam Carl-Axel Post von Ruby. Es war der erste Brief seit seinem Geburtstag in Buenos Aires. Ruby schrieb, Clärenore habe sie eingeladen, sie auf dem letzten Teil der Strecke ab Le Havre zu begleiten. Carl-Axel gefiel die Idee, er wunderte sich, dass Clärenore ihm nichts davon gesagt hatte. Aber Ruby weigerte sich. Sie führte verschiedenste Gründe an, die Carl-Axel nicht akzeptieren konnte. Dann fiel es ihm wie Schuppen von den Augen – das war der Trennungsstrich. Fräulein Stinnes wollte sich davonstehlen. Es dauerte bis Milwaukee, bis Carl-Axel eingesehen hatte, dass er keinen Trennungsstrich wollte. Er schrieb Ruby, sie solle getrost zu Hause bleiben. Und es dauerte bis Chicago, bis er einsah, dass es einen Trennungsstrich geben musste. Er flehte Ruby an zu kommen. Er schrieb drei Briefe aus Chicago und einen aus St. Louis und noch einen von den Niagarafällen. Sie schickte ein Telegramm, das ihn in Detroit erreichte. Darin stand: «Ich will sie nicht sehen. Stop. Deine Schwester wird meine Rolle übernehmen. Stop.»

Clärenore war auf der Fahrt durch die USA wie gelähmt. Sie fuhr mechanisch, lieferte ihre Berichte ab. In einem Bericht mit dem Titel «Wie ich die Staaten sah» schrieb sie: «Ich fühlte mich fremd. Die Natur ergab sich den Menschen kampflos, und die Industrien werteten aus, was ihnen zufiel. Der Händler hatte das Wort. Reklamen säumten die Chausseen, wie die Bäume eine Allee.» Amerika, der ganze Rest der Reise war keine Herausforderung mehr für sie. Sie begann, über das Leben danach nachzudenken. Die Weltfahrt war ein riesiger Erfolg. Man würde sie feiern. Und dann? Ihr wurde plötzlich klar, dass diese Fahrt keine Lebensaufgabe war. Sie würde ein Buch schreiben, einen Film machen; durch die Städte tingeln und erzählen. Und dann? In der Firma Stinnes war nach wie vor kein Platz für sie. Hugo junior hatte sich nicht gemeldet, obwohl er in New York war. Sie war allein. Man würde ihr Unternehmen noch ein paar

Mal bewundernd erwähnen, und dann würden alle Spots ausgeknipst. Sie würde wieder im Dunkeln stehen; ein Fräulein Lehmann oder Stinnes. Und dann? Wieder Rennen fahren? Ehefrau, Hausfrau, Kinder? Sie war achtundzwanzig Jahre alt. Sie zählte die Jahre nicht, auf der Fahrt hatte sie ihre Geburtstage vergessen. Weitermachen? Neue Auto-Abenteuer? Wer über den Baikalsee gefahren ist und sein Auto über die Anden geschleppt hat, wird keine Tour der Welt mehr als eine Herausforderung ansehen. Was wäre vorstellbar? Eine ganz andere sportliche Herausforderung – Fliegen, Tauchen, Bergsteigen? Eins war sicher: Sie wollte nicht zurück ins Alltagsleben. Außer ... Sie verbot sich weiterzudenken. Eine Motorradeskorte erwartete sie am frühen Morgen an einer Ausfahrt des Trans-American Highway. Sie bogen kurz vor Toledo nach Norden ab. In rasendem Tempo mit rotem Blinklicht und Sirene ging es durch kleine Ortschaften. Die wenigen Leute, die schon auf den Beinen waren, nahmen kaum Notiz von dem Konvoi. Bei Sonnenaufgang fuhren sie in Detroit ein.

Am 16. Mai 1929 wurden sie zum Hotel Cadillac in der Michigan Avenue geleitet. Sie hatten eine Stunde Zeit zum Umziehen. Punkt zehn stand eine elegante, lang gestreckte Limousine vor dem Hotel. Sie wurden die zweihundert Meter zum Bürgermeister gefahren. Henry Ford begrüßte sie auf den Stufen des Rathauses. Der Bürgermeister überreichte Clärenore einen goldenen Schlüssel. Von der City Hall ging es im Eiltempo mit Eskorte durch die Stadt. Der Morgenverkehr wurde angehalten, sie fühlten sich wie Staatsgäste. Als sie durch das Tor der Ford-Werke fuhren, wurden sie von Presse- und Kameraleuten empfangen.

Henry Ford führte sie in sein Büro. Clärenore dachte an August Thyssen und Schloss Landsberg. August Thyssen war ein Prinzipal, Ford machte auf Clärenore den Eindruck eines gescheuchten Rehs. Er trug ein versteinertes Lächeln zur Schau, hinter dem sich alles Mögliche verbergen konnte. Sein Lächeln machte ihn dennoch sympathisch. Er hüpfte vor ihnen her und nahm zwei, manchmal drei Stufen auf einmal. Obwohl er Ende sechzig war, hatte er die Beweglichkeit eines Dreißigjährigen. Ford führte sie durch die Zeichenhallen. Hundert Ingenieure planten die Autos der Zukunft. Sie folgten ihm in einen abgeschlossenen Raum, in dem Zeichnungen auf dem Tisch lagen – ein schemenhaftes Auto, ein Fisch auf Rädern, eine umgestülpte Salatschüssel oder eine Schildkröte. Ford schaute seine deutschen Besucher schelmisch grinsend an.

«Ihr Vater war ein großer Mann, gnädiges Fräulein», sagte er, «im Vergleich zu seinem Firmenimperium ist das hier eine kleine Garage.»

Clärenore verstand den Satz, wie er gemeint war, als ein diplomatisches Kompliment. Sie hatte einen neuen Vater. Gulliver war endlich wieder auferstanden. Sie war am Ziel. Dafür hatte sie die Reise gemacht. Sie konnte ihre Augen nicht abwenden von der hohen Stirn, dem gefrorenen Lächeln, dem scharfen Blick eines Raubvogels. Ford war ganz anders als Hugo. Keine Spur von sinister, nichts Assyrisches. Henry Ford war unkompliziert, ein Visionär bis zur Grenze des Wahnsinns. Sie erkannte in seinen Augen ihren Vater wieder. Solche Augen gab es nicht bei Politikern. Politiker in Demokratien mussten schauen, wie die Leute wollten, dass man schaut. Es gab eine einzige Ausnahme, das war Walther Rathenau. Und Politiker in Diktaturen? Clärenore hatte nur Angst in den Augen von Kalinin, den Balkankönigen und den modernen Mandarinen in China gesehen. In Europa waren die Unternehmer Butler des Staates. In Amerika waren sie die Herren. Henry Ford schaute sie an, wie sie gewünscht hätte, dass ihr Vater sie hätte anschauen können – frei, sorgenfrei. Er hatte keine Falten auf der Stirn, es gab nichts über ihm außer Gott.

«Ihr Vater war ein Amerikaner», sagte Ford. «Europa war zu klein für ihn. Er hätte zu uns kommen sollen. Außerdem wäre er dann noch am Leben.»

Clärenore lief ein Schauer über den Rücken. Ford hatte sich gut auf ihren Besuch vorbereitet. Mit einem Schlag wurde ihr klar, dass ihr Vater in Amerika so etwas wie Rockefeller oder Ford hätte werden können. Sicher wäre er in diesem Land hundert Jahre alt geworden. Europa – Amerika. Zwei parallele Welten. Zwillingswelten auf der Oberfläche, darunter Feuer und Wasser. Clärenore sah Linda, wie sie in die Feuerwelt sprang, weil sie es in Europa nicht mehr ausgehalten hatte.

Sie verstand erst jetzt, als Henry Ford sie durch seine Fabrik führte, in was für einer Welt sie aufgewachsen war. Eine Welt aus Nestern. Warm, eng, elend. Hier war alles reich, weit und in Bewegung. Hugo Stinnes hatte seine Firmen geliebt wie seine eigenen Kinder. Henry Ford liebte seine Maschinen. Und er liebte Menschen, wenn sie sich nicht wesentlich von Maschinen unterschieden. Er strich über das Metall, als er mit Clärenore und Carl-Axel durch die große Fabrikationshalle ging. Clärenore kannte sich aus mit Arbeitern. Sie kannte die Arbeiter in den Bergwerken und Zechen ihres Vaters, die Büroangestellten. So etwas wie hier hatte sie noch nirgends gesehen. Die Leute kamen ihr vor wie dressierte Tiere. Sie hatte selbst Pferde dressiert. Sie hatte Soldaten gesehen. Dies hier war noch etwas anderes.

Alle fünfundzwanzig Sekunden war ein kompletter Motor fertig. 8179 Autos in vierundzwanzig Stunden. Tag und Nacht wurde hier gearbeitet. Jenseits von Zeit und Raum, jenseits von Freude und Trauer, von Liebe und Hass. Jenseits des menschlichen Stoffwechsels. Mensch und Maschine waren ineinander verschmolzen. Clärenore war begeistert, Carl-Axel beeindruckt. Sie sahen einander an. Zum ersten Mal seit Camaná. Sie standen sich in dieser Halle gegenüber, die schnaufte und tickte und schlug. Ein metallener Geburtsort. Sie schauten diesen Gott Henry an, und auf einmal konnten sich beide vorstellen, dass er sein lächelndes, gütiges Gesicht wie eine Gummimaske abzog und darunter glänzender Stahl zum Vorschein kam. Das war nicht Gulliver. Dieser Mann, der gegen Mond und Sonne antrat, war von einem anderen Stern. Sein Herz schlug schneller oder gar nicht, sein Atem ging heftiger oder gar nicht. Hugo Stinnes hatte Fehler, war mürrisch. Irrte. Henry Ford war ohne Makel. Der Herr der Welt, unfehlbar. Das Verwirrende war, dass man mit ihm plaudern konnte. Päpste, Heilige und Kaiser waren unnahbar. Henry Fords Augen sagten, komm ruhig her. Und wenn man näher kam, dann sagten sie, ich hab dich schon. Den Ausdruck «Ich hab dich schon» hatten beide noch in keines Menschen Augen gesehen. Sie fassten sich zum ersten Mal bei den Händen und gingen Hand in Hand durch Fords Reich.

Ford lud sie zum Lunch ein. Es gab eine Kantine für die Direktionsetage. Kleine karge Speiseräume, in denen die Abteilungsleiter mit Gästen essen konnten. Ford legte Wert auf «sinnvolles» Essen: Obst, Gemüse, wenig Fleisch. Trennkost auch für die Arbeiter. Aber sie boykottierten die Kantine. Sie aßen Mitgebrachtes – am Fließband. Die Produktionszahlen sanken. Ford lenkte ein und ließ die Kantine auf Normalkost umstellen. Das galt aber nicht für die leitenden Angestellten. Er selbst nahm mittags nur Proteine zu sich. Erst abends aß er ein wenig weißes Fleisch. Clärenore war ohne kulinarische Ambitionen aufgewachsen. Essen war für sie keine Frage, über die man sich Gedanken machen durfte. Dennoch war sie enttäuscht von den grünen Bohnen und Erbsen – angegart, ohne Zutaten oder Sauce. Carl-Axel aß alles brav auf. In diesem Moment konnte sie sich zum ersten Mal vorstellen, mit Herrn Söderström verheiratet zu sein.

Wenn Ford ein Ebenbild Gottes war, dann war Gott, dachte Clärenore, ein Privatdetektiv. Ford wusste alles über ihre Familie, über Hugo junior in New York, über ihre Fahrt. Sie stellte sich vor, dass er über jeden seiner Angestellten und Arbeiter ebenso gut Bescheid wusste. Nur über Söderström wusste er nichts. Söderström war ein weißer Fleck in Fords Welt.

«Haben Sie tatsächlich achthundert interne Detektive angestellt, um Ihre Arbeiter auszuforschen?», fragte Clärenore.

Ford schaute sie freundlich an. «Wollen Sie nicht wissen, was die Menschen von Ihnen denken?»

«Es interessiert mich nicht», sagte Clärenore.

«Sehen Sie, das unterscheidet die Amerikaner von den Europäern. Euch ist es egal, was für Menschen ihr beschäftigt. Hauptsache, sie arbeiten. Wir dagegen wollen wissen, was sie denken. Wir wollen nicht nur ihre Hände, sondern ihre Köpfe.»

Nach dem Essen führte sie der Autogott durch sein Museum. Ein künstliches Dorf aus der Zeit der Kolonisten. Greenfield Village. Im Dorf war alles wie vor hundert Jahren. Glasbläser, Schmiede, Schuster. Menschen in Berufen, die vom Aussterben bedroht waren. In seinem Museum hatte Ford alles zusammentragen lassen, was an die Zeit der Eroberung des Westens erinnerte. Gegenstände des täglichen Lebens: Lampen, Teller, Stühle aus allen Epochen der amerikanischen Geschichte. Carl-Axel sah dem Schmied über die Schulter. Er lauschte auf den Klang des Metalls.

«Ich höre diese Töne aus der Vergangenheit gern», sagte Ford. «Aber der Klang des Fortschritts ist nicht zu überbieten. Sie werden die Musik des Fließbands für ein Geräusch halten, in Wirklichkeit ist es Musik. Wir hören es nur noch nicht als Musik. Es wird eine Zeit kommen, da werden die Menschen zur Musik des Fließbands tanzen. So ist das mit dem Fortschritt. Man muss ihn den Menschen sinnlich begreifbar machen. Was Sie getan haben, Clärenore, ist der einzig richtige Weg. Sie haben Menschen ein Auto vorgeführt, ohne dass es Straßen gab. Im Angesicht des Autos kommt der Wunsch zur Fortbewegung. Erst das Auto, dann der Weg.»

Im rasenden Tempo ging es zurück ins Hotel. Carl-Axel kam der Vormittag bei Ford vor wie ein Geisterritt. Er hatte sich an die Unruhe, die Beweglichkeit, das mobile Leben mit Clärenore gewöhnt. Sie hatte ihn aus seiner Liebe für den fotografischen Stillstand der Welt gerissen. Aber neben Henry Ford zu leben, hätte er nicht eine Stunde ausgehalten. Als sie ins Hotel zurückkamen, war Post aus Schweden da. Lena schrieb, sie wolle in Le Havre die Rolle Rubys übernehmen und Fräulein Stinnes ein harmonisches Eheleben vorspielen. Carl-Axel hatte kein gutes Gefühl bei der Sache. Nur noch wenige Wochen trennten ihn von der Rückkehr nach Hause. Wie sehr hatte er dieses Ziel ersehnt. Und nun? Wenn er ehrlich war, hatte er Angst vor der Rückkehr. Kulissen filmen? Er erwischte sich bei dem Wunsch, die Reise möge ewig weitergehen, und er erschrak über den Gedanken.

Am nächsten Tag fuhren sie nach Pittsburgh und besichtigten Stahlwerke. Von da aus ging es nach Buffalo und zu den Niagarafällen. Die Natur gab ihr großes Abschiedsschauspiel. Von einem Holzgerüst aus schauten sie in die schäumenden und tosenden Wasserstürze. Nun waren sie Touristen unter Touristen. Sie übernachteten in einem Hotel am Rand des Spektakels und lauschten die halbe Nacht auf das Donnern.

«Was ist dagegen ein schwedischer See?», sagte Carl-Axel.

«Was wirst du tun, wenn du wieder zu Hause bist?», fragte Clärenore.

Carl-Axel zuckte mit den Schultern.

Sie fuhren am nächsten Tag bis Albany und kamen am übernächsten in Boston an, wo sie auf Einladung der American Automobile Association ein paar Tage blieben. Am 27. Mai starteten sie mit Polizeieskorte von Worchester in Richtung New York. Sie hielten zum Lunch in Springfield. Kurz vor East Hartford fuhr der Standard über einen Nagel – Reifenwechsel. Um 18 Uhr kamen sie in Bridgeport an. Vor dem Ort wartete eine neue Polizeieskorte. Noch siebenundfünfzig Meilen bis New York. Kilometerstand 44979. Sie übernachteten in Bridgeport. Um 10 Uhr empfing sie Mr. Smith, der Präsident der American Automobile Association, mit einer Polizeieskorte aus New York City. Eine Stunde später rasten sie durch die Hochhausschluchten von Manhattan zum Pennsylvania Hotel. Sie hatten nur eine halbe Stunde gebraucht, um durch den Berufsverkehr zu kommen, der für sie angehalten worden war. Eine ganze Weltstadt hielt den Atem an – eine Verbeugung Amerikas vor dem Automobil. Carl-Axel war beeindruckt von Manhattan. Je enger die Häuserschluchten wurden, desto mehr sehnte er sich nach dem Blick auf einen See in Småland.

Am Nachmittag galt es, Pressekonferenzen zu geben, am Abend dinierten sie mit Mr. Smith. Am nächsten Vormittag wieder Pressekonferenzen. Lunch im Hotel St. George auf Einladung des New Yorker Automobilclubs, anschließend Empfang in der City Hall bei Mayor Jimmy Walker, dem Bürgermeister. Walker erzählte Clärenore von seinem Berlinbesuch vor einem Jahr. Er war besonders beeindruckt vom Tiergarten und von den Stadtteilen Grunewald und Neubabelsberg. Seine Idee war, die New Yorker Häuserwüsten durch Parklandschaften aufzulockern. Clärenore rief vom Hotel aus ihren Bruder in seinem Büro an. Er sei in einer wichtigen Besprechung und würde zurückrufen, hieß es. Er meldete sich während ihres gesamten Aufenthalts in New York nicht. Sie bekam Post von Edmund, Hilde, Otto,

Ernst und Else, und es kamen sogar Glückwünsche von ihrer Mutter aus Mülheim. Plötzlich stürzte eine amerikanische Farmersfrau durch die Hotelhalle auf Carl-Axel zu und umarmte ihn. Er erkannte erst im letzten Augenblick seine Halbschwester, die seit zehn Jahren in Amerika lebte.

Beim gemeinsamen Abendessen waren alle Beteiligten etwas melancholisch. Clärenore ärgerte sich über Hugo und sehnte sich plötzlich nach Mülheim und nach ihrer Mutter. Carl-Axel dachte an das schwierige Treffen in Le Havre, das ihm jetzt schon im Magen lag. Seine Schwester Jane war mit einem Farmer in Wisconsin verheiratet. Sie hatte die beiden in Chicago und Milwaukee verpasst und war nun eigens mit dem Zug nach New York gekommen. Clärenore konnte mit der Frau nichts anfangen. Sie sprach ausschließlich von ihrer Ernte, ihrem Vieh, ihrem Getreide. Von den schlechten Zeiten. Von der bevorstehenden Wirtschaftskrise. Clärenore wollte Carl-Axel die Wiedersehensfreude nicht verderben und zog sich nach dem Essen zurück. Sie war verbittert über die kleinlichen Sorgen der Menschen in der Zivilisation. Wer hätte in Atico oder am Baikalsee oder in der Mongolei über Konjunkturschwankungen nachgedacht? Wenn der Mensch nicht mehr für sein tägliches Überleben sorgen muss, fängt er an, den freien Platz im Kopf mit Mäkeleien auszufüllen. Sie fing an zu ahnen, dass das Schwierigste an der Reise die Rückkehr sein würde.

Nicht nur Clärenore und Carl-Axel waren andere Menschen, als sie zurückkehrten. Die Welt, die sie für zwei Jahre verlassen und von der sie nur wenig erfahren hatten, war völlig verändert. Als sie die Broadcasting Studios in der New Yorker Radio City betraten, hatten sie das Gefühl, die Niagarafälle hinuntergespült zu werden. Sie waren in einer mäßigen Moderne gestartet, waren zwei Jahre durch Mittelalter und frühe Neuzeit gereist und kamen in der Welt der Zukunft an.

Tonstudios. Rundfunkübertragungen. Man redete davon, nicht nur Sprache, sondern auch bewegte Bilder in Kürze in jeden Haushalt übertragen zu können. Sie waren im Maschinenzeitalter aufgebrochen und ins Medien- und Informationszeitalter zurückgekehrt. Henry Ford war bereits nicht mehr der Herr der Welt. Die neuen Herren geboten nicht über Fließbänder, sondern über Frequenzen. Sie saßen nicht in Aufsichtsräten, sondern hinter oder über Mikrophonen. Clärenore und Carl-Axel, die deutsch-schwedischen Pioniere der Automobilität, hatten angesichts der Mischpulte im New Yorker Radiowolkenkratzer plötzlich das Gefühl, dass sie ihr Leben für eine überholte Technik in die Bresche geworfen hatten. Die Filmstudios in Los Angeles erschreckten Carl-Axel weniger als die Radiostationen in New York.

Sie durchwanderten mit großen Augen die Studios, sahen die Menschen in ihren schalldichten Kabinen. Sie sahen sie auf Mikrophone einsprechen und sahen, wie sie miteinander sprachen. Nicht wie am Telefon, das Telefon war ein intimes Kommunikationsinstrument. Diese Leute unterhielten sich miteinander, als stünden sie auf einer Bühne. Aber Bühne und Zuschauerraum waren verschwunden. Sie unterhielten sich über alles Mögliche, und jeder konnte zuhören. Rundfunk. Das war etwas anderes als Film. Ein Film war mühsam hergestellte Illusion. Rundfunk war frech und direkt. Man konnte im Tonfilm einen Menschen röcheln hören, wenn er starb. Das war schlimm genug, denn das Gehör ist tausendmal empfindlicher als der Sehsinn. Gesehene Schreie eines Sterbenden sind beeindruckend und ertragbar. Gesehene und gehörte Schreie eines Sterbenden sind ertragbar. Du gehst in einen Film und weißt, das ist ein Spiel. Wenn du aber dieselben Schreie durch einen Lautsprecher nur hörst, dann weißt du nicht, ob das Mikrophon in einem Studio steht oder einem Menschen vor das Gesicht gehalten wird, dem man gerade die Kehle durchschneidet.

Hören ist furchtbarer als sehen. Der Rundfunk hatte die Verwirrung von Authentizität und Illusion viel eher erreicht als der Film. Er zeigte den visuellen Medien die Richtung. Clärenore und Carl-Axel hörten, wie ein Tier geschlachtet und ausgeweidet wurde, und sie sahen, wie ein Geräuschspezialist ein Stück Gummi durchschnitt und mit Handschuhen in einem Bottich voller Nudelsalat wühlte. Carl-Axel fing an zu begreifen, was der Welt, was dem Hören und Sehen bevorstand. In diesem Moment fasste er den Entschluss auszusteigen. Er wusste plötzlich, was er zu tun hatte, wenn er nach Schweden zurückgekehrt war. Nie mehr eine Kamera anfassen. Ein Sägewerk eröffnen. Die Sägeblattwerkstatt seines Vaters übernehmen. In Korsnäs leben. Am See leben. Er wusste, dass er Ruby verlassen würde, die sich nie von Stockholm würde trennen können.

Das Auto hatte den Wettkampf mit der Landschaft längst gewonnen. In Amerika spielte die Landschaft keine Rolle mehr, und das Auto war ohne natürliche Feinde. Clärenore erzählte die Geschichte ihrer Fahrt auf Englisch in das Mikrophon. Ihre Sätze wurden von einundzwanzig Rundfunkstationen der USA übertragen. Sie war mit ihrer Stimme an allen wichtigen Orten der Vereinigten Staaten zugleich. Gegen Mitternacht fuhren sie zurück ins Hotel. Sie saßen zusammen in der Hotelhalle und tranken Kaffee. Carl-Axel hätte jetzt gern einen Whisky gehabt oder einen Pisco oder ein Bier. Alkohol wurde aber nicht ausgeschenkt.

«Schade, dass wir nur bei Bürgermeistern und Präsidenten eingeladen sind und nicht bei Al Capone», sagte Carl-Axel.

«Warum sind wir kreuz und quer durch die Welt gefahren, wenn ich mit einem Knopfdruck überall gleichzeitig sein kann?», fragte Clärenore. Bis eben war sie noch in der Stimmung gewesen, in der Carl-Axel sie kannte. Ein

Springinsfeld. Das, was ihm in Asien und Südamerika auf die Nerven gegangen war. Jetzt lernte er zum ersten Mal ihre melancholischen Abgründe kennen. Ein Niagarafall der Seele.

«Warum bauen wir Straßen, wenn es genügt, Kabel zu legen? Wir sind zwei Jahre lang um die Welt gefahren, um die Menschen für das Automobil zu begeistern. Und am Ende erfahren wir, dass das Automobil nur ein Seitenweg ist. Ich will in der Welt wieder ankommen, aus der ich abgefahren bin.»

«Die Welt, aus der wir gekommen sind, ist schon verschwunden», sagte Carl-Axel.

«Und Asa?», fragte Clärenore. «Ich habe alles erreicht, was ich wollte. Ich bin die erste Frau, die um die Welt gefahren ist. Am Anfang stand Deutschlands Industrie. Dann der Name der Firma. Dann mein Name. Wenn ich jetzt an einem südschwedischen See verschwinde, werden alle fragen, warum hat sie nicht weitergemacht.»

«Was würdest du ihnen antworten?»

«Vielleicht, dass Frauen *noch* etwas besser können als Männer, nämlich loslassen.»

Am nächsten Morgen kam die Einladung vom Präsidenten der Vereinigten Staaten. Sie galt nur Clärenore. Das schwedische Konsulat teilte mit, dass Carl-Axel keine Persönlichkeit des öffentlichen Lebens sei. Clärenore ließ dem Präsidenten ihr Bedauern mitteilen. Sie werde in Berlin erwartet und könne keinen Abstecher nach Washington machen. Der diplomatische Skandal war perfekt. Hinter den Kulissen wurde heftig telefoniert, bis im Weißen Haus der Grund für die Absage des Fräulein Stinnes bekannt war. Am 4. Juli wurden Clärenore und Carl-Axel vom Präsidenten der Vereinigten Staaten empfangen. Herbert Clark Hoover sah aus wie ein Russe, groß und rund. Er saß mit ihnen in einem Vorraum oder Empfangszimmer, in dem nur ein

Schrank, drei Stühle und ein Tisch standen, und erklärte, dass hier vor seinem Amtsantritt Rokokomöbel gestanden hätten. Sie fühlte sich an ihren Vater erinnert. Der Präsident trug sich vis-à-vis zum russischen Staatschef Kalinin in Clärenores Reisetagebuch ein.

Beim abendlichen Dinner in der deutschen Botschaft stand Hugo plötzlich vor seiner Schwester und umarmte sie mit eckigen Bewegungen. Er wartete neben ihr, bis ein paar Fotos geschossen waren, und übergab ihr einen Umschlag. Das Kuvert enthielt zwei Tickets für den französischen Luxusliner «Paris» inklusive der Fahrzeuge. Cläre hatte ein Billett dazugelegt, auf dem sie ihrer Tochter und dem «tapferen Kameramann» sowie dem «treuen Hund Lord» eine glückliche Heimkehr wünschte und sie nach Mülheim einlud. Hilde schrieb auf einem beigelegten Bogen, dass sie sich auf Clärenore freue und sie in Mülheim willkommen heißen wolle. Clärenore wunderte sich, was für einen Anteil Mutter und Schwester plötzlich an ihrem Leben nahmen, und sie wunderte sich besonders über die Freundlichkeit Hugos. Am 7. Juni schifften sie sich in New York ein. Carl-Axel verschlief fast die gesamte Überfahrt. Er kam nur zum Dinner aus seiner Kabine und hielt sich die halben Nächte an der Bar fest. Endlich gab es wieder was zu trinken. Beide waren bis zur Ankunft in Europa wie gelähmt. Sie sprachen kaum ein Wort miteinander.

Am 12. Juni erreichten sie Le Havre. Sie beobachteten, wie die Wagen entladen wurden, und stiegen am Abend im Hotel d'Angleterre ab. Der Portier händigte Carl-Axel ein Billett aus. Lena wartete im Café. Er stürzte ins Restaurant und umarmte seine Schwester. Clärenore blieb in der Halle. Sie schloss die Augen. Das war der Moment, vor dem sie sich die ganze Zeit gefürchtet hatte. Wenn nun … Nein, es war nicht Laura! Carl-Axel stellte ihr seine Frau vor. Sie fand, dass sie ihm ähnlich sah. Sie wunderte sich, dass sie eher wie Geschwister miteinander umgingen. Sehr vertraut und dennoch mit Distanz. Die Frau war der erste Mensch aus Carls Leben, den sie kennen lernte, und es war das erste Mal, dass Clärenore nicht wusste, wie sie mit einem Menschen umgehen sollte. Irgendetwas lag zwischen ihr und dieser Frau. Etwas, das sie nicht benennen konnte. Sie hatte damit gerechnet, dass Martha oder Ruby ihr als Rivalin gegenübertreten würde. Kühl und hochnäsig oder geduckt und bereit für einen Schuss aus dem Hinterhalt. Für beide Fälle hatte sie sich eine Strategie zurechtgelegt, um das Vertrauen der Frau ihres Reisegefährten zu gewinnen. Für diese Frau hatte sie keine Strategie. Sie war offen. Und dennoch schien sie etwas zu verbergen. Clärenore gab vor, müde zu sein. Sie war es tatsächlich. Carl-Axels Frau war die letzte Ungewissheit gewesen, jetzt lag die Zukunft überraschungslos vor ihr: Paris – Straßburg – Wiesbaden – Mülheim – Hannover – Berlin – Malmö – Stockholm. Und dann? – Sie wollten sich im Herbst in Berlin treffen, um den Film zu schneiden, den Carl-Axel in Stockholm entwickeln lassen würde.

Spät am Abend ging sie noch einmal an die Rezeption, um einen Brief abzugeben, den sie an Krestinskij geschrieben hatte. Zufällig lag das Meldebuch für die Gäste auf dem Tresen. Sie sah, dass die Söderströms getrennte Zimmer hatten. Warum war sie über diese Entdeckung erleichtert? Was bedeutete das überhaupt? Bedeutete es überhaupt etwas? In Le Havre lag sie die ganze Nacht wach. Tagsüber fielen ihr auf der Strecke nach Paris die Augen zu. Carl-Axel saß mit seiner Frau im Lastwagen. Clärenore hatte nur noch Lord als Begleiter. In Paris schlief sie wieder nicht. Die Franzosen feierten sie wie die Amerikaner. Sie hatte einen Beitrag zur Völkerverständigung geleistet. Auch in Straßburg konnte sie nicht schlafen.

«Du sollst die Zukunft nicht fürchten und die Vergangenheit nicht ehren. Wer die Zukunft, den Misserfolg fürchtet, zieht seinem Wirkungskreis selber Grenzen. Misserfolge bieten Gelegenheit, um von Neuem anzufangen.» Das war der erste Absatz in Henry Fords Glaubensbekenntnis, das der Autokönig der Tochter von Hugo Stinnes in Leder gebunden mit auf den Weg gegeben hatte. Wovor hatte sie Angst? Sie musste nicht arbeiten. Sie konnte von den Zinsen leben, die sie auf das Kapital erhielt, das ihr als Pflichtanteil aus dem Erbe ihres Vaters zustand. Das hatte ihr Cläre zugesichert, und Hugo hatte es in New York bestätigt. Je mehr sie sich ihrer Heimatstadt näherte, desto müder wurde sie. Sie blieben eine Nacht auf der Heimburg. Auch hier schliefen Carl-Axel und seine Frau in getrennten Zimmern. Clärenore machte sich Vorwürfe, dass sich die beiden durch die Reise schon so weit voneinander entfernt hatten. Carl-Axels sonderbares Benehmen erklärte sie damit, dass er dieselben Schwierigkeiten hatte wie sie, sich wieder in das normale Leben einzufügen.

Carl-Axel und seine Schwester waren tief beeindruckt von den Liegenschaften der Familien Stinnes und Wagenknecht am Rhein und in Wiesbaden. Carl-Axel stand lange vor dem Frühstück auf der Terrasse der Heimburg in der Morgendämmerung und schaute auf den Rhein. Frachtschiffe fuhren talwärts in Richtung Loreley, und die anderen kämpften sich von Kaub gegen die Strömung herauf. Der Rhein hatte zurzeit wenig Wasser. Clärenore kam mit Lord und stellte sich in einigem Abstand an die Brüstung. Der Hund lief zwischen beiden hin und her und stupste sie mit der Nase an.

«Ich bin mit diesem Fluss aufgewachsen», sagte Clärenore. «Diese Landschaft kommt mir vor wie eine Hand, die abgetrennt und in einer Operation dem Körper wieder angefügt wurde.»

Der Empfang in Mülheim war überwältigend. Eine Bergmannskapelle spielte. Empfang beim Bürgermeister. Presserummel. Seit sie in Le Havre gelandet waren, waren die Zeitungen voll von Berichten über die Fahrt und Interviews mit den Fahrern. Sie hatten überall das Gleiche gesagt, aber die Zeitungsschreiber erfanden immer neue Abenteuer. Sie saßen im Gewächshaus der Großmutter, das Cläre hatte renovieren und zu einem prächtigen Treffpunkt ausbauen lassen. Man aß unter Palmen, Philodendren und Gummibäumen. Clärenore war erstaunt, wie gastfreundlich und zuvorkommend ihre Mutter zu Carl-Axel und seiner Frau war. Es gab Salm und dazu die besten Rheinweine. Nach dem Essen ging Clärenore durch den Park hinter dem Kontor. Wo früher die Ställe, die Lagerhallen und Schuppen für die Wagen gewesen waren, führte jetzt ein Rundweg aus Kies um Baumgruppen herum. Man konnte sich auf Bänke setzen und den Vögeln lauschen.

«Sie hat vor, euch zu verheiraten», sagte Hilde, als sie mit ihrer Schwester auf einer Bank ganz hinten im Park saß.

«Er ist verheiratet, und ich bin ein hoffnungsloser Fall», sagte Clärenore.

«Würdest du ihn heiraten, wenn er nicht verheiratet wäre?»

Clärenore stand auf und ging ins Haus zurück. Hilde wartete. Carl-Axel kam.

«Ihr habt nur zwei Möglichkeiten. Entweder ihr seht euch nie wieder ...»

«Ich kenne den Satz», sagte Carl-Axel. «Und ich bin bereits verheiratet.»

«Das war die härteste Probe, auf die sich ein Mann und eine Frau jemals eingelassen haben. Willst du wieder Kulissen filmen und Krebse fangen?»

Carl-Axel scharrte mit den Füßen im Kies.

«Wie lange seid ihr verheiratet?»

«Vier Jahre. Die Hälfte der Zeit war ich unterwegs.»

«Ich kann mir irgendwie nicht vorstellen, dass das deine Frau ist.»

Clärenore fand «Martha» im Gewächshaus. Sie saß auf einem Gartenstuhl tief im Gewühl der Pflanzen und schaute durch das Glasdach in den Himmel.

«Das war mein Lieblingsplatz als Kind», sagte Clärenore. «Hier habe ich geträumt.»

«Von Ihrer Fahrt?»

«Nein, das konnte ich mir damals nicht vorstellen. Aber mein Vater hatte in seinem Büro eine Weltkarte. Manchmal hat er mich auf den Arm genommen und mir die Kontinente, die Länder und die Hauptstädte gezeigt. Die ersten Städtenamen, die ich außer Essen und Mülheim kannte, waren Buenos Aires und Mendoza.» Clärenore holte sich einen Stuhl und setzte sich neben Martha.

«Sie müssen ihm Zeit lassen. Wir werden noch den Film machen, und dann werde ich mich als guter Freund von Ihrem Mann verabschieden. Natürlich sind Sie beide jederzeit auf Asa willkommen und auch hier.»

«Würden Sie ihn heiraten, wenn ich ihn freigäbe?»

Clärenore stand auf. Sie wanderte wie im Traum über die gepflasterten Wege des Gewächshauses. Sie ging gemessenen Schrittes durch den Stinnes-Park, auf der Straße fing sie an zu laufen. Sie rannte. Die Leute sahen sich nach ihr um, die meisten erkannten sie nicht. Das Tor der ehemaligen Werkstatt von Koeppen war verschlossen. Sie wusste, dass man von hinten herankam, wenn man den Weg durch die Garagenhöfe nahm. Sie lief und kletterte über einen Bretterzaun. Es war Nachmittag; ein Samstag. Niemand arbeitete. Das Gelände gehörte jetzt zu einer Baustofffirma. Sie stieg durch eine Dachluke ein und ließ sich in einen Haufen mit Holzkohle fallen. Zementsäcke, Stapel mit Kacheln, Tongebilde. Es roch nach Teerpappe und gekalkten Platten aus grob zusammengepressten Holzspänen. Das gelagerte Material sog die letzte Feuchtigkeit aus Boden und Wänden und schloss beim Einatmen die Nase, sodass man nur mit offenem Mund atmen konnte. Die Grube, auf der früher die Autos gestanden hatten, war verbrettert. Clärenore löste mit einen Stemmeisen ein paar Bohlen und stieg hinunter. Da war noch der Ölgeruch von früher. Sie leuchtete mit der Taschenlampe den Boden der Montagegrube ab, ohne zu wissen, was sie hier suchte.

Den Lastwagen hätten sie am liebsten bei Adler in Frankfurt gelassen. Carl-Axel musste ihn bis Berlin durchschleppen. Die Firma wollte unbedingt auch dieses Modell verkaufen. Adler steckte in einer Absatzkrise, der gesamten Autobranche ging es schlecht. Zu viel Handarbeit, zu viele Modelle. Es waren zu viele eigenbrötlerische Tüftler am Werk. Fritz von Opel hatte seine Firma im März an General Motors verkauft. Das war der einzig vernünftige Ausweg. Die national gesinnte Öffentlichkeit war empört. Clärenore hätte sich ein bisschen mehr amerikanischen Geist im Sinne Henry Fords in deutschen Unternehmen gewünscht. Der Lastwagen hatte schon in der Nähe von Koblenz einen Motorschaden, was bedeutete: Abschleppen von Koblenz bis Köln. Vor Paderborn leckten die Leitungen – Abschleppen bis Hameln. Das Auto verhielt sich auf allen Kontinenten der Welt gleich. Clärenore lud «Martha» ein, mit ihr im Standard vorauszufahren.

Es gibt nichts Schlimmeres als zwei Menschen in einem Auto, die kein Wort miteinander reden. Sie fuhren zwei Stunden zusammen, das Gespräch versiegte immer wieder. Clärenore konnte sich des Eindrucks nicht erwehren, dass ihre Beifahrerin etwas vor ihr verbarg. Es gibt Rätsel, auf deren Auflösung man ein ganzes Leben wartet, dachte Clärenore und versuchte, sich auf die Straße zu konzentrieren. In Braunschweig stieg Erwin Kleyer zu ihr in den Wagen, und «Martha» wechselte zu Carl-Axel. Gemeinsames Mittagessen. In Magdeburg kam ihnen Edmund entgegen. Trittbrettfahrer, dachte Carl-Axel. Trittbrettfahrer, dachte Clärenore. Großer Bahnhof im Golfclub Wannsee. Der deutsche Kronprinz. Trittbrettfahrer. Sie flohen vor den Reportern in die Douglasstraße. Clärenore flog Nora in die Arme. Hilde war auch da. – Müdigkeit aus Beton. Carl-Axel kannte das Haus, aber seine Schwester ging darin herum, als wäre sie im Märchenland. Er holte sie ein, bevor sie durch die Bibliothek und in den Salon wirbelte, und brachte sie nach oben in ihr Zimmer. Sie genossen die Aussicht auf den Grunewald und freuten sich auf Schweden.

Am nächsten Morgen lauerten Reporter vor dem Eingang. Sie flüchteten durch einen Seitenausgang. Zurück durch den Grunewald nach Wannsee. Die Autos waren mit Lorbeerkränzen geschmückt. Am Südeingang zur Avus mussten sie eine halbe Stunde warten. Clärenore hatte eine Stoppuhr dabei. Punkt zwölf überfuhr sie die Zielmarke. Menschenmassen, Applaus. Krestinskij war der Erste, der sie umarmte, dann Edmund. Dann Robert Weismann, dann Aussenberg. Rudolf Ullstein umarmte sie und bot ihr im Namen seines Bruders einen Autorenvertrag an. Später kam Stresemann. In den Räumen der AVUS-AG wurde ein Festessen mit sechzig geladenen Gästen veranstaltet. Stresemann hielt eine Rede. Wochenschau. Anschließend Rundfahrt. Sie fuhren im Standard durchs Brandenburger Tor. Lord saß hinten im Wagen.

«Wir werden gefeiert wie Lindbergh», sagte Carl-Axel, als sie durch die Säulen des Brandenburger Tors und über den Pariser Platz zum Adlon fuhren. Kilometerstand 46 758. Beim Walzer im Adlon rügte Clärenore Carl-Axel für seine Bescheidenheit und fragte nach Martha.

«Martha ist nach Stockholm gefahren.»

Clärenore fragte nicht nach den Gründen.

Carl-Axel wanderte durch die Räume von Weißkollm. Es war früh am Morgen. Was für eine Aussicht, hier als Schwiegersohn willkommen zu sein. Die Alternative war nicht mehr Martha, sondern Korsnäs. Er schaute in die Kuppel des Salons.

«Hier habe ich mit meinem Vater die letzten Weihnachten seines Lebens verbracht», sagte Clärenore.

Carl-Axel dachte an die Figuren in der Salzwüste in Bolivien und schwieg. Sie ritten zusammen durch die Wälder. Cläre ritt mit ihnen. Carl-Axel mochte diese Frau. Sie hatte etwas, was er an Clärenore vermisste – sie hatte Zeit. Sie konnte zuhören. Sie hörte sehr genau zu, fragte nach. Sie tat so, als ob sie manche schwedischen Wendungen nicht verstand. Nach einiger Zeit stellte sie Rückfragen. Carl-Axel hatte vom ersten Moment an das Gefühl, dass Frau Kommerzienrat und Generaldirektorin Cläre Hugo Stinnes ihn am liebsten adoptiert hätte. Sie war über alles informiert. Sie war offenbar über mehr als alles informiert. Sie schnitt Rosen. Carl-Axel hatte sie nicht gesehen, als er am Abend allein durch den Garten ging.

«Warum haben Sie uns Ihre Schwester vorgeführt? Sie brauchen die Frage nicht zu beantworten. Es ist nicht wichtig, wer Ihre Frau in Wirklichkeit ist. Sie heiraten Clärenore. Ist das klar?»

«Und wenn ich meine Frau liebe?»

«Sie sind zusammen um die Welt gefahren!»

Carl-Axel wagte nicht, ihr zu widersprechen.

Vierzehn Tage nach den Sonnenwendfeiern waren sie in Stockholm. Ohne den Lastwagen, ohne Gepäck, ohne Lord. Die letzte Strecke fuhren sie allein. In den Kurven wurden sie aneinander gedrückt wie in Südamerika. Die Standard-Karosserie lief vom Mittelholm im spitzen Winkel auf die Kühlerfigur zu. Das Auto war eigentlich nicht dafür konstruiert, dass auf der Vorderbank zwei Leute bequem nebeneinander Platz gehabt hätten. Limousinen waren für Fondfahrer gedacht, auch wenn man den Chauffeur längst in die Pullmankabine mit einbezogen hatte. Die Trennscheibe, die sehr bald ganz verschwand, verlagerte sich ins Gehirn des Fahrers, genauer, in seinen Gehörsinn. Auch im Standard 6 gab es eine klare Unterscheidung zwischen Volant und Fond. Carl-Axel wurde sich der Klassenstruktur des Fahrzeugs erst bewusst, als es zum ersten Mal leer war. Die Notwendigkeit, dass der Beifahrer vorne saß, fiel weg. Wie hätten sie sitzen sollen – er vorne, sie hinten?

Sie fuhren von Malmö bis Stockholm durch, an Lammhult vorbei. Kein Wort über Asa. Der Königlich-Schwedische Automobilclub nahm sie in Empfang. Eine Ehrung folgte der anderen. Kilometerstand 49 244. In Stockholm wurde das Unternehmen als eine deutsch-schwedische Gemeinschaftsleistung gefeiert. Sie konnten sich vor Anträgen schwedischer Firmen nicht retten, die sich nachträglich an den Kosten beteiligen wollten, um dafür in Clärenores Buch und in Carl-Axels Film als Sponsoren genannt zu werden. Carl-Axel hätte zugestimmt, aber Clärenore lehnte die Angebote strikt ab, weil sie sie für unredlich hielt. Sie wohnte auf Einladung des königlichen Automobilclubs in einem Gästehaus am Gustav-Adolf-Park. Carl-Axels Domizil und Martha bekam sie während ihres Aufenthalts in der Stadt nicht zu sehen. Sie war zu müde, um sich darüber Gedanken zu machen. Beim Festdiner stellte Carl-Axel ihr seine Eltern vor. Die beiden machten einen verschreckten Eindruck und blieben den ganzen Abend stumm. Clärenore konnte mit ihnen wenig anfangen. Sie war verwirrt über Carl-Axels muntere Freunde aus dem Bowling Club, die ständig nach Ruby fragten und merkwürdige Anspielungen machten. Sie hatte keine Lust nachzufragen. Irgendwie passte das alles nicht zusammen. Carl-Axels Leute blieben ihr fremd. Er brachte sie bis zu ihrer Gästewohnung. Bevor sie ausstieg, gab sie ihm die Bernsteinkette zurück.

«Sie gehört deiner Frau», sagte Clärenore. «Wir haben vielleicht in den Anden zusammengepasst, aber nicht hier in Europa, nicht wahr?»

Clärenore gab ihm einen Kuss auf die Wange. «Ich fahre morgen zurück. Vielen Dank für alles. Wir sehen uns im September in Berlin.»

Sie stieg aus und verschwand im Haus. Schlafen konnte sie nicht, die Nacht war kurz und hell. Sie ging in den Park hinunter. Hier gab es einen Rundweg und mehrere Wege, die zur Parkmitte führten, wo sie sich trafen. Sie hörte Schritte hinter sich und blieb stehen. Ihr Verfolger setzte sich erst wieder in Bewegung, als sie weiterging. Sie schaute sich um. Es war niemand zu sehen. Sie setzte sich auf eine Bank. Alles war still. Dann hörte sie die Schritte wieder. Sie kamen zögernd näher, und vor ihr tauchte eine Frauengestalt in der nordischen Dämmernacht auf.

«Wer ist da?», rief Clärenore. «Laura? Warum versteckst du dich vor mir? Ich habe deine Pflegeeltern nicht umgebracht, warum denkst du das von mir?»

Die Frau trat näher. Sie hatte einen dieser modischen Hüte auf, die wie Töpfe auf den Köpfen saßen und die Gesichter halb verdeckten. Es war Laura. Clärenore erkannte sie sofort wieder. Die schwarze schlanke Gestalt setzte sich neben sie.

«Koeppen war Kommunist. Er bastelte an einer Bombe, die deinen Vater zerreißen sollte. Er hatte Ermano dazu überredet, die Höllenmaschine zu bauen. Er wollte sie in dem Wagen deines Vaters verstecken. Ermano plagte das Gewissen, und er rief mich in England an. Wir wollten uns in Mülheim treffen. Ich kam zu spät. Als ich die Werkstatt betreten wollte, sah ich dich, wie du dich über die beiden gebeugt hast. Was hätte ich denken sollen? Ich wusste, wo Koeppen sein Gewehr versteckt hatte. Ich holte es und schoss auf dich. Ich weiß inzwischen, dass andere sie umgebracht haben. Als du weg warst, kam Ermano. Er dachte, ich hätte die Koeppens umgebracht.»

«Koeppen? Ich kann mir nicht vorstellen, dass er meinem Vater nach dem Leben getrachtet hat», sagte Clärenore. «Warum hast du dich nie gemeldet?»

Sie wollte Laura umarmen. Laura wich ihr aus.

«Ich war in Peking. Ich habe den Mönch getroffen, der deine Mutter versteckt hat. Ich war dort, wo du geboren wurdest. Lala Wang oder Laura Puttenberg oder Laura Wang oder Martha Wahl. Wer sind alle diese Frauen? Bist du die Frau von Carl-Axel Söderström?»

«Hast du den Buddha noch?», fragte Laura.

Clärenore zog den Talisman aus ihrer Tasche. Laura zeigte ihr das Gegenstück. Clärenore konnte die Figur in der Hand Lauras nicht genau erkennen. Sie lagen sich plötzlich in den Armen und weinten hemmungslos. Dann stieß Laura Clärenore auf einmal von sich, sprang auf, zog sich die Schuhe aus und rannte weg. Clärenore lief ihr hinterher. Laura war schneller, sie kannte die Wege im Park. Clärenore verlor sie. Sie suchte nach ihr, bis es heller wurde. Laura war verschwunden. Sie hätte sich Gewissheit verschaffen können, hätte nur Carl-Axels Wohnung beobachten müssen. Sie wollte keine Gewissheit.

Sie packte ihre Koffer, hinterließ ein Dankesschreiben an den Automobilclub und fuhr, noch ehe die Sonne über dem Horizont war, ohne Abschied in Richtung Süden. Zum ersten Mal seit zwei Jahren fuhr sie allein. Sie hielt es kaum aus. Nie hätte sie gedacht, wie sehr sie Carl-Axel vermissen würde. In Asa machte sie Station. Sie kam unangekündigt, das Gut sah vernachlässigt aus, der Park war verwildert. Hugo junior hatte sich hier verlobt und hier geheiratet und sich von Cläre das Gut als Hochzeitsgeschenk gewünscht. Ihrem Sohn konnte die Mutter nichts abschlagen. Aber Hugo hatte sich um Asa nie gekümmert. Man hatte einen Verwalter eingesetzt, der ihr, als sie vor dem Gebäude vorfuhr, entgegenwankte. Er bedrohte sie mit einem Gewehr. Hinter ihm erschien eine Frau, die dem Betrunkenen das Gewehr aus der Hand schlug. Eine Kugel ging in die Baumkronen, und Vögel flatterten kreischend in den Himmel. Der Mann zog sich grollend zurück. Bei der Frau handelte es sich um die Ehefrau des Verwalters. Sie entschuldigte sich für ihren Mann und machte Clärenore indirekt Vorwürfe, dass sie sich nicht angekündigt habe. Clärenore schrieb noch am selben Tag einen Brief an ihre Mutter nach Mülheim, in dem sie die Zustände in Asa schilderte. Sie schlief in dem Raum, in dem sie als Kind zum ersten Mal in Asa geschlafen hatte. Es war genauso kalt. Sie fror erbärmlich und sehnte sich nach Laura und ihrer Kindheit, nach ihrem Vater, nach Carl-Axel. Sie wollte nichts mehr sehen von Asa. Am nächsten Tag fuhr sie weiter und kam tief deprimiert in Berlin an. Leer, ohne Perspektive. Eine Nacht blieb sie in der Douglasstraße und fuhr am nächsten Tag weiter nach Weißkollm. Noch nie hatte sie sich so sehr auf ihre Mutter gefreut.

Carl-Axel saß mit seinem Vater auf dem Boot. Es war Krebszeit. Er hatte keine Freude am Krebsfang. Martha war nicht mitgekommen, seit seiner Rückkehr gingen sie sich aus dem Weg. Anfang August stand sie mit ihren Koffern vor der Wohnung.

«Sie hat gewonnen», sagte Martha. «Du kannst hier bleiben, bis du nach Berlin gehst. Ich denke, die Scheidung wird kein Problem sein.»

Carl-Axel zog am nächsten Tag nach Korsnäs. Er meldete sich nicht in den Filmstudios, sondern verkroch sich in seinem Elternhaus. Tagsüber saß er im Sägewerk und hörte den Sägen zu. Am Morgen nach der Krebsnacht, noch bevor die Schüsseln mit den Dillkronen geschmückt waren, nahm er den Zug nach Malmö. Einen Tag später stand er mit zwei Koffern am Portal des Schlosses in Weißkollm. Clärenore flog die Treppe hinunter und blieb vor Carl-Axel stehen.

«Ist der Film schon entwickelt?»

«Ruby und ich lassen uns scheiden.»

Clärenore war zutiefst erschrocken. Sie stürzte auf ihr Zimmer. Cläre ließ für Carl-Axel ein Gästezimmer herrichten. Dann klopfte sie bei ihrer Tochter an. Clärenore lag auf dem Bett und weinte.

«Ich bin nicht schuld.»

«Es war unausweichlich», sagte Cläre. «Macht erst mal euren Film. Ihr könnt jedes Wochenende hier wohnen. In Berlin nehmt ihr euch am besten zwei Zimmer.»

Clärenore hatte das Gefühl, ihre Mutter wollte sie unter allen Umständen unter die Haube bringen.

Sie arbeiteten in den Studios der Tobis-Film. In der Nähe des Ku'damms bewohnten sie zwei möblierte Zimmer. Die Abende verbrachten sie bei Krestinskij oder mit Hilde und ihrem Freund, dem Dirigentensohn Fiedler, sowie mit Nora und Aussenberg. Carl-Axel lebte sich in dem Kreis schnell ein und wurde überall als Clärenores Verlobter akzeptiert. Sie saßen im Studio und sahen sich die Filmabschnitte an. Jetzt erst, aus der Distanz, erschraken sie über die Naivität, mit der sie an das Unternehmen herangegangen waren. Ihnen wurde klar, dass es an ein Wunder grenzte, dass sie heil zurückgekommen waren. Sie hatten viel Glück gehabt. Clärenore hatte den Elefanten des Grafen Brockdorff und den Buddha im Studio dabei. Carl-Axel hatte seinen Talisman beim Abschied seiner Frau zurückgegeben. Clärenore verdrängte die nächtliche Begegnung mit Laura. Sie weigerte sich, darüber nachzudenken, und vermied es, mit Carl-Axel über seine Frau zu sprechen.

Sie schmiedeten Pläne für ein neues Unternehmen. In der Karibik wollten sie Wale und andere Meerestiere mit einer

Unterwasser-Kamera filmen, die Carl-Axel bauen wollte. Sie verhandelten mit Aussenberg über einen Vertrag mit der Fox-Film in Los Angeles. Clärenore arbeitete unter Hochdruck an ihrem Reisebuch. Es sollte auf dem Markt sein, wenn der Film anlief. Das Buch erschien im Oktober 1929 unter dem Titel «Im Auto durch zwei Welten». Clärenore widmete es ihren Eltern. Sie bestand darauf, dass beide Namen, Stinnes und Söderström, auf dem Titelblatt erschienen. Das Buch enthielt einen großen Teil der Fotos, die Carl-Axel auf der Fahrt gemacht hatte. Der Schutzumschlag zeigte Bilder von den dramatischen Augenblicken der Reise.

Während sie den Film schnitten, sich um die Abfolge der Bilder kümmerten, Teile zusammenklebten, Unwichtiges und zu Privates herausnahmen, erschraken sie nicht nur vor den zwei Jahren, die hinter ihnen lagen, sondern durchlebten alles noch einmal. Neben den Kamerabildern lief ein zweiter Film in ihren Köpfen, der viel genauer war und der sie mehr erschütterte als die Zelluloidstreifen. Clärenore sah, dass Carl-Axel gefilmt hatte, wie sie auf das Sura-Floß fuhr.

«Du hast es tatsächlich gefilmt.»
«Es hätten die letzten Bilder von dir sein können.»
«Ich möchte nicht, dass diese Szene im Film bleibt.»
«Warum nicht?»
«Das geht niemanden etwas an.»
«Siehst du es so?»
«Du nicht?»

Sie lagen sich plötzlich in den Armen. Sie schnitten die Szene heraus und legten sie in die Restebox Nummer 1. In der Restebox 2 waren technisch unzulängliche Passagen, Filmwechsel, Anfänge, Längen und Dubletten gesammelt. In Box 1 sammelten sie alles, was nur sie anging. Als sie mit dem Film fertig waren, sahen sie sich den privaten Rest-Streifen an, den sie chronologisch aneinander geschnitten hatten. Der Film war nur zehn Minuten lang. Sie schauten ihn einmal an, dann noch einmal und schließlich ein drittes Mal, und allmählich überzeugten sie sich von dem Schicksal, das sie zusammengeführt hatte. Nein, sie lagen sich nicht in den Armen. Keiner traute sich, den anderen zu berühren. Das war keine Liaison, kein rauschhaftes Gefühl, das sich zuweilen einstellt, wenn zwei Menschen sich wie vom Blitz getroffen zusammenfinden. Sie wussten plötzlich, dass sie nie mehr ohneeinander würden leben können. Da war kein Herzrasen, keine Angst. Kein Gefühl, wahnsinnig zu werden oder plötzlich in einer anderen Welt zu leben. Sie erinnerten sich, dass sie an der Sura bereits in einer anderen Welt aufgewacht waren. Bei der Wiederholung gab es das nicht noch einmal. Vielleicht waren Clärenore Stinnes und Carl-Axel Söderström das erste Liebespaar, das sich liebte, als es seine Liebe von einer Kamera vorgeführt bekam. Sie waren die Ersten, die unter diesen Bedingungen eine Ehe eingingen. Sie hielt bis zum Tod.

Was Cläre Stinnes sich in den Kopf gesetzt hatte, wurde Wirklichkeit. Clärenore spürte, wie Ruby/Martha/Laura gegen sie kämpfte. Carl-Axel fuhr nach Schweden. Ruby wollte ihn auf einmal nicht freigeben. Das Scheidungsverfahren war allerdings schon eingeleitet. Cläre wollte Nägel mit Köpfen. Sie holte Erkundigungen ein. Gretna Green. Dann kam sie auf die Idee mit London. Clärenore und Carl-Axel beschworen sie zu warten, bis die Scheidung rechtskräftig sei. Cläre schickte ihre Tochter für drei Wochen zu Fergusons nach London. In dieser Zeit hatte Clärenore Gelegenheit zu schauen, was aus ihrem Jugendschwarm geworden war. Er war ein erfolgreicher Geschäftsmann mit einer fröhlichen Familie. Carl-Axel reiste von Stockholm nach London. Er musste acht Tage in England sein, dann war den Heiratsgesetzen im Vereinigten Königreich Genüge getan. Clärenores jüngste Schwester Elsa bezeugte, dass alle Bedingungen erfüllt seien. Clärenore und Carl-Axel heirateten mit dem Segen der Anglikanischen Kirche in einem kleinen Ort bei London. Außer Ferguson, Elsa, dem Standesbeamten und dem Bürgermeister war niemand zugegen. «Wir hätten gleich in Atico heiraten können», sagte Clärenore.

Das Ganze war eine Sache von drei Stunden. Sie starteten im Morgengrauen und fuhren eine Stunde mit dem Auto. Vor dem Haus eines Bürgermeisters hielten sie, legten ihre Finger auf eine Bibel, steckten sich Ringe an, leisteten ein paar Unterschriften und verschwanden wieder. Am Mittag ging ihr Flug nach Berlin, abends Ankunft in Weißkollm. Festempfang. Freunde sangen leicht spöttische Lieder, eine Kapelle spielte. Es gab ein Fünf-Gänge-Menü. Clärenore tanzte. Ihr fiel der Name von dem elsässischen Verwandten nicht mehr ein, der sie nach dem Krieg an diesem Ort fast vergewaltigt hätte. Sie tanzte mit Edmund. Carl-Axel tanzte mit Cläre. 20. Dezember 1930. Es war keine große Feier, aber außer Hugo waren alle Geschwister da. Außerdem waren Nora, Aussenberg und die beiden Krestinskijs gekommen. Von Carl-Axels Familie war niemand anwesend.

In der Nacht brachen sie auf. Die Hochzeitsbräuche verlangten, dass das Ehepaar am Morgen nicht mehr im Haus war. Sie fuhren mit dem Standard in Richtung Berlin und machten in Bad Luckau Station, wo sie ein Zimmer reserviert hatten.

«Mir fehlt nur der Schlafsack», sagte Clärenore.

«Was hältst du von einem Hochzeitsgeschenk?»

«Ich habe Hunger.»

«Sie hat uns Asa geschenkt.»

«Wer, was, wozu?»

«Deine Mutter. Zur Hochzeit. Asa Gård.»

Clärenore holte tief Luft. «Wirklich? Und nun? Wir wollten doch in die Karibik!» Dann schlief sie ein.

Beim Frühstück hörten sie im Radio, dass die Studios der Tobis-Film in Berlin abgebrannt seien. Zwei Stunden später waren sie in Berlin. Die Hochzeitsreise endete in rauchenden Wänden und Dachgerippen. In einer Halle hatten die Feuerwehrleute die geretteten Filmdosen deponiert – höchste Explosionsgefahr. Mit Zelluloid hätte man ganze Städte in die Luft sprengen können. Sie durften erst am nächsten Tag in die Halle. Zu Hause lagen sie auf einem Bett, rauchten und starrten die Decke an. Lord lag zwischen ihnen.

«Und was, wenn alles verloren ist?»

«Eigentlich brauchen wir es nicht mehr», sagte Clärenore. «Es ist unser Leben.»

«Das waren zwei Jahre. Wir sollten sie irgendwann vergessen.»

«Es ist unsere Grundlage.»

«Wir werden täglich neue Grundlagen finden.»

Sie fanden das Negativ des Films unversehrt in einem Stahlkasten. Die Kopien waren verbrannt. Aber auch Box 1 und Box 2.

«Box 2 ist kein Verlust», sagte Carl-Axel. «Aber Box 1.»

«Es ist in unseren Köpfen. Und es geht niemanden etwas an.»

Am nächsten Tag begannen sie mit den Tonaufnahmen in einem anderen Studio. Clärenore sprach den Kommentar zu ihrem Film, den sie aus dem Buchtext zusammengestellt hatte, in ein Mikrophon. Carl-Axel stand hinter der Kamera. In einer Szene trat er selbst auf und sagte zum Publikum, er sei eigentlich mitgefahren, um die Reise zu filmen, aber er sei kaum zum Drehen gekommen. Die meiste Zeit habe er damit verbracht, das Auto zu schieben. Am Weihnachtstag und Carl-Axels Geburtstag befanden sie sich auf der Strecke von Berlin nach Mülheim. Im Teutoburger Wald gerieten sie in einen Schneesturm und mussten in einem Dorfgasthof übernachten.

«Da siehst du's», sagte Clärenore, «es geht immer so weiter. Was ist hier anders als in Sibirien?»

Sie beschlossen, im Frühjahr für ein halbes Jahr nach Asa zu ziehen und sich dort auf ihre Karibiktour vorzubereiten. Die Uraufführung des Films fand im März 1931 im Berliner Marmorsaal statt. Ein haushohes Plakat kündigte den Titel des Films an: «Im Auto durch zwei Welten. Ein Clärenore-Stinnes-Film». Darunter war der Adler vor dem Fudschijama abgebildet. Clärenore und Carl-Axel standen vor dem Kino und sahen, wie die Menschen hineingingen.

«Komm, das müssen wir uns nicht nochmal antun», sagte Clärenore, packte Carl-Axel am Arm und zog ihn zum Auto zurück. Dann gab sie Gas. Sie fuhren über die Avus, die inzwischen für den öffentlichen Verkehr freigegeben war, und von da aus südlich an Berlin vorbei bis Königs Wusterhausen und dann in Richtung Lausitz. Mitten in der Nacht kamen sie in Weißkollm an. Die Familie war in Berlin. Es wurde ihre erste Liebesnacht. Sie nahm allerdings ein jähes Ende, als der Rost, der sich zwölf Jahre lang, unbeirrt von den Zeitläuften, in stiller Arbeit in den Uhrketten im Turm über ihnen vorangefressen hatte, seinen letzten Biss tat. Eine Viertelstunde später waren sie über eine Leiter durch die Deckenluke auf den Boden der Turmspitze geklettert und besahen im Schein der Taschenlampen die entspannt zusammengeringelten Ketten, die endlich ihr Ziel erreicht hatten.

«Der Alltag ist tatsächlich genauso spannend wie eine Weltreise im Auto», sagte Carl-Axel.

Bevor Clärenore und Carl-Axel nach Asa umzogen, steuerten sie auf ihrer Abschiedstour von der russischen Botschaft aus das Weinhaus Nadolny an.

«Ermano? Moment ...», sagte der Mann hinter der Theke. Nach einer Weile kam er mit einer Blechkiste zurück und stellte sie neben die Biergläser. Clärenore und Carl-Axel beugten sich darüber.

«Können Sie mitnehmen.»
«Wieso?»
«Der Wirt hat gesagt, der Erste, der nach ihm fragt, kriegt das Zeug.»
«Was ist denn drin?», fragte Clärenore.
Der Kellner zuckte mit den Achseln.
«Und wo ist Ermano?»
Der Kellner wies mit dem Finger nach oben.
«Er hatte schon mal versucht, eine Bombe zu basteln, seitdem hatte er nur noch einen Arm. Es war dumm von ihm, es ein zweites Mal zu versuchen.»
«Er hat an Automotoren herumgebastelt, nicht an Bomben», sagte Clärenore. «Wofür hätte er Bomben bauen sollen?»
«Die erste sei für Rathenau gewesen, hat er gesagt. Sie ist aber wohl zu früh losgegangen.»
«Und die andere?»
«Ich glaube, er wollte die Höllenmaschine mit der Post verschicken. Eine Adresse in Schweden. In der Kiste sind nur Zeitungsausschnitte. Nehmen Sie das Zeug nun mit, oder sollen wir es wegwerfen?»
Carl-Axel machte den Kasten vorsichtig auf. Er war voll gestopft mit Zeitungspapier. Er nahm die Kiste unter den Arm.
Zu Hause saßen sie kopfschüttelnd und ratlos davor. Die Zeitungsausschnitte handelten ausschließlich von ihrer Reise. In allen Texten war der Name Söderström mit schwarzer Tinte unterstrichen, die sich nach oben und unten in die Zeilen gefressen hatte.
«Offenbar wollte er mir an den Kragen», sagte Carl-Axel und lachte.
«Oder deiner Frau. Hast du ein Foto von ihr?»
«Nein», sagte Carl.
Die Bäume waren noch kahl, als sie in Asa ankamen. Ein

Höllenhund mit roten Augen stürzte sich auf Lord und schlug die Zähne in seine Kehle. Carl-Axel nahm sein Gewehr und erschoss den Angreifer. Lord lag stark blutend am Boden. Sie luden ihn ins Auto und fuhren zurück nach Lammhult. Die Hilfe des Tierarztes kam in letzter Minute. Als sie mit dem verbundenen Hund zurückkamen, der auf dem Rücksofa des Standard schlief, stand der Verwalter mit dem Gewehr vor ihnen. Carl-Axel schoss ihm vor die Füße, packte ihn beim Kragen und warf ihn zu Boden. Rot vor Zorn ging er ins Haus, trieb die Frau und alle anderen, die sich drinnen verschanzt hatten, hinaus und warf sie vom Hof. Noch am gleichen Abend verfertigten sie die Kündigungsschreiben.

Am nächsten Morgen stellten sie sich dem Pfarrer, dem Ortsbürgermeister, dem Forstmeister und dem Bezirkshauptmann in Lammhult als die neuen Eigentümer von Asa Gård vor. Sie wurden mit offenen Armen empfangen. Die Schweden waren froh, dass wieder ein Schwede Herr auf Asa war. Es dauerte keine Woche, und sie hatten Handwerker und neue Hilfen für Haus und Hof, für die Ställe und die Ländereien. Nach knapp einem Monat war Asa Gård der Hauptarbeitgeber in einer Gegend mit hoher Arbeitslosigkeit. Carl-Axel und Clärenore standen morgens um fünf im Stall. Um acht waren sie bei den Handwerkern im Haus, um neun bei den Pferden, um elf bei der Baustelle für die Mühle und die Sägemühle, und um die Mittagszeit ritten sie zu den Holzfällern. Am Nachmittag waren sie auf dem See, um die Uferseiten zu inspizieren, am Abend wieder im Haus bei den Maurern. Sie legten überall selbst Hand an, rissen Wände ein, mauerten neue; strichen Decken, schliffen Böden ab; gruben die Hausfundamente aus und legten sie trocken; kletterten auf den Dächern herum und tapezierten die Räume in den Nebengebäuden.

Im Laufe der Zeit stapelten sich Postpakete neben dem

Eingang. An einem Sonntag machten sie sie auf – Bücher und Fotobände über die Karibik. Sie saßen im Salon. Der erste Tag, an dem nicht geheizt werden musste. Es roch nach kalter Asche. Der Steg unten am See sah aus wie eine Sprungschanze, von der man jederzeit zum gegenüber liegenden Ufer hätte abheben können. Unter der Post befanden sich auch zwei Briefe; einer aus Detroit von Henry Ford, adressiert an »Miss Claerenora Stinnes – Berlin – Germany», der andere vom königlich-schwedischen Innenministerium in Stockholm. Ford lud sie zu einer Rallye rund um die Welt ein. Sie sollte für Ford fahren. «Wer eine Sache am besten macht, der soll sie auch verrichten», schrieb Ford. «Ich betrachte Maschinen, die meinen Namen tragen, nicht als bloße Maschinen. Wären sie das, so würde ich etwas anderes unternehmen. Für mich sind sie der konkrete Beweis, dass wir diese Welt zu einem erfreulichen Tummelplatz des Lebens machen können.» Das zweite Schreiben war von der Einwanderungsbehörde, die Clärenore Söderströms Antrag auf die schwedische Staatsbürgerschaft stattgab und noch etliche Unterlagen anforderte.

Der See war glatt. Seit der letzten Eiszeit spiegelten sich an den Ufern Büsche und Bäume. Eine fragile Doppelwelt. Und wenn der Wind in die Uferregion fuhr, sprangen die Gipfel der Hügel weiter auf das Wasser hinaus. Alle Dinge hatten ihr Ebenbild – ein Zwillingsleben, das jeden, der damit vertraut war, in seinen Bann schlug. Asa war kein Tummelplatz. Der Asasee hatte die Fähigkeit, Menschen zusammenzufügen. Sie ruderten zur Mitte des Sees.

«Zurück auf den Tummelplatz?», fragte Clärenore. «Ford-Rallye oder Karibik? Wir könnten nächste Woche in New York sein.»

«Nächste Woche kommen die Scherblätter für das Sägewerk. Mein Vater will sie sich anhören.»

«Und übernächste Woche?»
«Dann kommen die Rohre und die Dachziegel.»
«Und dann?»
«Kommen die neuen Pferde.»
«Und dann?»
«Kommen die Leute mit den Fenstern.»

Am Abend schrieb Clärenore an Henry Ford und beendete ihren Brief mit den Sätzen: »Wir haben die Welt einmal umrundet. Wir müssen es nicht zum zweiten Mal tun.«

Als sie spät in der Nacht ins Bett ging, lag die Bernsteinkette auf ihrem Kopfkissen.

17. Sarah Armstrong

Fürst Malte von Putbus war ein Träumer. Zu Beginn des neunzehnten Jahrhunderts saß er auf seinen Ländereien in Rügen und sehnte sich nach Italien. In dieser Zeit war es selbst für deutsche Duodezfürsten nicht gang und gäbe, in südlichen Gefilden zu überwintern oder ganz dorthin überzusiedeln. Man leistete sich stattdessen italienische Künstler und Baumeister, legte italienische Gärten an und machte aus der Dependance am Meer griechische Tempel.

Malte von Putbus war gerade siebzehn Jahre alt, als der schwedische König Gustav IV. Adolf im Jahre 1800 seine pommerschen Besitzungen in Augenschein nehmen wollte und sich auf Schloss Putbus als Logierbesuch ankündigte. Es gab aber kein standesgemäßes Logis auf der Insel. Das Schloss war halb verfallen beziehungsweise halb fertig. Es lag mitten in einem verwilderten Barockgarten voller Sandgruben, Gestrüpp und Hopfenpflanzen für die nahe gelegene Brauerei. Der Hausherr war tot, und die junge und schöne Witwe weilte in Bad Pyrmont und ließ sich durch den schwedischen König nicht stören. Im Schloss gab es nicht genug Tische und Stühle und nur zwölf Biergläser. Man engagierte einen Koch und zitierte Malte, den Stammhalter, aus Greifswald herbei, wo er an der Universität studierte. Der junge Mann erlitt einen Schock – er musste einen König bewirten! Gustav aß und schlief so schlecht wie selten in seinem Leben. Als er sich für die Gastfreundschaft bedankte, grub sich die Beschämung für immer in Maltes Seele. Damit hatte Rügen seinen ersten Manager – Malte ließ nicht locker, bis er Putbus dreißig Jahre später zu einem Ostsee-Athen en miniature umgestaltet hatte. Dafür leistete er sich den Star-architekten seiner Zeit, Karl Friedrich Schinkel aus Berlin.

Wie alle Stararchitekten fertigte dieser ein paar Entwürfe an, kam mal vorbei und ließ ansonsten alles von seinen Schülern – seinem Büro – erledigen. So wichtig war der Fürst von Rügen dann auch wieder nicht.

Immerhin entstand neben dem Schloss, das im romantisierenden Stil umgebaut wurde, der mondänste Badeort Deutschlands. Die Sensation war der Zirkus: ein Rund aus klassizistischen Stadtpalais, die einzeln standen; keine Reihen- oder Doppelhäuser. Die Palais waren durch Toreinfahrten verbunden, und in der Mitte des Kreises stand ein bekrönter Obelisk. Vom Zirkus führte eine Allee nach Norden, an der neben weiteren Palästen das Theater stand. Die Stadt wurde durchbrochen von der Natur und lebte in Harmonie mit ihr, bis die sozialistischen Stadtplaner das Ensemble zerstörten.

Obwohl das Schloss abgerissen und die Gebäude vernachlässigt wurden, war auch im Jahre 1973 der Charme dieses verwunschenen Ortes noch zu erkennen. Ein Rest fürstlicher Planungshoheit, den selbst der Arbeiter-und-Bauern-Staat nicht vollständig hatte zerstören können. Putbus war noch immer das, was Malte und Schinkel sich gedacht hatten: eine Stadt als Fortsetzung der Landschaft und eine Landschaft als Fortsetzung der Stadt. Das Geheimnis waren unmerkliche Übergänge vom Gebauten zum Gepflanzten. Der Ort lag zu weit weg vom Greifswalder Bodden, um mit den späteren Badeorten Binz und Sellin konkurrieren zu können, aber es gab ein Badehaus direkt am Meer. Zur See hin öffnete sich eine Säulenhalle mit achtzehn Säulen, die über zwei Stockwerke reichten. Man fühlte sich in ein romantisches Korfu versetzt oder in die amerikanischen Südstaaten. Ein verzauberter – abends rosafarbener – Ort, von dem aus man auf die Ostsee schauen konnte, auf dieses Meer, das in guten Sommern mediterraner ist als das Mittelmeer.

Sie saßen auf den Stufen vor den Säulen.

«Ich habe dich mein Leben lang gehasst», sagte Laura.

«Ich habe mich mein Leben lang nach dir gesehnt», sagte Clärenore. «Du warst für mich immer ein Wesen aus einem Märchenland.»

«Ich bin tatsächlich von hier. Das habe ich erst vor kurzem erfahren.»

«Erzählst du's mir?»

«Ja», sagte Laura. «Ich habe dich beneidet um deinen Vater. Darum, dass du einen Vater hattest. Erst als Carl-Axel mir von der Weltreise erzählte, zu der ihn Aussenberg eingeladen hatte, wurde mir klar, dass uns das Schicksal wieder miteinander verknüpfen würde. Es gibt Menschen, denen man nicht entkommen kann. Man bleibt schicksalhaft mit ihnen verbunden. Das kann glücklich oder in Katastrophen enden. Bei uns war es eine fatale Verbindung. Immerhin hat es ein Leben lang gehalten.»

«Eine Lebensliebe?»

«Ich weiß nicht, ob Hass oder Liebe dabei eine größere Rolle gespielt hat.»

«Du warst Carl-Axels Frau, nicht wahr? Seine Schwester hat mir viel später erzählt, dass sie für dich eingesprungen ist, weil du mich nicht sehen wolltest. Warum wolltest du mich damals in Stockholm im Park treffen?»

«Um dir zu sagen, dass ich dir Unrecht getan habe, was den Mord an den Koeppens betrifft. Das hatte ich damals gerade herausgefunden. Ermano hat mir, bevor er starb, einen Brief geschrieben. Er hat bis zum Schluss gedacht, ich hätte die Koeppens umgebracht. Deshalb hat er mich sein Leben lang verfolgt. Er war sogar mal in Stockholm, er hat mir aufgelauert und mich in unserer Wohnung niedergeschlagen. Ich habe versucht, ihm alles zu erklären, aber er hat mir nicht geglaubt.»

«Martha Wahl, Ruby Söderström, Sarah Armstrong,

Laura Koeppen oder Laura Puttenberg? Wie kann ein Mensch so viele Identitäten haben?»

«Eigentlich ist es eine ganz normale Geschichte. Sie wird nur zu einem Rätsel, wenn man sie in Verbindung mit den anderen Personen sieht, mit denen sich mein Lebensweg gekreuzt hat.»

«Das größte Rätsel ist, dass wir uns bei diesem Erwin Melln getroffen haben. Wieso diese Zufälle?»

«Es sind keine Zufälle, es ist die Logik unserer Lebensläufe, die uns immer wieder in entscheidenden Lebensphasen an ein und denselben Ort führt.»

«Und Koeppens?»

«Es gibt ein Zentrum, um das alles kreist. Das ist der Tag, an dem wir, du, ich, Ermano, Gerda und Erwin Melln und noch ein paar andere in Koeppens Garage waren. Und worum ging es? Es ging um eine Bombe, die deinen Vater töten sollte.»

«Mir kommt das alles vor wie ein schlimmer Traum», sagte Clärenore und ging zum Wasser hinunter.

Sie schaute auf eine dicht bewaldete Insel im Greifswalder Bodden, von der die Einheimischen hinter vorgehaltener Hand erzählten, dass dort die SED-Bonzen in einer Villa Urlaub machten und Orgien feierten. Sie setzten sich auf einen Baumstamm und schauten aufs Wasser. Zwei alte Frauen, die auf ihr Leben zurückblickten, das auf unerklärliche Weise ineinander verschlungen war.

«Du warst viel eher als ich nahe daran, das Geheimnis meiner Geburt zu entschlüsseln. Das war, als du in Peking warst. Ich habe eure Erlebnisse dort in Carl-Axels Tagebuch gelesen. Ich habe es erst viel später gelesen, da waren wir schon getrennt. Als Carl-Axel mit dir unterwegs war, habe ich keinen Blick in seine Tagebücher geworfen. Als er nach Berlin abreiste, wusste ich, dass er für mich verloren war. Aber ich will zuerst von China erzählen. Ich war vor zwei

Jahren dort. Und ich habe auch in Ost-Berlin noch Akten gefunden. Als Amerikanerin hatte ich keine Probleme, zu den Akten des ehemaligen Außenministeriums des deutschen Kaiserreichs Zugang zu bekommen. Ich habe schließlich nicht nach Staatsgeheimnissen gesucht, sondern nur nach dem Namen meines Vaters. Diese Reise in die eigene Vergangenheit hatte einen Anlass. Das war der Tod meines Mannes, William Armstrong. Unsere Ehe war sehr glücklich, so glücklich, wie ich vielleicht mit Carl-Axel nie geworden wäre. Das Schicksal hat meine und seine Entscheidung, miteinander zu leben, korrigiert. Ich habe Kinder und Enkelkinder. Mein Mann war Immobilienmakler in Hollywood. Es ging dabei ausschließlich um Grundstücke der Stars und Filmfirmen. Ein sensibler Bereich. Da vertraut man sich nur jemandem an, der schweigen kann.» Laura strich Clärenore über die Schulter.

«Ach, Laura, wir sind auf eine andere Weise miteinander verbunden, als Männer und Frauen es sein können, nicht wahr?», sagte Clärenore.

«Heute sehe ich das auch so. Es war Liebe auf den ersten Blick und abgrundtiefer Hass, der uns ein Leben lang aneinander gebunden hat. Wenn es stille Momente in meinem Leben gegeben hat, dann habe ich an viele Menschen gedacht, aber immer auch an dich. Als wir uns 1914 auf dem Bahnhof von Lammhult getrennt haben, warst du – und Asa – für mich das verlorene Paradies.»

«Und irgendwann hat Carl-Axel dir erzählt, wie er mich auf dem Weg zwischen Lammhult und Asa kennen gelernt hat, an dem Tag, als ich dich zum Zug gebracht habe.»

«Da warst du schon ein dunkler Gegenstern für mich. Ich war überzeugt davon, dass du meine Pflegeeltern umgebracht hast. Und nun sah ich plötzlich Carl-Axel in deinem Bann. Als er deine Einladung bekam, hat er von dem Zufall erzählt, dass ausgerechnet du ihn für die Weltreise haben wolltest. Sie wird sich wundern, hat er gesagt. Ich habe ihm nie erzählt, dass wir uns gekannt haben.»

«Der Bahnhof in Lammhult», sagte Clärenore, «nicht gerade ein Eisenbahnknotenpunkt. Aber ein Knotenpunkt in meinem Leben.»

«Es gibt Orte, da treffen sich die Menschen nicht, die sich hätten treffen sollen. Und dann gibt es Orte, an denen treffen sich Menschen, die sich nie hätten treffen dürfen. Der Bahnhof von Lammhult und Koeppens Garage sind solche Orte.»

«Warum bist du hier? Warum hast du mich in Irmenach aufgestöbert?», fragte Clärenore.

«Was macht Carl?»

«Würdest du ihn gern sehen?»

«Ja.»

«Wenn du mir alles erzählt hast, dann fahren wir zusammen zu ihm. Einverstanden?»

«Okay», sagte Laura.

Sie gingen zurück zum Wagen und fuhren nach Binz, wo sie sich in einem Strandhotel eingemietet hatten.

Binz war ein Erholungsort für Frauen und Männer, die sich um den Aufbau des sozialistischen deutschen Staates verdient gemacht hatten. Nicht jeder bekam einen Ferienplatz in den Wohnheimen der Kombinate, schon gar nicht in den wenigen Hotels, die sich nach den neuen Grenzregelungen Hoffnungen auf Westtouristen machten. Die blieben allerdings fast vollständig aus. Die DDR war in den siebziger Jahren so weit weg aus westdeutschen Köpfen wie Peking zur Zeit Marco Polos. Binz konnte in der letzten Septemberwoche immerhin einhundertsechzehn Touristen aus Staaten des Warschauer Paktes, dreizehn Geschäftsleute und fünfzehn Verwandtenbesuche aus der BRD sowie acht Besucher aus dem kapitalistischen Ausland vermelden. Unter den Letzteren befand sich eine Amerikanerin, die sich mit einer schwedischen Staatsbürgerin im Strandhotel eingemietet hatte.

Das zuständige Amt leitete die Information in die Normannenstraße nach Berlin weiter. Dort lagen bereits zwei Berichte vor. Der des Genossen Erwin, in dem die Damen als harmlos eingestuft wurden, und der des IM »Richard«, der den Auftrag hatte, den Genossen Erwin zu beschatten. In diesem Bericht waren die Frauen, die der Genosse Erwin als durchreisende Zufallsbekanntschaften beschrieben hatte, Angehörige einer finsteren Weltverschwörung. Als Beweis legte «Richard» Fotografien vor, die zwei alte Damen im Gespräch mit Erwin und im Gespräch untereinander auf der Treppe vor dem Badehaus in Putbus zeigten. Beide hielten sich kerzengerade. Das lag wohl daran, dass sie sich über einen Strauch reckten und deutlich sichtbar die Insel Vilm in Augenschein nahmen. Der Genosse Erwin hatte keine plausible Erklärung dafür, warum sich diese beiden auffälligen Westbesucher ausgerechnet bei ihm getroffen hatten. Da man im Ministerium einem Mann wie Erwin einen solchen Fehler nicht zutraute, war man zu der Überzeugung gekommen, dass er das Treffen inszeniert hatte, um etwas anderes dahinter zu verbergen. Aber was? Wollte sich der Doppelspion, der wohl ein Drei- oder Vierfachspion war, absetzen? Der Mann war fünfundachtzig Jahre alt! Oder war er nur deshalb außer Kontrolle geraten, weil seine Frau Gerda, die eigentlich Linda hieß und eine geborene Kottke aus Mülheim an der Ruhr war, bei einem Westeinsatz ums Leben kam?

Der den Fall bearbeitende Oberstleutnant Zink im Ministerium für Staatssicherheit kam aufgrund der Aktenlage zu der Einsicht, dass man für die verdächtigen Alten aus Amerika und Schweden nicht nur Erwin und den ihn beobachtenden IM «Richard», sondern auch noch IM «Olden» als Beobachter für «Richard» und Erwin und die Damen abstellen sollte. Außerdem stellte der Führungsoffizier in der Normannenstraße einen Antrag auf Akteneinsicht in die Personalakte Melln, Gerda und Erwin. Dann sah er sich ein Foto an von zwei Leuten, die in einem Auto saßen. Der Wagen war etwa Baujahr 1918, das Modell nicht erkennbar. Sie waren weiß gefedert, und es hingen ihnen die Zungen heraus. Offenbar tot. Auf dem Kühler lag eine rote Fahne; darauf war mit schwarzer Farbe das Wort «Verräter» geschrieben.

Clärenore und Laura gingen vor dem Abendessen auf der Strandpromenade in Richtung Kurhaus. Es begegneten ihnen einige Wochenendurlauber – DDR-Bürger aus der näheren Umgebung. Die Bürger der DDR hatten einen siebten Sinn für Westbesucher und deren Verfolger. Sie sahen den beiden Frauen an, woher sie kamen, obwohl sie nicht auffällig gekleidet waren und sich aus der Ferne kaum von den anderen Spaziergängern unterschieden. Es waren nicht die Kleider, nicht die Frisuren, nicht die Schuhe oder die Handtaschen der alten Damen. Auffallend war die Tatsache, dass sie nur zu zweit waren. DDR-Bürger gingen in Gruppen und hatten ein Ziel. DDR-Bürger blieben nicht ohne Grund stehen und redeten nicht in der Öffentlichkeit mit Kopf und Händen. Wenn das alles aber noch nicht gereicht hätte, um die Einheimischen misstrauisch zu machen, dann waren die Herren, die hinter ihnen hergingen, Beweis genug – der eine zwanzig Meter hinter den Zielpersonen, der andere dreißig Meter hinter dem Beobachter.

Die DDR war ein Staat von Beobachtern. Und wer unter Beobachtern aufwächst, lernt zu beobachten und zu vermeiden, selbst beobachtet zu werden. Das war der entscheidende zivilisatorische Unterschied, an dem jeder DDR-Bürger einen Menschen aus dem Westen erkannte. Die Gesellschaft der DDR war von einer ungeheuerlichen öffentlichen Diskretion. Es herrschte eine fast japanische Atmosphäre. Die

Leute aus dem Westen benahmen sich hingegen wie Elefanten im Porzellanladen, so, als würden sie nicht beobachtet. Sie hatten kein Gefühl für Blicke, für Signale. Sie wären nie auf die Idee gekommen, sich in ihrem Hotelzimmer nur im Bad und bei laufendem Wasser zu unterhalten. Sie hatten keinen Sinn für Pausen zwischen zwei Wörtern, für Betonungen und verschiedene Lautstärken. Sie kannten nicht den Doppelsinn von Begriffen, den harmlosen und den subversiven.

«Ich sehe diese Insel zum zweiten Mal in meinem Leben», sagte Laura. «Das erste Mal sah ich sie, als wir zusammen nach Asa fuhren. Vielleicht ist es Einbildung, aber ich habe mich schon damals wohl hier gefühlt. Inzwischen weiß ich, dass die Familie meines Vaters aus Putbus stammt. Ich habe dir vorhin erzählt, dass ich in Peking war und vor einer Woche in einem Archiv in Berlin. Ich weiß jetzt, wer mein Vater war. Er hieß Jens Malte Wahl Freiherr von Putbus und entstammte einer Seitenlinie des hiesigen Fürstenhauses. Seine Urgroßeltern lebten noch in einem Herrenhaus in der Nähe von Garz. Alles andere weißt du. Nachdem wir uns in Asa getrennt hatten, ging ich in Stockholm zur Schule. Wir hatten uns geschworen, uns zu besuchen. Meine schwedischen Pflegeeltern haben den Kontakt mit dir und der Familie Stinnes verboten. Ich glaube, die Schweden hatten Angst vor deinem Vater, wie halb Europa. Ich habe oft an dich gedacht. Dann wurde ich nach England auf eine Mädchenschule geschickt, und während des Ersten Weltkriegs habe ich mich nach London davongemacht. Ich war achtzehn und hatte einen einzigen Wunsch: Schauspielerin zu werden. Ich meldete mich in einer Londoner Schauspielschule an und bestand die Aufnahmeprüfung. In London traf ich Ferguson wieder. Für einen Sommer waren wir ein Liebespaar.»

«Wie delikat», sagte Clärenore. «Ich wollte ihn auf dem Balkon der Heimburg irgendwann einmal küssen. Da war ich neunzehn. Und da kam er wohl gerade von dir? Außerdem war Ferguson bei unserer Hochzeit dabei.»

«Ich weiß», sagte Laura. «Er war auch bei unserer Hochzeit dabei. Ein Mann für alle Hochzeiten.»

Die beiden Frauen kicherten wie Backfische, was die Passanten, denen sie begegneten, noch mehr irritierte. Sie gingen in ein Restaurant und steuerten auf einen Tisch zu. Typisch Westtouristen, grundsätzlich übersahen sie das Schild mit der Aufschrift «Hier werden Sie plaziert». Der Oberkellner wies ihnen einen anderen Tisch weit weg vom Fenster, dafür in der Nähe zum Kücheneingang an. Alle anderen Tische seien reserviert, sagte der Mann in barschem Ton. Sie waren fast die einzigen Gäste, mussten aber zurück in den Vorraum und warten, bis der Tisch eingedeckt war. Sie sahen, wie ein Kellner unter den Tisch kroch, um dort irgendetwas zu befestigen. Man reichte ihnen zwei Bögen Papier, auf denen zwei Gerichte zur Auswahl standen: Schweinesteak und Schweinefilet. Dazu Sättigungs- und Frischkostbeilagen. Das Fleisch war mit Dosenpfirsich oder Dosenananas und Käse überbacken und nannte sich «Asia-Teller» oder «Cuba-Teller». Clärenore fragte nach frischem Fisch. Es gab nur Bücklinge in Dosen.

Major Linden saß in der örtlichen Zentrale in Saßnitz hinter seinem Schreibtisch und hörte das Band mit den Gesprächen der beiden Frauen aus den Vereinigten Staaten und Schweden ab. Er wunderte sich immer wieder aufs Neue über die Naivität der Westler. Ein Griff unter den Esstisch hätte genügt, und sie hätten die Wanze entdeckt. Er kannte die Gespräche der Gäste aus dem Westen. Sie ärgerten sich über den Kellner, über das Essen, über das Ambiente, über den schlechten Wein, das leere Lokal und den schlechten Platz, über den Geruch, über die lächerlichen Preise. Er hörte nicht hin, bis der Name Gerda Melln fiel.

«Sie hat mir geschrieben. Weiß der Himmel, woher sie meinen Namen und meine Adresse hatte», sagte Laura. «Das allein hat mich stutzig gemacht. Sie hat mich gebeten, sie in Greifswald zu besuchen, und mir eine Überraschung versprochen. Ich würde eine alte Bekannte wiedertreffen.»

«Damit hat sie wohl mich gemeint», sagte Clärenore.

«Ja, ich glaube, sie wusste – woher auch immer –, dass sie uns wegen des Koeppen-Mordes eine Erklärung schuldig war. Das war der Grund, weshalb ich dich angerufen habe. Ich wollte dich auf meiner Deutschlandreise vorher besuchen und dir von der Sache erzählen. Ich wollte vor allem Carl-Axel wiedersehen und Frieden schließen mit mir, mit euch. Ich habe euch in Irmenach nicht erreicht, und deine Tochter, mit der ich telefoniert habe, hat mir nicht sagen wollen, wo du bist. Ich wusste bis vorgestern, als wir uns in Greifswald gegenüberstanden, nichts von dem Tod dieser Gerda.»

«Es ist Krebs», sagte Clärenore. «Wir hatten schwere Wochen. Jetzt ist er in einer Reha-Klinik, um sich von der Chemotherapie zu erholen. Die Aussichten sind nicht schlecht, aber auch nicht so, dass man sagen könnte, er würde wieder gesund. Er wird irgendwann seine Stimme verlieren.»

«Lass uns zahlen», sagte Laura.

Major Linden hörte die üblichen Geräusche. Dann wechselte er das Band. Auf der neuen Spule stand «Strandhotel». Die Frauen hatten sich offenbar auf den Balkon gesetzt, ihre Stimmen waren dennoch deutlich zu hören. Es wurde ein Streichholz entzündet, eine Zigarette angesteckt. Irgendein Gesprächsteil fehlte oder war auf einem anderen Band.

«... und ist dann deportiert worden. Nach Auschwitz, wer weiß, wohin. Mehr habe ich über die deutschen Verwandten meiner Mutter, die mit Mädchennamen Veijde y Sarasy hieß, nicht erfahren können. Als ich in Amerika war, habe ich mir in den vierziger Jahren aus Solidarität mit den Zwangsnamen, die Jüdinnen in Deutschland führen mussten, zusätzlich zu meinen Vornamen Martha und Laura den Namen Sarah gegeben. So wurde aus Laura Koeppen, die eigentlich Martha Laura Wahl von Putbus und nach spanischem Brauch zusätzlich Sarasy hieß, Sarah Armstrong.»

Das Gespräch wurde von einem Geräusch überdeckt, das Major Linden als Störung durch ein ungeerdetes elektrisches Gerät identifizierte. Im Nebenzimmer hatte jemand einen Föhn, einen Rasierapparat oder ein Kofferradio in Betrieb genommen. In jedem Fall ein Gerät aus dem Westen. Das würde sich nach Inkrafttreten des Grundlagenvertrages häufen. Major Linden nahm sich vor, modernere Abhörgeräte anzufordern. Aber warum eigentlich? Moderne Abhörgeräte bedeuteten mehr Arbeit. Der Grundlagenvertrag war schon schlimm genug – mehr Touristen, mehr Einsätze. Das ganze langweilige Zeug. Achtundneunzig Prozent Ausschuss. Elektrische Störungen waren Arbeitserleichterungen. Wer zehn Jahre lang Tag für Tag Menschen abhört, ist dankbar für jede Minute, in der er keine Stimmen zu hören bekommt. Major Linden verwarf den Gedanken, sich wegen technischer Aufrüstung an die Bezirksstelle Rostock zu wenden. Endlich hörten die Geräusche auf.

«… nicht mehr am Leben. Nach dem Ende des ersten Kriegs bin ich nach Schweden zurückgegangen. Die Familie Veijde, die mich aufgenommen hatte, erlaubte mir, in Stockholm die Schauspielschule zu besuchen. Dort lernte ich die siebzehnjährige Greta Gustafsson kennen, die später als Greta Garbo Filmgeschichte geschrieben hat. Wir waren sehr eng befreundet, und Greta hat mich später nach Hollywood geholt. Auf der Rückreise von England – im Frühjahr 1920 – machte ich einen Umweg über Mülheim, um die Koeppens zu besuchen. Ich glaube, es war März. Es war Hochwasser. Ich wollte sie überraschen. Ich ließ mein Gepäck am Bahnhof und ging zu Fuß in die Stadt. Dann sah ich die Koeppens in ihrer Garage – und dich.»

«Und dann?»

«Ich erfuhr erst viel später, dass Ermano mich beobachtet hat. Er war nach Mülheim gekommen, um Koeppen die Idee mit dem Bombenbau auszureden. Offensichtlich war er gerade gekommen, als du weg warst und ich mich allein auf dem Grundstück befand. Ermano dachte, ich hätte sie umgebracht. Als er fünf Jahre später in Stockholm auftauchte, hat er es mir gesagt. Da erst habe ich erfahren, dass Koeppen in einer kommunistischen Untergrundorganisation mitgearbeitet hat. Ich durchschaue das ganze Gewirr immer noch nicht. Ich habe auch nicht alles verstanden, was Erwin uns vorgestern Nacht erzählt hat. War er nun bei den Linken oder bei den Rechten? Hast du verstanden, was diese Mellns für eine Rolle gespielt haben?»

Major Linden hielt das Band an und machte eine Notiz für seinen Vorgesetzten: »Westkontakte Erwin Melln überprüfen.« Dann ließ er das Band ein kurzes Stück vorlaufen.

«Mein Vater hat Hitler für einen dummen Jungen gehalten. Er hätte – trotz Versailles – nie gedacht, dass solche Leute einmal Macht in Deutschland bekommen würden …»

Major Linden spulte das Band vor und zurück. Er notierte die Zählernummern des Bandabschnitts in die entsprechende Rubrik des Protokollformulars und schrieb dahinter: »Passage mit Gesprächen über Hitler. An Abt. F.« Er zog einen Aktenordner unter dem Schreibtisch hervor, wobei die Bierflasche umfiel, die geöffnet zwischen seinen Beinen stand. Der Inhalt ergoss sich über das Aktenstück. Er nahm sein Taschentuch und wischte über den Aktendeckel.

«Akte Melln. Kopie XI»: «Erwin Melln, eigentlich Erwin Kolbe. Geboren 1888 in Mülheim an der Ruhr.» Er schlug die Seiten mit den Aussagen der Genossin und des Genossen

Melln zu ihrer antifaschistischen Vergangenheit auf. Er blätterte zurück. Moskau. Spanischer Bürgerkrieg. Moskau. Berlin. Ruhrkampf. Es gab eine detaillierte Befragung zum 28. März 1920. Beide sagten übereinstimmend aus, dass sie in den zwanziger Jahren einer kommunistischen Kampfgruppe mit dem Namen «Karl Liebknecht» angehört hätten.

Wir kämpften gegen Freikorpseinheiten, die das Ruhrgebiet von Dortmund her unterwanderten. Die Einheiten hatten den Auftrag, gewerkschaftlich organisierte Bergarbeiter und die französische Besatzungsmacht zu terrorisieren. Es gab Gerüchte, daß die Essener und Mülheimer Stahl- und Bergbaubarone mit den Führern der Freikorps in Verbindung standen. Die Männer vom Werkschutz und die Bürgerwehren wurden zum Teil von Freikorpsleuten ausgebildet. Sie sollten gegen die Arbeiter vorgehen, wenn es zu einem Generalstreik kommen würde. Wir nahmen Kontakt zu Ferdinand Koeppen in Mülheim auf, er hatte dort eine Autoreparaturwerkstatt. Koeppen war verwundet aus dem Krieg zurückgekommen, und Hugo Stinnes ließ bei ihm regelmäßig seinen Wagen warten und reparieren. Ich war eine Zeitlang bei Stinnes als Chauffeur tätig.

Koeppen war unpolitisch. Wir freundeten uns mit ihm an und erfuhren, daß er Schulden hatte. Wir versprachen ihm Geld und zogen ihn nach und nach auf unsere Seite. Koeppen konnte Bomben basteln. Er war der ideale Mann, um ein Exempel zu statuieren. Das Attentat auf Hugo Stinnes sollte das Fanal zur Ruhrrevolution werden. Koeppen war entsetzt, als wir ihn in unseren Plan einweihten. Er argumentierte, daß mit dem Tod von Hugo Stinnes nichts gewonnen sei. Von heute aus gesehen, hatte er recht. Das Ganze war eine krause Idee. Koeppen bastelte die Bombe und baute sie in den Wagen von Hugo Stinnes ein. Er baute eine Attrappe. Er wußte, daß sie nicht hochgehen würde.

So kompliziert ist deutsche Geschichte, dachte Major Linden. Dann sah er das Foto mit den Leichen der Koeppens und fing wieder an zu lesen.

Als Stinnes den verabredeten Tag unbehelligt überlebt hatte, wurden Gerda und ich beauftragt, Koeppen zu verhören. Als wir uns der Werkstatt näherten, hörten wir Schreie. Wir schlichen uns an und sahen, wie Männer in schwarzen Uniformen die beiden Koeppens in ihren Wagen setzten und sie mit Drahtschlingen erdrosselten. Dann gossen sie Teer über ihre Köpfe, zogen ihnen die Zungen heraus und teerten die Zungen. Schließlich streuten sie Bettfedern über das Paar und legten eine rote Fahne mit der Aufschrift «Verräter!» auf die Kühlerhaube, um den Mordverdacht auf die Linken zu lenken. Wir rührten uns nicht aus unserem Versteck, denn unmittelbar nachdem die rechte Todesschwadron abgezogen war, tauchte eine Frau auf – wir erkannten die Tochter von Hugo Stinnes.

Das Räderwerk war in Gang gekommen. In der Berliner Normannenstraße beugte sich Oberstleutnant Zink über die Personalakte Major Werner Linden. Der Mann auf Rügen hatte ein Aktenstück angefordert, das mit dem Vermerk «Höchste Geheimhaltungsstufe» gekennzeichnet war. Man hatte ihm eine Kopie zukommen lassen, die enthielt, was er wissen durfte. Oberstleutnant Zink aber hatte das Original vorliegen. Nachdem er in der Akte Linden nichts Auffälliges entdeckt hatte, wandte er sich der Akte Melln zu.

Gerda Melln, geborene Kottke. Geboren 1893 in Mülheim an der Ruhr. Vater Bergmann in einer Stinnes-Zeche. Mit 17 in den Untergrund. Mitglied in der KPD seit 1918. Heirat mit Erwin Melln alias Kolbe, Chauffeur bei der Familie Stinnes, später Gewerkschaftsfunktionär in Mülheim. Ebenfalls KPD-Mitglied. Anfang der zwanziger Jahre waren Melln, seine Frau, ein gewisser Ermano aus Berlin und ein Ferdinand Koeppen, Besitzer einer Autowerkstatt in Mülheim, in ein Attentatkomplott gegen den Unternehmer Hugo Stinnes verwickelt. Die Sache ist nie aufgeklärt worden. Seit 1922 war Erwin Melln Komintern-Verbindungsmann, 1936 Emigration in die Sowjetunion. Ab 1940 waren die Genossen Gerda und Erwin Mitglieder der Exil-KPD in Moskau. 1945 Rückkehr nach Deutschland mit der «Gruppe Ulbricht». Beide ab 1950 maßgeblich am Aufbau des Ministeriums für Staatssicherheit beteiligt. Auszeichnungen für beide, u. a. Leninorden. Ab 1964 Einsatz in Westdeutschland. Zielgebiet rheinische Industrie. Ab 1966 beteiligt an der Installation von Günter Guillaume.

Über einen Mann namens Günter Guillaume fand Oberstleutnant Zink keine Informationen in den Akten. Er fand aber einen Vermerk zum Ableben von Gerda Melln in einem Thermalbad in Traben-Trarbach vor drei Wochen.

Gerda Melln, verstorben am 5. September 1973 in Traben-Trarbach im Alter von 80 Jahren. Herzinfarkt. Verdacht auf Landesverrat. Die Genossin Melln ist ohne Rücksprache mit dem Ministerium nach Westdeutschland gereist. Sie hat Kontakt mit einer Frau Söderström aus Schweden aufgenommen. Genossin Melln war höchste Geheimnisträgerin (G. G.).

Oberstleutnant Zink riss die Augen auf über das fatale Kürzel, das den Zusatzabschnitt in der Personalakte Gerda Melln schloss. «LISS» stand da. Und das bedeutete «Liquidiert im Interesse der Staatssicherheit».

Erwin Melln hatte seine letzte Pflicht getan. Er hatte Gerda und sich vom Verdacht reingewaschen, Ferdinand Koeppen ermordet zu haben. Er hatte zwei Frauen versöhnt, die am selben Tag zufällig in der Werkstatt waren und sich gegenseitig ein Leben lang für Mörderinnen gehalten hatten. Er kannte die Namen der Werkschutzmänner von der Zeche Luise Tiefbau, die die Koeppens umgebracht und den Mord den Kommunisten angehängt hatten. Er hatte drei der vier Männer erkannt und nach ihnen geforscht, wobei er erfuhr, dass sie inzwischen alle gestorben waren. Er wusste, dass Gerda keines natürlichen Todes gestorben war. Wie lange hätten sie noch gehabt? Genug, um glücklich zu sein, Tag für Tag. Erwin Kolbe nahm seine Dienstwaffe, ging hinaus auf den Strand der Dänischen Wiek und drückte ab.

Major Linden spulte das Band vor und zurück, blätterte die Akte Melln hin und her. Er spürte, dass in dieser Geschichte irgendetwas fehlte. Ein letztes Mosaiksteinchen an Information, ohne das die Welt nicht restlos erklärbar war. Major Linden hatte studiert, er kannte sich aus in der Weltgeschichte. In der Geschichte des Sozialismus, in der Geschichte der Philosophie, der bürgerlichen und der sozialistischen. Er war immer Klassenbester gewesen. Er war ein überzeugter Kommunist. Er verehrte die alten Kämpfer, die diesen Staat aufgebaut hatten. Dieses Jahr war er vierzig geworden, Jahrgang 1933. Ein besonderer Jahrgang. Was ist Demokratie? Was ist dran an einem liberalen Rechtsstaat, an bürgerlichen Freiheiten? Warum wollen so viele nach drüben? Er trank den Rest Bier aus, er war schal und warm. Dann klappte er die Akte zu und schloss das Tonbandgerät in den Stahlschrank. Er trat ans Fenster und schaute über die Ostsee – ein Leben wie Gerda und Erwin Melln, ein Leben für den Aufbau einer sozialistischen Welt. Er sah die Fähre nach Schweden abfahren. Und wenn wir nun doch nur an einem Knochen nagen, den uns die Weltgeschichte hingeworfen hat, und das Fleisch fressen die anderen?

Laura lehnte sich über die Reling und schaute aufs Wasser, das zwischen den Schrauben aufschäumte.

«Meinst du, er kriegt einen Schock?»

«Ich habe ihn angerufen. Es geht ihm gut, er freut sich auf dich.»

«Ich hatte eigentlich gedacht ...»

«Ich glaube, es ist besser, wenn er ein bisschen Zeit hat, sich auf dich vorzubereiten.»

«Ich habe mich immer gefragt», sagte Laura, «ob eine Frau das Recht hat, einer anderen den Mann wegzunehmen, den sie liebt.»

«Dasselbe habe ich mich auch immer gefragt», sagte Clärenore, «und ich bin zu dem Ergebnis gekommen, dass man geschehen lassen soll, was geschieht. Die Männer machen sich nicht so viele Gedanken, wenn sie mit verheirateten Frauen fremdgehen.»

«Warst du ihm untreu oder er dir?»

Clärenore zuckte mit den Achseln. «Wir haben jeder vom anderen Urlaub genommen. Er war oft wochenlang zur Jagd in Norwegen, Finnland, Österreich, Kanada. Ich war oft für längere Zeit in Südamerika. Es war nicht wegen anderer Männer oder Frauen. Wenn man sehr lange Zeit trotz aller alltäglichen Streitereien harmonisch zusammengelebt hat, gibt es nach einer gewissen Zeit der Trennung eine Freude aufeinander, die mit nichts zu vergleichen ist.»

«Ihr seid jetzt dreiundvierzig Jahre verheiratet?»

«Eine lange Zeit. Und die drei Jahre vorher waren die Grundlage für das halbe Jahrhundert danach.»

«Wie lange ist es her, dass wir dieselbe Strecke zusammen gefahren sind und du mir die Maschine im Schiff gezeigt hast?»

Clärenore nahm Laura bei der Hand. Sie fasste auf ein paar Türklinken, die Türen waren verschlossen. Sie stiegen hinunter auf die Autodecks und von dort noch tiefer nach unten. Sie übersahen die Verbotsschilder. Das Motorengeräusch wurde lauter, und sie öffneten eine Tür. Unter ihnen lagen die Blöcke der Dieselmaschinen. Man sah nur stählerne Verschalungen, die das Maschinengeräusch dämpften.

«Je abhängiger wir von der Technik werden, desto mehr verschwindet sie!», rief Clärenore. «Zwei 16-Zylinder-Diesel mit Getriebe. Ich schätze, etwa 20 000 PS!»

Sie war gerade dabei, sich auf eine eiserne Leiter zu schwingen, als sie von einem Matrosen am Arm gepackt wurde, der sie höflich auf Schwedisch bat, ihm nach oben zu folgen. Der junge Mann hätte nie gedacht, dass sich zwei Omas für die Schiffsmaschine interessieren würden. Als sie wieder auf dem Gesellschaftsdeck angekommen waren, zeigte er ihnen mit einem diskreten Wink die Toiletten. Sie gingen zurück an Deck. Es war kühl. Die meisten Gäste – wenige Westdeutsche, noch weniger Ostdeutsche, vor allem schwedische und norwegische Geschäftsleute – hatten sich für die vierstündige Überfahrt durch raue See in die Restaurants verkrochen oder luden im Duty-free-Shop Alkoholika und Zigaretten in Einkaufswagen. Clärenore und Laura stellten sich an die Reling. Sie schlossen die Augen, um den Wind noch intensiver zu spüren, der ruckweise in ihr Haar fuhr. Er rieb über ihre Gesichter und riss – mehr als die Motorengeräusche im Schiffsbauch – die ausgesprochenen Sätze von ihren Lippen ab. Aber auch ihr Schweigen und ihre Gedanken. Das alles sank im Windschall des Schiffes allmählich auf die Wasseroberfläche. Gedanken können nicht untergehen, sie können nicht unter Wasser sinken. Und wenn man sie nach unten drückt, springen sie wie ein Wasserball umso höher hinauf. Es geht nichts verloren, es bleibt nichts verborgen. Nicht einmal die Tränen einer Miss Barfield.

Carl-Axel Söderström starb am 27. November 1976 im Alter von zweiundachtzig Jahren in Schweden.

Clärenore Söderström starb am 7. September 1990 im Alter von neunundachtzig Jahren in Schweden. Am 21. Januar 2001 wäre sie hundert Jahre alt geworden.

Literatur

Auf die Nennung der zahlreichen Monographien zur Zeitgeschichte, der Werke zur Geschichte und Technik des Autos, der Biographien und Autobiographien sowie der Kartenwerke, Tagebücher und Reisebücher, die für die Recherchen zu diesem Buch wichtig waren, soll an dieser Stelle verzichtet werden.

Es seien hier nur die fünf zentralen Texte genannt, die sich unmittelbar auf das Leben von Clärenore Stinnes beziehen:

Clärenore Söderström-Stinnes; Lebenserinnerungen. Unveröffentlichtes maschinenschriftliches Manuskript. Archiv für Christlich-Demokratische Politik (ACDP) der Konrad-Adenauer-Stiftung, St. Augustin bei Bonn

Clärenore Stinnes; Im Auto durch zwei Welten. Text von Clärenore Stinnes, Photos von Carl-Axel Söderström. Mit 95 Lichtbildern und zwei Routenkarten. Berlin 1929

Clärenore Stinnes; Im Auto durch zwei Welten. Die erste Autofahrt einer Frau um die Welt 1927 bis 1929. Herausgegeben und Vorwort von Gabriele Habinger. Wien 1996 (textidentisch mit der Ausgabe von 1929)

Söderströms Foto-Tagebuch 1927–1929. Die erste Autofahrt einer Frau um die Welt. Herausgegeben von Michael Kuball und Clärenore Söderström. Frankfurt am Main 1981

Gerald D. Feldman; Hugo Stinnes. Biographie eines Industriellen 1870 bis 1924. Aus dem Englischen übersetzt von Karl Heinz Siber. München 1998

Bildquellenverzeichnis

Archiv für Christlich-Demokratische Politik (ACDP) der Konrad-Adenauer-Stiftung, St. Augustin bei Bonn: 1 (oben); 2 (unten); 3 (oben); 8

Foto Bieber Berlin; entnommen aus der Zeitschrift »Der Querschnitt«, Heft 5, 1926: 7 (Mitte)

La Camera Stylo: 5; 6; 7 (oben); 7 (unten); 9–15

Privatbesitz Mülheim: 1 (unten); 2 (oben); 3 (unten); 4 (oben links); 4 (oben rechts); 4 (unten)

United Press International, New York: 16

Werburg Doerr

„*Flieg, Maikäfer, flieg*"
Eine Kindheit jenseits der Oder

Aus der Perspektive des heranwachsenden Mädchens erzählt Werburg Doerr Alltagserlebnisse aus ihrer Familie, aus Hof, Feld und Jagd. Sie beschreibt die jährlich wiederkehrenden Riten und Feste auf dem Rittergut ihrer Eltern, Hans und Ruth von Wedemeyer geb. Kleist-Retzow. Sie berichtet über die Folgen des Kriegseinbruchs im Dorf und erzählt von Geschwisterrivalität, kindlichem Schmerz und überschwänglicher Freude. All diese Erlebnisse fügen sich wie Mosaiksteine zum Bild einer für immer untergegangenen, in sich geschlossenen kleinen Welt und einer Zeit, die Jahrhunderte zurückzuliegen scheint und doch erst gestern zu Ende ging.

320 Seiten, gebunden

www.hoffmann-und-campe.de

Romanbiographien bei rororo

Berühmte Schicksale im Spiegel der Zeit

Irving Stone
Michelangelo
Biographischer Roman
3-499-22229-9

Der Seele dunkle Pfade
Ein Roman um Sigmund Freud
3-499-23004-6

Vincent van Gogh
Ein Leben in Leidenschaft
3-499-11099-7

Werner Fuld
Paganinis Fluch
Die Geschichte einer Legende
3-499-23305-3

Carola Stern
Der Text meines Herzens
Das Leben der Rahel Varnhagen
3-499-13901-4
Stern zeichnet dieses flirrende Leben und sein langsames Verlöschen sehr eindringlich nach und stellt es in seinen zeitgeschichtlichen Kontext.

Asta Scheib
Eine Zierde in ihrem Haus
Diese Romanbiographie erzählt die Geschichte einer berühmten Dynastie und einer ungewöhnlichen Frau, die gegen alle gesellschaftlichen Zwänge schließlich die Freiheit gewinnt, ihr eigenes Leben zu leben.

3-499-22744-4